MANUEL

DES FRANCHISES

INDIQUANT LES EXEMPTIONS DE TAXE

Accordées à la correspondance des fonctionnaires, tant par l'ordonnance du 14 décembre 1825 que par des ordonnances et décisions subséquentes.

Par A. MONTANDON

Chef du bureau des Franchises à l'Administration des Postes, Chevalier de la Légion d'Honneur, etc.

PARIS

COSSE ET J. DUMAINE, IMPRIMEURS-LIBRAIRES-ÉDITEURS

Rue Christine-Dauphine

1843

MANUEL

DES FRANCHISES.

Imprimerie de Cossr et J. Dumaine,
Rue Christine, 2.

MANUEL

DES

FRANCHISES

INDIQUANT LES EXEMPTIONS DE TAXE

ACCORDÉES A LA CORRESPONDANCE DES FONCTIONNAIRES, TANT PAR L'ORDONNANCE DU 14 DÉCEMBRE 1825 QUE PAR LES ORDONNANCES ET DÉCISIONS SUBSÉQUENTES,

Par A. MONTANDON,

Chef du Bureau des Franchises à l'Administration des Postes,
Chevalier de la Légion d'Honneur, etc.

PARIS,

COSSE ET J. DUMAINE, IMPRIMEURS-ÉDITEURS,
Rue Christine, 2.

1843

TABLE DES MATIÈRES.

Nota. Les fonctionnaires étant classés au Manuel dans l'ordre alphabétique, c'eût été faire un double emploi sans motif, que de les faire figurer dans la présente table. Chacun d'eux devra chercher l'article qui le concerne à la lettre initiale du titre de ses fonctions, les Directeurs au D, les Présidents au P, etc., etc.

TABLE DES MATIÈRES.

AVERTISSEMENT.

Le présent Manuel offre, divisées en deux parties, les exemptions de taxe, ou franchises attribuées à la correspondance de service des fonctionnaires publics.

La première partie comprend les franchises déterminées par la seule qualité des destinataires, sans égard à la qualité des expéditeurs; elle a pour titre : *Des franchises sans condition de contre-seing.*

La seconde partie comprend les franchises déterminées, soit par la qualité seule des expéditeurs, sans égard à la qualité des destinataires, soit par la qualité des destinataires et par la qualité des expéditeurs tout à la fois; elle a pour titre : *Des franchises sous condition d'un contre-seing.*

Ces deux parties, qui renferment, dans une suite de tableaux, tout le système des franchises, sont précédées d'une introduction où l'on s'est appliqué à réunir dans un ordre méthodique les diverses dispositions réglementaires relatives aux franchises, qui sont contenues dans les deux premiers volumes de l'Instruction générale sur le service des Postes, et dans les circulaires qui font suite à cet ouvrage.

Les franchises sans condition de contre-seing, qui font l'objet de la première partie du Manuel, sont classées dans l'ordre de leur étendue.

a

La seconde partie du Manuel, qui traite des franchises sous la condition d'un contre-seing, indique :

Dans la colonne n° 1, et classés selon l'ordre alphabétique, les fonctionnaires autorisés à contre-signer leur correspondance de service;

(Des initiales placées entre deux crochets indiquent, pour chaque fonctionnaire, la forme sous laquelle doit être présentée la correspondance contre-signée de lui);

Dans la colonne n° 2, en regard de chaque contre-signataire, et classés également selon l'ordre alphabétique, les fonctionnaires auxquels la correspondance du contre-signataire doit être remise exempte de taxe;

Dans la colonne n° 3, l'arrondissement, la circonscription, ou le ressort dans l'étendue duquel la correspondance valablement contre-signée circule en franchise;

Dans la colonne n° 4, les numéros des tableaux de circonscriptions à consulter;

Enfin, dans les notes placées au bas de chaque page, les dispositions particulières à certaines correspondances qui s'écartent des règles habituelles.

Du mode adopté pour le classement des matières dans la seconde partie du Manuel des franchises, il résulte que, toutes les fois que deux fonctionnaires sont autorisés à correspondre, et doivent, par conséquent, contre-signer les lettres qu'ils s'adressent réciproquement, chacun d'eux figure tour à tour à son ordre alphabétique, et en regard de l'autre, dans la première et dans la seconde colonne de ces tableaux.

Lorsque deux fonctionnaires sont dans cette position, on dit que leur contre-seing est réciproque.

Pour indiquer sur-le-champ la réciprocité du contre-seing, on a fait suivre d'un astérisque la désignation du fonctionnaire destinataire.

Cependant, la réciprocité du contre-seing ne donne pas toujours, au fonctionnaire à qui cette réciprocité est accordée, la faculté d'expédier ses lettres à son correspondant sous la même forme que celui-ci est autorisé à employer vis-à-vis de lui. Pour connaître cette forme, il est donc nécessaire de se reporter à la page du Manuel où ce fonctionnaire figure, à son ordre alphabétique, comme contre-signataire.

On a cru devoir ajouter à ce travail, sous la forme d'appendice, le tableau des franchises attribuées, par le règlement sur les postes militaires, en date du 1ᵉʳ mars 1823, à la correspondance de service des officiers et fonctionnaires faisant partie des armées. Cet appendice, établi d'après le même plan que le Manuel, le suit immédiatement.

A la suite des tableaux de correspondances, viennent les tableaux de circonscriptions territoriales, à consulter pour l'application des dispositions particulières à chaque classe de fonctionnaires. Chacun de ces tableaux porte un numéro particulier, sous lequel il est constamment désigné dans toutes les parties de l'ouvrage qui y renvoient.

Enfin, le volume est terminé par quelques tableaux également numérotés, et qui présentent la nomenclature des fonctionnaires dont la franchise est régie par des dispositions spéciales.

INTRODUCTION.

CHAPITRE Ier.

Des différentes espèces de franchises.

§ 1er.

La correspondance de service des fonctionnaires publics est exempte de taxe.

L'exemption de taxe s'appelle franchise.

§ 2.

On distingue trois espèces de franchises :

1° La franchise qui est déterminée par la qualité seule du fonctionnaire à qui l'on écrit, sans égard à la qualité de celui qui écrit;

2° La franchise qui est déterminée par la qualité seule du fonctionnaire qui écrit, sans égard à la qualité de celui à qui l'on écrit;

3° La franchise qui est déterminée à la fois par la qualité de celui qui écrit et par la qualité de celui à qui l'on écrit.

§ 3.

Pour que la première de ces trois espèces de franchises reçoive son application, il suffit que la qualité du destinataire soit exactement indiquée sur l'adresse des lettres qui lui sont envoyées. Les auteurs de ces lettres n'ont pas besoin de se faire connaître.

§ 4.

L'application de la seconde et de la troisième espèce de franchise ne peut avoir lieu que sous la condition que l'auteur de la correspondance de service sera connu.

L'auteur se fait connaître en apposant, sur l'adresse des lettres, son contre-seing.

CHAPITRE II.

Du Contre-seing.

§ 5.

On entend par contre-seing la désignation des fonctions de l'envoyeur, suivie de sa signature. La désignation des fonctions de l'envoyeur peut être imprimée sur l'adresse de la lettre, ou indiquée par un timbre, mais la signature doit être mise à la main.

§ 6.

Par exception au principe établi dans le paragraphe précédent, *le Roi, le Prince royal* et *les fonctionnaires de l'Etat, désignés dans le tableau n° 38,* annexé au présent Manuel, ne contre-signent pas leur correspondance; ils la font frapper d'une griffe délivrée par l'Administration des postes.

Cette griffe est confiée à une seule personne, qui demeure responsable de son usage.

> Par une autre exception, résultant d'un usage ancien qui s'est perpétué de nos jours dans les chancelleries épiscopales, les archevêques et évêques forment leur signature des initiales de leurs prénoms, précédées d'une croix (+) et suivies de l'indication de leur qualité. (*Circulaire* n° 202.)

§ 7.

A l'exception des divers agents du trésor qui peuvent, mais en cas d'absence ou de maladie seulement, déléguer leur contre-seing à des fondés de pouvoirs, nul n'a le droit de déléguer le contre-seing qui lui est attribué.

§ 8.

Lorsqu'un fonctionnaire se trouve empêché de remplir ses fonctions pour cause d'absence, maladie ou autre motif légitime, le contre-seing passe au fonctionnaire qui vient immédiatement après lui dans la hiérarchie des grades. Celui-ci, en contre-signant chaque lettre, doit énoncer sa qualité, et indiquer qu'il remplit par *intérim* les fonctions auxquelles le contre-seing est attribué.

En cas d'intérim, d'absence ou de maladie, le contre-seing des directeurs des douanes est exercé, à défaut de l'inspecteur, par le premier commis de la direction, sous les conditions prescrites par les règlements. (*Circulaire* nᵒ 198.)

§ 9.

On peut tolérer dans le contre-seing l'omission des mots : *par intérim*, si le fonctionnaire suppléant les remplace par l'indication de la cause pour laquelle le fonctionnaire à qui appartient le contre-seing est éloigné de ses fonctions.

§ 10.

Le contre-seing des avocats généraux et des substituts est admis, pourvu que ces magistrats indiquent qu'ils agissent pour le procureur général ou le procureur du roi *empêché*. L'omission du mot *empêché* donne lieu à l'application de la taxe, mais les lettres et paquets ainsi taxés peuvent être ensuite ouverts et détaxés au bureau de destination, conformément aux paragraphes 55 et 58 ci-après.

§ 11.

Les sous-intendants militaires sont suppléés d'office, sous les réserves ci-après exprimées :

1ᵒ Dans toutes les places de guerre où il y a un major de place, par cet officier ;

2ᵒ Dans les autres places de guerre, par le commandant de place ;

3ᵒ Dans les chefs-lieux de département qui ne sont pas places de guerre, par le secrétaire général de la préfecture ou par un conseiller de préfecture ;

4ᵒ Dans les chefs-lieux d'arrondissement qui ne sont pas places de guerre, par le sous-préfet ;

5ᵒ Dans toutes les autres villes, par le maire.

Lorsque les fonctionnaires qui viennent d'être dénommés contre-signent pour un sous-intendant militaire *absent* ou *ma-*

lade, ils exercent, dans toute son étendue, le contre-seing attribué aux sous-intendants eux-mêmes, sous la condition de for-
muler leur contre-seing dans les termes suivants :

<table>
<tr><td>Le Major de place. . . . .</td><td rowspan="6">Remplaçant le Sous-In-
tendant militaire absent ou
malade.</td></tr>
<tr><td>Le Commandant de place. . . . .</td></tr>
<tr><td>Le Secrétaire général de préfecture.</td></tr>
<tr><td>Le Conseiller de préfecture. . .</td></tr>
<tr><td>Le Sous-préfet. . . . .</td></tr>
<tr><td>Le Maire. . . . .</td></tr>
</table>

Si, au contraire, ces fonctionnaires sont appelés à faire les
fonctions de sous-intendant, dans un lieu où il n'en existe pas,
leur contre-seing est limité à certains correspondants et à la
circonscription départementale, comme il est expliqué au Manuel des franchises, aux articles : *Commandants de places, Majors de places, Maires, Sous-Préfets.*

Dans ce cas, leur contre-seing doit être formulé comme suit :

<table>
<tr><td>Le Major de place. . . . .</td><td rowspan="6">Faisant   fonctions   de
Sous-Intendant militaire.</td></tr>
<tr><td>Le Commandant de place. . . . .</td></tr>
<tr><td>Le Secrétaire général de préfecture.</td></tr>
<tr><td>Le Conseiller de préfecture. . . .</td></tr>
<tr><td>Le Sous-préfet. . . . .</td></tr>
<tr><td>Le Maire. . . . .</td></tr>
</table>

§ 12.

Les fondés de pouvoir des agents du trésor doivent contre-
signer de cette sorte :

<table>
<tr><td>Pour le receveur général,</td><td rowspan="3">absent ou malade,
le fondé de pouvoirs.</td></tr>
<tr><td>Pour le receveur particulier,</td></tr>
<tr><td>Pour le payeur,</td></tr>
</table>

CHAPITRE III.

Du mode de fermeture des correspondances contre-signées.

§ 13.

La correspondance de service, admise à circuler en franchise, peut être présentée sous trois formes différentes :

1º Sous enveloppe ;
2º Sous forme de lettre ;
3º Sous bandes.

§ 14.

La faculté de présenter la correspondance de service sous enveloppe ou sous forme de lettre, est permanente ou éventuelle.

§ 15.

Le Roi, le Prince royal et les fonctionnaires de l'État désignés dans le tableau nº 39, annexé au présent Manuel, jouissent d'une manière permanente du droit de faire expédier leur correspondance *sous enveloppe* ou *sous forme de lettre.*

§ 16.

Les fonctionnaires publics, désignés dans le tableau nº 40, annexé au Manuel, peuvent, mais *éventuellement,* et seulement *en cas de nécessité,* expédier, *sous enveloppe* ou *sous forme de lettre,* la correspondance qu'ils adressent aux fonctionnaires à l'égard desquels leur contre-seing est valable.

§ 17.

Le fonctionnaire qui est autorisé, en cas de nécessité, à expédier sa correspondance *sous enveloppe* ou *sous forme de lettre,* doit, indépendamment de son contre-seing, indiquer, par une note sur l'adresse, *qu'il y a nécessité de fermer la lettre ou le paquet.*

§ 18.

Les maires sont autorisés à écrire en franchise au préfet de leur département, et au sous-préfet de leur arrondissement, par *lettres simples,* c'est-à-dire par lettres pesant moins de sept grammes et demi, simplement pliées et cachetées, sans addition ni de pièces jointes, ni d'enveloppes extérieures, à la charge par eux d'inscrire sur chaque lettre ces mots : *lettre confidentielle*, et d'énoncer, au-dessous de ces mots, leur qualité, suivie de leur signature.

Toute lettre contre-signée par un maire, et adressée à un préfet comme *lettre confidentielle*, sera frappée de la taxe, si elle présente une ou plusieurs des irrégularités suivantes, savoir :

Si elle atteint ou dépasse le poids de sept grammes et demi ;

Si elle paraît renfermer une seconde lettre ;

Si elle est fermée par une enveloppe.

§ 19.

Les lettres ou papiers relatifs au service, expédiés sous bandes, ne doivent être ni cachetés ni fermés par des fils ou attaches quelconques, sous les bandes qui les couvrent.

> Cette disposition est applicable aux paquets expédiés sous enveloppe ou sous pli, *avec déclaration de la nécessité de clore. (Circulaire nᵒ 184.)*

Si cette précaution est nécessaire pour la conservation d'un paquet contre-signé, le fonctionnaire expéditeur pourra lier ce paquet au dehors par une ficelle, à la condition expresse que cette ficelle, placée extérieurement, soit nouée par une simple boucle, et puisse facilement être détachée, si les besoins de la vérification l'exigent.

§ 20.

Par exception aux dispositions du paragraphe précédent, les directeurs des contributions indirectes de département et d'arrondissement, sont autorisés à s'expédier réciproquement des paquets d'*acquits-à-caution*, subdivisés, sous les bandes extérieures, en d'autres paquets portant des bandes et des étiquettes particulières, à la condition :

1ᵒ Que sur la suscription extérieure seront inscrits les mots : *acquits-à-caution* ;

2ᵒ Que les paquets intérieurs porteront, pour seule et unique suscription, le nom d'*un arrondissement* ou d'*un département*,

§ 21.

La largeur des bandes ne doit excéder, dans aucun sens, le tiers de la dimension de la lettre ou du paquet.

Toutefois, il n'y aura pas lieu de taxer les lettres et paquets dont les bandes excéderont la largeur prescrite, lorsque, d'ailleurs, il restera possible de s'assurer qu'il n'existe dans ces lettres et paquets aucune pièce cachetée ou revêtue d'attaches.

CHAPITRE IV.

Des cas où certains fonctionnaires peuvent expédier, sous leur couvert et leur contre-seing, des correspondances qui leur sont étrangères.

§ 22.

Sont admis à circuler en franchise, dans les cas et aux conditions ci-après exprimés, les correspondances et les objets dont l'indication suit, savoir :

1º La correspondance relative au service de la garde nationale (1), dans le département, sous le contre-seing et le couvert du préfet, des sous-préfets et des maires;

2º La correspondance des avoués agrégés à l'agence judiciaire du trésor public, dans les départements, avec les avoués qui sont leurs correspondants dans les arrondissements, sous le couvert et le contre-seing du préfet et des sous-préfets de leur département;

3º La correspondance des sociétés scientifiques entre elles, dans tout le royaume, sous le couvert et le contre-seing des préfets des départements;

4º La correspondance du préfet du Finistère à Quimper, avec le receveur des douanes, à Morlaix, sous le couvert et le contre-seing du sous-préfet de Morlaix;

5º Les avertissements destinés aux redevables de l'enregistrement, sous le contre-seing et le couvert des maires, d'une

---

(1) Voir le tableau nº 41 à la suite du présent Manuel, où se trouvent indiqués les officiers, sous-officiers et autres personnes exerçant des fonctions dans la garde nationale, dont la correspondance peut circuler en exemption de taxe, sous le couvert et le contre-seing des préfets, des sous-préfets et des maires.

part, et des receveurs de l'enregistrement et des conservateurs des hypothèques, de l'autre part ;

6° Les états de taxes à témoins, dressés par les receveurs de l'enregistrement en Corse, et qui doivent être revêtus du visa du préfet de ce département, sous le couvert et le contre-seing du préfet, d'une part, et des sous-préfets et des maires, de l'autre part ;

7° Les demandes de brevets d'invention, sous le contre-seing des préfets, à l'adresse du Ministre de l'agriculture et du commerce, et les certificats de demandes de brevets d'invention, sous le contre-seing du ministre de l'agriculture et du commerce, à l'adresse des préfets. (*Circulaire n° 202.*)

§ 23.

Toutes les pièces et tous les papiers dont se composera chacune des correspondances désignées dans le paragraphe précédent, devront être exclusivement relatifs à cette correspondance.

Ils ne pourront être ni pliés en forme de lettres, ni revêtus d'adresses extérieures, ni cachetés, ni fermés par des fils ou attaches quelconques ; mais ils seront remis tout ouverts au fonctionnaire expéditeur, qui les pliera seulement en deux ou en quatre, pour les revêtir ensuite d'un croisé de bandes de la largeur prescrite, sur lequel il apposera son contre-seing, et formulera l'adresse du fonctionnaire dont le couvert doit être employé.

La destination ultérieure de chaque pièce ou de chaque objet pourra être indiquée par une vedette, soit en tête, soit au bas de la première page.

Par exception aux dispositions du présent paragraphe, les demandes et les certificats de demandes de brevets d'invention seront, suivant le cas, scellés du cachet du demandeur à l'adresse du ministre de l'agriculture et du commerce, ou scellés du cachet du ministre de l'agriculture et du commerce, à l'adresse du demandeur. Indépendamment de l'apposition de son contre-seing, le département ministériel ou le préfet expéditeur devra certifier, sur la suscription de la dépêche, par une déclaration *signée*, que l'incluse contenue dans la dépêche est *une demande* ou *un certificat de demande de brevet d'invention*. (*Circulaire n° 202.*)

CHAPITRE V.

Des chargements d'office et des chargements en franchise.

§ 24.

Les chargements d'office doivent être faits par les directeurs, de leur propre autorité, dans les circonstances suivantes :

1º Lorsqu'une lettre est adressée au Roi ;

2º Lorsqu'une lettre trouvée à la boîte, ou transmise par les bureaux de correspondance, paraît contenir des valeurs d'or ou d'argent, ou des objets, dont la perte peut compromettre la responsabilité des agents des postes (*vior* l'article 236 de l'Instruction générale);

3º Lorsque la formalité du chargement a été prescrite par l'administration à l'égard de lettres ou paquets relatifs au service.

§ 25.

Sauf les cas prévus par le paragraphe précédent, les directeurs ne doivent appliquer, aux lettres et paquets circulant en franchise, la formalité du chargement que sur une réquisition écrite et signée du fonctionnaire qui fait l'envoi.

Cette réquisition sera annexée au registre des chargements en envoi.

§ 26.

Devront, néanmoins, être chargés en franchise, sur la demande verbale des expéditeurs, les lettres et paquets adressés à **M.** le ministre des finances, sous le contre-seing des fonctionnaires ci-après désignés :

1º Les directeurs de l'enregistrement et des domaines ;

2º Les directeurs des contributions indirectes ;

3º Les directeurs des douanes ;

4º Les directeurs de la fabrication des monnaies ;

5º Les payeurs du trésor ;

6º Les receveurs généraux des finances.

§ 27.

Les lettres et paquets circulant en franchise, qui seront présentés au chargement, ne peuvent être adressés qu'à un fonctionnaire à l'égard duquel l'envoyeur a droit de contre-seing.

Ces lettres et paquets seront sous bandes lorsque le fonctionnaire qui les expédie ne jouit du contre-seing que sous bandes.

Dans ce dernier cas, les bandes doivent être fermées de deux cachets en cire avec empreinte, ainsi qu'il est prescrit à l'égard des chargements expédiés sous enveloppe. Ces cachets ne doivent porter que sur les bandes.

§ 28.

Les chargements expédiés en franchise, soit d'office, soit sur réquisition ou demande verbale, sont inscrits au registre et sur la feuille spéciale des chargements, à la suite des chargements affranchis et des chargements d'office.

§ 29.

Les lettres et paquets chargés, circulant en franchise, doivent porter sur l'adresse, le timbre du bureau expéditeur, le timbre *chargé,* et le n° d'enregistrement.

CHAPITRE VI.

Des imprimés officiels.

§ 30.

Les ouvrages imprimés, brochures et autres publications qui portent un caractère *officiel,* ont droit à l'exemption de taxe, aux mêmes conditions que les objets de correspondance ordinaire.

§ 31.

Sont considérées comme *publications officielles,* toutes publications faites directement par le gouvernement ou par ses agents, en son nom, tels que budgets, rapports, comptes-rendus, circulaires, proclamations, affiches, lorsque ces pièces, expédiées d'ailleurs sous un contre-seing valable, portent un titre ou une signature indiquant qu'elles emanent soit d'un ministre secrétaire d'État, soit d'un fonctionnaire, soit d'une commission nommée par le gouvernement,

§ 32.

Les Bulletins des lois, les Recueils des actes administratifs et tous autres Bulletins ou circulaires, dont un exemplaire doit être remis indistinctement à chaque maire, pourront être adressés par les préfets et sous-préfets aux directeurs et distributeurs, en nombre égal à celui des communes du département desservies par leurs bureaux, sans qu'il soit besoin de suscriptions individuelles ni d'indications de communes.

Les facteurs remettront un exemplaire de ces imprimés à chacun des maires, et ils en prendront le reçu au dos de leur *part*.

CHAPITRE VII.

Des imprimés non officiels.

§ 33.

Les publications *non officielles*, valablement contre-signées, peuvent être expédiées aussi en franchise, mais à la condition expresse qu'elles seront placées sous bandes, et qu'elles seront accompagnées d'une déclaration écrite, revêtue de la signature du contre-signataire, laquelle constatera :

1° Le titre de chaque ouvrage, et le nombre d'exemplaires à expédier ;

2° Que ces exemplaires sont expédiés pour le service du gouvernement.

§ 34.

Cette déclaration sera immédiatement envoyée sous chargement au directeur de l'Administration des postes, à Paris, après avoir été frappée du timbre à date du bureau d'expédition.

§ 35.

Les directeurs des postes, entre les mains desquels il aura été déposé des paquets d'imprimés *non officiels*, revêtus d'un contre-seing valable, et accompagnés d'une déclaration régulière, signée par le fonctionnaire expéditeur, devront, avant de leur donner cours en franchise, inscrire sur les bandes de chaque paquet le mot *déclaration*, au-dessous duquel ils apposeront leur paraphe.

§ 36.

Dans le cas où les imprimés *non officiels*, déposés à un bureau de poste, n'auraient pas été accompagnés d'une déclaration régulière, le directeur des postes devra provoquer cette déclaration de la part du fonctionnaire expéditeur, et, en cas de refus, taxer les paquets, en inscrivant sur les bandes de chacun les mots : *sans déclaration*, suivis de son paraphe.

§ 37.

Dans le cas où les paquets d'imprimés *non officiels* à taxer devraient être envoyés *en passe*, le directeur du bureau d'origine suppléerait à l'apposition de la taxe par l'annotation suivante : *A taxer pour défaut de déclaration.*

§ 38.

Les directeurs des postes des bureaux de destination qui recevront, dans les dépêches de leurs correspondants, des paquets d'imprimés *non officiels*, à distribuer dans l'arrondissement de leur bureau, et non revêtus de l'une ou de l'autre de ces annotations : *déclaration* ou *sans déclaration*, devront soumettre ces paquets à la taxe, en vertu de l'article 354 de l'Instruction générale, et en portant sur les bandes cette simple annotation : *article 354.*

§ 39.

Ne sont pas assujettis aux formalités de la déclaration, et doivent être considérés comme objets ordinaires de correspondance :

1° *Le Bulletin de la société d'encouragement pour l'industrie nationale*, adressé, sous le contre-seing du ministre de l'agriculture et du commerce, aux fonctionnaires à l'égard desquels ce contre-seing opère la franchise ;

2° Le *Recueil des Annales scientifiques et administratives de l'agriculture*, adressé, sous le contre-seing du ministre de l'agriculture et du commerce, aux préfets, et, sous le contre-

seing des préfets, aux sous-préfets de leurs départements respectifs ;

3º L'ouvrage intitulé : *Descriptions des machines et procédés consignés dans les brevets d'invention*, et *les Prospectus des écoles royales des arts et métiers à Châlons, Aix et Angers*, adressés, sous le contre-seing du ministre de l'agriculture et du commerce, aux fonctionnaires à l'égard desquels le contre-seing de ce ministre est valable ;

4º Le *Journal général de l'instruction publique*, adressé, sous le contre-seing du ministre de l'instruction publique, aux préfets des départements, aux recteurs d'académies et aux inspecteurs des écoles primaires ;

5º Les exemplaires du *Moniteur algérien*, adressés, sous le contre-seing du gouverneur général des posséssions françaises dans le nord de l'Afrique, aux préfets des départements ;

6º Les *Mercuriales du cours des marchés*, revêtues d'un contre-seing valable ;

7º Le *Bulletin officiel du ministère de l'intérieur*, expédié sous contre-seing valable. (*Circulaire nº 190.*)

CHAPITRE VIII.

*Des objets non susceptibles d'être transportés en franchise,
ou qui ne peuvent être transportés qu'en vertu
de dispositions spéciales.*

§ 40.

Les registres reliés ou cartonnés, les échantillons de toute espèce, les effets d'habillement et d'équipement militaires, ne sont point considérés comme correspondance de service, et ne doivent pas être admis à l'exemption de taxe, quand bien même ils seraient revêtus d'un contre-seing valable.

§ 41.

Sont exceptés de cette disposition, et devront être expédiés en exemption de taxe, lorsque d'ailleurs les conditions de la franchise auront été exactement observées, les objets suivants, savoir :

1º Les listes électorales et du jury ;

2° Les registres destinés à l'inscription des actes de l'état civil;

3° Les registres reliés ou cartonnés qui seraient, en tout ou seulement en partie, remplis à la main, et qui porteraient ainsi le caractère de pièces de comptabilité ou de correspondance administrative, à condition qu'ils seront pliés ou ficelés de manière que les préposés des postes puissent facilement en vérifier le contenu;

> Seront considérés comme partiellement remplis à la main,
>
> 1° Les registres paraphés par première et dernière, et notamment les *registres d'écrou*; (*Circulaire* n° 129.)
>
> 2° Les registres destinés au service des brigades de gendarmerie, et dont la première feuille est revêtue du visa et du cachet des conseils d'administration des corps de gendarmerie; (*Circulaire* n° 198.)

4° Les livrets des caisses d'épargne, contre-signés par les receveurs généraux des finances, à l'adresse des receveurs particuliers et des percepteurs de leurs départements respectifs; par les receveurs particuliers des finances, à l'adresse du receveur général de leur département et des percepteurs de leurs arrondissements respectifs; par les percepteurs à l'adresse du receveur général de leur département et du receveur particulier de leur arrondissement;

5° Les échantillons destinés à servir au jugement des espèces, et les poinçons de garantie relatifs au service des monnaies, ainsi que les poinçons destinés à la marque de révision des poids et mesures;

6° Les tubes de vaccin, à la condition qu'ils seront insérés dans des boîtes assez fortes pour les défendre de la casse, et que ces boîtes seront simplement ficelées et non cachetées, de manière à permettre facilement la vérification du contenu;

7° Les décorations et médailles d'honneur décernées par le gouvernement (1);

8° Les échantillons de fils, tissus, matières premières, susceptibles d'être filées ou tissées, expédiés par des préposés de l'administration des douanes, à l'adresse d'autres préposés de

---

(1) Ces décorations et médailles devront être présentées aux directeurs des postes à découvert, et renfermées, en leur présence, dans une boîte qui sera ficelée, puis scellée du cachet de l'envoyeur et du cachet du bureau de poste. La présentation à découvert ne sera point exigée pour les décorations et médailles expédiées de Paris sous le cachet d'un ministre secrétaire d'État ou du grand chancelier de la Légion d'honneur.

cette administration, à la condition que leur poids ne dépassera pas le maximum d'un kilogramme, qu'ils seront pliés sous une seule bande ouverte par ses deux côtés, qu'il n'y sera joint aucune pièce manuscrite ou autre, et que les lettres d'envoi, procès-verbaux, ou autres pièces y relatives, seront pliés à part, sous un croisé de bandes réuni à l'échantillon par un fil ;

9° Les portatifs que s'adressent entre eux les agents des contributions indirectes, et qui sont recouverts d'une simple feuille de papier parchemin ;

10° Les registres reliés ou cartonnés, les échantillons de grains, de farines, de pains de munition, d'effets d'habillement et d'équipement militaires, que s'adressent réciproquement, sous leur contre-seing, les sous-intendants militaires de *Vannes* et de *Belle-Isle-en-Mer*, à la condition que les paquets qui renfermeront ces différents objets n'excèderont pas le maximum d'un kilogramme, qu'il ne sera expédié qu'un seul paquet par chaque départ de courrier, et que les paquets ne seront pas cachetés, mais seulement pliés ou ficelés, de manière que les préposés des postes puissent facilement en vérifier le contenu.

CHAPITRE IX.

Du poids des paquets admis à l'exemption de taxe.

§ 42.

Les paquets revêtus du contre-seing ou expédiés à l'adresse des personnes et des fonctionnaires désignés dans la première partie du Manuel, comme jouissant de la franchise illimitée, devront être acheminés par les directeurs des postes, *sans limitation de poids.*

§ 43.

Devront être également admis à circuler en franchise, *sans limitation de poids*, lorsqu'ils seront valablement contre-signés, les objets suivants, savoir :

1° Les rôles des contributions directes ;

2° Les listes électorales ;

b.

3º Les listes du jury ;

4º Les registres destinés à l'inscription des actes de l'état civil.

§ 44.

Lorsque les services établis seront insuffisants pour effectuer le transport simultané des paquets et des objets désignés dans les deux paragraphes précédents, les directeurs feront exécuter ce transport par des moyens extraordinaires, et par la voie la plus économique. A cet effet, ils devront, ou en charger les diligences et messageries, ou obliger les entrepreneurs de service, soit à se faire accompagner d'un aide, soit à se pourvoir d'un cheval ou d'une voiture supplémentaire, selon le poids ou le volume des paquets à transporter.

Si le transport est effectué par la voie des diligences ou messageries, le directeur fera suivre ses dépêches extraordinaires d'un *part spécial*, dans les formes prescrites par les articles 399 à 402 de l'Instruction générale ; et, en outre, il en avisera par lettre spéciale, le directeur destinataire, afin que ce dernier puisse réclamer, s'il y a lieu, les dépêches qui lui sont adressées.

§ 45.

Sauf les cas prévus par les paragraphes 42 et 43, le maximum du poids à donner aux paquets contre-signés est fixé ainsi qu'il suit, savoir :

A *cinq kilogrammes*, lorsque le transport des paquets devra être opéré jusqu'à destination par un service en malle-poste, ou par un service d'entreprise en voiture ;

A *deux kilogrammes*, lorsque les paquets seront dirigés sur une route desservie, en quelque point que ce soit, par un service d'entreprise à cheval.

A *un kilogramme*, lorsque les paquets devront entrer, sur quelque point que ce soit, dans un service d'entreprise à pied.

§ 46.

Les directeurs des postes sont autorisés, *en cas d'insuffisance des services établis*, et sauf les exceptions prévues par les paragraphes 42, 43 et 44, à refuser, à présentation, tout paquet, contre-signé dont le poids dépasserait les maximum fixés par le paragraphe précédent.

§ 47.

Si plusieurs paquets à l'adresse d'un même destinataire, revêtus d'un même contre-seing, et pesant ensemble plus que le maximum déterminé, leur sont présentés en même temps, ils pourront en répartir l'expédition entre plusieurs courriers, et prieront, à cet effet, le contre-signataire de leur faire connaître l'ordre dans lequel ces paquets doivent être expédiés.

CHAPITRE IX *bis.*

Des paquets qui doivent être compris dans la distribution au guichet du bureau, à raison de leur volume.

A. Tout paquet contre-signé, d'un volume tel qu'il ne puisse être introduit dans la boîte ou dans le portefeuille des facteurs de ville ou des facteurs ruraux, sera compris dans la catégorie des objets à distribuer au guichet du bureau de poste.

B. Seront compris dans la même catégorie les paquets contre-signés qui, bien qu'ils puissent être introduits isolément dans la boîte ou dans le portefeuille des facteurs, ne pourraient cependant y trouver place, soit en raison de leur nombre, soit en raison du volume des correspondances ordinaires.

C. Tout directeur des postes qui aura reçu, pour son arrondissement, des paquets contre-signés, à comprendre dans la distribution au guichet, devra en donner avis aux fonctionnaires destinataires *par lettres spéciales, frappées du timbre à date de son bureau,* avec invitation de faire retirer ces paquets le plus promptement qu'il sera possible.

D. Les paquets qui n'auront pu faire partie d'une première distribution à domicile, et qui n'auront pas été retirés par les fonctionnaires destinataires, dans l'intervalle d'une distribution à l'autre, seront compris dans l'une des distributions suivantes, aussitôt qu'il sera possible de les introduire dans les boîtes ou portefeuilles. (*Décision de M. le ministre des finances du 18 mars 1841, et circulaire n° 167.*)

CHAPITRE X.

Dispositions ayant pour objet de prévenir la taxe des correspondances qui doivent être admises à la franchise : cas de taxes.

§ 48.

Les lettres et paquets contre-signés doivent être remis aux

mains des préposés des postes, dans les lieux où il existe des établissements de poste.

Ceux qui auraient été jetés aux boîtes des localités pourvues de ces établissements, seront soumis à la taxe, à moins qu'ils ne soient adressés à des fonctionnaires ayant droit à la franchise, à raison seulement de leur qualité.

§ 49.

Les fonctionnaires qui résident dans les communes où il n'existe pas d'établissements de poste, peuvent faire déposer dans les boîtes de leurs communes respectives leur correspondance contre-signée.

§ 50.

Lorsque l'expéditeur d'une lettre ou d'un paquet contre-signé ne se sera pas conformé à toutes les conditions de la franchise, il lui en sera donné avis par le directeur des postes du lieu d'expédition.

§ 51.

Si les rectifications à faire peuvent être opérées avant le départ du courrier, le directeur insistera pour qu'elles soient effectuées.

Si l'heure avancée ne permet pas de réclamer les rectifications nécessaires, ou si le contre-signataire se refuse à les effectuer, le directeur des postes taxera la lettre ou le paquet, en indiquant le motif de la taxe par le chiffre de l'article correspondant de l'Instruction générale. Il constatera de plus l'exécution de l'article 351 de la même Instruction, savoir :

Si l'heure avancée n'a pas permis de réclamer les rectifications, par ces mots : *Article* 351, *T. T.* (trop tard);

Si le contre-signataire se refuse à opérer les rectifications, par ces mots : *Article* 351, *A. P.* (a persisté).

§ 52.

Les mêmes constatations seront effectuées sur les lettres et paquets à expédier *en passe*, avec cette différence que le chiffre de la taxe y sera remplacé par les mots : *A taxer*.

§ 53.

Les dispositions des §§ 50, 51 et 52, ne sont pas applicables aux lettres et paquets d'origine rurale.

Lorsqu'ils ne réuniront pas toutes les conditions de la franchise, ces lettres et paquets seront taxés sans aucune autre mention que celle de l'article de l'Instruction générale, en vertu duquel la taxe est apposée.

Toutefois, les directeurs des postes devront saisir toutes les occasions de signaler aux fonctionnaires des communes rurales, les irrégularités qui se glisseraient habituellement dans leur contre-seing, et qui donneraient lieu à la taxe de leur correspondance.

§ 54.

Dans le cas de suspicion d'abus, ou d'omission des formalités prescrites, les directeurs des postes des bureaux de destination doivent taxer les lettres et paquets, lorsque ce soin n'a pas été rempli, soit par les directeurs des bureaux d'expédition, soit par ceux des bureaux de passe.

Le motif de l'application de la taxe devra être exprimé, sur l'adresse de la lettre ou du paquet, taxé, par la citation du numéro de l'article de l'Instruction générale dont les dispositions auraient été enfreintes.

CHAPITRE XI.

Des Détaxes.

§ 55.

Lorsque les directeurs reconnaîtront, soit par le contre-seing régulier ou irrégulier, apposé sur une lettre ou un paquet de service soumis à la taxe, soit par tout autre indice extérieur, que cette lettre ou ce paquet a été expédié *par un fonctionnaire autorisé à écrire en franchise au destinataire*, ils devront proposer à ce destinataire, s'il réside dans la commune du bureau de poste, de faire l'ouverture de la lettre ou du paquet, à ce bureau et en leur présence.

Chaque fois qu'un directeur aura à proposer à un fonctionnaire, en vertu du présent paragraphe, l'ouverture d'un paquet contre-signé, il fixera sur la suscription du paquet une formule nº 164. Cette formule devra rester fixée à l'enveloppe ou aux bandes du paquet, soit qu'il doive être traité comme rebut journalier, soit qu'il doive être admis à la détaxe. (*Circulaire nº 184.*)

§ 56.

Il n'y a pas lieu de faire ouvrir les lettres et paquets ayant droit à la franchise, *en raison seulement de la qualité des destinataires et sans condition de contre-seing.* Ces lettres et paquets doivent être immédiatement délivrés en exemption de taxe aux fonctionnaires destinataires, sans vérification du contenu.

Chaque fois qu'un directeur aura à proposer à un procureur général ou à un procureur du roi, en vertu du présent paragraphe, la détaxe d'un paquet émané d'un lieu situé dans le ressort du magistrat destinataire (Voir *page 2 du présent Manuel*), il fixera sur la suscription du paquet, *avant la mise en distribution,* une étiquette nº 63.

Cette formule devra rester fixée à l'enveloppe du paquet, soit qu'il doive être traité comme *rebut journalier,* soit qu'il vienne à être *détaxé.* (*Circulaire nº 209.*)

Les directeurs des postes, dans l'arrondissement de distribution desquels il existera des communes ressortissant, soit à une cour royale, soit à une cour d'assises, soit à un tribunal de première instance autres que la cour ou le tribunal auxquels ressortit leur propre résidence, dresseront, en double expédition, un état de ces communes, avec l'indication, en regard de chaque commune, de la *lettre-timbre* qui lui est particulièrement affectée.

Ils adresseront ces deux expéditions à l'inspecteur du département, qui gardera l'une dans ses archives, et transmettra l'autre au directeur des postes du chef-lieu du ressort. Toutes les fois qu'un de ces états aura cessé d'être exact, par suite des changements survenus dans un arrondissement de distribution, le directeur devra donner connaissance de ces changements à l'inspecteur, et celui-ci au directeur du chef-lieu du ressort.

Les directeurs auxquels lesdits états seront adressés auront soin de les consulter toutes les fois que cela sera nécessaire, et devront les tenir exactement au courant des changements qui surviendront. (*Circulaire nº 209.*)

§ 57.

Les lettres adressées par les maires au préfet de leur département ou au sous-préfet de leur arrondissement, sous forme de *lettres confidentielles* (voir § 18), et qui auront été frappées de la taxe, ne sont susceptibles ni d'être ouvertes, ni d'être détaxées au bureau de destination.

§ 58.

Si, de la vérification sommaire qui aura lieu en vertu du § 55, il résulte que les paquets ne contiennent que des lettres ou papiers de service non cachetés, le directeur en fera la remise en exemption de taxe, et il constatera ce résultat au dos de l'enveloppe ou des bandes, par ces mots : *Ne contenait rien d'étranger au service.*

L'omission de cette déclaration pourra donner lieu à faire tomber à la charge du directeur la taxe du paquet.

§ 59.

Si parmi les pièces contenues dans un paquet ouvert en vertu du § 54, il se trouve des lettres cachetées, portant l'adresse du fonctionnaire désigné dans la suscription extérieure du paquet, ces lettres pourront être également soumises à l'ouverture.

§ 60.

Les directeurs se feront remettre, pour servir à la justification de la détaxe des lettres et paquets désignés dans les §§ 55, 58 et 59, les bandes, enveloppes ou portions d'adresses sur lesquelles la taxe aura été appliquée.

§ 61.

Si le directeur ne pouvait obtenir la portion d'adresse sur laquelle la taxe est appliquée, il se ferait délivrer par le fonctionnaire auquel la lettre est adressée un certificat constatant les motifs qui s'opposent à ce que l'adresse de la lettre soit produite.

Ce certificat sera signé par le fonctionnaire, et devra énoncer le nom du lieu d'où venait la lettre, la qualité de l'envoyeur, ainsi que la taxe dont cette lettre était frappée.

Si la lettre était adressée à un procureur général, d'un lieu situé dans le ressort de la cour royale, ou à un procureur du roi, d'un lieu situé dans le ressort du tribunal, il ne serait pas nécessaire que le certificat énonçât la qualité de l'envoyeur.

§ 62.

Les fonctionnaires destinataires au profit desquels les lettres ou paquets seront détaxés, émargeront l'état n° 443, sur lequel les détaxes doivent être inscrites.

Ils pourront se faire suppléer dans l'accomplissement de cette formalité, comme aussi, lorsqu'il y a lieu, dans l'accomplissement de la formalité ayant pour objet l'ouverture des lettres ou paquets au bureau de poste, par des personnes autorisées d'eux à cet effet.

§ 63.

Les bandes, enveloppes, portions d'adresse des paquets détaxés, ou les certificats destinés à les remplacer, recevront le numéro d'ordre d'inscription de l'état n° 443, et resteront annexés à cet état.

CHAPITRE XII.

Des Rebuts.

§ 64.

Sauf les cas prévus au paragraphe 22, s'il est reconnu, par suite de l'ouverture faite en présence du directeur des postes, que les objets renfermés dans un paquet sont étrangers aux fonctions du destinataire ou adressés à d'autres que lui, et si ce destinataire refuse itérativement d'en payer la taxe, le directeur dressera procès-verbal du fait sur la formule 958.

Ces objets, y compris une expédition du procès-verbal, devront être repliés dans l'enveloppe ou sous les bandes qui portent le chiffre de la taxe, puis ficelés et cachetés à la cire, avec l'empreinte du cachet du bureau, et enfin adressés au bureau des rebuts, après avoir été inscrits, pour le montant de leur taxe, tant sur le registre n° 22 que sur l'état n° 441.

§ 65.

Si parmi les objets abusivement renfermés dans les paquets qui auront été soumis à l'ouverture en vertu du paragraphe 55, il se trouve des papiers relatifs aux fonctions du destinataire, ces papiers seront délivrés sur-le-champ et sans taxe; les directeurs ne retiendront, pour les envoyer à l'administration, avec le procès-verbal d'ouverture, que les lettres et objets étrangers au service, lesquels seront repliés dans leurs enveloppes ou sous leurs bandes, et adressés au bureau des rebuts comme il vient d'être dit à l'article précédent.

§ 66.

Les préposés des postes sont autorisés à ouvrir les lettres taxées à leur adresse, qu'ils penseront devoir être relatives à leurs fonctions. Les directeurs mettront ces lettres, tout ouvertes, à l'appui de l'état no 441 (rebuts journaliers); et la taxe de celles qui seront reconnues n'avoir rapport qu'au service des postes leur sera allouée dans le compte sommaire des rebuts no 777.

§ 67.

Seront immédiatement renvoyés à Paris, et traités comme rebuts journaliers :

1o Les lettres et paquets adressés aux fonctionnaires dénommés dans le présent Manuel, qui auront été refusés à cause de la taxe, soit parce qu'ils n'étaient revêtus d'aucun contre-seing, soit parce que le contre-seing n'en était pas valable (1);

2o Les lettres et paquets taxés dont les auteurs ont le droit de contre-seing à l'égard des destinataires, mais que ces destinataires auront refusé à la fois de retirer et d'ouvrir, ou de faire ouvrir en présence du directeur des postes;

3o Les lettres dites *lettres confidentielles* (voir le paragraphe 18) adressées par les maires au préfet de leur département ou au sous-préfet de leur arrondissement, et qui, ayant été frappées de la taxe, viendront, par ce motif, à être refusées par les magistrats destinataires ;

---

(1) Sont exceptés de ces lettres et paquets, ceux qui seraient adressés, sans aucun contre-seing ou cachet administratif, aux titulaires ci-après désignés, savoir :

Les chefs d'institution,
Les débitants de poudres à feu.. } compris au Manuel, sous le nom générique de
Les débitants de tabac.. . . . . . } *préposés des contributions indirectes.*
Les instituteurs et institutrices primaires,
Les maîtres et maîtresses des écoles primaires,
Les maîtres de pension.

4º Les lettres et paquets qui porteront le contre-seing ou seulement le cachet d'administration d'un fonctionnaire autorisé à contre-signer sa correspondance de service, lorsque ces lettres et paquets seront refusés, ou lorsqu'ils seront adressés à des personnes connues, mais dont la résidence actuelle est ignorée;

5º Les lettres adressées, sous le contre-seing du grand chancelier de la Légion d'honneur, aux membres de cet ordre, lorsque les destinataires ne se trouveront pas *précisément à la résidence et même au domicile* indiqués sur l'adresse (1);

6º Les lettres et paquets contre-signés par un des fonctionnaires dénommés au Manuel des franchises et en même temps adressés à un fonctionnaire dénommé à ce Manuel, lorsque, le destinataire étant décédé, ils sont refusés par le nouveau titulaire ou par l'intérimaire, et encore dans le cas d'une interruption de fonctions qui durerait depuis plus de dix jours;

7º Les lettres et paquets frappés d'une *taxe double* en vertu de l'ordonnance royale du 14 décembre 1825, et refusés par les destinataires. (*Circulaire n*º 184);

8º Les lettres émanées de la *cour des comptes,* adressées *nominativement* à un justiciable de cette cour, qui ne pourraient être distribuées, soit que le destinataire ait disparu sans laisser d'adresse, soit qu'étant décédé, il n'ait pas laissé d'héritiers connus, soit, enfin, qu'elles aient été refusées par ses héritiers ou leurs représentants. (*Circulaire n*º 209.)

§ 68.

Lorsqu'il n'existera, dans l'arrondissement d'un bureau de destination, aucun fonctionnaire portant le titre indiqué sur l'adresse d'une lettre ou d'un paquet, cette lettre ou ce paquet devra être classé dans les rebuts de dizaine, qui sont envoyés à Paris les 11, 20, 30 et 31 de chaque mois.

§ 69.

Les directeurs doivent constater au dos des lettres et paquets tombés en rebut les motifs de la non-distribution.

Ils énonceront le refus d'en acquitter le port par ces mots :

---

(1) Dans ce cas, les directeurs annoteront au dos de chaque lettre les renseignements qu'ils auront recueillis sur la nouvelle résidence ou le véritable domicile du destinataire.

Refusé à cause de la taxe ; et le refus d'en faire l'ouverture par ces mots : *Refusé d'ouvrir.*

L'omission de ces énonciations, ou l'envoi tardif des lettres et paquets à Paris, pourra donner lieu à faire mettre à la charge des directeurs les taxes dont ces objets auront été frappés.

> Lorsque les lettres et paquets doivent être détaxés *sans condition d'ouverture ni de vérification au bureau de poste,* et qu'il y a refus de remplir les formalités justificatives de la détaxe, la cause de la non-distribution doit être constatée au dos du paquet, suivant qu'il y a lieu, par l'une ou l'autre des deux formules ci-après : *Refus de faire émarger l'état des détaxes; Refus de faire délivrer l'enveloppe du paquet ou un certificat en tenant lieu. (Circulaire n° 184.)*

CHAPITRE XIII.

Dispositions relatives à la correspondance d'outre-mer.

§ 70.

Par dérogation à la seconde disposition de l'article 826 de l'Instruction générale sur le service des postes, les préfets maritimes et chefs de service dans les ports sont autorisés à remettre eux-mêmes, aux capitaines des navires en partance, les lettres et paquets *contre-signés, destinés,* soit aux administrations coloniales, aux officiers et fonctionnaires employés dans les colonies, soit aux ambassadeurs, consuls et autres agents du roi dans les parages d'outre-mer.

Les lettres et paquets *venant des pays d'outre-mer* ne sont pas compris dans cette exception, et doivent, en conséquence, être remis aux directeurs des postes, quelle que soit la destination de ces lettres et paquets, et de quelque contre-seing qu'ils soient revêtus.

§ 71.

Outre le récépissé collectif que les directeurs des postes délivrent aux capitaines des navires, en vertu de l'article 578 de l'Instruction générale sur le service des postes, pour les lettres, journaux et imprimés qu'ils en reçoivent, ces directeurs donneront aux mêmes capitaines un récépissé spécial et nominatif des lettres et paquets *inscrits sur les rôles d'équipages*.

§ 72.

Les lettres et paquets dont il aura été donné un reçu nominatif par les directeurs des postes, seront immédiatement *chargés d'office*, et ne pourront être distribués que sur reçu des destinataires ou de leurs fondés de pouvoirs, dans les formes prescrites par l'article 485 de l'Instruction générale sur le service des postes.

EXPLICATION

DES SIGNES ET ABRÉVIATIONS

Employés dans les colonnes 1, 2 et 3

DES TABLEAUX DE CORRESPONDANCES COMPOSANT LE MANUEL DES FRANCHISES.

Abréviations employées dans la colonne 1re.

[L.F.] *signifie* Lettres fermées, c'est-à-dire, sous enveloppe ou sous pli.
[S.B.] ——— Sous bandes.
[S.B.*] ——— Sous bandes avec faculté de fermer, c'est-à-dire, de mettre sous enveloppe ou sous pli, *mais seulement en cas de nécessité.*

Signe employé dans la colonne 2.

L'astérisque *, placé à la suite de la désignation du fonctionnaire, indique que le contre-seing est réciproque.

Abréviations employées dans la colonne 3.

ABRÉVIATIONS.	EXPLICATION DES ABRÉVIATIONS.	Numéros des TABLEAUX auxquels se rapportent les abréviations.
Arr. acad.	Arrondissement académique.	1
Arr. cant.	Arrondissement cantonal. (Voir le *Dictionnaire des postes*)	»
Arr. cons. réf.	Arrondissement des consistoires des églises réformées.	22
Arr. forges.	Arrondissement des forges.	4
Arr. ing. en ch. m. . . .	Arrondissement des ingénieurs en chef des mines.	31
Arr. ing. ord. m.	Arrondissement des ingénieurs ordinaires des mines.	31
Arr. insp. g. d'arm. . .	Arrondissement des inspecteurs généraux d'armes. (Voir le tableau envoyé chaque année aux agents des postes par circulaire spéciale).	»
Arr. insp. spéc. tab. .	Arrondissement des inspecteurs spéciaux des tabacs. (Voir page 87)	»
Arr. mar.	Arrondissement maritime	2
Arr. s.-pr.	Arrondissement de sous-préfecture. (Voir le *Dictionnaire des postes*).	»
Arr. vér. arm.	Arrondissement de vérification des armes de la garde nationale.	25
C. d'ass.	Cour d'assises (même circonscription que les départements).	11
Ch. de fer en constr .	Chemin de fer en construction.	6
Circ. comm. poudr. . .	Circonscription des commissaires des poudres.	34

ABRÉVIATION.	EXPLICATION DES ABRÉVIATIONS.	Numéros des TABLEAUX auxquels so rapportent les abréviations.
Circ. dioc..	Circonscription diocésaine.	14
Circ. har.	Circonscription des haras et dépôts d'étalons.	28
Circ. mag. poudr. . . .	Circonscription des magasins des poudres. .	34
Conserv. for.	Conservation forestière.	23
Contr. aux sels. . . .	Arrondissement des contrôleurs aux sels. . .	10
C. roy.	Cour royale..	12
Dép..	Département. (Voir le *Dictionnaire des postes*).	»
Dép. de rem.	Circonscription des dépôts de remonte. . . .	13
Dir. d'art.	Direction d'artillerie.	3
Dir. doua.	Direction des douanes.	16
Dir. doua. et dir. limit.	Direction des douanes et directions limitrophes.	16
Dir. du gén.	Direction du génie.	27
Div. insp. m.	Division d'inspection des mines.	31
Div. mil.	Division militaire..	15
Insp. ch. de fer. . . .	Circonscriptions de l'inspection des chemins de fer.	7
Insp. div. p. ch . . .	Circonscriptions des inspecteurs divisionnaires des ponts et chaussées.	33
Insp. ec. conf. d'Aug. .	Inspections ecclésiastiques de la confession d'Augsbourg.	21
Insp. part. nav.	Circonscriptions des inspecteurs particuliers de la navigation (approvisionnement de Paris).	32
Insp. princ. nav. . . .	Circonscriptions des commissaires généraux de la navigation (approvisionnement de Paris).	32
Lég. gend.	Légion de gendarmerie..	26
Ligne télég.	Ligne télégraphique.	30
Parc. canaux.	Parcours des canaux.	5
Parc. ch. de fer. . .	Parcours des chemins de fer.	7
Parc. riv. nav. . . .	Parcours des rivières navigables.	35
Parc. rout.	Parcours des routes.	36
Ray. télég.	Rayon télégraphique.	30
Ress. comm. san. . .	Ressort des commissions sanitaires.	29
Ress. cons. loc. . . .	Ressort des consistoires locaux.	20
Ress. éc. n. pr. . . .	Ressort des écoles normales primaires. . .	19
Ress. int. san. . . .	Ressort des intendances sanitaires.	29
Subd. mil.	Subdivision militaire.	37
Subd. mil. et subd. limit.	Subdivision militaire et subdivisions limitrophes.	37
Tout le R.	Tout le royaume .(Voir le *Dictionnaire des postes*).	»

PREMIÈRE PARTIE.

DES FRANCHISES

SANS CONDITION DE CONTRE-SEING.

ÉTENDUE des FRANCHISES ACCORDÉES sans condition de contre-seing. (Les initiales entre crochets indiquent la forme à employer pour la fermeture des lettres.)	DÉSIGNATION DES FONCTIONNAIRES ET DES PERSONNES qui jouissent de la franchise à raison de leur qualité et sans condition de contre-seing.	Circonscriptions territoriales dans lesquelles la correspondance, valablement contre-signée, circule en franchise.	Nos des tableaux de circonscriptions à consulter à la suite du présent manuel.
FRANCHISE ILLIMITÉE. [L.F.]	**§ Ier. — Famille royale.** Le Roi. . . . . La Reine. . . . . S. A. R. Madame Adélaïde, princesse d'Orléans, sœur du Roi. . . . . Les Princes et princesses, fils et filles du Roi. **§ II. — Maison du Roi.** L'intendant général de la liste civile. . . . . . L'administrateur du domaine privé. . . . . . L'aide de camp du Roi chargé du service de la maison du Roi. . . . . Les aides de camp du Roi, de service. . . . . Les secrétaires du cabinet du Roi. . . . . . Le secrétaire des commandements de la Reine **§ III. — Maisons de LL. AA. RR.** Le secrétaire des commandements du Prince royal. . . . . Le secrétaire des commandements de S. A. R. madame la duchesse d'Orléans. . . . . Le secrétaire des commandements de S. A. R. le duc de Nemours. . . . . Le secrétaire des commandements de S. A. R. le prince de Joinville. . . . . Le secrétaire des commandements de S. A. R. le duc d'Aumale. , ... Le secrétaire des commandements de S. A. R. le duc de Montpensier. . . . . **§ IV. — Grands fonctionnaires de l'État.** Le chancelier de France, tant en cette qualité que comme président de la Chambre des Pairs Le président de la Chambre des Députés. . . Le gr. référendaire de la Chambre des pairs. Le grand chancelier de la Légion d'honneur. Les ministres secrét. d'État à département (1). Le sous-secrétaire d'État de l'intérieur. . . . Le sous-secrétaire d'État des travaux publics.	Tout le R.	»

(1) Les lettres chargées ou non chargées, qui sont adressées par des comptables directs du trésor royal au Caissier du trésor royal, au Directeur du mouvement des fonds, au Directeur de la comptabilité générale, à l'Agent judiciaire du trésor royal, devront être expédiées à l'adresse du ministre secrétaire d'État des finances, et porter ces mots sur la suscription: *Caisse du trésor royal, Direction du mouvement général des fonds, Direction de la comptabilité générale* ou *Agence judiciaire,* selon leur destination.

ÉTENDUE des FRANCHISES ACCORDÉES sans condition de contre-seing (Les initiales entre crochets indiquent la forme à employer pour la fermeture des lettres.)	DÉSIGNATION DES FONCTIONNAIRES ET DES PERSONNES qui jouissent de la franchise à raison de leur qualité et sans condition de contre-seing.	Circonscriptions territoriales dans lesquelles la correspondance, valablement contre-signée, circule en franchise.	N.º des tableaux de circonscriptions à consulter, à la suite du présent Manuel.
	Grands fonctionnaires de l'État (Suite.)		
FRANCHISE ILLIMITÉE. [L.F.] (Suite.)	Le président du contentieux du Conseil d'État.	Tout le R.	»
	Le premier président de la Cour de cassation.		
	Le premier président de la Cour des comptes.		
	Le procureur général de la Cour de cassation.		
	Le procureur général de la Cour des comptes.		
	Le commandant supérieur des gardes nationales de Paris et du dép. de la Seine.		
	Le commandant de la 1re division militaire.		
	Le comm. de Paris et du départ. de la Seine.		
	Le préfet de police.		
	Le direct. gén. de l'enreg. et des domaines.		
	Le direct. général de l'administ. des forêts.		
	Le directeur de l'administration des douanes.		
	Le direct. de l'adm. des contrib. indirectes.		
	Le directeur de l'administration des tabacs.		
	Le directeur de l'administration des postes.		
	Le directeur de la police générale du royaume.		
	Le direct. général de l'administ. de la caisse d'amort. et de la caisse des dépôts et consign.		
	Le directeur général de l'administration des contributions directes.		
	Le directeur du personnel du ministère de la guerre.		
	Le secrétaire général du Conseil d'État.		
	Le président de la commission de l'ancienne liste civile.		
	Le commissaire du Roi près la commission d'indemnité des colons de Saint-Domingue.		
	Le gouverneur général des possessions françaises dans le nord de l'Afrique.		
	Le secrétaire général près la commission d'indemnité des colons de Saint-Domingue.		
	§ V.		
	Le directeur de l'imprimerie royale (1).		
	§ Ier.		
FRANCHISE LIMITÉE. [L.F. ou S.B.]	Le préfet de la Seine.	Dép.	»
	Les procureurs généraux.	C. roy.	12
	Le procureur du Roi près le tribunal de première instance de la Seine	Dép.	»
	Les procur. du Roi près les Cours d'assises.	C. d'ass.	11
	Les procur. du Roi près les trib. de 1re inst.	Arr. s.-pr.	»
	Le sous-chef de l'État-major des gardes nationales de Paris et du départ. de la Seine.	Dép.	»
	Le directeur des finances en Algérie.	Algérie.	»
	Le directeur de l'intérieur en Algérie.	Algérie.	»

(1) Cette franchise ne s'applique qu'aux demandes d'abonnement au *Bulletin des lois* et au *Bulletin des Arrêts de la Cour de cassation.*

DEUXIÈME PARTIE.

DES FRANCHISES

SOUS LA CONDITION D'UN CONTRE-SEING.

DÉSIGNATION DES FONCTIONNAIRES ET DES PERSONNES		Circonscrip-tions territoriales dans lesquelles la correspon-dance valablement contre-signée, circule en franchise.	Nᵒˢ des tableaux de circonscriptions à consulter, à la suite du présent Manuel.
autorisés à contre-signer leur correspondance de service. (Les initiales entre crochets indiquent la forme à em-ployer pour la fermeture des lettres.)	auxquels la correspondance de service des fonctionnaires et des personnes désignés dans la colonne ci-contre doit être remise en franchise.		
LE ROI ET LA FAMILLE ROYALE.			
LE ROI (1).　[L.F.]	Tous fonctionnaires et toutes personnes in-distinctement.	Tout le R.	»
FAMILLE ROYALE.			
S. A. R. LE PRINCE ROYAL.　[L.F.]	Fonctionnaires publics, officiers de terre et de mer et employés, tant civils que mili-taires, relevant de l'autorité, soit des minis-tres secrétaires d'État, soit de l'intendant général de la liste civile*.	Tout le R.	»

(1) Le contre-seing du Roi est exercé, savoir :

1º Par l'intendant général de la liste civile, au moyen d'une griffe portant ces mots: *Service du Roi*, et d'une autre griffe portant ces mots: *L'intendant général de la Liste civile* ;

2º Par l'administrateur du domaine privé, au moyen d'une griffe portant ces mots: *Service du Roi*, *l'administrateur du domaine privé* ;

3º Par le secrétaire en chef du cabinet du Roi, au moyen d'une griffe portant ces mots : *Service du Roi, cabinet du Roi* ;

4º Par l'aide de camp du Roi chargé du service de la maison du Roi, au moyen d'une griffe portant ces mots: *Service du Roi, maison du Roi* ;

5º Par l'aide de camp de service près de S. M., au moyen d'une griffe portant ces mots: *Service du Roi, l'aide de camp de service* ;

6º Par le secrétaire des commandements de la Reine, au moyen d'une griffe portant ces mots: *Service du Roi, cabinet de la Reine.*

| DÉSIGNATION DES FONCTIONNAIRES ET DES PERSONNES | | Circonscriptions territoriales dans lesquelles la correspondance, valablement contre-signée, circule en franchise. | N.os des tableaux de circonscriptions à consulter, à la suite du présent manuel. |
autorisés à contre-signer leur correspondance de service. (Les initiales entre crochets indiquent la forme à employer pour la fermeture des lettres.)	auxquels la correspondance de service des fonctionnaires et des personnes désignés dans la colonne ci-contre doit être remise en franchise.		
ADJOINTS des maires exerçant le ministère public près les tribunaux de simple police. (1) [S. B.]	Juges d'instruction★	Arr. s.-pr.	»
	Premiers présidents des Cours royales★	C. roy.	12
	Présidents des Cours d'assises★	Dép. (2)	»
	Procureurs généraux★	C. roy.	12
	Procureurs du Roi près les Cours d'assises★	Dép.	»
	Procureurs du Roi près les trib. de 1re inst.★	Arr. s.-pr.	»
ADJOINTS des maires exerçant le ministère public près les tribunaux de simple police, *dans le département de la Seine.* [S. B.]	Juges d'instruction attachés au tribunal de 1re instance de la *Seine*★	Dép.	»
ADMINISTRATEUR en chef des lignes télégraphiques. [L. F.]	Directeurs des télégraphes★	Tout le R.	»
	Inspecteurs des télégraphes★	Tout le R.	»
ADMINISTRATEURS des classes. (*Voyez* Commissaires de l'inscription maritime.)	. . . .	. . . .	»
ADMINISTRATEUR du domaine privé du Roi. (3)	. . . .	. . . .	»
ADMINISTRATEURS des établissements de bienfaisance. [S. B.]	Préfets★	Dép.	»
	Sous-préfets★	Arr. s.-pr.	»
ADMINISTRATEURS des hospices civils, dans les lieux où il n'existe pas d'hôpitaux militaires. [S. B.]	Chefs du service de la marine★	Tout le R.	»
	Colonels chefs d'état-major des divis. milit.★	Div. milit.	15
	Commissaires de l'inscription maritime★	Tout le R.	»
	Commissaires aux revues★	Tout le R.	»
	Inspecteurs généraux d'armes★	Arr. Insp.g.d'arm	»
	Inspecteurs généraux de gendarmerie★	Tout le R.	»
	Intendants militaires★	Tout le R.	»
	Lieutenants généraux command. les div. milit.★	Div. milit.	15
	Maréc. de camp command. les subdiv. milit.★	Subd. milit.	37
	Officiers { du bataillon de voltigeurs corses★	Tout le R.	»
	Officiers { de la garde municipale de *Paris*★	Tout le R.	»
	Officiers { de gendarmerie★	Tout le R.	»
	Préfets maritimes★	Tout le R.	»
	Sous-intendants militaires★	Tout le R.	»
	Sous-intendants militaires adjoints★	Tout le R.	»

(1) Les adjoints peuvent expédier par lettres fermées les correspondances qu'ils adressent aux procureurs généraux et procureurs du roi, dans le ressort desquels ils sont placés.

(2) Cette franchise s'étend même au lieu de la résidence ordinaire des présidents des Cours d'assises.

(3) L'administrateur du domaine privé contre-signe, au moyen d'une griffe, portant ces mots : *Service du Roi, l'administrateur du domaine privé.* (*V.* le contre-seing du Roi.) Il reçoit en franchise, sans condition de contre-seing, les lettres et dépêches qui lui sont adressées. (*V.* la première partie.)

DESIGNATION DES FONCTIONNAIRES ET DES PERSONNES		Circonscriptions territoriales dans lesquelles la correspondance, valablement contre-signée, circule en franchise.	Nos des tableaux de circonscriptions à consulter, à la suite du présent Manuel.
autorisés à contre-signer leur correspondance de service. (Les initiales entre crochets indiquent la forme à employer pour la fermeture des lettres.)	auxquels la correspondance de service des fonctionnaires et des personnes désignés dans la colonne ci-contre, doit être remise en franchise.		
ADMINISTRATEUR de la sûreté publique du royaume de *Belgique* (1). [S. B.]	Préfet du *Nord*★..................	»	»
AGENT d'administration de l'atelier du fort *St-François*. [S. B.]	Sous-intendant militaire à *Saint-Omer*★...	»	»
AGENTS de l'administration des finances, soumis à la vérification des inspecteurs. [S. B.]	Inspecteurs des finances★ .... Inspecteurs généraux des finances★.....	Tout le R. Tout le R.	» »
AGENTS des affaires étrangères correspondant par la Méditerranée (2). [S.B.★]	Agents des affaires étrangères dans les *parages de la Méditerranée*★ .... Ambassadeurs de France, à *Constantinople*, à *Naples*, et à *Rome*★. .... Consuls de France (généraux ou autres), correspondant par la *Méditerranée*★ .... Ministres de France à *Florence* et en *Grèce*★ Vice-consuls de France, correspondant par la *Méditerranée*★	» » » » »	» » » » »
AGENT des affaires étrangères, à *Marseille*. [S. B.★]	Lieutenant général commandant la 21e division militaire★..................	»	15
AGENTS comptables des facultés. [S. B.]	Receveurs généraux des finances★.......	Arr. acad.	1
AGENTS consulaires de France à *l'étranger*. [S. B.]	Présid. semainiers des commiss. sanitaires★. Présid. semainiers des intend. sanitaires★.	Tout le R. Tout le R.	» »
AGENTS généraux des remontes des haras. [S. B.]	Directeurs des dépôts d'étalons★ ...... Directeurs des haras★ .... Inspecteurs généraux des haras★ ...... Préfets★. .... Sous-Préfets★.	Tout le R. Tout le R. Tout le R. Tout le R. Tout le R.	» » » » »
AGENTS des postes embarqués sur les paquebots de la Méditerranée. [S. B.]	Président du comité de direction du service des paquebots de l'administration des postes sur la *Méditerranée*★	»	»
AGENTS sanitaires (3). [S. B.]	Présid. semainiers des commiss. sanitaires★. Présid. semainiers des intend. sanitaires★.	Ress. com. san. Ress. int. san.	29 29

(1) Cette correspondance peut également circuler sous enveloppe.

(2) Cette correspondance est transportée par les paquebots de la Méditerranée.

(3) Les agents sanitaires qui réunissent à cette qualité celle de préposés d'un autre service, ne jouissent de la franchise et du contre-seing qui leur sont ici attribués, qu'autant qu'ils sont désignés expressément en leur qualité d'*agents sanitaires*, tant dans leur propre contre-seing que dans la suscription des lettres qui leur sont adressées.

DÉSIGNATION DES FONCTIONNAIRES ET DES PERSONNES		Circonscriptions territoriales dans lesquelles la correspondance, valablement contre-signée, circule en franchise.	N°s des tableaux de circonscriptions à consulter, à la suite du présent Manuel.
autorisés à contre-signer leur correspondance de service. (Les initiales entre crochets indiquent la forme à employer pour la fermeture des lettres.)	auxquels la correspondance de service des fonctionnaires et des personnes désignés dans la colonne ci-contre, doit être remise en franchise.		
AGENTS du service des paquebots de l'administration des postes, placés dans les *Échelles* (1). [S. B.]	Président du comité de direction du service des paquebots de l'administration des postes sur la *Méditerranée**.		»
AGENT spécial de l'administration sanitaire, à *St-Nazaire* (2).	. . . .		»
AGENTS spéciaux de surveillance établis par l'administration sur les lignes de chemins de fer. [S. B.]	Agents spéciaux de surveillance établis par l'adm. sur les lignes de chemins de fer*.	Dép. et dép. limit. (3)	»
	Commissaires de police établis par l'administration sur les lignes de chemins de fer*.	Idem.	»
	Ingén. en chef des ponts et chaussées chargés du service des chemins de fer*.	Idem.	»
	Ingénieurs en chef des ponts et chaussés chargés du contrôle et de la surveillance des travaux entrepris par des compagnies, dans les départements de la *Seine* et de *Seine-et-Oise** (4).	Seine et S.-Oise.	»
	Ingénieurs ordinaires des ponts et chaussées chargés du service des chemins de fer*.	Dép. et dép. limit. (3)	»
	Préfets*.	Idem.	»
	Sous-préfets*.	Idem.	»
AGENTS VOYERS d'arrondissement. [S.B.]	Agents voyers d'arrondissement*.	Arr. s.-pr. (5)	»
	Agents voyers de canton*.	Arr. s.-pr. (5)	»
	Agents voyers en chef*.	Dép.	»
	Ingénieurs des ponts et chaussées chargés du service vicinal*.	Dép.	»
	Maires*.	Arr. s.-pr. (5)	»
	Percepteurs*.	Arr. s.-pr. (5)	5
	Préfets*.	Dép.	5
	Sous-Préfets*.	Arr. s.-pr. (5)	»
AGENTS VOYERS de Canton. [S.B.]	Agents voyers d'arrondissement*.	Arr. s.-pr. (5)	»
	Agents voyers de canton*.	Arr. s.-pr. (5)	»
	Agents voyers en chef*.	Dép.	»
	Ingénieurs des ponts et chaussées chargés du service vicinal*.	Dép.	»
	Maires*.	Arr. s.-pr. (5)	5
	Percepteurs*.	Arr. s.-pr. (6)	»
	Préfets*.	Dép.	»
	Sous-Préfets*.	Arr. s.-pr. (5)	»

(1) Cette correspondance peut avoir lieu S. B.*, lorsque les agents contre-signataires sont *Chefs de service*.

(2) V. *Délégué de la commission de salubrité navale à Saint-Nazaire*.

(3) Dans le département et les départements limitrophes traversés par le chemin de fer auquel le contre signataire est attaché.

(4) Cette concession cessera d'avoir son effet au 1ᵉʳ janvier 1844.

(5) Cette franchise s'étend même aux arrondissements limitrophes, si le service des contre-signataires dépasse l'arrondissement de leur résidence, mais sans jamais sortir du département.

DÉSIGNATION DES FONCTIONNAIRES ET DES PERSONNES		Circonscriptions territoriales dans lesquelles la correspondance, valablement contre-signée, circule en franchise.	N⁰ˢ des tableaux de circonscriptions à consulter, à la suite du présent Manuel.
autorisés à contre signer leur correspondance de service. (Les initiales entre crochets indiquent la forme à employer pour la fermeture des lettres.)	auxquels la correspondance de service des fonctionnaires et des personnes désignés dans la colonne ci-contre, doit être remise en franchise.		
AGENTS VOYERS en chef. [S.B.]	Agents voyers d'arrondissement*.	Dép.	»
	Agents voyers de canton*.	Dép.	»
	Ingénieurs des ponts et chaussées chargés du service vicinal*.	Dép.	»
	Maires*.	Dép.	»
	Percepteurs*.	Dép.	»
	Préfets*.	Dép.	»
	Sous-Préfets*.	Dép.	»
AIDE DE CAMP du Roi chargé du service de la maison du Roi (1).	. . . .		»
AIDES DE CAMP du Roi, de service (2).	. . . .		»
AMBASSADEUR de France près la Confédération Suisse. [L.F.]	Préfet de l'*Ain*, à *Bourg**.	»	»
	Préfet du *Doubs*, à *Besançon**.	»	»
	Sous-Préfet, à *Gex**.	»	»
AMBASSADEUR de France, à *Constantinople* (3). [S.B.]	Agents des affaires étrangères dans les parages de la *Méditerranée**.	»	»
	Ambassadeurs de France, à *Naples* et à *Rome*.	»	»
	Consuls de France (généraux ou autres), correspondant par la *Méditerranée**. . .	»	»
	Ministres de France à *Florence* et en *Grèce**.	»	»
	Vice-consuls de France, correspondant par la *Méditerranée**.	»	»
AMBASSADEURS de France en *Italie*. [L.F.]	Préfet des *Bouches-du-Rhône*, à *Marseille*..	»	»
AMBASSADEUR de France à *Lisbonne*. [L.F.]	Directeur du télégraphe, à *Bayonne**. . . .	»	»
AMBASSADEUR de France, à *Madrid*. [L.F.]	Directeur du télégraphe, à *Bayonne**. . . .	»	»
	Préfet des *Bouches-du-Rhône*, à *Marseille**.	»	»
	Préfet des *Pyrénées-Orientales*, à *Perpignan**	»	»
AMBASSADEUR de France, à *Naples*. (3). [S.B.]	Agents des affaires étrangères dans les *Parages de la Méditerranée**..	»	»
	Ambassadeurs de France, à *Constantinople** et à *Rome**.	»	»

(La suite au verso.)

(1) Contre-signe au moyen d'une griffe portant ces mots : *Service du Roi, maison du Roi*; (*V.* page 3, le 4⁰ de la note.)

Reçoit en franchise, sans condition de contre-seing, les lettres et dépêches qui lui sont adressées, (*V.* la 1ʳᵉ partie, page 1.)

(2) Contre-signent au moyen d'une griffe portant ces mots : *Service du Roi, aide de camp de service.* (*V.* page 3, le 5⁰ de la note.)

Reçoivent en franchise, sans condition de contre-seing, les lettres et dépêches qui leur sont adressées. (*V.* la 1ʳᵉ partie, page 1.)

(3) Cette correspondance est transportée par les paquebots de la Méditerranée.

DÉSIGNATION DES FONCTIONNAIRES ET DES PERSONNES		Circonscriptions territoriales dans lesquelles la correspondance, valablement contre-signée, circule en franchise.	N°s des tableaux de circonscription à consulter, à la suite du présent Manuel.
autorisés à contre-signer leur correspondance de service. (Les initiales entre crochets indiquent la forme à employer pour la fermeture des lettres.)	auxquels la correspondance de service des fonctionnaires et des personnes désignés dans la colonne ci-contre doit être remise en franchise.		
AMBASSADEUR de France, à *Naples.* (1) (*Suite*). [S.B.]	Consuls de France (généraux ou autres), *correspondant par la Méditerranée*...	»	»
	Ministres de France, à *Florence* et en *Grèce*..	»	»
	Vice-consuls de France, *correspondant par la Méditerranée*.....	»	»
AMBASSADEUR de France, à *Rome* (1). [S.B.]	Agents des affaires étrangères dans les para-*rages de la Méditerranée*......	»	»
	Ambassadeurs de France à *Constantinople* et à *Naples*....	»	»
	Consuls de France (généraux ou autres), *correspondant par la Méditerranée*...	»	»
	Ministres de France, à *Florence* et en *Grèce*.	»	»
	Vice-consuls de France, *correspondant par la Méditerranée*........	»	»
AMBASSADEUR de France, à *Turin*. [L.F.]	Préfet de l'*Ain*, à *Bourg*....	»	»
	Préfet des *Alpes* (*Hautes*), à *Gap*......	»	»
	Préfet du *Var*, à *Draguignan*....	»	»
	Sous-Préfet, à *Gex*.........	»	»
AMBASSADEURS ottomans, à *Londres* et à *Paris* (1). [L.F.]	Ministre des affaires étrangères de la *Sublime Porte*.......	»	»
ARCHEVÊQUES (2). [S. B★.]	Archevêques et Evêques*..........	Tout le R.	»
	Aumôniers des collèges*..........	Circ. dioc.	14
	Aumôniers des hôpitaux*..........	Circ. dioc.	14
	Chapelains des communautés religieuses*..	Circ. dioc.	14
	Curés*............	Circ. dioc.	14
	Desservants*..........	Circ. dioc.	14
	Grands-vicaires ou vicaires généraux*...	Circ. dioc.	14
	Inspecteurs des écoles primaires*......	Circ. dioc.	14
	Maires*...........	Circ. dioc.	14
	Préfets*............	Circ. dioc.	14
	Premiers présidents des Cours royales*...	C. roy.	12
	Présidents des comités d'arrondissement de l'instruction primaire*.........	Circ. dioc.	14
	Présidents des comités communaux de l'instruction primaire*..........	Circ. dioc.	14
	Procureurs généraux*...........	C. roy.	12
	Procureurs du Roi près les Cours d'assises*.	Circ. dioc.	14
	Procureurs du Roi près les trib. de 1re inst.*.	Circ. dioc.	14
	Recteurs d'académie*.......	Arr. acad.	1
	Sous-inspecteurs des écoles primaires*...	Circ. dioc.	14
	Sous-préfets*...........	Circ. dioc.	14
	Succursalistes*.......	Circ. dioc.	14
	Supérieurs des écoles secondaires ecclésiastiques*...	Circ. dioc.	14
	Supérieurs des séminaires*........	Circ. dioc.	14
ARCHEVÊQUE de *Paris.* [S. B★.]	Doyen du chapitre de l'archevêché de *Paris*.	Circ. dioc.	14

(1) Cette correspondance est transportée par les paquebots de la Méditerranée.

(2) Les archevêques forment leur signature des initiales de leurs prénoms précédées d'une croix (†) et suivies de l'indication de leur qualité.

DÉSIGNATION DES FONCTIONNAIRES ET DES PERSONNES		Circonscriptions territoriales dans lesquelles la correspondance, valablement contre-signée, circule en franchise.	N.º des tableaux de circonscriptions à consulter, à la suite du présent tableau.
autorisés à contre-signer leur correspondance de service. (Les initiales entre crochets indiquent la forme à employer pour la fermeture des lettres.)	auxquels la correspondance de service des fonctionnaires et des personnes désignés dans la colonne ci-contre doit être remise en franchise.		
ARCHITECTES du Roi. [S. B.]	Conservateur du mobilier de la couronne* .	»	»
	Directeur des dépenses des bâtiments de la couronne*	»	»
	Directeur des domaines et du contentieux de la liste civile*	»	»
ARCHIVISTE de la couronne. [S. B.]	Conservateur des forêts de la couronne* . .	»	»
	Conservateur du mobilier de la couronne* .	»	»
	Conservateur des résidences et maisons royales à *Paris*	»	»
	Directeur des dépenses des bâtiments de la couronne*	»	»
	Directeur des dépenses de la liste civile* . .	»	»
	Directeur des domaines et du contentieux de la liste civile*	»	»
	Trésorier de la couronne*	»	»
ARPENTEURS des forêts. [S. B.]	Conservateurs des forêts*	Conserv. for.	23
	Gardes généraux des forêts*	Conserv. for.	23
	Inspecteurs des forêts*	Conserv. for.	23
	Sous-inspecteurs des forêts*	Conserv. for.	23
ASPIRANTS des mines [S. B.]	Ingénieurs en chef des mines*	Arr. Ing. en ch. m.	31
	Ingénieurs ordinaires des mines*	Arr. Ing. ord. m.	31
ASPIRANTS des ponts et chaussées. [S. B.]	Aspirants des ponts et chaussées*	Dép.	»
	Conducteurs des ponts et chaussées*	Dép.	»
	Elèves des ponts et chaussées*	Dép.	»
	Ingénieurs en chef des ponts et chaussées* .	Dép.	»
	Ingénieurs ordinaires des ponts et chaussées*	Dép.	»
	Inspecteurs divisionn. des ponts et chaussées*	Insp. div. p. ch	33
	Inspecteurs divisionnaires adjoints des ponts et chaussées chargés de l'inspection (1) des chemins de fer*	Insp. ch. de f.	7
ASPIRANTS des ponts et chaussées dans les départem. de la *Côte-d'Or*, *du Rhône* et de *Saône-et-Loire*. [S. B.]	Ingénieur des ponts et chaussées résidant à *Châlons-sur-Saône*, chargé des expériences relatives à l'entretien des routes..	(2)	»
ASPIRANTS des ponts et chauss. dans le départ. de la *Seine*. [S. B.]	Ingénieur en chef des ponts et chaussées de *Seine-et-Oise*..	»	»
ASPIRANTS des ponts et chaussées dans les départements de la *Seine* et de *Seine-et-Oise* (3). [S. B.]	Ingénieur en chef des ponts et chaussées chargé du contrôle et de la surveillance des travaux entrepris par des compagnies dans les départements de la *Seine* et de *Seine-et-Oise*.	»	»

(1) Le numéro de l'inspection doit être indiqué.

(2) En quelque lieu que soit cet ingénieur dans les trois départements indiqués.

(3) Cette concession cessera d'avoir son effet au 1er janvier 1844.

DÉSIGNATION DES FONCTIONNAIRES ET DES PERSONNES

autorisés à contre-signer leur correspondance de service. (Les initiales entre crochets indiquent la forme à employer pour la fermeture des lettres.)	auxquels la correspondance de service des fonctionnaires et des personnes désignés dans la colonne ci-contre, doit être remise en franchise.	Circonscriptions territoriales dans lesquelles la correspondance, valablement contre-signée, circule en franchise.	N° des tableaux de circonscription à consulter, à la suite du présent Manuel.
ASPIRANTS des ponts et chaussées attachés à l'étude ou au service spécial d'un *chemin de fer*. [S.B.]	Aspirants des ponts et chaussées*	Parc. ch. de fer	7
	Commandants du génie*	Parc. ch. de fer	7
	Conducteurs des ponts et chaussées*	Parc. ch. de fer	7
	Directeurs des fortifications*	Dir. du gén. et Parc. ch. de fer	27 / 7
	Elèves des ponts et chaussées*	Parc. ch. de fer	7
	Ingénieurs en chef des ponts et chaussées*	Parc. ch. de fer	7
	Ingénieurs ordinaires des ponts et chaussées*	Parc. ch. de fer	7
	Inspecteurs divisionnaires des ponts et chaussées*	Insp. div. p. ch. et parc. ch. de fer	33 / 7
	Piqueurs des ponts et chaussées*	Parc. ch. de fer	7
	Préfets*	Parc. ch. de fer	7
	Sous-préfets*	Parc. ch. de fer	7
ASPIRANTS des ponts et chaussées attachés au service spécial d'un *canal*. [S.B.]	Aspirants des ponts et chaussées*	Parc. canaux.	5
	Commandants du génie*	Parc. canaux.	5
	Conducteurs des ponts et chaussées*	Parc. canaux.	5
	Directeurs des fortifications*	Dir. du gén. et parc. canaux.	27 / 5
	Elèves des ponts et chaussées*	Parc. canaux.	5
	Ingénieurs en chef des ponts et chaussées*	Parc. canaux	5
	Ingénieurs ordinaires des ponts et chaussées*	Parc. canaux.	5
	Inspecteurs divisionnaires des ponts et chaussées*	Insp. div. p. ch. et parc. canaux.	33 / 5
	Piqueurs des ponts et chaussées*	Parc. canaux.	5
	Préfets*	Parc. canaux.	5
	Sous-préfets*	Parc. canaux.	5
ASPIRANTS des ponts et chaussées attachés au service spécial d'une *rivière navigable*. [S.B.]	Aspirants des ponts et chaussées*	Parc. riv. nav.	35
	Commandants du génie*	Parc. riv. nav.	35
	Conducteurs des ponts et chaussées*	Parc. riv. nav.	35
	Directeurs des fortifications*	Dir. du gén. et parc. riv. nav.	27 / 35
	Elèves des ponts et chaussées*	Parc. riv. nav.	35
	Ingénieurs en chef des ponts et chaussées*	Parc. riv. nav.	35
	Ingénieurs ordinaires des ponts et chaussées*	Parc. riv. nav.	35
	Inspecteurs divisionnaires des ponts et chaussées*	Insp. div. p. ch. et parc. riv. nav.	33 / 35
	Piqueurs des ponts et chaussées*	Parc. riv. nav.	35
	Préfets*	Parc. riv. nav.	35
	Sous-préfets*	Parc. riv. nav.	35
ASPIRANTS des ponts et chaussées attachés au service spécial d'une *route*. [S.B]	Aspirants des ponts et chaussées*	Parc. rout.	36
	Commandants du génie*	Parc. rout.	36
	Conducteurs des ponts et chaussées*	Parc. rout.	36
	Directeurs des fortifications*	Direc. du gén. et Parc. rout.	27 / 36
	Elèves des ponts et chaussées*	Parc. rout.	36
	Ingénieurs en chef des ponts et chaussées.	Parc. rout.	36
	Ingénieurs ordinaires des ponts et chaussées*	Parc. rout.	36
	Inspecteurs divisionnaires des ponts et chaussées*	Insp. div. p. ch. et parc. rout.	33 / 36
	Piqueurs des ponts et chaussées*	Parc. rout.	36
	Préfets*	Parc. rout.	36
	Sous-préfets*	Parc. rout.	36

DÉSIGNATION DES FONCTIONNAIRES ET DES PERSONNES		Circonscriptions territoriales dans lesquelles la correspondance, valablement contre-signée, circule en franchise.	Nᵒˢ des tableaux de circonscriptions à consulter à la suite du présent Manuel.
autorisés à contre-signer leur correspondance du service. (Les initiales entre crochets indiquent la forme à employer pour la fermeture des lettres.)	auxquels la correspondance de service des fonctionnaires et des personnes désignés dans la colonne ci-contre, doit être remise en franchise.		
AUMONIERS des colléges. [S.B]	Archevêques*.	Circ. dioc.	14
	Evêques*.	Circ. dioc.	14
	Grands-vicaires capitulaires*.	Circ. dioc.	14
AUMONIERS des hôpitaux. [S.B.]	Archevêques*.	Circ. dioc.	14
	Evêques*.	Circ. dioc.	14
	Grands-vicaires capitulaires*.	Circ. dioc.	14
AUTORITÉS espagnoles des provinces limitrophes à la 11ᵉ division militaire. [S.B.] (1)	Lieutenant général commandant la 11ᵉ division militaire*.	»	15
AUTORITÉS espagnoles des provinces limitrophes aux départements frontières [S.B.] (1)	Lieutenant général commandant la 21ᵉ division militaire*.	»	»
	Préfets de l'*Ariége*, de la *Haute-Garonne*, de la *Gironde*, des *Basses-Pyrénées*, des *Hautes-Pyrénées* et des *Pyrénées-Orientales*.	»	»
AUTORITÉS étrangères des pays limitrophes au départements frontières. [S.B.] (1)	Procureurs généraux *dans les départements frontières*.	»	»
	Procureurs du Roi *dans les départements frontières*.	»	»
AUTORITÉS étrangères de la *Baviére* et du grand-duché de *Bade*. [S.B.] (1)	Sous-préfet, à *Wissembourg*.	»	»
AUTORITÉS étrangères des pays limitrophes à la frontière de l'*Est*. [S.B.] (1)	Préfets du *Doubs*, du *Bas-Rhin* et du *Haut-Rhin*.	»	»
AUTORITÉS étrangères des provinces situées sur le *Rhin*. [S.B] (1)	Inspecteur du premier district de la navigation du *Rhin*, résidant à *Strasbourg*. . .	(2)	»
AVOCATS généraux (3)	. . . .		»
BRIGADIERS des douanes. [S. B.]	Brigadiers des douanes*.	Dir. doua. et dir. limit.	16
	Capitaines des brigades des douanes*. . . .	Dir. doua.	16
	Capitaines de pataches des douanes*. . . .	Dir. doua.	16
	Contrôleurs des brigades des douanes*. . .	Dir. doua.	16

(La suite au verso.)

(1) Les usages des offices étrangers ne permettant pas d'assujettir cette correspondance à un mode de fermeture bien fixe, les directeurs peuvent la laisser circuler également sous enveloppe.

(2) Cette franchise peut s'étendre aux lieux situés sur les rives du Rhin, jusqu'à l'embouchure de la *Lauter*.

(3) Exercent le contre-seing des *procureurs généraux*, en cas d'empêchement de la part de ces magistrats. (*V.* § 10 de l'introduction.)

| DÉSIGNATION DES FONCTIONNAIRES ET DES PERSONNES | | Circonscriptions territoriales dans lesquelles la correspondance, valablement contre-signée, circule en franchise. | N°s des tableaux de circonscriptions à consulter, à la suite du présent Manuel. |
autorisés à contre-signer leur correspondance de service. (Les initiales entre crochets indiquent la forme à employer pour la fermeture des lettres.)	auxquels la correspondance de service des fonctionnaires et des personnes désignés dans la colonne ci-contre, doit être remise en franchise.		
BRIGADIERS des douanes. (*Suite.*) [S. B.]	Directeurs des douanes★.	Dir. doua.	16
	Inspecteurs des douanes★.	Dir. doua.	16
	Lieutenants d'ordre des douanes★. . . .	Dir. doua.	16
	Lieutenants de pataches des douanes★. . .	Dir. doua.	16
	Lieutenants principaux des douanes★. . . .	Dir. doua.	16
	Patrons d'embarcations des douanes★. . . .	Dir. doua. et dir. limit.	16
	Sous-inspecteurs des douanes★.	Dir. doua.	16
BRIGADIERS des forêts. [S. B.]	Conservateurs des forêts★.	Conserv. for.	23
	Gardes à cheval des forêts★.	Conserv. for.	23
	Gardes généraux des forêts★.	Conserv. for.	23
	Gardes de la pêche★.	Arr. s.-pr.	»
	Gardes à pied des forêts★.	Arr. s. pr.	»
	Inspecteurs des forêts★.	Conserv. for.	23
	Receveurs de l'enregistrem. et des domaines★.	Conserv. for.	23
	Sous-inspecteurs des forêts★.	Conserv. for.	23
BRIGADIERS de gendarmerie (1).	. . . .	. . . .	»
CAPITAINES d'armement de la garde nationale de l'arrondissement de *St-Denis.* [S. B.]	Sous-préfet de *Saint-Denis*★.	»	»
CAPITAINES d'armement de la garde nationale de l'arrondissement de *Sceaux.* [S. B.]	Sous-préfet de *Sceaux*★.	»	»
CAPITAINES d'artillerie adjoints, détachés dans les forges et usines royales. [S. B.]	Inspecteur des forges royales★.	Tout le R.	»
	Sous-inspecteurs des forges★.	Arr. Forges et dir. d'art.	4 3
CAPITAINES des brigades des douanes. [S. B.]	Brigadiers des douanes★.	Dir. doua.	16
	Capitaines des brigades des douanes★. .	Dir. doua. et dir. limit.	16
	Capitaines de pataches des douanes★. . . .	Dir. doua.	16
	Contrôleurs des brigades des douanes★. .	Dir. doua. et dir. limit.	16
	Directeurs des douanes★.	Dir. doua.	16
	Inspecteurs des douanes★.	Dir. doua.	16
	Lieutenants d'ordre des douanes★. . . .	Dir. doua.	16
	Lieutenants de pataches des douanes★. . .	Dir. doua.	16
	Lieutenants principaux des douanes★. . . .	Dir. doua.	16
	Patrons d'embarcations des douanes★. . .	Dir. doua.	16
	Receveurs principaux des douanes★. . . .	Dir. doua.	16
	Sous-inspecteurs des douanes★.	Dir. doua.	16

(1) Ne jouissent du contre-seing et de la franchise, qu'autant qu'ils sont *commandants de brigades*, ce qui doit être exprimé dans le contre-seing ou dans l'adresse, suivant le cas. (Voir *Commandants.*)

DÉSIGNATION DES FONCTIONNAIRES ET DES PERSONNES		Circonscriptions territoriales dans lesquelles la correspondance, valablement contre-signée, circule en franchise.	Nos des tableaux de circonscriptions à consulter, à la suite du présent Manuel.
autorisés à contre-signer leur correspondance de service. (Les initiales entre crochets indiquent la forme à employer pour la fermeture des lettres.)	auxquels la correspondance de service des fonctionnaires et des personnes désignés dans la colonne ci-contre doit être remise en franchise.		
CAPITAINES des brigades des douanes dans les départements de l'*Ariége*, de l'*Aude*, des *Bouches-du-Rhône*, du *Gard*, de la *Haute-Garonne*, de l'*Hérault*, et des *Pyrénées-Orientales*. [S. B.]	Inspecteur spécial de police dans les départements du midi★	»	»
CAPITAINES commandant les détachements, dépôts, etc. (1)			»
CAPITAINES des pataches des douanes. [S. B.]	Brigadiers des douanes★	Dir. doua.	16
	Capitaines des brigades des douanes★	Dir. doua.	16
	Capitaines de pataches des douanes★	Dir. doua. et dir. limit.	16
	Contrôleurs des brigades des douanes★	Dir. doua.	16
	Directeurs des douanes★	Dir. doua.	16
	Inspecteurs des douanes★	Dir. doua.	16
	Lieutenants d'ordre des douanes★	Dir. doua. et dir. limit.	16
	Lieutenants de pataches des douanes★	Dir. doua. et dir. limit.	16
	Lieutenants principaux des douanes★	Dir. doua. et dir. limit.	16
	Patrons d'embarcations des douanes★	Dir. doua.	16
	Sous-inspecteurs des douanes★	Dir. doua.	16
CAPITAINES rapporteurs près les conseils de guerre. [S. B.]	Colonels chefs d'état-major des divisions militaires★	Div. mil.	15
	Commandants des dépôts de recrutement★	Tout le R.	»
	Inspecteurs généraux d'armes★	Arr. Insp. g. d'ar	»
	Inspecteurs généraux de gendarmerie★	Tout le R.	»
	Intendants militaires★	Tout le R.	»
	Lieutenants généraux commandant les divisions militaires★	Div. mil.	15
	Maréchaux de camp, commandant les subdivisions militaires★	Subd. mil.	37
	Officiers { du bataillon de voltigeurs corses★	Tout le R.	»
	de la garde municipale de *Paris*★	Tout le R.	»
	de gendarmerie★	Tout le R.	»
	Premiers présidents des Cours royales★	C. roy.	12
	Présidents des conseils d'administration des corps militaires★	Tout le R.	»
	Procureurs généraux★ (2)	Tout le R.	»
	Procureurs du Roi★ (3)	Tout le R.	»
	Sous-intendants militaires★	Tout le R.	»
	Sous-intendants militaires adjoints★	Tout le R.	»
CAPITAINES de recrutement (4).			»

(1) V. *Commandants des détachements, dépôts, etc.*

(2) L. F. dans le ressort de la C. roy.

(3) L. F. dans l'arr. de S.-pr.

(4) V. *Commandants des dépôts de recrutement*, pag. 21.

DESIGNATION DES FONCTIONNAIRES ET DES PERSONNES		Circonscriptions territoriales dans lesquelles la correspondance, valablement contre-signée, circule en franchise.	Nos des tableaux de circonscriptions à consulter à la suite du présent Manuel.
autorisés à contre-signer leur correspondance de service. (Les initiales entre crochets indiquent la forme à employer pour la fermeture des lettres.)	auxquels la correspondance de service des fonctionnaires et des personnes désignés dans la colonne ci-contre, doit être remise en franchise.		
CHANCELIER de France, tant en cette qualité que comme président de la Chambre des Pairs (1) [L.F]	Conseillers d'Etat★.	Tout le R.	»
	Maîtres des requêtes★.	Tout le R.	»
	Pairs de France★.	Tout le R.	»
	Procureurs généraux★.	Tout le R.	»
	Procureurs du Roi★.	Tout le R.	»
CHAPELAINS des communautés reli-gieuses. [S.B.]	Archevêques★.	Circ. dioc.	14
	Évêques★.	Circ. dioc.	14
	Grands-vicaires capitulaires★.	Circ. dioc.	14
CHEFS de corps, chefs de détachements militaires, etc. (2).			»
CHEFS des dépôts d'é-talons (3).			»
CHEFS des détachements du service actif des douanes dans le département du Nord. [S.B]	Inspecteur des douanes, à *Cambrai*★.	»	»
CHEFS des divisions de comptabilité dans les divers ministères. [L.F.]	Chefs des divisions de comptabilité des divers ministères★.	»	»
	Directeurs de comptabilité des divers ministères★.	»	»
CHEFS d'état-major des divisions militaires (4).			»
CHEFS des états-majors généraux des armées. [S.B.]	Présidents des conseils d'administration des corps faisant partie des armées auxquelles appartiennent les contre-signataires★.	(5)	»
CHEFS d'institution. [S.B.]	Contrôleurs des contributions directes★.	Arr. s.-pr.	»
	Directeurs des contributions directes★.	Dép.	»
	Inspecteurs d'académie★.	Arr. acad.	14
	Recteurs d'académie★.	Arr. acad.	14
CHEFS de recette des contributions indi-rectes, quel que soit leur titre. [S.B.]	Employés des contributions indirectes, placés sous les ordres des contre-signataires★ (6).	»	»

(1) Reçoit en franchise, sans condition de contre-seing, les lettres et les dépêches qui lui sont adressées. (*V.* la 1re partie, page 1.)

(2) V. *Commandants des corps milit.; commandants de détachements des corps milit.*, etc.

(3) V. *Directeurs des dépôts d'étalons.*

(4) V. *Colonels chefs d'état-major des divisions militaires.*

(5) Sur quelque point du royaume que les dépôts de ces corps soient établis.

(6) L'état de ces employés, pour chaque département, sera transmis aux directeurs des postes par le directeur des contributions indirectes du chef-lieu.

DÉSIGNATION DES FONCTIONNAIRES ET DES PERSONNES		Circonscriptions territoriales dans lesquelles la correspondance, valablement contre-signée, circule en franchise.	Nos des tableaux de circonscriptions à consulter, à la suite du présent Manuel.
autorisés à contre-signer leur correspondance de service. (Les initiales entre crochets indiquent la forme à employer pour la fermeture des lettres.)	auxquels la correspondance de service des fonctionnaires et des personnes désignés dans la colonne ci-contre doit être remise en franchise.		
CHEFS de section dépendant des forges de la marine de *Guérigny*. [S.B.]	Chefs de section dépendant des forges de la marine de *Guérigny*★.	»	»
	Directeur des forges de la marine de *Guérigny*★.	»	»
	Gardes-magasins dépendant des forges de la marine de *Guérigny*★.	»	»
CHEFS du service des chiourmes. [S.B.]	Commandants des brigades de gendarmerie★.	Dép. (1)	»
	Officiers de gendarmerie★.	Dép. (1)	»
	Procureurs généraux★.	C. roy.	12
	Procureurs du Roi★.	Dép. (1)	»
CHEFS du service de la marine. [S. B★]	Administrateurs des hospices civils dans les lieux où il n'existe pas d'hôpitaux milit.★.	Tout le R.	»
	Chefs du service de la marine★.	Tout le R.	»
	Colonels faisant partie des conseils de révision des opérations du recrutement *dans les départements , cités p. 18, colonne 1re, du présent Manuel*★.	»	»
	Commandants des brigades du bataillon de voltigeurs corses, de la garde municipale de *Paris* et de la gendarmerie★.	Tout le R.	»
	Commandants des possessions françaises dans les pays d'outre mer★.	»	»
	Commissaires de l'inscription maritime★.	Arr. mar.	2
	Commissaires de la marine★.	Arr. mar.	2
	Commissaires généraux de la marine★.	Tout le R.	»
	Commissaires principaux de la marine★.	Tout le R.	»
	Commiss. rapporteurs près les trib. maritimes★.	Arr. mar.	2
	Consuls de France, à l'étranger★.	»	»
	Directeurs { des fonderies royales★.	Tout le R.	»
	Directeurs { des forges royales★.	Tout le R.	»
	Directeurs { des manufactures roy. d'armes★.	Tout le R.	»
	Directeur de la Manufacture royale de machines à vapeur d'*Indret*★.	»	»
	Directeurs des subsistances de la marine★.	Arr. mar.	2
	Directeurs des télégraphes★.	Ray. télég.	30
	Gouverneurs des possessions françaises dans les pays d'outre mer★.	»	»
	Inspecteurs généraux du corps royal d'artillerie de la marine★.	Arr. mar.	2
	Intendants militaires★.	Tout le R.	»
	Maires★.	Tout le R.	»
	Officiers. . { du bataillon de voltigeurs corses★.	Tout le R.	»
	Officiers. . { de la garde municipale de *Paris*★.	Tout le R.	»
	Officiers. . { de gendarmerie★.	Tout le R.	»
	Offic. d'adm. préposés à l'inscription marit★.	Arr. mar.	2
	Offic. d'adm. comptables des hôpitaux milit★.	Tout le R.	»
	Officiers généraux ou supérieurs faisant partie des conseils de révision des opérations du recrutement, *dans les départements cités p. 18, colonne 1re, du présent Manuel*★.	»	»

(La suite au verso.)

(1) Cette franchise s'étend même aux départements limitrophes.

DÉSIGNATION DES FONCTIONNAIRES ET DES PERSONNES		Circonscrip-tions territoriales dans lesquelles la correspon-dance, valablement contre-signée, circule en franchise.	N^{os} des tableaux de circonscriptions à consulter, à la suite du présent Manuel.
autorisés à contre-signer leur correspondance de service. (Les initiales entre crochets indiquent la forme à employer pour la fermeture des lettres.)	auxquels la correspondance de service des fonctionnaires et des personnes désignées dans la colonne ci-contre, doit être remise en franchise.		
CHEFS du service de la marine. (*Suite.*) [S. B*]	Officiers de la marine royale commandant en chef une armée navale, escadre ou division, ou un bâtiment ayant une destination particulière*.	Arr. mar.	2
	Préfets des départements*.	Tout le R.	»
	Préfets maritimes*.	Tout le R.	»
	Présidents des conseils d'administration des corps militaires , soit de l'armée de terre, soit des troupes de la marine*.	Tout le R.	»
	Sous-directeurs des subsistances de la marine*	Arr. marr.	2
	Sous-intendants militaires*.	Tout le R.	»
	Sous-intendants militaires adjoints*.	Tout le R.	»
	Sous-préfets*.	Tout le R.	»
	Trésorier général des invalides de la marine*.	Tout le R.	»
	Trésoriers des invalides de la marine*.	Arr. mar.	2
	Vice-consuls de France, à l'étranger*.[L.F.]	»	»
CHEF du service de la marine, à *Bayonne.* [S. B*]	Payeur des *Basses-Pyrénées*, à *Pau*.	»	»
CHEF du service de la marine, à *Dunkerque.* [S. B*]	Payeur du *Nord*, à *Lille*.	»	»
CHEF du service de la marine , au *Havre.* [S. B*]	Payeur de la *Seine-Inférieure*, à *Rouen*.	»	»
CHEF du service de la marine, à *Marseille.* [S. B*]	Commissaires de l'inscription maritime*.	Tout le R.	»
	Commissaires aux revues à *Brest, Cherbourg, Lorient, Rochefort* et *Toulon-sur-Mer*.	»	»
CHEF du service de la marine, à *St-Servan.* [S. B*]	Payeur d'*Ille-et-Vilaine* , à *Rennes*.	»	»
COLONELS absents de leurs corps. [S. B.]	Présidents des conseils d'administration des corps auxquels appartiennent les contre-signataires*.	(1)	»
COLONELS chefs d'état - major des divisions militaires (2). [S. B.]	Administrateurs des hospices civils dans les lieux où il n'existe pas d'hôpitaux milit.*.	Div. mil.	15
	Capitaines rapport. près les conseils de guerre.	Div. mil.	15
	Commandants des brigades d'artillerie*.	Div. mil.	15
	Commandants des brigades du bataillon de voltigeurs corses*.	Div. mil.	15
	Commandants des brigades de la garde municipale de *Paris*.	Div. mil.	15
	Commandants des brigades de gendarmerie*.	Div. mil.	15
	Commandants des corps militaires*.	Div. mil.	15
	Commandants des dépôts de recrutement*.	Div. mil.	15
	Commandants des dépôts de remonte*.	Div. mil.	15
	Commandants des détachements militaires*.	Div. mil.	15
	Commandants des écoles royales militaires*.	Div. mil.	15
	Commandants des places , forts et postes*.	Div. mil.	15
	(*La suite ci-contre.*)		

(1) En quelque lieu que les régiments se trouvent placés.

(2) Les colonels chefs d'état-major des divisions militaires peuvent aussi, au besoin, écrire par *lettres fermées* aux fonctionnaires et agents désignés dans la colonne 2; mais seulement *en l'absence du lieutenant général commandant la division*, et sous la condition de déclarer sur l'adresse qu'*il y a nécessité de fermer.*

DÉSIGNATION DES FONCTIONNAIRES ET DES PERSONNES		Circonscrip-tions territoriales dans lesquelles la correspon-dance, valablement contre-signée, circule en franchise.	N.ᵒˢ des tableaux de circonscriptions à consulter, à la suite du présent manuel.
autorisés à contre-signer leur correspondance de service. (Les initiales entre crochets indiquent la forme à employer pour la fermeture des lettres.)	auxquels la correspondance de service des fonctionnaires et des personnes désignés dans la colonne ci-contre, doit être remise en franchise.		
COLONELS chefs d'e-tat-major des divi-sion militaires. (Suite.) [S. B.]	Directeurs { d'artillerie*.	Div. mil.	15
	des fortifications*.	Div. mil.	15
	des manufact. royales d'armes*.	Div. mil.	15
	Inspecteurs { des Fonderies*.	Tout le R.	»
	des Forges*.	Tout le R.	»
	des Manufact. royales d'armes*.	Tout le R.	»
	des Poudreries*.	Div. mil.	15
	des Raffineries de salpêtres*.	Div. mil.	15
	Inspecteurs généraux { d'armes*.	Arr. insp. g. d'ar.	»
	de gendarmerie*.	Tout le R.	»
	Intendants militaires*.	Tout le R.	»
	Lieuten. généraux command. les div. milit.*.	Div. mil.	15
	Lieutenants de Roi des places de guerre*.	Div. mil.	15
	Maires*.	Div. mil.	15
	Maréch. de camp command. les subdiv. milit.*	Div. mil.	15
	Maréchaux de France*.	Div. mil.	15
	Officiers { du bataillon de voltigeurs corses*.	Tout le R.	»
	de la garde municipale de *Paris*.*	Tout le R.	»
	de gendarmerie*.	Tout le R.	»
	Officiers d'administration comptables des hô-pitaux militaires*.	Div. mil.	15
	Officiers du génie*.	Div. mil.	15
	Préfets*.	Div. mil.	15
	Présidents des conseils d'administration des corps militaires*.	Div. mil.	15
	Présidents des conseils d'administration des deux régiments d'infanterie de la marine*.	Div. mil.	15
	Présidents des conseils d'administration des pénitenciers militaires*.	Div. mil.	15
	Présidents des conseils de guerre*.	Div. mil.	15
	Sous-inspecteurs des fonderies*.	Div. mil.	15
	Sous-inspecteurs des forges*.	Div. mil.	15
	Sous-intendants militaires*.	Tout le R.	»
	Sous-intendants militaires adjoints*.	Tout le R.	»
	Sous-préfets*.	Div. mil.	15
COLONEL chef d'état-major de la 4ᵉ division militaire. [S. B.]	Directeur de la fabrique de pierres à feu, à *Saint-Aignan*.*	»	15
COLONEL chef d'état-major de la 12ᵉ divi-sion militaire. [S. B.]	Directeur de la manufacture royale de ma-chines à vapeur d'*Indret*.*	»	15
COLONEL chef d'état-major de la 13ᵉ divi-sion militaire. [S. B.]	Président du conseil d'administration du dé-pôt des régiments d'infanterie de la marine (dépôt colonial), à *Landerneau*.*	»	15
COLONELS command. les corps milit. (1).	. . . .		»

(1) V. *Commandants des corps militaires.*

DÉSIGNATION DES FONCTIONNAIRES ET DES PERSONNES		Circonscriptions territoriales dans lesquelles la correspondance, valablement contre-signée, circule en franchise.	N° des bureaux de circonscriptions à consulter, à la suite du présent Manuel.
autorisés à contre-signer leur correspondance de service. (Les initiales entre crochets indiquent la forme à employer pour la fermeture des lettres.)	auxquels la correspondance de service des fonctionnaires et des personnes désignés dans la colonne ci-contre, doit être remise en franchise.		
COLONELS faisant partie des conseils de révision des opérations de recrutement dans les départements ci-après : *Ain, Allier, Alpes (Basses), Ardèche, Ariége, Aube, Aude, Aveyron, Cantal, Charente, Cher, Corrèze, Côtes-du-Nord, Creuse, Eure, Finistère, Gers, Hérault, Indre, Isère, Landes, Loire, Loire (Haute), Loiret, Loir-et-Cher, Lot, Lot-et-Garonne, Lozère, Marne, Marne (Haute), Mayenne, Oise, Orne, Saône (Haute), Saône-et-Loire, Sarthe, Seine-et-Marne, Sèvres (Deux), Tarn, Vendée, Vosges* [S.B.]	Chefs du service de la marine★	Tout le R.	»
	Commissaires de l'inscription maritime★	Tout le R.	»
	Commissaires aux revues★	Tout le R.	»
	Intendants militaires★	Tout le R.	»
	Lieutenants généraux commandant les divisions militaires★	Div. mil.	15
	Maréchaux de camp commandant les subdivisions militaires★	Div. mil.	15
	Officiers { du bataillon de voltigeurs corses★	Tout le R.	»
	Officiers { de la garde municipale de *Paris*★	Tout le R.	»
	Officiers { de gendarmerie★	Tout le R.	»
	Préfets maritimes★	Tout le R.	»
	Présidents des conseils d'administration des corps militaires★	Tout le R.	»
	Présidents des conseils d'administration des deux régiments d'infanterie de la marine★	Tout le R.	»
	Président du conseil d'administration du dépôt des deux régiments d'infanterie de la marine (dépôt colonial), à *Landerneau*★	»	»
	Sous-intendants militaires★	Tout le R.	»
	Sous-intendants militaires adjoints★	Tout le R.	»
COLONELS des régiments d'artillerie. [S.B.]	Commandant de l'école d'application, à *Metz*★	»	»
COLONELS des régiments du génie. [S.B.]	Commandant de l'école d'application, à *Metz*★	»	»
COMMANDANTS d'artillerie. [S.B.]	Colonels chefs d'état-major des divisions militaires★	Div. mil.	15
	Commandants d'artillerie★	Dir. d'art.	3
	Directeurs d'artillerie★	Dir. d'art.	3
	Directeur de la fabrique des pierres à feu, à *Saint-Aignan*★	»	»
	Directeurs des manufactures royales d'armes★	Tout le R.	»
	Gardes d'artillerie chargés du service dans les places★	Dir. d'art.	3
	Inspecteurs { des Fonderies★	Tout le R.	»
	Inspecteurs { des Forges★	Tout le R.	»
	Inspecteurs { des Manufactures royales d'armes★	Tout le R.	»
	Inspecteurs { des Poudreries★	Tout le R.	»
	Inspecteurs { des Raffineries de salpêtre★	Dir. d'art.	3
	Inspecteurs généraux { d'armes★	Arr. insp. g. d'arm.	»
	Inspecteurs généraux { de gendarmerie★	Tout le R.	»
	Intendants militaires★	Tout le R.	»
	Lieut. généraux command. les divis. milit.★	Div. mil.	15
	Maréchaux de camp commandant les subdivisions militaires★	Subd. mil.	37

(La suite ci-contre.)

DÉSIGNATION DES FONCTIONNAIRES ET DES PERSONNES autorisés à contre-signer leur correspondance de service. (Les initiales entre crochets indiquent la forme à employer pour la fermeture des lettres.)	auxquels la correspondance de service des fonctionnaires et des personnes désignés dans la colonne ci-contre, doit être remise en franchise.	Circonscriptions territoriales dans lesquelles la correspondance, valablement contre-signée, circule en franchise.	N°s des tableaux de circonscriptions à consulter, à la suite du présent Manuel.
COMMANDANTS d'artillerie. (*Suite.*) [S.B.]	Officiers. . . . du bataill. de voltig. corses★	Tout le R.	»
	de la garde munic. de *Paris*★	Tout le R.	»
	de gendarmerie★	Tout le R.	»
	Sous-inspecteurs des fonderies★	Dir. d'art.	3
	Sous-inspecteurs des forges★	Ar.forg.etdir.d'ar	43
	Sous-intendants militaires★	Tout le R.	»
	Sous-intendants militaires adjoints★	Tout le R.	»
COMMANDANTS d'artillerie de la 19ᵉ direction. [S.B.]	Directeur de la Manufacture royale de machines à vapeur d'*Indret*★	»	3
COMMANDANTS des brigades du bataillon de voltigeurs corses.	(1)	...	...
COMMANDANTS des brigades de la garde municip. de *Paris*.			
COMMANDANTS des brigades de gendarmerie. [S.B★.]	Chefs du service des chiourmes★	Dép. (2)	»
	Chefs du service de la marine★	Tout le R.	»
	Colonels chefs d'état-major des divis. milit.★	Div. mil.	15
	Commandants des dépôts de recrutement★	Dép.	»
	Commandants des dépôts de remonte★	Dép. de R.	13
	Commandants des succursales des dépôts de remonte★	Dép. de R.	13
	Commandants des brigades du bataill. de voltig. corses★	Lég. gend.	26
	Commandants des brigades de la garde munic. de *Paris*★	Lég. gend.	26
	Commandants des brigades de gendarmerie★	Lég. gend.	26
	Commissaires de l'inscription maritime★	Tout le R.	»
	Commissaires aux revues★	Tout le R.	»
	Directeurs des postes★	Arr. s.-pr.	»
	Inspecteurs des postes★	Dép.	»
	Inspecteurs généraux d'armes★	Arr.insp.g.d'arm	»
	Inspecteurs généraux de gendarmerie★	Tout le R.	»
	Intendants militaires★	Tout le R.	»
	Lieut.généraux commandants les divis.milit.★	Div. mil.	15
	Maréchaux de camp commandant les subdivisions militaires★	Subd. mil.	37
	Maires★	Arr. s.-pr.	»
	Officiers.. . . du bataillon de voltig. corses★	Tout le R.	»
	de la garde munic. de *Paris*★	Tout le R.	»
	de gendarmerie★	Tout le R.	»
	Préfets des départements★	Dép.	»
	Préfets maritimes★	Tout le R.	»
	Procureurs généraux★	Tout le R.	»
	Procureurs du Roi★	Tout le R.	»
	Sous-intendants militaires★	Tout le R.	»
	Sous-intendants militaires adjoints★	Tout le R.	»
	Sous-préfets★	Arr. s.-pr.	»

(1) Même correspondance que les *commandants des brigades de gendarmerie*.

(2) Cette franchise s'étend même aux départements limitrophes.

2*

DÉSIGNATION DES FONCTIONNAIRES ET DES PERSONNES		Circonscriptions territoriales dans lesquelles la correspondance, valablement contre-signée, circule en franchise.	Nos des tableaux de circonscriptions à consulter, à la Lutte du présent Manuel.
autorisés à contre-signer leur correspondance de service. (Les initiales entre crochets indiquent la forme à employer pour la fermeture des lettres.)	auxquels la correspondance de service des fonctionnaires et des personnes désignés dans la colonne ci-contre, doit être remise en franchise.		
COMMANDANTS des brigades de gendarmerie, sur la frontière voisine de la *Belgique* [S.B.★]	Commandants des brigades de la gendarmerie *belge*★..	le premier et le deuxième rayon sur l'un et l'autre territoire..	ʏ
	Officiers de gendarmerie *belges*★.		
COMMANDANTS des brigades de gendarmerie dans l'*île d'Oléron*. [S.B.★]	Commandant de place dans l'*île d'Oléron*★..	»	»
COMMANDANTS des brigades de gendarmerie de la *Meurthe*. [S.B★.]	Commissaires de police, à *Dieuze* et à *Vic*★.	(1)	»
COMMANDANTS des brigades de la gendarmerie *belge*. [S.B★.]	Commandants des brigades de la gendarmerie française★.	Le premier et le deuxième rayons sur l'un et l'autre territoire.	»
	Officiers de la gendarmerie française★..		
COMMANDANTS des compagnies du train. [S.B.]	Directeur des établissements et commandant supérieur du train des équipages, à *Vernon*★..	»	
COMMANDANTS des compagnies d'ouvr. du train. [S.B.]			
	Colonels chefs d'état-major des divis. milit.★.	Div. mil.	15
	Commandants des détachements des corps auxquels appartiennent les contre-signataires★..	(2)	»
	Inspecteurs généraux d'armes★.	Arr.insp.g.d'arm	»
	Inspecteurs généraux de gendarmerie★..	Tout le R.	»
	Intendants militaires★.	Tout le R.	»
	Lieut. généraux command. les divis. milit.★.	Div. mil.	15
	Maréchaux de camp commandant les subdivisions militaires★.	Subd. mil.	37
COMMANDANTS des corps militaires. [S.B.]	Officiers { du bataillon de voltigeurs corses★.	Tout le R.	»
	de la garde municipale de *Paris*★.	Tout le R.	»
	de gendarmerie★.	Tout le R.	»
	Présidents des conseils d'administration des corps auxquels appartiennent les contre-signataires★..	(2)	»
	Sous-intendants militaires★.	Tout le R.	»
	Sous-intendants militaires adjoints★.	Tout le R.	»
COMMANDANTS des corps militaires stationnés à *Château-Salins* et à *Marsal*. [S. B.]	Commissaires de police, à *Dieuze* et à *Vic*★.	(1)	»
COMMANDANT du dépôt des équipages, à *Sampigny*. [S. B.]	Directeur des établissements et commandant supérieur du train des équipages, à *Vernon*★.	»	»

(1) Cette franchise s'étend à tous les lieux où les deux commissaires de police peuvent être envoyés en mission.

(2) En quelque lieu que soient placés les corps ou détachements.

| DÉSIGNATION DES FONCTIONNAIRES ET DES PERSONNES | | Circonscriptions territoriales dans lesquelles la correspondance, valablement contre-signée, circule en franchise. | Nos des tableaux de circonscriptions à consulter à la suite du présent manuel. |
autorisés à contre-signer leur correspondance de service. (Les initiales entre crochets indiquent la forme à employer pour la fermeture des lettres.)	auxquels la correspondance de service des fonctionnaires et des personnes désignés dans la colonne ci-contre doit être remise en franchise.		
COMMANDANTS des dépôts de recrutement. [S. B.]	Capitaines rapport. près les conseils de guerre*	Tout le R.	»
	Colonels chefs d'état-major des divis. milit.*	Div. mil.	15
	Commandants des brigades de gendarmerie*.	Dép.	»
	Commandants des dépôts de recrutement*. .	Tout le R.	»
	Inspecteurs généraux d'armes*.	Arr. insp. g. d'ar.	»
	Inspecteurs généraux de gendarmerie*. . . .	Tout le R.	»
	Intendants militaires*.	Tout le R.	»
	Lieuten. généraux command. les div. milit.*.	Div. mil.	15
	Maires*.	Dép.	»
	Maréchaux de camp commandant les subdivisions militaires*.	Div. mil.	15
	Officiers { du bataillon de voltigeurs corses*.	Tout le R.	»
	{ de la garde municipale de *Paris**.	Tout le R.	»
	{ de gendarmerie*.	Tout le R.	»
	Présidents des conseils d'administration des corps militaires*.	Tout le R.	»
	Présidents des conseils d'administration des dépôts des équipages de ligne, à *Brest, Cherbourg, Lorient, Rochefort,* et *Toulon**.	»	»
	Président du conseil d'administration du dépôt des régiments d'infanterie de la marine (dépôt colonial), à *Landerneau**.	»	»
	Présidents des conseils d'administration des deux régiments d'infanterie de la marine*.	Tout le R.	»
	Présidents des conseils d'administration des pénitenciers militaires*.	Tout le R.	»
	Sous-intendants militaires*.	Tout le R.	»
	Sous-intendants militaires adjoints*.	Tout le R.	»
COMMANDANTS des dépôts de remonte de la guerre. [S. B.]	Colonels chefs d'état-major des divis. milit.*.	Div. mil.	15
	Commandants des { brigades de gendarmerie*.	Dép. de R.	13
	{ dépôts de remonte de la guerre*.	Tout le R.	»
	{ détachements de remonte*.	Tout le R.	»
	{ succursales des dépôts de remonte*	Dép. de R.	13
	Inspecteurs généraux d'armes*.	Arr. insp. g. d'ar.	»
	Inspecteurs généraux de gendarmerie*.	Tout le R.	»
	Intendants militaires*.	Tout le R.	»
	Lieutenants généraux commandant les divisions militaires*.	Dép. de R. et div. mil.	13 — 15
	Maires*.	Dép. de R.	13
	Maréchaux de camp commandant les subdivisions militaires*.	Dép. de R.	13
	Officiers { du bataillon de voltigeurs corses*.	Tout le R.	»
	{ de la garde municipale de *Paris**.	Tout le R.	»
	{ de gendarmerie*.	Tout le R.	»
	Officiers de remonte, *en tournée d'achats**.	Dép. de R.	13
	Préfets*.	Dép. de R.	13
	Présidents des conseils d'administration des corps d'artillerie*.	Tout le R.	»
	Présidents des conseils d'administration des corps de cavalerie*.	Tout le R.	»
	Présidents des conseils d'administration des corps du génie*.	Tout le R.	»
	Président du conseil d'administration de l'école de cavalerie, à *Saumur**.	»	»

(La suite au verso.)

DÉSIGNATION DES FONCTIONNAIRES ET DES PERSONNES		Circonscriptions territoriales dans lesquelles la correspondance, valablement contre-signée, circule en franchise.	N° des tableaux de circonscriptions à consulter, à la suite du présent manuel.
autorisés à contre-signer leur correspondance de service. (Les initiales entre crochets indiquent la forme à employer pour la fermeture des lettres.)	auxquels la correspondance de service des fonctionnaires et des personnes désignés dans la colonne ci-contre doit être remise en franchise.		
COMMANDANTS des dépôts de remonte de la guerre. (*Suite,*) [S. B.]	Présidents des conseils d'administration des équipages militaires★.	Tout le R.	»
	Sous-intendants militaires★.	Tout le R.	»
	Sous-intendants militaires adjoints★. . . .	Tout le R.	»
	Sous-préfets★.	Dép. de R.	13
COMMANDANTS des détachements des corps militaires. [S. B.]	Colonels chefs d'état-major des div. milit.★	Div. mil.	15
	Commandants des corps auxquels appartiennent les contre-signataires★.	(1)	»
	Commandants des sous-détachements sous les ordres des contre-signataires★.	(1)	»
	Inspecteurs généraux d'armes★.	Arr. insp. g. d'ar.	»
	Inspecteurs généraux de gendarmerie★. . .	Tout le R.	»
	Intendants militaires★.	Tout le R.	»
	Lieuten. généraux command. les div. milit.★	Div. mil.	15
	Maréchaux de camp commandant les subdivisions militaires★.	Subd. mil.	37
	Officiers { du bataillon de voltigeurs corses★.	Tout le R.	»
	de la garde municipale de *Paris*★.	Tout le R.	»
	de gendarmerie★.	Tout le R.	»
	Présidents des conseils d'administ. des corps auxquels appartiennent les contre-signat.★	(1)	»
	Sous-intendants militaires★.	Tout le R.	»
	Sous-intendants militaires adjoints★. . . .	Tout le R.	»
COMMANDANTS des détachements militaires stationnés à *Château-Salins* et à *Marsal.* [S. B.]	Commissaires de police, à *Dieuze* et à *Vic*★.	(2)	»
COMMANDANTS des détachements de remonte. [S. B.]	Commandants des dépôts de remonte★. . . .	Tout le R.	»
COMMANDANT de l'école d'application, à *Metz.* [S.B.]	Colonels des régiments d'artillerie★. . . .	Tout le R.	»
	Colonels des régiments du génie★.	Tout le R.	»
	Command. des écoles régiment. d'artillerie★	Tout le R.	»
	Commandants des écoles régim. du génie★. .	Tout le R.	»
	Directeurs d'artillerie et des fortifications★.	Tout le R.	»
	Préfets des départements★.	Tout le R.	»
COMMANDANTS des écoles régimentaires d'artillerie. [S.B.]	Commandant de l'école d'application, à *Metz*★.	»	»
	Payeurs du trésor public★.	Dép.	»
COMMANDANTS des écoles régimentaires du génie. [S.B.]	Commandant de l'école d'application, à *Metz*★	»	»
COMMANDANTS des écoles royales militaires. [S.B.]	Colonels chefs d'état-major des divisions militaires★.	Div. mil.	15
	Inspecteurs généraux d'armes★.	Arr. insp. g. d'arm	»
	Inspecteurs généraux de gendarmerie★. . .	Tout le R.	»

(La suite ci-contre.)

(1) En quelque lieu que soient placés les corps ou sous-détachements.

(2) Cette franchise s'étend à tous les lieux où les deux commissaires de police peuvent être envoyés en mission.

DÉSIGNATION DES FONCTIONNAIRES ET DES PERSONNES		Circonscriptions territoriales dans lesquelles la correspondance, valablement contre-signée, circule en franchise.	Nos des tableaux de circonscriptions à consulter, à la suite du présent Manuel.
autorisés à contre-signer leur correspondance de service. (Les initiales entre crochets indiquent la forme à employer pour la fermeture des lettres.)	auxquels la correspondance de service des fonctionnaires et des personnes désignées dans la colonne ci-contre, doit être remise en franchise.		
COMMANDANTS des écoles royales militaires (*Suite*). [S.B.]	Intendants militaires★	Tout le R.	»
	Lieut. généraux command. les divis. milit.★	Div. mil.	15
	Maréchaux de camp commandant les subdivisions militaires★	Subd. mil.	37
	Officiers { du bataillon de voltigeurs corses★	Tout le R.	»
	{ de la garde municipale de *Paris*★	Tout le R.	»
	{ de gendarmerie★	Tout le R.	»
	Sous-intendants militaires★	Tout le R.	»
	Sous-intendants militaires adjoints★	Tout le R.	»
COMMANDANTS du génie militaire. (1) [S.B.]	Aspirants des ponts et chaussées★	Parc. ch. de fer	6
		Parc. canaux.	5
		Parc. riv. nav.	35
		Parc. rout.	36
	Commandants du génie militaire★	Dir. du gén.	27
	Directeurs des fortifications★	Dir. du gén.	27
	Élèves des ponts et chaussées★	Parc. ch. de fer	6
		Parc. canaux.	5
		Parc. riv. nav.	35
		Parc. rout.	36
	Gardes du génie chargés du service dans les places★	Dir. du gén.	27
	Ingénieurs en chef et ingénieurs ordinaires des ponts et chaussées★	Parc. ch. de fer	6
		Parc. canaux	5
		Parc. riv. nav.	35
		Parc. rout. et Dép.	36 / »
	Inspecteurs divisionnaires adjoints des ponts et chaussées chargés de l'inspection (1) des chemins de fer★	Insp. ch. de fer	7
	Maires★	Dép.	»
	Préfets★	Dép.	»
	Procureurs du Roi★	Dép.	»
	Sous-préfets.	Dép.	»
COMMANDANTS du génie militaire à *Huningue* et *Neufbrisach*. [S.B.]	Ingénieur en chef du service du Rhin, à *Strasbourg*★	»	»
COMMANDANTS des paquebots de l'administration des postes sur la *Méditerranée*. [S.B.★]	Président du comité de direction du service des paquebots de l'administration des postes sur la *Méditerranée*★	»	»
COMMANDANT de *Paris* et du département de la *Seine*. (2)		»	»

(1) Le numéro de l'inspection doit être indiqué.

(2) Exerce le contre-seing attribué aux maréchaux de camp commandant les subdivisions militaires, et reçoit en franchise, sans condition de contre-seing, les lettres et dépêches qui lui sont adressées. (*V.* la première partie.)

DÉSIGNATION DES FONCTIONNAIRES ET DES PERSONNES		Circonscriptions territoriales dans lesquelles la correspondance, valablement contre-signée, circule en franchise.	Nos des tableaux de circonscription à consulter, à la suite du présent Manuel.
autorisés à contre-signer leur correspondance de service. (Les initiales entre crochets indiquent la forme à employer pour la fermeture des lettres.)	auxquels la correspondance de service des fonctionnaires et des personnes désignés dans la colonne ci-contre doit être remise en franchise.		
COMMANDANTS des places, forts et postes. [S.B.]	Colonels chefs d'état-major des divis. milit.★.	Div. mil.	15
	Commandants des places, forts et postes★, .	Div. mil.	15
	Inspecteurs généraux d'armes★.	Arr. Insp. g. d'ar.	»
	Inspecteurs généraux de gendarmerie★.	Tout le R.	»
	Intendants militaires★.	Tout le R.	»
	Lieuten. généraux command. les divis. milit.★.	Div. mil.	15
	Lieutenants de roi des places de guerre★.	Div. mil.	15
	Maréch. de camp command. les subdiv. milit.★	Subd. mil.	37
	Officiers { du bataillon de voltigeurs corses★.	Tout le R.	»
	de la garde municipale de *Paris*★.	Tout le R.	»
	de gendarmerie★.	Tout le R.	»
	Sous-intendants militaires★.	Tout le R.	»
	Sous-intendants militaires adjoints★.	Tout le R.	»
COMMANDANTS de places faisant fonctions de sous-intendants militaires, dans les lieux où il n'en existe pas (1). [S.B.]	Command. de places. Conseillers de préfect. Maires. Majors de places. } faisant fonctions de sous-intendants militaires, dans les lieux où il n'en existe pas★ (2).	Dép.	»
	Présidents des conseils d'administration des corps militaires★.	Dép.	»
	Présidents des conseils d'administration des pénitenciers militaires★	Dép.	»
	Secrétaires généraux de préfecture. Sous-préfets. } faisant fonctions de sous-intendants militaires, dans les lieux où il n'en existe pas★ (2).	Dép.	»
COMMANDANT de place de l'*île d'Oléron*. [S.B.]	Commandants des brigades de gendarmerie dans l'*île d'Oléron*★.	»	»
	Juges de paix et maires de l'*île d'Oléron*★.	»	»
COMMANDANTS des possessions françaises dans les pays d'outre mer. [L.F.]	Chefs du service de la marine★.	Tout le R.	»
	Préfets maritimes★.	Tout le R.	»
COMMANDANTS des sous-détachements des corps militaires. [S.B.]	Commandants des détachements dont les contre-signataires dépendent★.	(3)	»
COMMANDANTS des succursales des dépôts de remonte. [S.B.]	Commandants des brigades de gendarmerie★	Dép. de r.	13
	Commandants des dépôts de remonte de la guerre★.	Dép. de r.	13
	Inspecteurs généraux d'armes★.	Arr. Insp. g. d'ar	»
	Inspecteurs généraux de gendarmerie★.	Tout le R.	»
	Intendants militaires★.	Tout le R.	»
	Lieuten. généraux command. les divis. milit★.	Dép. de r. et div. mil.	} 13-15
	(La suite ci-contre.)		

(1) Dans les villes où il existe des sous-intendants militaires, les commandants de places peuvent exercer le contre-seing du sous intendant *absent* ou *malade*. (*V.* le § II de l'Introduction au présent Manuel.)

(2) Pour l'envoi des pièces relatives au service des vivres et fourrages seulement

(3) En quelque lieu que soient placés les détachements.

DÉSIGNATION DES FONCTIONNAIRES ET DES PERSONNES		Circonscriptions territoriales dans lesquelles la correspondance, valablement contre-signée, circule en franchise.	Nos des tableaux de circonscriptions à consulter, à la suite du présent volume.
autorisés à contre-signer leur correspondance de service. (Les initiales entre crochets indiquent la forme à employer pour la fermeture des lettres.)	auxquels la correspondance de service des fonctionnaires et des personnes désignés dans la colonne ci-contre doit être remise en franchise.		
COMMANDANTS des succursales des dépôts de remonte. (*Suite.*) [S.B.]	Maires*.	Dép. de R.	13
	Maréch. de camp command. les subdiv. milit*.	Dép. de R.	13
	Officiers.. { du bataillon de voltigeurs corses*	Tout le R.	»
	de la garde municipale de *Paris*	Tout le R.	»
	de gendarmerie*.	Tout le R.	»
	Officiers de remonte, *en tournée d'achats*.	Dép. de R.	13
	Préfets*.	Dép. de R.	13
	Présidents des conseils d'administ. { des corps d'artillerie*.	Tout le R.	»
	des corps de cavalerie*.	Tout le R.	»
	des corps du génie*.	Tout le R.	»
	des équipages militaires*.	Tout le R.	»
	Président du conseil d'administration de l'école royale de cavalerie, à *Saumur*.	»	»
	Sous-intendants militaires*.	Tout le R.	»
	Sous-intendants militaires-adjoints*.	Tout le R.	»
	Sous-préfets*.	Dép. de R.	13
COMMANDANT de la succursale des invalides, à *Avignon*. [S.B.]	Directeur d'artillerie, à *Toulon-sur-Mer*.	»	»
COMMANDANT supérieur des gardes nationales de *Paris* et du département de la *Seine* (1). [L.F.]	Officiers de tous grades des gardes nationales du département de la *Seine*.	»	»
COMMANDANT supérieur du train des équipages, à *Vernon*. (2)	...	...	...
COMMIS principal des douanes, à *Belfort*. (3) [S.B.]	Receveur principal des douanes, à *Delle*.	»	»
COMMIS principal des douanes, à *Douai*. (3) [S.B.]	Receveur principal des douanes, à *Lille*.	»	»
COMMIS principal des douanes, à *Vervins*. (3) [S.B.]	Receveur principal des douanes, à *Aubenton*.	»	
COMMIS aux Soudes. [S.B.]	Directeurs des douanes*.	Dir. doua.	16
	Directeurs des postes.	Arr. s.-pr.	»
	Inspecteurs des douanes*.	Dir. doua.	16
	Receveurs principaux des douanes*.	Dir. doua. et Dir. limit.	16
	Receveurs subordonnés des douanes*.	Dir. doua. et Dir. limit.	16
	Sous-inspecteurs des douanes*.	Dir. doua.	16

(1) Reçoit en franchise, sans condition de contre-seing, les lettres et dépêches qui lui sont adressées. (*V.* la première partie, page 2.)

(2) V. *Directeur des établissements, et commandant supérieur du train des équipages, à Vernon.*

(3) Ce commis principal a aussi le contre-seing attribué aux receveurs subordonnés des Douanes.

DÉSIGNATION DES FONCTIONNAIRES ET DES PERSONNES		Circonscriptions territoriales dans lesquelles la correspondance, valablement contre-signée, circule en franchise.	Nos des tableaux de circonscriptions à consulter, à la suite du présent Manuel.
autorisés à contre-signer leur correspondance de service. (Les initiales entre crochets indiquent la forme à employer pour la fermeture des lettres.)	auxquels la correspondance de service des fonctionnaires et des personnes désignés dans la colonne ci-contre, doit être remise en franchise.		
COMMIS aux soudes, à { Chauny.. Couternon. Epinal... Javelle... LaGlacière St-Denis.. St-Roch-lez-Amiens.. Vaugirard. [S.B.]	Inspecteur divisionnaire des douanes, à *Paris*★	»	»
	Inspecteur des douanes, chef du service, à *Paris*★........	»	»
	Receveur principal des entrepôts, à *Paris*★..	»	»
	Sous-inspecteurs divisionnaires des douanes à *Paris*★.........	»	»
COMMISSAIRES des armements. (1)	....	»	»
COMMISSAIRE central de police, à *Bordeaux*. [S.B.★]	Commissaires de police dans le département de la *Gironde*★.......	»	»
	Maires dans le département de la *Gironde*★..	»	»
COMMISSAIRE central de police, à *Nîmes* [S.B.★]	Commissaires de police dans le département du *Gard*★........	»	»
	Maires dans le département du *Gard*★....	»	»
COMMISSAIRES civils dans les possessions françaises du nord de l'Afrique. (2)	....	...	...
COMMISSAIRES des classes. (3)	....	...	...
COMMISSAIRE estampilleur, à *Septème*.. [S.B.]	Préfet de l'*Isère*★..........	»	»
	Sous-préfet de *Vienne*★.......	»	»
COMMISSAIRE général du Roi près la régie intéressée des salines de l'*Est*. [S.B.]	Commissaires particuliers des salines de l'*Est*★.........	»	»
COMMISSAIRES généraux de la marine. [S.B.★]	Chefs du service de la marine★.........	Tout le R.	»
	Commissaires { de l'inscription maritime★..	Arr. mar.	2
	{ de la marine★...........	Arr. mar.	2
	Commissaires généraux de la marine★....	Tout le R.	»
	Commissaires principaux de la marine★..	Tout le R.	»
	Commiss. rapporteurs près les trib. maritimes★	Arr. mar.	2
	Consuls de France, à l'étranger★......	»	»
	Directeurs { des Fonderies royales★......	Tout le R.	»
	{ des Forges royales★......	Tout le R.	»
	{ des Manufact. royales d'armes★	Tout le R.	»
	(*La suite ci-contre.*)		

(1) V. *Commissaires de la marine.*

(2) Même correspondance que les *Sous-préfets.*

(3) V. *Commissaires de l'inscription maritime.*

DÉSIGNATION DES FONCTIONNAIRES ET DES PERSONNES		Circonscriptions territoriales dans lesquelles la correspondance valablement contre-signée, circule en franchise.	N°ˢ des tableaux de circonscriptions à consulter, à la suite du présent Manuel.
autorisés à contre-signer leur correspondance de service. (Les initiales entre crochets indiquent la forme à employer pour la fermeture des lettres.)	auxquels la correspondance de service des fonctionnaires et des personnes désignés dans la colonne ci-contre doit être remise en franchise.		
COMMISSAIRES généraux de la marine. (Suite). [S.B*.]	Directeur de la manufacture royale de machines à vapeur, d'*Indret**.	»	»
	Directeurs des subsistances de la marine*.	Arr. mar.	2
	Inspecteurs généraux du corps royal d'artillerie de la marine*.	Arr. mar.	2
	Officiers d'administration préposés à l'inscription maritime*.	Arr. mar.	2
	Officiers de la marine royale, commandant en chef une armée navale, escadre ou division, ou un bâtiment ayant une destination particulière*.	Arr. mar.	2
	Préfets des départements*.	Tout le R.	»
	Préfets maritimes*.	Tout le R.	»
	Présidents des conseils d'administ. des deux régiments d'infanterie de la marine*.	Tout le R.	»
	Présidents des conseils d'administration du corps royal d'artillerie de la marine*.	Arr. mar.	2
	Présidents des conseils d'administration des dépôts. des équipages de ligne, a *Brest*, à *Cherbourg*, à *Lorient*, à *Rochefort* et à *Toulon**.	»	»
	Président du conseil d'administration du dépôt des régiments d'infanterie de la marine (dépôt colonial), à *Landerneau**.	»	»
	Sous directeurs des subsistances de la marine*	Arr. mar.	2
	Trésorier général des invalides de la marine*.	»	»
	Trésoriers des invalides de la marine*.	Arr. mar.	2
	Vice-consuls de France, à l'étranger*.	»	»
COMMISSAIRE général de la marine, à *Cherbourg*. [S.B*.]	Payeur de la *Manche*, à *Saint-Lô**.	»	»
COMMISSAIRE général de la marine, à *Lorient*. [S.B*]	Payeur du *Morbihan*, à *Vannes**.	»	»
COMMISSAIRE général de la marine, à *Rochefort*. [S.B*.]	Payeur de la *Charente-Inférieure*, à *La Rochelle**.	»	»
COMMISSAIRES généraux de la navigation (approvisionnement de *Paris*). [S.B.]	Inspecteurs particuliers de la navigation (approvisionnement de *Paris**).	Insp. princ. nav.	32
	Préfets*.	Insp. princ. nav.	32
COMMISSAIRES de l'inscription maritime. [S.B.]	Administrateurs des hospices civils dans les lieux où il n'existe pas d'hôpitaux milit.*.	Tout le R.	»
	Chefs du service de la marine*.	Arr. mar.	2
	Chef du service de la marine, à *Marseille**.	»	
	Colonels faisant partie des conseils de révision des opérations de recrutement, *dans les départements cités pay 18, colonne 1ʳᵉ, du présent Manuel**.	Tout le R.	»

(La suite au verso.)

DÉSIGNATION DES FONCTIONNAIRES ET DES PERSONNES		Circonscriptions territoriales dans lesquelles la correspondance, valablement contre-signée, circule en franchise.	N.º des tableaux de circonscriptions à consulter, à la suite du présent Manuel.
autorisés à contre signer leur correspondance de service. (Les initiales entre crochets indiquent la forme à employer pour la fermeture des lettres.)	auxquels la correspondance de service des fonctionnaires et des personnes désignés dans la colonne ci-contre, doit être remise en franchise.		
	Commandants des brigades { du batail. de voltig. corses★	Tout le R.	»
	{ de la garde municip. de *Paris*★	Tout le R.	»
	{ de gendarmerie★	Tout le R.	
	Commissaires aux revues★	Tout le R.	»
	Commissaires de l'inscription maritime★	Tout le R.	»
	Commissaires généraux de la marine★	Arr. mar.	2
	Commissaires principaux de la marine★	Arr. mar.	2
	Intendants militaires★	Tout le R.	»
	Maires★	Tout le R.	»
	Officiers { du batail. de voltig. corses★	Tout le R.	»
	{ de la garde municip. de *Paris*★	Tout le R.	»
	{ de gendarmerie★	Tout le R.	»
COMMISSAIRES de l'inscription maritime (*Suite*). [S.B.]	Officiers d'administration comptables des hôpitaux militaires★	Tout le R.	»
	Officiers généraux ou supérieurs faisant partie des conseils de révision des opérations de recrutement, *dans les départem. cités page* 18, *col.* 1ʳᵉ, *du présent Manuel*★		
	Préfets des départements★	Tout le R.	»
	Préfets maritimes★	Arr. mar.	2
	Présidents des conseils d'administration des corps militaires, soit de l'armée de terre, soit des troupes de la marine★	Tout le R.	»
	Sous-Intendants militaires★	Tout le R.	»
	Sous-Intendants militaires adjoints★	Tout le R.	»
	Sous-Préfets★	Tout le R.	»
	Syndics des gens de mer★	Arr. mar.	2
COMMISSAIRE de l'inscription maritime, à *Agde* [S.B.]	Payeur de l'*Hérault*, à *Montpellier*★	»	»
COMMISSAIRES de la marine. (1) [S.B.]	Chefs du service de la marine★	Arr. mar.	2
	Commissaires généraux de la marine★	Arr. mar.	2
	Commissaires principaux de la marine★	Arr. mar.	2
	Préfets maritimes★	Arr. mar.	2
COMMISSAIRE de la marine, à *Saint-Brieuc*. [S.B.]	Présidents semainiers des commissions sanitaires de *Lannion* et *Paimpol*★	»	»
COMMISSAIRE particulier des douanes, à *Collonge*. [S.B.]	Commissaire en chef des douanes, à *St-Genis*★	»	»
	Commissaire particulier des douanes, à *Gex*★	»	»
	Directeurs des douanes, à *Belley* et à *Besançon*★	»	»
	Inspecteurs des douanes, à *Nantua* et à *St-Claude*★	»	»
	Maires dans l'arrondissement de *Gex*★	»	»
	Sous-Préfet de *Gex*★	»	»
COMMISSAIRE particulier des douanes, à *Gex*. [S.B.]	Commissaire en chef des douanes, à *St-Genis*★	»	»
	Commissaire particulier des douanes, à *Collonge*★	»	»
	(*La suite ci-contre.*)		

(1) Les commissaires de marine prennent aussi les titres suivants, savoir: *Commissaires des armements; Directeurs et Sous-Directeurs des subsistances de la marine.*

DÉSIGNATION DES FONCTIONNAIRES ET DES PERSONNES		Circonscriptions territoriales dans lesquelles la correspondance, valablement contre-signée, circule en franchise.	Nos des tableaux de circonscriptions à consulter, à la suite du présent Manuel.
autorisés à contre-signer leur correspondance de service. (Les initiales entre crochets indiquent la forme à employer pour la fermeture des lettres.)	auxquels la correspondance de service des fonctionnaires et des personnes désignés dans la colonne ci-contre, doit être remise en franchise.		
COMMISSAIRE particulier des douanes, à *Gex.* (*Suite.*) [S.B.]	Direct. des douanes, à *Belley* et à *Besançon*★.	»	»
	Inspecteurs des douanes, à *Nantua* et à *St-Claude*★. . . .	»	»
	Maires dans l'arrondissement de *Gex*★. . . .	»	»
	Sous-préfet de *Gex* ★.	»	»
COMMISSAIRE particulier des salines de l'*Est*, à *Dieuze*. [S.B.]	Commissaire général du Roi près la régie intéressée des salines de l'*Est*★. . . .	»	»
	Maires dans le département de la *Meurthe*★.	»	»
	Payeur du département de la *Meurthe*★. . .	»	»
COMMISSAIRE particulier des salines de l'*Est*, à *Lons-le-Saulnier.* [S.B.]	Commissaire général du Roi près la régie intéressée des salines de l'*Est*★. . . .	»	»
	Maires et payeurs des départements du *Doubs* et du *Jura*★. . . .	»	»
COMMISSAIRE particulier des salines de l'*Est*, à *Moyenvic.* [S.B.]	Commissaire général du Roi près la régie intéressée des salines de l'*Est*★. . . .	»	»
	Maires dans le département de la *Meurthe*★.	»	»
	Payeur du département de la *Meurthe*★. . .	»	»
COMMISSAIRE particulier des salines de l'*Est*, à *Salins*. [S.B.]	Commissaire général du Roi près la régie intéressée des salines de l'*Est*★. . . .	»	»
	Maires et payeurs des départements du *Doubs* et du *Jura*★. . . .	»	»
COMMISSAIRES de police. [S.B★.]	Inspecteurs des forêts de la couronne★. . . .	Conserv. for.	23-24
	Juges d'instruction★. . . .	Arr. s.-pr.	»
	Préfets★. . . .	Dép.	»
	Premiers présidents des Cours royales★. . .	C. roy.	12
	Présidents des Cours d'assises★. . . .	(Département où se tiennent les assises (1).	»
	Procureurs généraux★. . . .	C. roy.	12
	Procureurs du Roi près les Cours d'assises★.	Dép.	»
	Procur. du Roi près les tribun. de 1re inst.★.	Arr. s.-pr.	»
	Sous-Préfets★	Arr. s.-pr.	»
COMMISSAIRES de police, *sur les lignes de chemins de fer.* [S.B★.]	Agents spéciaux de surveillance établis par l'adm. sur les lignes de chemins de fer★. .	Dép. et dép. limit. (2).	»
	Commissaires de police, sur les lignes de chemins de fer★. . . .	*Idem.*	»
	Ingén. en chef des ponts et chaussées chargés du service des chemins de fer★. . . .	*Idem.*	»
	Ingénieurs en chef des ponts et chaussées chargés du contrôle des travaux entrepris par des compagnies, dans les départements de la *Seine* et de *Seine-et-Oise*★ (3). . . .	Seine et S.-Oise.	»
	Ingénieurs ordinaires des ponts et chaussées chargés du service des chemins de fer★. .	Dép. et dép. limit. (2).	»
	Préfets★	*Idem.*	»
	Sous-préfets★	*Idem.*	»

(1) Cette franchise s'étend même au lieu de la résidence ordinaire des présidents des Cours d'assises.
(2) Dans le département où réside le contre-signataire, et dans les départements limitrophes.
(3) Cette concession cessera d'avoir son effet au 1er janvier 1844.

DÉSIGNATION DES FONCTIONNAIRES ET DES PERSONNES		Circonscriptions territoriales dans lesquelles la correspondance, valablement contre-signée, circule en franchise.	N.os des tableaux de circonscriptions à consulter, à la suite du présent Manuel.
autorisés à contre-signer leur correspondance de service. (Les initiales entre crochets indiquent la forme à employer pour la fermeture des lettres.)	auxquels la correspondance de service des fonctionnaires et des personnes désignés dans la colonne ci-contre doit être remise en franchise.		
COMMISSAIRE de police, à *Dieuze* (1) [S.B★.]	Commandants des brigades de gendarmerie dans le département de la *Meurthe*★ . . .	»	»
	Commandants des corps ou détachements milit. stationnés à *Château-Salins* et *Marsal*★	»	»
	Directeurs des contribut. indir., à *Château-Salins, Lunéville, Nancy* et *Sarrebourg*★.	»	»
	Maires dans le département de la *Meurthe*★.	»	»
	Officiers de gendarmerie dans le département de la *Meurthe*★	»	»
	Préfet de la *Meurthe*★.	»	»
	Sous-Préfets dans le départ. de la *Meurthe*★.	»	»
COMMISSAIRE de police, au *Pont-de-Beauvoisin*. [S.B★.]	Préfet du *Rhône*★.	»	»
COMMISSAIRE de police, à *Vic*.(1) [S.B★.]	Commandants des brigades de gendarmerie dans le département de la *Meurthe*★. . . .	»	»
	Commandants des corps ou détachements milit. stationnés à *Château-Salins* et *Marsal*★	»	»
	Directeurs des contribut. indir., à *Château-Salins, Lunéville, Nancy* et *Sarrebourg*★.	»	»
	Maires dans le département de la *Meurthe*★.	»	»
	Officiers de gendarmerie dans le département de la *Meurthe*★	»	
	Préfet de la *Meurthe*★.	»	»
	Sous-Préfets dans le départ. de la *Meurthe*★.	»	»
COMMISSAIRES de police dans les départ. de l'*Ariége*, de l'*Aude* et des *Bouches-du-Rhône*. [S.B★.]	Inspecteur spécial de police dans les départ. du midi★.	»	»
COMMISSAIRES de police, dans le départ. du *Gard*. [S. B★.]	Commissaire central de police, à *Nismes*★.	»	»
	Inspecteur spécial de police dans les départ. du midi★.	»	»
COMMISSAIRES de police, dans le départ. de la *Haute-Garonne* [S.B★.]	Inspecteur spécial de police, dans les départements du midi★.	»	»
COMMISSAIRES de police, dans le départ. de la *Gironde*. [S.B★.]	Commissaire central de police, à *Bordeaux*★	»	»
COMMISSAIRES de police dans le départ. de l'*Hérault*. [S.B★.]	Inspecteur spécial de police dans les départ. du midi★.	»	»
COMMISSAIRES de police dans le départ. des *Pyrénées-Orientales*. [S B★]	Inspecteur spécial de police dans les départ. du midi★.	»	»

(1) Le contre-seing de cet agent est applicable aux dépêches qu'il expédie, soit du lieu de sa résidence ordinaire, soit des lieux où il est envoyé en mission.

DÉSIGNATION DES FONCTIONNAIRES ET DES PERSONNES		Circonscriptions territoriales dans lesquelles la correspondance, valablement contre-signée, circule en franchise.	Nos des tableaux de circonscriptions à consulter à la suite du présent Manuel.
autorisés à contre-signer leur correspondance de service. (Les initiales entre crochets indiquent la forme à employer pour la fermeture des lettres.)	auxquels la correspondance de service des fonctionnaires et des personnes désignés dans la colonne ci-contre, doit être remise en franchise.		
COMMISSAIRES près les poudreries. [S.B.]	Directeurs d'arrond. des contrib. indirectes★	Circ. com. poudr.	34
	Directeurs de départ. des contrib. indirectes★	Circ. com. poudr.	34
	Entreposeurs de la régie des contrib. indir..	Circ. com. poudr.	34
COMMISSAIRES principaux de la marine. [S.B★.]	Chefs du service de la marine★	Tout le R.	»
	Commis-saires {de l'inscription maritime★	Arr. mar.	2
	{de la marine★	Arr. mar.	2
	Commissaires généraux de la marine★	Tout le R.	»
	Commissaires principaux de la marine★	Tout le R.	»
	Commiss. rapporteurs près les trib maritimes★	Arr. mar.	2
	Consuls de France, à l'étranger	»	»
	Directeurs {des Fonderies royales★	Tout le R.	»
	{des Forges royales★	Tout le R.	»
	{des Manufact. royales d'armes★	Tout le R.	»
	Directeur de la manufacture royale de machines à vapeur d'*Indret*★	»	»
	Directeurs des subsistances de la marine★	Arr. mar.	2
	Inspecteurs généraux du corps royal d'artillerie de la marine★	Arr. mar.	2
	Officiers d'administration préposés à l'inscription maritime★	Arr. mar.	2
	Officiers de la marine royale, commandant en chef une armée navale, escadre ou division, ou un bâtiment ayant une destination particulière★	Arr. mar.	2
	Préfets des départements★	Tout le R.	»
	Préfets maritimes★	Tout le R.	»
	Présidents des conseils d'administ. des deux régiments d'infanterie de la marine★	Tout le R.	»
	Présidents des conseils d'administ. du corps royal d'artillerie de la marine★	Arr. mar.	2
	Présidents des conseils d'administration des dépôts des équipages de ligne, à *Brest*, *Cherbourg*, *Lorient*, *Rochefort* et *Toulon*★	»	»
	Président du conseil d'administration du dépôt des régiments d'infant. de la marine (dépôt colonial), à *Landernau*★	»	»
	Sous-directeurs des subsistances de la marine★	Arr. mar.	2
	Trésorier général des invalides de la marine★	»	»
	Trésoriers des invalides de la marine★	Arr. mar.	2
	Vice-consuls de France, à l'étranger★	»	»
COMMISSAIRE prinpal de la marine, à *Nantes*, président de la commission de salubrité navale. [S.B★.]	Délégué de la commission de salubrité navale, à *Saint-Nazaire*★	»	»
COMMISSAIRES rapporteurs près les tribunaux maritimes. [S.B.]	Chefs du service de la marine★	Arr. mar.	2
	Commissaires généraux de la marine★	Arr. mar.	2
	Commissaires principaux de la marine★	Arr. mar.	2
	Préfets maritimes★	Arr. mar.	2

DÉSIGNATION DES FONCTIONNAIRES ET DES PERSONNES		Circonscriptions territoriales dans lesquelles la correspondance, valablement contre-signée, circule en franchise.	Nos des tableaux de circonscription à consulter, à la suite du présent Manuel.
autorisés à contre-signer leur correspondance de service. (Les initiales entre crochets indiquent la forme à employer pour la fermeture des lettres.)	auxquels la correspondance de service des fonctionnaires et des personnes désignés dans la colonne ci-contre, doit être remise en franchise.		
COMMISSAIRES aux revues. [S.B.]	Administrateurs des hospices civils dans les lieux où il n'existe pas d'hôpitaux militaires★	Tout le R.	»
	Colonels faisant partie des conseils de révision des opérations de recrutement, *dans les départements cités page 18, colonne 1re, du présent Manuel*★.	»	»
	Commandants des brigades { du bataillon de voltig. corses★	Tout le R.	»
	de la garde munic. de *Paris*★	Tout le R.	»
	de gendarmerie★.	Tout le R.	»
	Commissaires aux revues★.	Tout le R.	»
	Commissaires de l'inscription maritime★. . .	Tout le R.	»
	Intendants militaires★.	Tout le R.	»
	Maires★.	Tout le R.	»
	Officiers { du bataillon de voltigeurs corses★.	Tout le R.	»
	de la garde municipale de *Paris*★.	Tout le R.	»
	de gendarmerie★.	Tout le R.	»
	Officiers d'administration comptables des hôpitaux militaires★.	Tout le R.	»
	Officiers généraux ou supérieurs faisant partie des conseils de révision des opérations de recrutement, *dans les départements cités page 18, colonne 1re, du présent Manuel*★	»	»
	Préfets des départements★.	Tout le R.	»
	Présidents des conseils d'administration des bâtiments armés★	»	»
	Présidents des conseils d'administration des corps militaires, soit de l'armée de terre, soit des troupes de la marine★.	Tout le R.	»
	Sous-intendants militaires★.	Tout le R.	»
	Sous-intendants militaires adjoints★.	Tout le R.	»
	Sous-préfets★.	Tout le R.	»
COMMISSAIRE aux revues, à *Brest, Cherbourg, Lorient, Rochefort,* et *Toulon-sur-Mer.* [S.B.]	Chef du service de la marine, à *Marseille*★. .	»	»
COMMISSAIRE aux revues et aux armements du port de *Brest.* [S.B.]	Président du conseil d'administration du dépôt des régiments d'infanterie de la marine (dépôt colonial), à *Landerneau*★. . .	»	»
COMMISSAIRES du Roi près les compagnies d'assurances. [S.B.]	Préfets★.	Dép.	»
COMMISSAIRE du Roi pour la démarcation des frontières de l'*Est.* (1) [L.F.]	Préfets des départements de l'*Ain*, des *Basses - Alpes*, des *Hautes - Alpes*, du *Doubs*, de l'*Isère*, du *Jura*, du *Bas-Rhin*, du *Haut-Rhin*, du *Rhône*, du *Var*★.	»	»

(1) Le contre-seing de cet agent n'est valable que pendant la durée de sa mission.

| DÉSIGNATION DES FONCTIONNAIRES ET DES PERSONNES | | Circonscriptions territoriales dans lesquelles la correspondance, valablement contre-signée, être remise en franchise. | Nos des tableaux de circonscriptions à consulter à la suite du présent tableau. |
autorisés à contre-signer leur correspondance de service. (Les initiales entre crochets indiquent la forme à employer pour la fermeture des lettres.)	auxquels la correspondance de service, des fonctionnaires et des personnes désignées dans la colonne ci-contre doit être remise en franchise.		
COMMISSAIRE du roi pour la démarcation des frontières du *Nord* (1). [L.F.]	Préfets des *Ardennes*, de la *Moselle* et du *Nord*★.	»	»
COMMISSAIRES du roi pour la fabrication des monnaies. [S.B.]	Inspecteurs des finances★.	Tout le R.	»
	Inspecteurs généraux des finances★.	Tout le R.	»
	Présid. de la commiss. des monnaies★. [L.F.]	»	»
COMMISSAIRES du roi près les sociétés anonymes. [S.B.]	Préfets★.	Dép.	»
COMMISSAIRES VOYERS. [S.B.]	Maires★.	Arr. s.-pr.	»
	Préfets★.	Dép.	»
	Sous-préfets★.	Arr. s.-pr.	»
COMMISSAIRE VOYER du département du *Loiret*. [S.B.]	Maires, Sous-préfets. } du département du *Loiret*★.	Dép.	»
COMMISSIONS sanitaires (2).		»	»
COMPTABLES des deniers publics. [S.B.]	Greffier en chef de la cour des comptes★.	»	»
	Inspecteurs des finances★.	Tout le R.	»
	Inspecteurs généraux des finances★.	Tout le R.	»
CONCIERGES des résidences royales. [S.B.]	Conservateur du mobilier de la couronne★.	»	»
	Directeur des domaines et du contentieux de la liste civile★.	»	»
CONCIERGES des résidences et maisons royales, à *Paris*. [S.B.]	Conservateur des résidences et maisons royales, à *Paris*★.	»	»
CONDUCTEURS des mines. [S.B.]	Ingénieurs en chef des mines★.	Arr. ing en ch. m.	31
	Ingénieurs ordinaires des mines★.	Arr. ing. ord. m.	31
CONDUCTEURS des ponts et chaussées. [S.B.]	Aspirants des ponts et chaussées★.	Dép.	»
	Élèves des ponts et chaussées★.	Dép.	»
	Ingénieurs en chef des ponts et chaussées★.	Dép.	»
	Ingénieurs ordinaires des ponts et chaussées★.	Dép.	»
	Inspecteurs divisionnaires adjoints des ponts et chaussées, chargés de l'inspection (3) des chemins de fer★.	Insp. ch. de fer	7
CONDUCTEURS des ponts et chaussées attachés à l'étude ou au service spécial d'un *chemin de fer*. [S.B.]	Aspirants, Élèves, Ingénieurs en chef, Ingénieurs ordinaires } attachés à l'étude ou au service du même *chemin de fer*★.	Parc. ch. de fer	7

(1) Le contre-seing de cet agent n'est valable que pendant la durée de sa mission.

(2) V. *Présidents semainiers des commissions sanitaires.*

(3) Le numéro de l'inspection doit être indiqué.

DÉSIGNATION DES FONCTIONNAIRES ET DES PERSONNES		Circonscriptions territoriales dans lesquelles la correspondance valablement contresignée...
autorisés à contre-signer leur correspondance de service. (Les initiales entre crochets indiquent la forme à employer pour la fermeture des lettres.)	auxquels la correspondance de service des fonctionnaires et des personnes désignés dans la colonne ci-contre, doit être remise en franchise.	
CONDUCTEURS des ponts et chaussées attachés au service spécial d'un *canal*. [S.B.]	Aspirants. / Élèves. / Ingénieurs en chef. / Ingénieurs ordinaires } attachés au service du même *canal*. (Préfets. ... Voir.)	[illegible]
CONDUCTEURS des ponts et chaussées attachés au service spécial d'une *rivière navigable*. [S.B.]	Aspirants. / Élèves. / Ingénieurs en chef. / Ingénieurs ordinaires } attachés au service de la même rivière. (Préfets. Présid. de la comm...)	Parc. riv. nav. 35 [S.B.]
CONDUCTEURS des ponts et chaussées attachés au service spécial d'une *route*. [S.B.] Art. 3. gr.	Aspirants*. / Élèves. / Ingénieurs en chef. / Ingénieurs ordinaires*. } attachés au service de la même *route*. (Préfets*. Sous-préfets*.)	Parc. rout. 36 [S.B.]
CONDUCTEURS des p. et ch. dans les dép. de la *Côte-d'Or*, du *Rhône* et de *Saône-et-Loire*. [S.B.]	Ingénieur des ponts et chaussées résidant à *Châlons-sur-Saône*, chargé des travaux relatifs à l'entretien des routes dans les départements de la *Côte-d'Or*, du *Rhône* et de *Saône-et-Loire**...........	(1)
CONDUCTEURS des p. et ch. dans le dép. de la *Seine*. le c. [S.B.] Tout le R.	Ingénieur en chef des ponts et chaussées de *Seine-et-Oise**. Inspecteurs des finances*. Inspecteurs généraux des finances.*	[illegible]
CONDUCTEURS des p. et ch. de la *Seine* et de *Seine-et-Oise*. (2) [S.B.]	Ingénieur en chef des ponts et chaussées* chargé du contrôle des travaux entrepris par les compagnies dans les départements de la *Seine* et de *Seine-et-Oise**.	[illegible]
CONSEILLERS d'État. [S.B.]	Premiers présidents des Cours royales*. (Conservateur des hypothèques... royales, à Paris...)	[illegible]
CONSEILLERS de préfecture délégués en l'absence des préfets (3). [S.B*.] Dép.	Préfets en *tournée**. (Ingénieurs en chef des mines*. Ingénieurs ordinaires des mines*.)	Dép.
CONSEILLERS de préfecture faisant les fonctions de sous-intendants militaires, dans les lieux où il n'en existe pas (4). [M.S.c.][S.B.]	Aspirants des ponts et chaussées*. / Élèves des ponts et chaussées*. / Commandode place*. / Conseillers de préfect.* / Maires*. / Majors de place*. / ... des chemins de fer*. } faisant les fonctions de sous-intendants militaires, dans les lieux où il n'existe pas* (5). *(La suite ci-contre.)*	Dép.

(1) En quelque lieu que soit cet ingénieur dans les trois départements désignés.

(2) Cette concession cessera d'avoir son effet au 1er janvier 1844.

(3) Ces conseillers peuvent, en outre, exercer, *par interim*, le contre-seing attribué aux préfets.

(4) Dans les villes où il existe des sous-intendants militaires, les conseillers de préfecture peuvent exercer le contre-seing du sous-intendant *absent ou malade*. (V. le § 11 de l'introduction au présent Manuel.)

(5) Pour l'envoi des pièces relatives au service des vivres et fourrages seulement.

DÉSIGNATION DES FONCTIONNAIRES ET DES PERSONNES autorisés à contre-signer leur correspondance de service. (Les initiales entre crochets indiquent la forme à employer pour la fermeture des lettres.)	auxquels la correspondance de service des fonctionnaires et des personnes désignés dans la colonne ci-contre, doit être remise en franchise.	Circonscriptions territoriales dans lesquelles la correspondance, valablement contre-signée, se délivre en franchise.	N°s des tableaux de circonscriptions à consulter, à la suite du présent Manuel.
CONSEILLERS de préfecture faisant fonctions de sous-intendants militaires, dans les lieux où il n'en existe pas. [S.B.] (Suite.)	Présidents des conseils d'administration des corps militaires*	Dép.	»
	Présidents des conseils d'administration des pénitenciers militaires*	Dép.	»
	Secrétaires-généraux de préfecture.. } faisant fonctions de sous-intendants militaires, dans les lieux où il n'en existe plus* (1).		
	Sous-préfets*	Dép.	»
CONSEILS d'administration des corps militaires (2)		. . . .	. . .
CONSEILS de guerre (3)			
	Arpenteurs des forêts*	Conserv. for.	23
	Brigadiers des forêts*	Conserv. for.	23
	Conservateurs des forêts des conservations limitrophes*	»	23
	Directeurs des contributions directes*	Conserv. for.	23
	Directeurs de l'enregistr. et des domaines*	Conserv. for.	23
	Gardes à cheval des forêts*	Conserv. for.	23
	Gardes généraux des forêts*	Conserv. for.	23
	Gardes de la pêche*	Conserv. for.	23
	Gardes à pied des forêts*	Conserv. for.	23
CONSERVATEURS des forêts. [S.B.]	Inspecteurs { des finances* / des forêts*		
	Inspecteurs généraux des finances*	Tout le R.	»
	Juges de paix*	Conserv. for.	23
	Maires*	Conserv. for.	23
	Payeurs du trésor public*	Conserv. for.	23
	Préfets*	Conserv. for.	23
	Procureurs généraux* [L.F.]	C. roy.	(1)2
	Procureurs généraux dans les conservations forestières limitrophes* [S.B.]	»	23
	Procureurs du Roi* (4)	Cons. for. (5)	23
	Receveurs de l'enregistr. et des domaines*	Conserv. for.	23
	Receveurs généraux des finances*	Conserv. for.	23
	Receveurs particuliers des finances*	Conserv. for.	23
	Sous-inspecteurs des forêts*	Conserv. for.	23
	Sous-préfets*	Conserv. for.	23
CONSERVATEUR des forêts, à Bourges. [S.B.]	Directeur des forges de la marine de Guérigny*	»	»

(1) Pour l'envoi des pièces relatives au service des vivres et fourrages, seulement.

(2) V. *Présidents des conseils d'administration des corps militaires.*

(3) V. *Présidents des conseils de guerre.*

(4) L.F. dans l'arr. de S.-pr.....

(5) Cette franchise s'étend même aux paquets *sous bandes* adressés par les conservateurs des forêts aux procureurs du Roi dans les conservations forestières limitrophes à leur propre conservation.

DÉSIGNATION DES FONCTIONNAIRES ET DES PERSONNES		Circonscriptions territoriales dans lesquelles la correspondance valablement contre-signée circule en franchise.	Nos des tableaux de circonscriptions à consulter, à la suite du présent Manuel.
autorisés à contre-signer leur correspondance de service. (Les initiales entre crochets indiquent la forme à employer pour la fermeture des lettres.)	auxquels la correspondance de service des fonctionnaires et des personnes désignés dans la colonne ci-contre doit être remise en franchise.		
CONSERVATEUR des forêts à *Châlons-sur-Marne.* [S.B.]	Directeurs de l'enregist. et des domaines — de la *Haute-Marne*★.	[illegible]	»
	Préfets des départements — de la *Meuse*★.	[illegible]	»
CONSERVATEUR des forêts de la couronne (1) [S.B.]	Archiviste de la couronne★	[illegible]	»
	Conservateur du mobilier de la couronne★	[illegible]	»
	Conservateur des résidences et maisons royales, à *Paris*★	[illegible]	»
	Directeur des dépenses des bâtiments de la couronne★	[illegible]	»
	Directeur des dépenses de la liste civile★	»	»
	Directeur des domaines et du contentieux de la liste civile★	» (1)	»
	Gardes généraux des forêts de la couronne★	Tout le R.	»
	Inspecteurs des forêts de la couronne★	Tout le R.	»
	Inspecteurs généraux des forêts de la couronne★	Tout le R.	»
	Sous-inspecteurs des forêts de la couronne★	Tout le R.	»
	Trésorier de la couronne★	»	»
CONSERVATEURS des hypothèques (2) [S.B.]	Conservateurs des hypothèques★	Dép.	»
	Directeurs de l'enregistr. et des domaines★	Dép.	»
	Inspecteurs de l'enregistr. et des domaines★	Dép.	»
	Maires★	Arr. s.-pr.	»
	Percepteurs★	Arr. s.-pr.	»
	Procureurs du Roi★	Arr. s.-pr.	»
	Receveurs de l'enregistr. et des domaines★	Dép.	»
	Receveurs du timbre★	Dép.	»
	Vérificateurs de l'enregistr. et des domaines★	Dép.	»
CONSERVATEUR des hypothèques, de *Sceaux* et de *Saint-Denis.* [S.B.]	Préfet de la Seine★	»	»
CONSERVATEUR du mobilier de la couronne. [S.B.]	Architectes du Roi★	Tout le R.	»
	Archiviste de la couronne★	»	»
	Concierges des résidences royales★	Tout le R.	»
	Conservateur des forêts de la couronne★	»	»
	Conservateur des résidences et maisons royales, à *Paris*★	»	»
	Directeur des dépenses des bâtiments de la couronne★	»	»
	Directeur des dépenses de la liste civile★	»	»
	Directeur des domaines et du contentieux de la liste civile★	»	»
	Trésorier de la couronne★	»	»

(1) Jouit, en outre, de la franchise attribuée aux *Conservateurs des forêts.*

(2) Les conservateurs des hypothèques envoient aussi *sous bandes*, aux maires, les avertissements imprimés destinés aux redevables de l'enregistrement. Ces avertissements peuvent contenir de l'écriture à la main; mais ils ne doivent être ni cachetés, ni pliés en forme de lettres, ni revêtus d'adresses extérieures.

DÉSIGNATION DES FONCTIONNAIRES ET DES PERSONNES		Circonscriptions territoriales dans lesquelles la correspondance valablement contre-signée, circule en franchise.	N.os des tableaux de circonscriptions à consulter à la suite du présent Manuel.
autorisés à contre-signer leur correspondance de service. (Les initiales entre crochets indiquent la forme à employer pour la fermeture des lettres.)	auxquels la correspondance de service des fonctionnaires et des personnes désignés dans la colonne ci-contre doit être remise en franchise.		
"	Archiviste de la couronne★	»	»
CONSERVATEUR des résidences et maisons royales, à *Paris*. [S.B.]	Concierges des résidences et maisons royales, à *Paris*★.	»	»
	Conservateur des forêts de la couronne★.	»	»
	Conservateur du mobilier de la couronne★.	»	»
	Directeur des dépenses des bâtiments de la couronne★.	»	»
	Directeur des dépenses de la liste civile★.	»	»
	Directeur des domaines et du contentieux de la liste civile★.	»	»
"	Trésorier de la couronne★.	»	»
CONSISTOIRES (1).			»
"			
CONSUL d'Espagne, à *Bayonne*. [S.B.]	Lieuten. général command. la 21e div. milit.★	»	15
	Préfet des *Basses-Pyrénées*★.	»	
CONSULS de France, à l'étranger. [L.F.]	Chefs du service de la marine★.	Tout le R.	»
	Commissaires généraux de la marine★.	Tout le R.	»
	Commissaires principaux de la marine★.	Tout le R.	
	Préfets maritimes★.	Tout le R.	»
	Présidents semainiers des commissions sanitaires★ [S.B.]	Tout le R.	»
	Présidents semainiers des intendances sanitaires★ [S.B.]	Tout le R.	»
CONSULS de France (généraux ou autres) correspondant par la *Méditerranée* (2). [S.B.★]	Agents des affaires étrangères, dans les parages de la *Méditerranée*★.		
	Ambassadeurs de France, à *Constantinople*, à *Naples*, et à *Rome*★.	»	»
	Consuls de France (généraux ou autres), correspondant par la *Méditerranée*★.	»	»
	Ministres de France, à *Florence* et en *Grèce*★	»	»
	Vice-consuls de France, correspondant par la *Méditerranée*★.	»	»
CONSULS de France en *Espagne*. [L.F.]	Lieuten. général command. la 21e div. milit.★.	»	15
	Préfet des *Bouches-du-Rhône*, à *Marseille*.	»	»
	Préfet des *Pyrénées-Orient.*, à *Perpignan*.	»	»
CONSULS de France en *Italie*. [L.F.]	Préfet des *Bouches-du-Rhône*, à *Marseille*.	»	»
CONSULS de France dans les *Etats Sardes*. [S.B★]	Préfet des *Basses-Alpes*★.	»	»
CONSUL général de France, à *Gênes*. [S.B★]	Préfet du *Var*★.	»	»
CONSUL de France, à *Nice*. [S.B★.]	Préfet du *Var*★.	»	»
	Sous-préfet à *Grasse*★.	»	»

(1) V. *Présidents des consistoires*.

(2) Cette correspondance est transportée par les paquebots de la Méditerranée.

DÉSIGNATION DES FONCTIONNAIRES ET DES PERSONNES (autorisés à contre-signer leur correspondance de service…)	…auxquels la correspondance de service des fonctionnaires et des personnes désignés dans la colonne ci-contre doit être remise en franchise.	Circonscriptions territoriales dans lesquelles la correspondance… circule en franchise.	Nos des tableaux de circonscription à consulter à la suite du présent Manuel.
CONSUL de France, à *Rotterdam*. « [L.F.]	Archiviste de la couronne*	»	»
	Concierges des résidences et maisons royales*, à *Paris*.		
	Conservateur des forêts de la couronne*.		
	Conservateur du mobilier de la couronne*.		
CONTRÔLEURS ambulants des contributions indirectes. [S.B.]	Préposés de tous grades des contributions in-directes* (1).		
	Directeur des dépenses de la liste civile*.		
	Directeur des domaines et du contentieux de la liste civile*.		
CONTRÔLEURS ambulants et de ville des contributions indirectes. [S.B.]	Inspecteurs spéciaux chargés du service de la surveillance des tabacs*	Insp. spéc. tab. (2)	»
CONTRÔLEURS des argues à *Lyon* et à *Trévoux*. « [L.F.]	Président de la commission des monnaies*	»	»
CONTRÔLEURS d'ar-tillerie détachés dans les forges et usines royales. [S.B.]	Lieuten. général command. la 9e div. milit.*		
	Préfet des Basses-Pyrénées*.		
	Chefs du service de forges*.	Tout le R.	»
	Sous-inspecteurs des forges*.	Arr. Forges	4
		et Dir. d'art.	3
CONTRÔLEURS des brigades des douanes. [S.B.]	Brigadiers des douanes*	Dir. doua.	16
«	Capitaines des brigades des douanes*	Dir. doua. et dir. lim.	16
«	Capitaines de patachés des douanes*	Dir. doua.	16
«	Contrôleurs des brigades des douanes*	Dir. dou. et dir. limit.	16
«	Directeurs des douanes*	Dir. doua.	16
«	Inspecteurs des douanes*	Dir. doua.	16
«	Lieutenants des brigades des douanes*	Dir. doua.	16
«	Lieutenants principaux des douanes*	Dir. doua.	16
«	Patrons d'embarcations des douanes*	Dir. doua.	16
«	Receveurs principaux des douanes*	Dir. doua.	16
«	Sous-inspecteurs des douanes*	Dir. doua.	16
CONTRÔLEURS des brigades des douanes dans les départements de l'*Ariége*, de l'*Aude*, des *Bouches-du-Rhône*, du *Gard*, de la *Haute-Garonne*, de l'*Hérault*, et des *Pyrénées-Orientales*. [S.B.]	Inspecteur spécial de police dans les départements du Midi*		
	Préfet des Basses-Alpes*		
CONTRÔLEURS des bureaux de la garantie. « [L.F.]	Président de la commission des monnaies*		
	Préfet du Var*		
CONTRÔLEUR central du service des recettes, à *Paris*. [S.B.]	Contrôleurs aux recettes*		

(1) *V.* la nomenclature de ces *proposés*, à l'article : **PRÉPOSÉS** de tous grades des contributions indirectes.

(2) V. les arrondissements de ces deux inspecteurs spéciaux, à l'article : **INSPECTEURS** spé-ciaux chargés du service de la surveillance des tabacs.

DÉSIGNATION DES FONCTIONNAIRES ET DES PERSONNES autorisés à contre-signer leur correspondance de service (Les initiales entre crochets indiquent la forme à employer pour la fermeture des lettres.)	auxquels la correspondance de service des fonctionnaires et des personnes désignés dans la colonne ci-contre doit être remise en franchise.	Circonscriptions territoriales dans lesquelles la correspondance valablement contre-signée, circule en franchise.	N°s des tableaux de circonscription à consulter à la suite du présent manuel.
CONTRÔLEURS au change des monnaies. [L.F.]	Président de la commission des monnaies★.		
CONTRÔLEURS des contributions directes [S.B.]	Chefs d'institution★.	Arr. s. pr. (1)	8
	Contrôleurs des contributions directes★.	Dép.	»
	Directeurs des contributions directes★.	Dép.	»
	Inspecteurs des contributions directes★.	Dép.	»
	Maires★.	Arr. s.-pr. (1)	8
	Maîtres de pension★.	Arr. s.-pr. (1)	8
	Percepteurs★.	Arr. s.-pr. (1)	8
	Préfets★.	Arr. s.-pr. (1)	8
	Principaux des colléges communaux★.	Arr. s.-pr. (1)	8
	Proviseurs des colléges royaux★.	Arr. s.-pr. (1)	8
	Receveurs de l'enregist. et des domaines★.	Arr. s.-pr. (1)	8
	Receveurs généraux des finances★.	Dép.	»
	Receveurs particuliers des finances★.	Arr. s.-pr. (1)	8
	Sous-préfets★.	Arr. s.-pr. (1)	8
CONTRÔLEURS des magasins de tabac (2). [S.B.]	Inspecteurs de la culture des tabacs et des magasins de tabac en feuilles★.	Tout le R.	»
CONTRÔLEURS au monnayage. [L.F.]	Grand-vicaire, à Lons-le-Saunier★. Président de la commission des monnaies★.	»	
CONTRÔLEURS aux recettes du département de la Seine. [S.B.]	Contrôleur central du service des recettes, à Paris★.	»	»
CONTRÔLEURS aux sels (3). [S.B.]	Receveurs principaux des douanes auxquels ils ressortissent★.	Contr. aux sels [S.B.]	10
CONTRÔLEUR du service de la maison du Roi [S.B.]	Inspecteurs des forêts de la couronne★.	Tout le R.	»
CONTRÔLEURS du service de la surveillance de la culture des tabacs (2). [S.B.]	Inspecteurs de la culture des tabacs et des magasins de tabac en feuilles★.	Tout le R.	»
	Inspecteurs spéciaux du service des tabacs, résidant habituellement à Paris★ (4).	Tout le R.	»
COUR d'assises (5).			
COUR de cassation (6).			
COUR des comptes (7).			

(1) C'est-à-dire dans chacun des arrondissements de sous-préfecture sur lesquels s'étend le contrôle des contributions directes.

(2) Ces contrôleurs sont répartis dans les départements ci-après, savoir : *Ille-et-Vilaine, Lot, Lot-et-Garonne, Nord, Pas-de-Calais, Bas-Rhin.*

(3) Ces contrôleurs ont en outre le contre-seing attribué aux receveurs des douanes.

(4) Lorsque ces agents sont en tournée d'inspection.

(5) V. *Présidents des Cours d'assises.*

(6) V. *Premier président, procureur général de la Cour de cassation.*

(7) V. *Premier président, procureur général de la Cour des comptes.*

| DÉSIGNATION DES FONCTIONNAIRES ET DES PERSONNES | | Circonscriptions territoriales dans lesquelles la correspondance peut valablement, contre-signée, circuler en franchise. | N.os des tableaux de circonscriptions à consulter, à la suite du présent annuel. |
autorisés à contre-signer leur correspondance de service. (Les initiales entre crochets indiquent la forme à employer pour la fermeture des lettres.)	auxquels la correspondance de service des fonctionnaires et des personnes désignés dans la colonne ci-contre doit être remise en franchise.		
COURS royales (1)...	....		...
COURS et tribunaux (2)			
CURÉS. [S. B.]	Archevêques★.................	Circ. dioc.	14
	Evêques★..................	Circ. dioc.	14
	Grands-vicaires capitulaires★........	Circ. dioc.	14
	Inspecteurs des écoles primaires★......	Dép.	»
	Maires★....................	Arr. s.-pr.	»
	Préfets★..................	Dép.	»
	Présidents des comités d'arrondissement de l'instruction primaire★........	Arr. s.-pr.	»
	Recteurs d'académie★............	Arr. acad.	1
	Sous-inspecteurs des écoles primaires★....	Dép.	»
	Sous-préfets★................	Arr. s.-pr.	»
CURÉS de canton. [S. B.]	Desservants (3)...............	Arr. cant.	»
	Succursalistes (3).............	Arr. cant.	»
CURÉS dans les arrondissements de Dôle, Lons-le-Saunier, Poligny. [S.B.]	Grand-vicaire, à Lons-le-Saunier★ (4)....		
DÉLÉGUÉ de la commission de salubrité navale, à Saint-Nazaire. [S.B.]	Commissaire principal de la marine, à Nantes, président de la commission de salubrité navale★...............		
	Président semainier de l'intendance sanitaire, à Nantes★............		
DESSERVANTS [S.B.]	Archevêques★................	Circ. dioc.	14
	Evêques★..................	Circ. dioc.	14
	Grands-vicaires capitulaires★........	Circ. dioc.	14
	Inspecteurs des écoles primaires★......	Dép.	»
	Préfets★..................	Dép.	»
	Recteurs d'académie★............	Arr. acad.	1
	Sous-inspecteurs des écoles primaires★....	Dép.	»
	Sous-préfets★................	Arr. s.-pr.	»
DESSERVANTS dans les arrond. de Dôle, Lons-le-Saunier, Poligny. [S.B.]	Grand-vicaire, à Lons-le-Saunier★ (5)....		

(1) V. Premiers présidents, procureurs généraux des Cours royales.

(2) V. Présidents des Cours et tribunaux.

(3) Pour la transmission : 1° des lettres pastorales, mandements et circulaires imprimés, 2° des mandats de traitement, à l'exclusion de toutes lettres ou autres pièces manuscrites.

(4) Indépendamment de la correspondance avec l'évêque de Saint-Claude.

(5) Indépendamment de la correspondance avec l'évêque de Saint-Claude.

| DÉSIGNATION DES FONCTIONNAIRES ET DES PERSONNES | | Circonscriptions territoriales dans lesquelles la correspondance, valablement contre-signée, circule en franchise. | N° des tableaux de circonscriptions à consulter à la suite du présent Manuel. |
autorisés à contre-signer leur correspondance de service. (Les initiales entre crochets indiquent la forme à employer pour la fermeture des lettres.)	auxquels la correspondance de service des fonctionnaires et des personnes, désignés dans la colonne ci-contre, doit être remise en franchise.		
DIRECTEUR de l'administration des contributions indirectes. (1) [L.F.]	Directeur des contrib. directes, à *Ajaccio*★.	»	
	Directeurs des contributions indirectes d'arrondissement★	Tout le R.	»
	Directeurs des contributions indirectes de département★	Tout le R.	»
	Directeur des poudres et salpêtres, à *Paris*★	»	
	Directeurs des salines à *Arc* (Doubs), *Dieuze* (Meurthe), *Montmorot* (Jura), *Salins* (Jura)★	»	»
	Gardes-magasins des tabacs en feuilles★	Tout le R.	»
	Inspecteurs de la culture des tabacs et des magasins de tabacs en feuilles★	Tout le R.	»
	Inspecteurs spéciaux des magasins et manufactures de tabac★	Tout le R.	»
	Préfets★	Tout le R.	»
	Préposés en chef des octrois★	Tout le R.	»
	Président de la commission des monnaies★	[illegible]	[illegible]
	Procureurs généraux★	Tout le R.	»
	Procureurs du Roi★	Tout le R.	»
	Régisseurs des manufactures royales de tabac★	Tout le R.	»
	Sous-préfets★	Tout le R.	»
DIRECTEUR de l'administration des douanes (1) [L.F.]	Directeurs des douanes★	Tout le R.	»
	Inspecteurs des douanes★	Tout le R.	»
	Préfets★	Tout le R.	»
	Présidents des chambres de commerce★	Tout le R.	»
	Procureurs généraux★	Tout le R.	»
	Procureurs du Roi★	Tout le R.	»
	Receveurs maritimes des douanes★	Tout le R.	»
	Receveurs principaux des douanes★	Tout le R.	»
	Sous-inspecteurs des douanes★	Tout le R.	»
	Sous-préfets★	Tout le R.	»
DIRECTEUR de l'administration des postes (1) [L.F.]	Toutes personnes auxquelles il est écrit pour le service des postes★	Tout le R.	»
DIRECTEUR de l'administration des tabacs (1) [L.F.]	Directeurs d'arrondissement des contributions indirectes★	Tout le R.	»
	Directeurs de département des contributions indirectes★	Tout le R.	»
	Gardes-magasins des tabacs en feuilles★	Tout le R.	»
	Inspecteurs de la culture des tabacs et des magasins de tabac en feuilles★	Tout le R.	»
	Inspecteurs spéciaux des magasins et manufactures de tabac, *en tournée*★	Tout le R.	»
	Préfets★	Tout le R.	»
	Procureurs généraux★	Tout le R.	»
	Procureurs du Roi★	Tout le R.	»
	Régisseurs des manufact. royales de tabac★	Tout le R.	»
	Sous-préfets★	Tout le R.	»

(1) Reçoit en franchise, sans condition de contre-seing, les lettres et dépêches qui lui sont adressées. (*V.* la première partie.)

(Fonctionnaires et personnes autorisés à contre-signer leur correspondance de service. Les initiales, entre crochets, indiquent la forme à employer pour la fermeture des lettres.)	DÉSIGNATION DES FONCTIONNAIRES ET DES PERSONNES auxquels la correspondance de service des fonctionnaires et des personnes désignées dans la colonne ci-contre doit être remise en franchise.	Circonscriptions territoriales dans l'étendue desquelles la correspondance ci-dessus peut vraisemblablement circuler en franchise.	Nos des tableaux de circonscriptions
»	Colonels chefs d'état-major des divisions militaires*	Div. mil.	15
«	Commandants d'artillerie*	Dir. d'art.	3
«	Commandant de l'école d'application à Metz*	»	»
«	Directeur de la fabrique de pierres à feu, à *Saint-Aignan**	»	»
«	Directeurs des manufactures royales d'armes*	Tout le R.	»
«	Gardes d'artillerie, chargés du service dans les places*	Dir. d'art.	3
«	Inspecteurs { des Fonderies*	Tout le R.	»
«	des Forges*	Tout le R.	»
«	des manuf. royales d'armes*	Tout le R.	»(1)
«	des Poudreries*	Dir. d'art.	3
«	des Raffineries de salpêtre*	Dir. d'art.	3
DIRECTEURS d'artillerie. [S.B.]	Inspecteurs généraux { d'armes*	Arr. insp. g. d'arm	»
«	de gendarmerie*	Tout le R.	»
«	Intendants militaires*	Tout le R.	»
«	Lieuten: généraux commandant les divisions militaires*	Div. mil. (1)	3-15
«	Maires*	Dir. d'art.	3
«	Maréchaux de camp commandant les subdivisions militaires*	Subd. mil.	37
«	Officiers { du bataillon de volt. corses*	Tout le R.	»
«	de la garde munic. de *Paris**	Tout le R.	»
«	de gendarmerie*	Tout le R.	»
«	Payeurs du trésor public*	Dép. dir.	»
«	Préfets*	Dir. d'art.	3
«	Sous-inspecteurs des fonderies*	Dir. d'art.	3
«	Sous-inspecteurs des forges*	Tout le R.	»
«	Sous-intendants militaires*	Tout le R.	»
«	Sous-intendants militaires adjoints*	Tout le R.	»
«	Sous-préfets*	Dir. d'art.	3
DIRECTEUR d'artillerie, à *Montpellier*. [S.B.]	Directeur des fortifications, à *Perpignan**	administration des postes [I.E.]	(1)
DIRECTEUR d'artillerie, à *Nantes*. [S.B.]	Directeur de la manufacture royale de machines à vapeur d'*Indret**	»	»
DIRECTEUR d'artillerie, à *Toulon-sur-Mer*. [S.B.]	Commandant de la succursale des invalides, à *Avignon**	»	»
DIRECTEUR d'artillerie, à *Toulouse*. [S.B.]	Directeur des fortifications, à *Perpignan** [I.]	[I.R.]	»
DIRECTEUR de l'asile privé d'aliénés de St-Pierre et St-Paul, à la *Guillotière* (Rhône). [S.B.]	Préfet de la *Loire**	»	»
DIRECTEURS des Bergeries-royales. [S.B.]	Directeurs de l'enregistr. et des domaines*	Dép.	»
	Receveurs de l'enregistr. et des domaines*	Dép.	»

(1) C'est-à-dire dans les divisions militaires sur le territoire desquels sont situées une ou plusieurs places de la direction d'artillerie.

DÉSIGNATION DES FONCTIONNAIRES ET DES PERSONNES autorisés à contre-signer leur correspondance de service. (Les initiales entre crochets indiquent la forme à employer pour la fermeture des lettres.)	auxquels la correspondance de service des fonctionnaires et des personnes désignés dans la colonne ci-contre, doit être remise en franchise.	Circonscriptions territoriales dans lesquelles la correspondance, valablement contre-signée, circule en franchise.	N° des tableaux de circonscriptions à consulter, à la suite du présent Manuel.
DIRECTEUR du conservatoire royal des arts et métiers. [S.B.]	Préfet de la *Seine*★		
DIRECTEURS de comptabilité dans les divers ministères. [L.F.]	Chefs de division de comptabilité des divers ministères★	»	»
	Directeurs de comptabilité des divers ministères★		»
DIRECTEURS des contributions directes. [S.B.]	Chefs d'institution★	Dép.	»
	Conservateurs des forêts★	Conserv. forest.	23
	Contrôleurs des contributions directes★	Dép.	»
	Inspecteurs des contributions directes★	Dép.	»
	Inspecteurs des finances★	Tout le R.	»
	Inspecteurs généraux des finances★	Tout le R.	»
	Maires★	Dép.	»
	Maîtres de pensions★	Dép.	»
	Payeurs du trésor public★	Dép.	»
	Percepteurs★	Dép.	»
	Principaux des collèges communaux★	Dép.	»
	Proviseurs des collèges royaux★	Dép.	»
	Receveurs particuliers des finances★	Dép.	»
	Recteurs d'académie★	Arrond.	»
	Sous-préfets★	Dép.	»
	Vérificateurs spéciaux du cadastre★	Tout le R.	»
DIRECTEUR des contributions directes, à *Ajaccio*. [S.B.]	Directeur des contribut. indirectes, à *Toulon*★		
DIRECTEURS des contributions directes de l'*Aude*, des *Bouches-du-Rhône*, du *Gard*, de l'*Hérault*, des *Pyrénées-Orientales* et du *Var*. [S.B.]	Directeur des finances, en *Algérie*★		
DIRECTEURS des contributions indirectes d'arrondissement. [S.B.]	Commissaires près les poudreries★	cire. com. poudr.	B41
	Directeurs des contri- (d'arrondissement★ (1)	Tout le R.	7
	butions indirectes. . (de département★ (1)	Tout le R.	
	Directeur des droits d'entrée et d'octroi de la ville de *Paris*★ (1)	»	1
	Gardes magasins des poudres★	cire. mag. poudr.	34
	Inspecteurs des finances★	Tout le R.	»
	Inspecteurs généraux des finances★	Tout le R.	»
	Inspecteurs spéciaux chargés du service de la surveillance des tabacs★	Insp. spéc. tab. (2)	7

(1) Cette franchise ne s'applique qu'aux envois d'acquits-à-caution, bulletins et autres imprimés de service. Ces imprimés peuvent être remplis à la main, pourvu qu'il n'y soit joint aucune lettre, note ou état manuscrit. Les paquets d'acquits-à-caution peuvent être intérieurement subdivisés en plusieurs paquets revêtus de bandes étiquetées.

(2) V. les arrondissements de ces deux inspecteurs spéciaux à l'article **INSPECTEURS**.

DÉSIGNATION DES FONCTIONNAIRES ET DES PERSONNES		Circonscriptions territoriales dans lesquelles la correspondance valablement contre-signée circule en franchise.	N°s des tableaux de circonscriptions constituées à la suite du présent Manuel.
autorisés à contre-signer leur correspondance de service. (Les initiales entre crochets indiquent la forme à employer pour la fermeture des lettres.)	auxquels la correspondance de service des fonctionnaires et des personnes désignés dans la colonne ci-contre, doit être remise en franchise.		
DIRECTEURS des contributions indirectes d'arrondissement. (Suite.) [S.B.]	Inspecteurs spéciaux du service des tabacs résidant habituellement à *Paris* (1)★	Tout le R.	
	Préposés des contributions indirectes (2)★	Arr. s.-pr.	
	Régisseurs des manufact. royales de tabac★	Tout le R.	»
	Commissaires près les poudreries★	Circ. com. poudr.	34
	Directeurs des contributions indirectes { d'arrondissement (3)★	Tout le R.	
	{ de département★ (4)	Tout le R.	»
DIRECTEURS des contributions indirectes de département. [S.B.]	Directeur des droits d'entrée et d'octroi de la ville de *Paris*★	»	»
	Gardes-magasins des poudres★	Circ. mag. poudr.	34
	Inspecteurs des finances★	Tout le R.	»
	Inspecteurs généraux des finances★	Tout le R.	»
	Inspecteurs spéciaux chargés du service de la surveillance des tabacs★	Insp. spéc. tab (5)	»
	Inspecteurs spéciaux du service des tabacs résidant habituellement à *Paris*★ (6)	Tout le R.	»
	Préposés des contributions indirectes★ (7)	Dép.	»
	Régisseurs des manufact. royales de tabac★	Tout le R.	»
DIRECTEUR des contributions indirectes, à *Château-Salins*. [S.B.]	Commissaires de police, à *Dieuze* et à *Vic*★	(8)	»
DIRECTEUR des contributions indirectes, à *Colmar*. [S.B.]	Inspecteur général de la navigation du *Rhin*, résidant à *Mayence*★	[illegible]	
	Inspecteur du premier district de la navigation du *Rhin*, résidant à *Strasbourg*★	(9)	
DIRECTEUR des contributions indirectes, à *Lunéville*. [S.B.]	Commissaires de police, à *Dieuze* et à *Vic*★	(8)	
DIRECTEUR des contributions indirectes, à *Morlaix*. [S.B.]	Préfet du *Finistère*★	[illegible]	»

(1) Lorsque ces agents font leur tournée d'inspection.

(2) *V.* à l'article **PRÉPOSÉS**, l'indication des agents qui peuvent être considérés comme *préposés des contributions indirectes.*

(3) Pour l'envoi des acquits-à-caution, bulletins et autres imprimés de service. Ces imprimés peuvent être remplis à la main, pourvu qu'il n'y soit joint aucune lettre, note ou état manuscrit. Les paquets d'acquits-à-caution peuvent être intérieurement subdivisés en plusieurs paquets revêtus de bandes étiquetées.

(4) Pour la correspondance proprement dite, et de plus pour les envois de pièces manuscrites relatives à l'apurement des acquits-à-caution du dehors.

(5) *V. les arrondissements de ces deux inspecteurs spéciaux,* à l'article : **INSPECTEURS**.

(6) Lorsque ces agents font leur tournée d'inspection.

(7) *V.* à l'article **PRÉPOSÉS**, l'indication des agents qui peuvent être considérés comme *préposés des contributions indirectes.*

(8) Cette franchise s'étend à tous les lieux où les deux commissaires de police peuvent être envoyés en mission.

(9) Cette franchise peut s'étendre à tous les lieux situés sur les bords du *Rhin*, jusqu'à l'embouchure de la *Lauter*.

| DÉSIGNATION DES FONCTIONNAIRES ET DES PERSONNES | | Circonscriptions territoriales dans lesquelles la correspondance, valablement contre-signée, circule en franchise. | N° des tableaux de circonscriptions à consulter à la suite du présent annuaire. |
autorisés à contre-signer leur correspondance de service. (Les initiales entre crochets indiquent la forme à employer pour la fermeture des lettres.)	auxquels la correspondance de service des fonctionnaires et des personnes désignés dans la colonne ci-contre, doit être remise en franchise.		
DIRECTEUR des contributions indirectes, à *Nancy*. [S. B.]	Commissaires de police, à *Dieuze* et à *Vic*★.	(1)	
DIRECTEUR des contributions indirectes, à *Sarrebourg*. [S. B.]	Commissaires de police, à *Dieuze* et à *Vic*★.	(1)	
DIRECTEUR des contributions indirectes, à *Strasbourg*. [S. B.]	Inspecteur général de la navigation du *Rhin*, résidant à *Mayence*★. — Inspecteur du premier district de la navigation du *Rhin*, résidant à *Strasbourg*★.	(2)	
DIRECTEUR des contributions indirectes, à *Toulon-sur-Mer*. [S. B.]	Directeur des contributions directes, à *Ajaccio*★. — Gardes-magasins des poudres en *Corse*★.	»	»
DIRECTEUR des contributions indirectes du département des *Ardennes*, en résidence à *Charleville*. [S. B.]	Préfet des *Ardennes*★.		
DIRECTEURS des contributions indirectes dans les départements d'*Ille-et-Vilaine*, du *Lot*, de *Lot-et-Garonne*, du *Nord*, du *Pas-de-Calais* et du *Bas-Rhin*. [S. B.]	Inspecteurs de la culture des tabacs et des magasins de tabac en feuilles★.	Tout le R.	»
DIRECTEUR des contributions indirectes du départem. du *Var*. [S. B.]	Préfet du *Var*★.	»	»
DIRECTEURS des contributions indirectes dans les départements ci-après désignés: *Ardennes*, *Doubs*, *Jura*, *Marne*, *Marne (Haute)*, *Meurthe*, *Meuse*, *Moselle*, *Rhin (Bas)*, *Rhin (Haut)*, *Saône (Haute)*, *Saône-et-Loire*, *Seine*, *Vosges*. [S. B.]	Directeurs des Salines, à *Arc* (Doubs), *Dieuze* (Meurthe), *Montmorot* (Jura), *Salins* (Jura)★.		»

(1) Cette franchise s'étend à tous les lieux où les deux commissaires de police peuvent être envoyés en mission.

(2) Cette franchise peut s'étendre à tous les lieux situés sur les bords du *Rhin*, jusqu'à l'embouchure de la *Lauter*.

DÉSIGNATION DES FONCTIONNAIRES ET DES PERSONNES autorisés à contre signer leur correspondance de service. (Les intitulés entre crochets indiquent la forme à employer pour la fermeture des lettres.)	auxquels la correspondance de service des fonctionnaires et des personnes désignés dans la colonne ci-contre, doit être remise en franchise.	Circonscriptions territoriales dans lesquelles la correspondance [...] valablement [...] contre-signée [...] des fonctionnaires [...] (ces lettres.)
DIRECTEURS des contributions indirectes, dans les départements de l'*Aube*, de la *Côte-d'Or*, du *Rhône* et de l'*Yonne*. (†) [S.B.]	Commissaires de police, à *Dreuze* et à *Vic*... Directeur de la saline, à *Dieuze*★	**DIRECTEUR** des contributions indirectes, à *Nancy*. « [S.B.]
DIRECTEURS des contributions indirectes de l'*Aude*, des *Bouches-du-Rhône*, du *Gard*, de l'*Hérault*, des *Pyrénées-Orientales* et du *Var*. [S.B.]	Commissaires de police, à *Dieuze* et à *Vic*...	**DIRECTEUX** des contributions indirectes à *Sarrebourg*. [S.B.]
« «	Inspecteur général de la navigation du *Rhône*, résidant à *Mulgrave*★ Directeur des finances, en *Algérie*★ ...tion du *Rhin*, résidant à *Strasbourg*★	**DIRECTEUR** des contributions indirectes à *Strasbourg*. [S.B.]
« «	Directeur des contributions directes, à *Alger*★ Architectes du Roi★ Archiviste de la couronne★ Conservateur des forêts de la couronne★	**DIRECTEUX** des contributions indirectes [...] Tout le R. [...] de *Toulon-sur-mer* [...] « [S.B.] »
DIRECTEUR des dépenses des bâtiments de la couronne. [S.B.]	Conservateur du mobilier de la couronne★ Conservateur des résidences et maisons royales, à *Paris*★ Directeur des dépenses de la liste civile★ Directeur des domaines et du contentieux de la liste civile★ Trésorier de la couronne★	**DIRECTEUR** des contributions indirectes du département des *Ardennes*, en résidence à *Charleville*). « [S.B.] »
Tout le R. **DIRECTEUR** des dépenses de la liste civile. [S.B.]	Archiviste de la couronne★ Conservateur des forêts de la couronne★ Conservateur du mobilier de la couronne★ Conservateur des résidences et maisons royales, à *Paris*★ Directeur des dépenses des bâtiments de la couronne★ Directeur des domaines et du contentieux de la liste civile★ Trésorier de la couronne★	**DIRECTEURS** des contributions indirectes dans les départements d'*Ille-et-Vilaine*, du *Lot*, de *Lot-et-Garonne*, du *Nord*, du *Pas-de-Calais* et du *Bas-Rhin*. « [S.B.]
« «		**DIRECTEUR** des contributions indirectes du département du [...] «
DIRECTEURS de dépôts d'étalons. [S.B.]	Agents généraux des remontes des haras★ Directeurs de l'enregist. et des domaines★ Inspecteurs généraux des haras★ Préfets★ Receveurs de l'enregist. et des domaines★ Sous-préfets★	**DIRECTEUR** des con[...] Tout le R. [...] Circ. har. 28 [...] d'après décis. [...] 28 mars [...] [illegible]
DIRECTEURS des dépôts de mendicité. [S.B.]	Directeurs des dépôts à... *Fleurine*, *Montmorot* (*Jura*), Saint-... Préfets★	[illegible]
DIRECTEUR du dépôt de remonte, situé au bois de *Boulogne*, près *Paris*★	Directeur de l'enregistrement et des domaines du département de la *Seine*, à *Paris*★ Receveurs de l'enregistrement et des domaines du département de la *Seine*★	[illegible]
DIRECTEUR des domaines et du contentieux de la liste civile. [S.B.]	Architectes du Roi★ Archiviste de la couronne★ Concierges des résidences royales★ Conservateur des forêts de la couronne★ *(La suite ci-contre.)*	Tout le R. Tout le R.

(La suite ci-contre.)

(1) Cette franchise [...]
(2) Cette franchise [...] ouverte la lettre.

| DÉSIGNATION DES FONCTIONNAIRES ET DES PERSONNES | | Circonscriptions territoriales dans lesquelles la correspondance, valablement contre-signée, circule en franchise. | Nos des tableaux de circonscriptions à consulter à la suite du présent Manuel. |
autorisés à contre-signer leur correspondance de service. (Les initiales entre crochets indiquent la formule qu'on peut employer pour la fermeture des lettres.)	auxquels la correspondance de service des fonctionnaires et des personnes désignés dans la colonne ci-contre, doit être remise en franchise.		
	Conservateur du mobilier de la couronne*.	»	»
	Conservateur des résidences et maisons royales, à Paris*......	»	»
	Directeur des dépenses des bâtiments de la couronne*...	»	»
DIRECTEUR des domaines et du contentieux de la liste civile. (Suite) « [S.B.]	Directeur des dépenses de la liste civile*.	»	»
« «	Directeur des pépinières de la couronne*...	»	»
	Gardes généraux des forêts de la couronne*.	Tout le R.	»
	Inspecteurs des forêts de la couronne*...	Tout le R.	»
	Jardiniers en chef des résidences royales*.	Tout le R.	»
« «	Sous-inspecteurs des forêts de la couronne*.	Tout le R.	»
« «	Trésorier de la couronne*...	»	»
« «	Brigadiers des douanes*...	Dir. doua.	16
« «	Capitaines de brigades des douanes*...	Dir. doua.	16
« «	Capitaines de patachés des douanes*...	Dir. doua.	16
« «	Commis aux sondes*...	Dir. doua.	16
« «	Contrôleurs de brigades des douanes*...	Dir. doua.	16
« «	Directeurs des douanes*...	et dir. doua.	16
« «	... des douanes*...	Dir. doua.	16
« «	Inspecteurs... des finances*...	Tout le R.	»
	... des postes*	Dép.	»
DIRECTEURS des douanes. « [S.B.]	Inspecteurs généraux des finances*...	Tout le R.	»
	Lieutenants d'ordre des douanes*...	Dir. doua.	16
« «	Lieutenants de patachés des douanes*...	Dir. doua.	16
	Lieutenants principaux des douanes*...	Dir. doua.	16
« «	Patrons d'embarcations des douanes*...	Dir. doua.	16
	Préfets*...	Dép. et dir. doua.	16
	Receveurs des douanes*...	Dir. doua.	16
	Receveurs généraux des finances*...	Dép.	»
	Receveurs particuliers des finances*...	Arr. s. pr.	»
« «	Receveurs principaux des douanes*, V...	Dir. doua.	16
	Sous-inspecteurs des douanes*...	Dir. doua.	16
DIRECTEURS des directions maritimes des douanes(1). [S.B.]	Directeurs des directions marit. des douanes*...	Tout le R.	17
DIRECTEUR des douanes, à Abbeville. « [S.B.]	Président semainier de la commission sanitaire, à Saint-Valery-sur-Somme*...	»	»
« « [S.B.]	Président semainier de l'intendance sanitaire, au Havre*...	»	»
DIRECTEUR des douanes, à Bastia. [S.B.]	Vérificateurs des douanes en Corse*...	»	»
DIRECTEUR des douanes, à Belley. [S.B.]	Sous-inspecteur des douanes à Saint-Genis*.	»	»
	Vérificat. des douanes, à Collonge et à Gex*.	»	»
	Inspecteur des douanes, à Lyon*...	»	»
DIRECTEUR des douanes, à Besançon. [S.B.]	Sous-inspecteurs des douanes, à Saint-Genis*.	»	»
« « [S.B.]	Vérificat. des douanes, à Collonge et à Gex*.	»	»

(1) Cette franchise ne concerne que l'envoi des acquits-à-caution, des états récapitulatifs à l'appui et des congés de navigation.

DÉSIGNATION DES FONCTIONNAIRES ET DES PERSONNES		Circonscriptions territoriales dans lesquelles la correspondance contre-signée circule en franchise.	N°s des tableaux des circonscriptions à consulter, à la suite du présent Manuel.
autorisés à contre-signer leur correspondance de service. (Les initiales entre crochets indiquent la formule à employer pour la fermeture des lettres.)	auxquels la correspondance de service des fonctionnaires et des personnes désignées dans la colonne ci-contre, doit être remise en franchise.		
DIRECTEUR des douanes, à *Bordeaux.* [S.B.]	Président semainier de l'intendance sanitaire, à *Bayonne* ★..........	»	»
DIRECTEUR des douanes, à *Boulogne.* [S.B.]	Président semainier de la commission sanitaire, à *Calais* ★..........	»	»
	Président semainier de la commission sanitaire, à *Montreuil* ★..........	»	»
DIRECTEUR des douanes, à *Brest.* [S.B.]	Président semainier de la commission sanitaire, à *Lannion* ★..........	»	»
DIRECTEUR des douanes, à *Cherbourg.* [S.B.]	Président semainier de la commission sanitaire, à *Granville* ★..........	»	»
	Président semainier de l'intendance sanitaire, au *Havre* ★..........	»	»
DIRECTEUR des douanes, à *Digne.* [L.F.]	Préfet du *Var* ★..........	»	»
DIRECTEUR des douanes, à *Dunkerque.* [S.B.]	Président semainier de la commission sanitaire, à *Gravelines* ★..........	»	»
	Sous-préfets, à *Béthune*, à *Douai*, à *Hazebrouck* et à *Valenciennes* ★..........	»	»
DIRECTEUR des douanes, à *Lorient.* [S.B.]	Président semainier de l'intendance sanitaire, à *Brest* ★..........	»	»
	Président semainier de l'intendance sanitaire, à *Nantes* ★..........	»	»
DIRECTEUR des douanes, à *Montpellier.* [S.B.]	Président semainier de l'intendance sanitaire, à *Marseille* ★..........	»	»
DIRECTEUR des douanes, à *Perpignan.* [S.B.]	Président semainier de l'intendance sanitaire, à *Marseille* ★..........	»	»
DIRECTEUR des douanes, à *La Rochelle.* [S.B.]	Président semainier de l'intendance sanitaire, à *Nantes* ★..........	»	»
DIRECTEUR des douanes, à *Rouen.* [S.B.]	Président semainier de l'intendance sanitaire, au *Havre* ★..........	»	»
DIRECTEUR des douanes, à *Saint-Gaudens.* [S.B.]	Inspecteur des douanes, à *Toulouse* ★..........	»	»
DIRECTEUR des douanes, à *St-Malo.* [S.B.]	Président semainier de la commission sanitaire, à *Paimpol* ★..........	»	»
	Président semainier de la commission sanitaire, à *Saint-Brieuc* ★..........	»	»
DIRECTEUR des douanes, à *Strasbourg.* [S.B.]	Inspecteur général de la navigation du *Rhin*, résidant à *Mayence* ★..........	»	»
	Inspecteur du premier district de la navigation du *Rhin*, à *Strasbourg* ★......	(1)	»

(1) Cette franchise peut s'étendre à tous les lieux situés sur les bords du *Rhin* jusqu'à l'embouchure de la *Lauter.*

DÉSIGNATION DES FONCTIONNAIRES ET DES PERSONNES		Circonscrip-tions territoriales dans lesquelles la correspon-dance, valablement contre-signée, circule en franchise.	Nos des tableaux de circonscriptions à consulter, à la suite du présent Manuel.
autorisés à contre-signer leur correspondance de service. (Les initiales entre crochets indiquent la forme à employer pour la fermeture des lettres.)	auxquels la correspondance de service des fonctionnaires et des personnes désignés dans la colonne ci-contre doit être remise en franchise.		
DIRECTEUR des douanes, à *Valenciennes.* [S.B.]	Sous-préfets, à *Avesnes, Cambrai, Douai, Saint-Quentin*★.................	»	»
DIRECTEURS des douanes dans les départements de l'*Ariége,* de l'*Aude,* du *Gard,* de la *Haute-Garonne,* de l'*Hérault* et des *Pyrénées-Orientales.* [S.B.]	Inspecteur spécial de police dans les départements du midi★..............	»	»
DIRECTEURS des douanes, dans les départements de l'*Aude,* des *Bouches-du-Rhône,* du *Gard,* de l'*Hérault* et des *Pyrénées-Orientales.* [S.B.]	Directeur des finances, en *Algérie*★......	»	»
DIRECTEUR des droits d'entrée et d'octroi de la ville de *Paris* (1). [S.B.]	....	...	...
DIRECTEURS des écoles normales primaires. [S.B.]	Inspecteurs d'académie★.............	Arr. acad.	1
	Inspecteurs des écoles primaires★.......	Réss.éc.n.pr.	19
	Inspecteurs généraux des études, *en tournée*★	Tout le R.	»
	Maires★.....................	Ress.éc.n.pr.	19
	Préfets★....................	Dép.	»
	Présidents des comités d'arrondissement de l'instruction primaire★..	Ress.éc.n.pr.	19
	Présidents des comités communaux de l'instruction primaire★....	Ress.éc.n.pr.	19
	Présidents des commissions d'examen de l'instruction primaire★....	Ress.éc.n.pr.	19
	Présidents des commis. de surveillance des écoles normales primaires★.	Ress.éc.n.pr.	19
	Recteurs d'académie★.............	Arr. acad.	1
	Sous-inspecteurs des écoles primaires★....	Ress.éc.n.pr.	19
	Sous-préfets★.................	Ress.éc.n.pr.	19
DIRECTEUR de l'école normale primaire, à *Bourges.* [S.B.]	Préfet de la *Nièvre*★................	»	»
DIRECTEUR de l'école normale primaire, à *Douai.* [S.B.]	Préfet du *Pas-de-Calais*★..........	»	»
DIRECTEUR de l'école normale primaire, à *Grenoble.* [S.B.]	Préfet de la *Drôme*★.,..............	»	»

(1) Ce directeur est assimilé aux directeurs des contributions indirectes *de département.*

DÉSIGNATION DES FONCTIONNAIRES ET DES PERSONNES		Circonscriptions territoriales dans lesquelles la correspondance, valablement contre-signée, circule en franchise.	Nos des tableaux de circonscrip.tions à consulter, à la suite du prés-ent Manuel.
autorisés à contre-signer leur correspondance de service. (Les initiales entre crochets indiquent la forme à employer pour la fermeture des lettres.)	auxquels la correspondance de service des fonctionnaires et des personnes désignés dans la colonne ci-contre, doit être remise en franchise.		
DIRECTEUR de l'école normale primaire, à *Orléans*. [S.B.]	Préfet d'*Indre-et-Loire*★	»	»
DIRECTEUR de l'école normale primaire, à *Poitiers*. [S.B.]	Préfet de la *Charente-inférieure*★	»	»
DIRECTEUR de l'école normale primaire, à *Rennes*. [S.B.]	Préfets des *Côtes-du-Nord*, du *Finistère*, du *Morbihan*★	»	»
DIRECTEUR de l'école normale primaire, à *Versailles*. [S.B.]	Préfet de l'*Oise*★	»	»
DIRECTEURS des écoles royales des arts et métiers. [S.B.]	Préfets★	Tout le R.	»
DIRECTEURS des écoles vétérinaires. [S.B.]	Directeurs de l'enregistr. et des domaines★	Dép.	»
	Préfets★	Dép.	»
	Receveurs de l'enregistr. et des domaines★	Dép.	»
	Sous-préfets★	Arr. si-pr.	»
DIRECTEURS de l'enregistrement et des domaines [S.B.]	Conservateurs des forêts★	Conserv. for.	23
	Conservateurs des hypothèques★	Dép.	»
	Directeurs { des bergeries royales★	Dép.	»
	des dépôts d'étalons★	Dép.	»
	des écoles vétérinaires★	Dép.	»
	de l'enregistr. et des domaines★	Tout le R.	»
	des haras★	Dép.	»
	Gardes à cheval des forêts★	Conserv. for.	23
	Gardes généraux des forêts★	Conserv. for.	23
	Gardes-magasins du timbre★	Dép.	»
	Inspecteurs { de l'enregistr. et des domaines★	Dép.	»
	des finances★	Tout le R.	»
	des forêts★	Conserv. for.	23
	Inspecteurs généraux des finances★	Tout le R.	»
	Premiers présidents des cours royales★	C. roy.	12
	Procureurs généraux★	C. roy.	12
	Procureurs du Roi★	Dép.	»
	Receveurs de l'enregistr. et des domaines★	Dép.	»
	Receveurs du timbre★	Dép.	»
	Régisseurs { des bergeries royales★	Dép.	»
	des écoles vétérinaires★	Dép.	»
	des établissements thermaux appartenant à l'Etat★	Dép.	»
	Sous-inspecteurs des forêts★	Conserv. for.	23
	Vérificateurs de l'enregistrement et des domaines★	Dép.	»

DÉSIGNATION DES FONCTIONNAIRES ET DES PERSONNES		Circonscriptions territoriales dans lesquelles la correspondance, valablement contre-signée, circule en franchise.	Nos des tableaux de circonscriptions à consulter, à la suite du présent Manuel.
autorisés à contre-signer leur correspondance de service. (Les initiales entre crochets indiquent la forme à employer pour la fermeture des lettres.)	auxquels la correspondance de service des fonctionnaires et des personnes désignés dans la colonne ci-contre, doit être remise en franchise.		
DIRECTEURS de l'enregistrem. et des domaines de l'*Aude*, des *Bouches-du-Rhône*, du *Gard*, de l'*Hérault*, des *Pyrénées-Orient.* et du *Var*. [S.B.]	Directeur des finances en *Algérie*★	»	»
DIRECTEUR de l'enregistrem. et des domaines du départ. du *Finistère*. [S.B.]	Payeur du *Finistère*, à *Brest*★	»	»
DIRECTEURS de l'enregistrem. et des domaines de la *Haute-Marne* et de la *Marne* [S.B.]	Conservateur des forêts, à *Châlons-sur-Marne*★	»	»
DIRECTEUR de l'enregistrem. et des domaines du départem. de la *Nièvre*. [S.B.]	Directeur des forges de la marine, à *Guérigny*★	»	»
DIRECTEUR de l'enregistrem. et des domaines du départem. de la *Seine*. [S.B.]	Directeur du dépôt de remontes situé au bois de *Boulogne*, près *Paris*★	»	»
	Intendant de la 1re division militaire★ . . .	Dép.	»
DIRECTEUR de l'enregistrem. et des domaines du départem. du *Var*. [S.B.]	Payeur du *Var*, à *Toulon*★	»	»
	Préfet du *Var*★	»	»
DIRECTEURS des établissements de bienfaisance. [S.B.]	Préfets★	Dép.	»
	Sous-préfets★	Arr. s.-pr.	»
DIRECTEUR des établissem. et commandant supérieur du train des équipages, à *Vernon*. [S.B.]	Commandants des compagnies du train★ . . .	Tout le R.	»
	Command. des compagnies d'ouvr. du train★ .	Tout le R.	»
	Commandant du dépôt des équipages, à *Sampigny*★	»	»
	Sous-directeur des parcs de construction, à *Châteauroux*★	»	»
DIRECTEURS de la fabrication des monnaies. [S.B.]	Inspecteurs des finances★	Tout le R.	»
	Inspecteurs généraux des finances★	Tout le R.	»
	Président de la commission des monnaies★(1) [L.F.]	»	»
DIRECTEUR de la fabrique des pierres à feu, à *Saint-Aignan*. [S.B.]	Colonel chef d'état-major de la 4e divis. milit.★	»	45
	Commandants d'artillerie★	Tout le R.	»
	Directeurs d'artillerie★	Tout le R.	»
	Inspecteurs généraux d'armes★	Arr. insp. g. d'ar.	»
	Inspecteurs généraux de gendarmerie★	Tout le R.	»

(*La suite au verso.*)

(1) Pour l'envoi à Paris des boîtes contenant les poinçons de garantie, hors de service; ces objets doivent être chargés.

DÉSIGNATION DES FONCTIONNAIRES ET DES PERSONNES		Circonscriptions territoriales dans lesquelles la correspondance, valablement contre-signée, circule en franchise.	N.os des tableaux de circonscriptions à consulter, à la suite du présent Manuel.
autorisés à contre-signer leur correspondance de service. (Les initiales entre crochets indiquent la forme à employer pour la fermeture des lettres.)	auxquels la correspondance de service des fonctionnaires et des personnes désignés dans la colonne ci-contre doit être remise en franchise.		
DIRECTEUR de la fabrique de pierres à feu, à *Saint-Aignan.* (*Suite.*) [S.B.]	Intendants militaires★	Tout le R.	»
	Lieuten. général command. la 4e divis. milit.★	»	15
	Maréchal de camp commandant le département de *Loir-et-Cher*★	»	»
	Officiers { du bataillon de voltigeurs corses★	Tout le R.	»
	de la garde municipale de *Paris*★	Tout le R.	»
	de gendarmerie★	Tout le R.	»
	Sous-intendants militaires★	Tout le R.	»
	Sous-intendants militaires adjoints★	Tout le R.	»
DIRECTEUR des finances, en *Algérie* (1). [S.B.]	Direct. des contrib. directes.		
	Direct. des contrib. indirect.		
	Directeurs des douanes { de l'*Aude*, des *Bouches-du-Rhône*, du *Gard*, de l'*Hérault*, des *Pyrénées-Orient.* et du *Var*★	»	»
	Directeurs de l'enregistrem. et des domaines.		
	Directeurs des postes.		
	Fonctionnaires civils dans toute l'étendue de l'*Algérie*★ (2).	Algérie.	»
	Intendant de la 8e division militaire★	»	15
	Payeurs à *Marseille* et à *Toulon*★	»	»
	Receveurs généraux des finances, à *Marseille* et à *Toulon*★	»	»
	Sous-intendant militaire, à *Toulon*★	»	»
DIRECTEURS des fonderies royales. [S.B.]	Chefs du service de la marine★	Tout le R.	»
	Commissaires généraux de la marine★	Tout le R.	»
	Commissaires principaux de la marine★	Tout le R.	»
	Préfets maritimes★	Tout le R.	»
DIRECTEUR de la fonderie d'artillerie, à *Douai.* [S.B.]	Payeur du *Nord*, à *Lille*★	»	»
DIRECTEUR de la fonderie de la marine, à *Nevers.* [S.B.]	Directeur des forges de la marine, à *Guérigny*★	»	»
DIRECTEUR de la fonderie de la marine, à *Ruelle.* [S.B.]	Directeur des forges de la marine, à *Guérigny*★	»	»
	Payeur de la *Charente*, à *Angoulême*★	»	»
DIRECTEUR de la fonderie de la marine, à *Saint-Gervais.* [S.B.]	Directeur des forges de la marine, à *Guérigny*★	»	»
	Payeur de l'*Isère*, à *Grenoble*★	»	»
DIRECTEURS des forges royales. [S.B.]	Chefs du service de la marine★	Tout le R.	»
	Commissaires généraux de la marine★	Tout le R.	»
	Commissaires principaux de la marine★	Tout le R.	»
	Préfets maritimes★	Tout le R.	»

(1) Le directeur des finances, en Algérie reçoit en franchise, sans condition de contre-seing, les lettres et dépêches qui lui sont adressées des lieux situés dans l'*Algérie* (*V.* la 1re partie).

(2) La correspondance du directeur des finances adressée aux fonctionnaires civils, dans l'*Algérie*, peut être expédiée par lettres fermées [L.F.].

DÉSIGNATION DES FONCTIONNAIRES ET DES PERSONNES		Circonscriptions territoriales dans lesquelles la correspondance, valablement contre-signée, circule en franchise.	Nos des tableaux de circonscriptions à consulter, à la suite du présent Manuel.
autorisés à contre-signer leur correspondance de service. (Les initiales entre crochets indiquent la forme à employer pour la fermeture des lettres.)	auxquels la correspondance de service des fonctionnaires et des personnes désignés dans la colonne ci-contre doit être remise en franchise.		
DIRECTEUR des Forges de la marine, à *Guérigny.* [S.B.] (Cet établissement porte aussi le nom de *Forges de la Chaussade.*)	Chefs de section dépendant des forges de la marine de *Guérigny*★	»	»
	Conservateur des forêts, à *Bourges*★	»	»
	Directeur de l'enregistrement et des domaines, à *Nevers*★	»	»
	Directeurs des fonderies de la marine, à *Nevers, Ruelle* et *Saint-Gervais*★	»	»
	Directeur de la manufacture royale de machines à vapeur d'*Indret*★	»	»
	Gardes-magasins dépendant des forges de la marine de *Guérigny*★	»	»
	Payeur du trésor public, à *Nevers*★	»	»
	Préfet de la *Nièvre*★	»	»
	Procureurs du Roi du départ. de la *Nièvre*★	»	»
DIRECTEURS des fortifications. [S.B.]	Aspirants des ponts et chaussées★	Dir. du gén.	27
	Colonels chefs d'état-major des divis. milit.★	Div. mil.	15
	Commandant de l'école d'application, à *Metz*★	»	»
	Commandants du génie	Dir. du gén.	27
	Élèves des ponts et chaussées★	Dir. du gén.	27
	Gardes du génie chargés du service dans les places★	Dir. du gén.	27
	Ingénieurs en chef des ponts et chaussées★	Dir. du gén.	27
	Ingénieurs ordinaires des ponts et chaussées★	Dir. du gén.	27
	Inspecteurs divisionnaires adjoints des ponts et chaussées, chargés de l'inspection (1) des chemins de fer★	Insp. ch. de fer	7
	Inspecteurs généraux d'armes★	Arr. insp. g. d'ar.	»
	Inspecteurs généraux de gendarmerie★	Tout le R.	»
	Intendants militaires★	Tout le R.	»
	Lieutenants généraux commandant les divisions militaires★	Div. mil. (2)	15-27
	Maires★	Dir. du gén.	27
	Maréchaux de camp commandant les subdivisions militaires★	Subd. mil.	37
	Officiers { du bataillon de voltigeurs corses★	Tout le R.	»
	{ de la garde municipale de *Paris*★	Tout le R.	»
	{ de gendarmerie★	Tout le R.	»
	Payeurs du trésor public★	Dép et dir. du gén	27
	Préfets★	Dir. du gén.	27
	Procureurs du Roi★	Dir. du gén.	27
	Sous-intendants militaires★	Tout le R.	»
	Sous-intendants militaires adjoints★	Tout le R.	»
	Sous-préfets★	Dir. du gén.	27
DIRECTEUR des fortifications, à *Belfort* [S.B.]	Ingénieur en chef du service du *Rhin*, à *Strasbourg*★	»	»
DIRECTEUR des fortifications, à *Perpignan.* [S.B.]	Directeurs d'artillerie, à *Montpellier, Toulouse*★	»	»

(1) Le numéro de l'inspection doit être indiqué.

(2) C'est-à-dire dans toutes les divisions militaires sur le territoire desquelles sont situées une ou plusieurs places de la direction du génie.

DÉSIGNATION DES FONCTIONNAIRES ET DES PERSONNES		Circonscriptions territoriales dans lesquelles la correspondance valablement contre-signée, circule en franchise.	Nos des tableaux de circonscriptions à consulter, à la suite du présent Manuel.
autorisés à contre-signer leur correspondance de service. (Les initiales entre crochets indiquent la forme à employer pour la fermeture des lettres.)	auxquels la correspondance de service des fonctionnaires et des personnes désignés dans la colonne ci-contre, doit être remise en franchise.		
DIRECTEURS des fortifications de la *Seine* et de *Seine-et-Oise.* [S.B.]	Ingénieurs des ponts et chaussées chargés du contrôle des travaux entrepris par des compagnies, dans les départements de la *Seine* et de *Seine-et-Oise* ★ (1).............	»	»
DIRECTEUR général de l'administration de la caisse d'amortissement et de la caisse des dépôts et consignations (2). [L.F.]	Directeurs de l'enregistr. et des domaines★..	Tout le R.	»
	Greffier en chef de la Cour des comptes★...	»	»
	Maires★.................	Tout le R.	»
	Préfets★..................	Tout le R,	»
	Procureurs du Roi★.............	Tout le R,	»
	Receveurs généraux des finances★......	Tout le R.	»
	Receveurs particuliers des finances★.....	Tout le R.	»
DIRECTEUR général de l'administration des contributions directes. (2) [L.F.]	Contrôleurs des contributions directes★....	Tout le R.	»
	Directeurs des contributions directes★....	Tout le R.	»
	Géomètres en chef du cadastre★.......	Tout le R.	»
	Inspecteurs des contributions directes★....	Tout le R.	»
	Percepteurs★................	Tout le R.	»
	Préfets★..................	Tout le R.	»
	Procureurs généraux★............	Tout le R.	»
	Procureurs du Roi★.............	Tout le R.	»
	Receveurs des établissements de bienfaisance★	Tout le R.	»
	Receveurs généraux des finances★......	Tout le R.	»
	Receveurs des hospices★...........	Tout le R.	»
	Receveurs municipaux★...........	Tout le R.	»
	Receveurs particuliers des finances★....	Tout le R.	»
	Sous-préfets★...............	Tout le R.	»
	Vérificateurs spéciaux du cadastre★.....	Tout le R.	»
DIRECTEUR général de l'administration des forêts (2) [S.B.]	Conservateurs des forêts★..........	Tout le R.	»
	Directeur de l'école forestière de *Nancy*★.	»	»
	Directeurs de l'enregistr. et des domaines★..	Tout le R.	»
	Gardes généraux des forêts, *chefs de service*★	Tout le R.	»
	Géomètre vérificateur général des arpentages★	»	»
	Inspecteurs des forêts, *chefs de service*★...	Tout le R.	»
	Préfets★..................	Tout le R.	»
	Procureurs généraux★............	Tout le R.	»
	Procureurs du Roi★.............	Tout le R.	»
	Professeurs de l'école forestière de *Nancy*★..	»	»
	Sous-inspecteurs des forêts, *chefs de service*★.	Tout le R.	»
	Sous-préfets★................	Tout le R.	»
DIRECTEUR général de l'enregistrement et des domaines. (2) [S.B.]	Directeurs de l'enregistr. et des domaines★...	Tout le R.	»
	Inspecteurs généraux de l'enregistrement et des domaines★................	Tout le R.	»
	Préfets★..................	Tout le R.	»
	Présidents des conseils de guerre★......	Tout le R.	»
	Procureurs généraux★............	Tout le R.	»
	Procureurs du Roi★.............	Tout le R.	»
	Sous-préfets★................	Tout le R.	»
	Surveillants de papeteries pour la fabrication du papier à timbrer★............	Tout le R.	»

(1) Cette concession cessera d'avoir son effet au 1er janvier 1844.

(2) Reçoit en franchise, sans condition de contre-seing, les lettres et dépêches qui lui sont adressées. (*V.* la première partie.)

DÉSIGNATION DES FONCTIONNAIRES ET DES PERSONNES		Circonscriptions territoriales dans lesquelles la correspondance, valablement contre-signée, circule en franchise.	Nos des tableaux de circonscriptions à consulter, à la suite du présent Manuel.
autorisés à contre-signer leur correspondance de service. (Les initiales entre crochets indiquent la forme à employer pour la fermeture des lettres.)	auxquels la correspondance de service des fonctionnaires et des personnes désignés dans la colonne ci-contre doit être remise en franchise.		
Directeur général des poudres et sal-pêtres (1). [L.F.]	Greffier en chef de la Cour des comptes★. . .	»	»
Directeurs des gymnases division-naires. [S.B.]	Inspecteur des gymnases militaires★.	Tout le R.	»
Directeurs des ha-ras. [S.B.]	Agents généraux des remontes des haras★. .	Tout le R.	»
	Directeurs de l'enregistr. et des domaines★.	Dép.	»
	Inspecteurs généraux des haras★.	Tout le R.	»
	Préfets★.	Circ. har.	28
	Receveurs de l'enregistr. et des domaines★.	Dép.	»
	Sous-préfets★.	Circ. har.	28
Directeur du haras de *Pompadour*. [S.B.]	Conservateur des forêts, à *Aurillac*★	»	»
	Garde général des forêts, à *Tulle*★.	»	»
Directeur de l'im-primerie royale (2). [L.F.]	Abonnés au *Bulletin des arrêts de la Cour de cassation*★. . . . . [S.B.]	Tout le R.	»
	Abonnés au *Bulletin des lois*★. . . . [S.B.]	Tout le R.	»
	Directeurs des douanes (3).	Tout le R.	»
	Greffier en chef de la Cour des comptes (4). .	»	»
	Inspecteurs des douanes, à *Bordeaux*, à *Lyon* et à *Toulouse* (3).	»	»
	Préfets (3).	Tout le R.	»
Directeur de l'in-stitution agronomi-que de *Dijon*. [S.B.]	Préfets★.	Tout le R.	»
Directeur de l'in-térieur en *Algérie* (5). [S.B.]	Fonctionnaires civils, dans toute l'étendue de l'*Algérie*★ (6)★.	Algérie.	»
	Préfets des départements★.	Tout le R.	»
	Préfet maritime, à *Toulon-sur-Mer*★.	»	»
Directeurs des mai-sons centrales de dé-tention. [S.B.]	Préfets★	Dép.	»
	Procureurs généraux★.	Tout le R.	»
	Procureurs du Roi★.	Tout le R.	»
	Sous-préfets★.	Arr. s.-pr.	»
Directeur du quar-tier des condamnés politiques de la mai-son centrale de *Clair-vaux*. [S.B.]	Préfet de l'*Aube*★.	»	»

(1) Cette franchise ne concerne que l'envoi des comptes et pièces à l'appui, transmis à la Cour des comptes.

(2) Le directeur de l'imprimerie royale reçoit en franchise, sans condition de contre-seing, les de-mandes d'abonnement au *Bulletin des lois* et au *Bulletin des arrêts de la Cour de cassation* qui lui sont adressées sous bandes. (V. la Ire partie.)

(3) Pour l'envoi du *Bulletin des lois* contenant les prix régulateurs des grains. Les paquets ne sont point contre-signés, mais simplement frappés du timbre de l'imprimerie royale.

(4) Pour l'envoi des comptes.

(5) Le directeur de l'intérieur, en Algérie, reçoit en franchise sans condition de contre-seing, les lettres et dépêches qui lui sont adressées des lieux situés en Algérie.

(6) La correspondance du directeur de l'intérieur, adressée aux fonctionnaires civils, dans l'Algérie, peut être expédiée par lettres fermées [L.F.]

DÉSIGNATION DES FONCTIONNAIRES ET DES PERSONNES autorisés à contre-signer leur correspondance de service. (Les initiales entre crochets indiquent la forme à employer pour la fermeture des lettres.)	auxquels la correspondance de service des fonctionnaires et des personnes désignées dans la colonne ci-contre, doit être remise en franchise.	Circonscriptions territoriales dans lesquelles la correspondance, valablement contre-signée, circule en franchise.	Nos des tableaux de circonscriptions à consulter, à la suite du présent Manuel.
DIRECTEUR de la maison de retraite de *Garairon*, par *Castelnau de Magnoac*. [S.B.]	Evêque de *Tarbes*★................	»	»
DIRECTEUR de la maison royale de *Charenton*. [S.B.]	Préfet de la *Seine*★................	»	»
	Sous-préfet de *Sceaux*★..............	»	»
DIRECTEUR de la maison royale des *jeunes aveugles*. [S.B.]	Préfet de la *Seine*★................	»	»
DIRECTEURS des manufactures royales d'armes. [S.B.]	Chefs du service de la marine★.........	Tout le R.	»
	Colonels chefs d'état-major des divis. milit.★	Div. mil.	15
	Commandants d'artillerie★...........	Tout le R.	»
	Commissaires généraux de la marine★....	Tout le R.	»
	Commissaires principaux de la marine★...	Tout le R.	»
	Directeurs d'artillerie★.............	Tout le R.	»
	Inspecteurs généraux d'armes★........	Arr.insp.g.d'arm	»
	Inspecteurs généraux de gendarmerie★...	Tout le R.	»
	Intendants militaires★.............	Tout le R.	»
	Lieutenants généraux commandant les divisions militaires★..	Div. mil.	15
	Maréchaux de camp commandant les subdivisions militaires★...	Subd. mil.	37
	Officiers { du bataillon de voltigeurs corses★.	Tout le R.	»
	{ de la garde municipale de *Paris*★.	Tout le R.	»
	{ de gendarmerie★..........	Tout le R.	»
	Préfets maritimes★...............	Tout le R.	»
	Sous-intendants militaires★..........	Tout le R.	»
	Sous-intendants militaires adjoints★.....	Tout le R.	»
DIRECTEUR de la manufacture d'armes, à *Châtellerault*. [S.B.]	Payeur de la *Vienne*, à *Poitiers*★......	»	»
DIRECTEUR de la manufacture d'armes, à *Maubeuge*. [S.B.]	Payeur du *Nord*, à *Lille*★..........	»	»
DIRECTEUR de la manufacture royale de machines à vapeur d'*Indret*. [S.B.]	Chefs du service de la marine★.........	Tout le R.	»
	Colonel chef d'état-major de la 12ᵉ div. milit.★	»	15
	Commandants d'artill. de la 19ᵉ direction★..	»	3
	Commissaires généraux de la marine★....	Tout le R.	»
	Commissaires principaux de la marine★...	Tout le R.	»
	Directeur d'artillerie, à *Nantes*★....	»	»
	Directeur des forges de la mar., à *Guérigny*★	»	»
	Inspecteurs généraux d'armes★........	Arr.insp.g.d'arm	»
	Intendants militaires★.............	Tout le R.	»
	Lieut. général, command. la 12ᵉ div. milit.★	»	15
	Maréchal de camp commandant le département de la *Loire Inférieure*★......	»	»
	Officiers { du bataillon de voltigeurs corses★.	Tout le R.	»
	{ de la garde municipale de *Paris*★.	Tout le R.	»
	{ de gendarmerie★..........	Tout le R.	»
	Préfets maritimes★...............	Tout le R.	»
	Sous-intendants militaires★..........	Tout le R.	»
	Sous-intendants militaires adjoints★.....	Tout le R.	»

DÉSIGNATION DES FONCTIONNAIRES ET DES PERSONNES		Circonscriptions territoriales dans lesquelles la correspondance, valablement contre-signée, circule en franchise.	N°s des tableaux de circonscriptions à consulter, à la suite du présent Manuel.
autorisés à contre-signer leur correspondance de service. (Les initiales entre crochets indiquent la forme à employer pour la fermeture des lettres.)	auxquels la correspondance de service des fonctionnaires et des personnes désignés dans la colonne ci-contre doit être remise en franchise.		
DIRECTEUR des pépinières de la couronne. [S.B.]	Directeur des domaines et du contentieux de la liste civile★	»	»
DIRECTEURS des postes. [S.B.]	Comman-dants des brigades {du bataillon de voltigeurs corses★.	Arr. s.-pr.	»
	de la garde municipale de *Paris*★.	Arr. s.-pr.	»
	de gendarmerie★.	Arr. s.-pr.	»
	Commis aux sondes★.	Arr. s.-pr.	»
	Directeurs des direct. comptables des postes★.	Dép.	»
	Directeurs des postes des bureaux pour lesquels les contre-signataires font dépêche★.	»	»
	Inspecteurs {des finances★.	Tout le R.	»
	des postes★.	Tout le R.	»
	Inspecteurs généraux des finances★.	Tout le R.	»
	Maires★.	Arr. s.-pr.	»
	Préfets★.	Dép.	»
	Procureurs généraux★.	C. roy.	12
	Procureurs du Roi★.	Arr. s. pr.	»
	Receveurs des douanes★.	Arr. s.-pr.	»
	Receveurs généraux des finances★.	Arr. s -pr.	»
	Receveurs particuliers des finances★.	Arr. s.-pr.	»
	Receveurs principaux des douanes★.	Arr. s.-pr.	»
	Sous-inspecteurs des postes des bureaux pour lesquels les contre-signat. font dépêche★.	»	
	Sous-préfets★.	Arr. s.-pr.	»
DIRECTEURS des postes dans les stations de la *Méditerranée*. [S.B★.]	Président du comité de direction du service des paquebots de l'administrat. des postes sur la *Méditerranée*★	»	»
DIRECTEURS des postes des directions comptables. [S.B.]	Directeurs des postes★.	Dép.	»
DIRECTEURS des postes des villes maritimes (1). [S.B.]	Directeurs des postes des villes maritimes★.	Tout le R.	»
DIRECTEURS des postes dans les départem. de l'*Aude*, des *Bouches-du-Rhône*, du *Gard*, de l'*Hérault*, des *Pyrénées-Orient.* et du *Var*. [S.B.]	Directeur des finances en *Algérie*★.	»	»
DIRECTEURS des salines, à *Arc* (Doubs), *Dieuze* (Meurthe), *Montmorot* et *Salins* (Jura). [S.B.]	Directeurs des contribut. indirectes, dans les départements ci-après désignés : *Ardennes, Doubs, Jura, Marne, Marne (Haute), Meurthe, Meuse, Moselle, Rhin (Bas), Rhin (Haut), Saône (Haute), Saône-et-Loire, Seine, Vosges*★.	»	»
	Directeurs des salines, à *Arc, Dieuze, Montmorot* et *Salins*★.	»	»

(1) Cette franchise ne concerne que l'envoi des reçus rapportés par les capitaines de navire. (Art. 579 de l'instruction générale.)

DESIGNATION DES FONCTIONNAIRES ET DES PERSONNES		Circonscriptions territoriales dans lesquelles la correspondance, valablement contre-signée, circule en franchise.	Nᵒˢ des tableaux de circonscriptions à consulter à la suite du présent Manuel.
autorisés à contre-signer leur correspondance de service. (Les initiales entre crochets indiquent la forme à employer pour la fermeture des lettres.)	auxquels la correspondance de service des fonctionnaires et des personnes désignés dans la colonne ci-contre, doit être remise en franchise.		
DIRECTEUR de la sècherie royale de graines forestières, à *Haguenau* (Bas-Rhin). [S. B.]	Inspecteurs des forêts de la couronne★....	Tout le R.	»
DIRECTEURS des subsistances de la marine. [S.B.]	Chefs du service de la marine★......	Arr. mar.	2
	Commissaires généraux de la marine★....	Arr. mar.	2
	Commissaires principaux de la marine★...	Arr. mar.	2
	Préfets maritimes★........	Arr. mar.	2
DIRECTEUR supérieur des fortifications de *Paris* (1). [S.B.]	Préfet de *Seine-et-Oise*★.........	»	»
DIRECTEURS des télégraphes. [L.F.]	Administrateur en chef des lignes télégraph.★	»	»
	Chefs du service de la marine★......	Ray. télég.	30
	Directeurs des télégraphes★.......	Ligne télég.	30
	Intendants militaires★.........	Ray. télég.	30
	Lieutenants généraux commandant les divisions militaires★......	Ray. télég.	30
	Maréchaux de camp commandant les subdivisions militaires★......	Ray. télég.	30
	Préfets des départements★........	Ray. télég.	30
	Préfets maritimes★.........	Ray. télég.	30
	Procureurs généraux★........	Ray. télég.	30
	Procureurs du Roi★........	Ray. télég.	30
	Sous-préfets★.....	Ray. télég.	30
DIRECTEUR du télégraphe, à *Avignon*. [L.F.]	Directeur du télégraphe, à *Perpignan*★...	»	»
DIRECTEUR du télégraphe, à *Bayonne*. [L.F.]	Ambassadeurs de France, à *Lisbonne* et à *Madrid*★......	»	»
DIRECTEUR du télégraphe, à *Brest*. [L.F.]	Inspecteur des télégraphes, à *Guingamp*★.	»	»
DIRECTEURS du télégraphe, à *Dijon*, *Lyon* et *Marseille*. [L.F.]	Directeur du télégraphe, à *Perpignan*★...	»	»
DIRECTEUR du télégraphe, à *Montpellier*. [L.F.]	Directeurs des télégraphes, à *Narbonne, Perpignan, Toulouse*★.........	»	»
DIRECTEUR du télégraphe, à *Narbonne*. [L.F.]	Directeurs des télégraphes, à *Montpellier, Nîmes, Toulouse*★......	»	»
DIRECTEUR du télégraphe, à *Nîmes*. [L.F.]	Directeurs du télégraphe, à *Narbonne, Perpignan*★......	»	»
DIRECTEUR du télégraphe, à *Perpignan*. [L.F.]	Directeurs des télégraphes, à *Avignon, Dijon, Lyon, Marseille, Montpellier, Nîmes* et *Toulon-sur-Mer*★......	»	»

(1) Cette franchise n'aura d'effet que jusqu'au 31 décembre 1843.

DÉSIGNATION DES FONCTIONNAIRES ET DES PERSONNES		Circonscriptions territoriales dans lesquelles la correspondance, valablement contre-signée, circule en franchise.	Nos des tableaux de circonscriptions à consulter, à la suite du présent v….pl.
autorisés à contre-signer leur correspondance de service. (Les initiales entre crochets indiquent la forme à employer pour la fermeture des lettres.)	auxquels la correspondance de service des fonctionnaires et des personnes désignés dans la colonne ci-contre, doit être remise en franchise.		
DIRECTEUR du télégraphe, à *Toulon-sur-Mer.* [L.F.]	Directeur du télégraphe, à *Perpignan*★...	»	»
DIRECTEUR du télégraphe, à *Toulouse.* [L.F.]	Directeurs des télégraphes, à *Montpellier* et *Narbonne*★..........	»	»
DIRECTRICES des écoles normales primaires d'institutrices de filles. [S.B.]	Inspecteurs d'académie★..........	Arr. acad.	1
	Inspecteurs des écoles primaires★........	Ress.éc.n.pr.	19
	Inspecteurs généraux des études, *en tournée*★.	Tout le R.	»
	Maires★..........	Ress.éc.n.pr.	19
	Préfets★..........	Ress.éc.n.pr.	19
	Présidents des comités d'arrondissement de l'instruction primaire★.....	Ress.éc.n.pr.	19
	Présidents des comités communaux de l'instruction primaire★......	Ress.éc.n.pr.	19
	Présidents des commissions d'examen de l'instruction primaire★....	Ress.éc.n.pr.	19
	Présidents des commissions de surveillance des écoles normales primaires★.	Ress.éc.n.pr.	19
	Recteurs d'académie★..........	Arr. acad.	1
	Sous-inspecteurs des écoles primaires★....	Ress.éc.n.pr.	19
	Sous-préfets★..........	Ress.éc.n.pr.	19
DOYEN du chapitre de l'archevêché de *Paris.* [S.B.]	Archevêque de Paris★..........	Circ. dioc.	14
	Grands-vicaires capitulaires du diocèse de *Paris*, pendant la vacance du siége★...	Circ. dioc.	14
DOYENS des facultés. [S.B.]	Inspecteurs généraux des études, *en tournée*★.	Tout le R.	»
	Professeurs des facultés★..........	Arr. acad.	1
	Receveurs généraux des finances★......	Arr. acad.	1
	Recteurs d'académie★..........	Arr. acad.	1
ÉLÈVES des mines. [S.B.]	Ingénieurs en chef des mines★.......	Arr. ing. en ch. m.	31
	Ingénieurs ordinaires des mines★......	Arr. ing ord. m.	31
	Inspecteurs divisionnaires des mines★....	Div. insp. m.	31
ÉLÈVES des ponts et chaussées. [S.B.]	Aspirants des ponts et chaussées★......	Dép.	»
	Conducteurs des ponts et chaussées★.....	Dép.	»
	Élèves des ponts et chaussées★.......	Dép.	»
	Ingénieurs en chef des ponts et chaussées★..	Dép.	»
	Ingénieurs ordinaires des ponts et chaussées★.	Dép.	»
	Inspecteurs divisionnaires des ponts et chaussées★..........	Insp.div.p.ch.	33
	Inspecteurs divisionnaires adjoints des ponts et chaussées chargés de l'inspection (1) des chemins de fer★..........	Insp.ch.de fer	7

(1) Le numéro de l'inspection doit être indiqué.

DÉSIGNATION DES FONCTIONNAIRES ET DES PERSONNES		Circonscriptions territoriales dans lesquelles la correspondance, valablement contre-signée, circule en franchise.	N°s de tableau de circonscriptions à consulter, à la suite du présent Manuel.
autorisés à contre-signer leur correspondance de service. *(Les initiales entre crochets indiquent la forme à employer pour la fermeture des lettres.)*	auxquels la correspondance de service des fonctionnaires et des personnes désignés dans la colonne ci-contre, doit être remise en franchise.		
ÉLÈVES des ponts et chaussées attachés à l'étude ou au service spécial d'un *Chemin de fer.* [S.B.]	Aspirants des ponts et chaussées attachés à l'étude ou au service du même *chemin de fer*★	Parc.ch.de fer	7
	Commandants du génie★	Parc.ch.de fer	7
	Conducteurs des ponts et chaussées attachés à l'étude ou au service du même *chemin de fer*★	Parc.ch.de fer	7
	Directeurs des fortifications★	Dir.du gén. et Parc.ch. de fer	27 / 7
	Élèves des ponts et chaussées attachés à l'étude ou au service du même *chemin de fer*★	Parc.ch.de fer	7
	Ingénieurs en chef des ponts et chaussées attachés à l'étude ou au service du même *chemin de fer*★	Parc.ch.de fer	7
	Ingénieurs ordinaires des ponts et chaussées attachés à l'étude ou au service du même *chemin de fer*★	Parc.ch.de fer	7
	Inspecteurs divisionnaires des ponts et chaussées★	Insp.div.p. et ch. et parc.ch. de fer	33 / 7
	Piqueurs des ponts et chaussées★	Parc.ch.de fer	7
	Préfets★	Parc.ch.de fer	7
	Sous-préfets★	Parc.ch.de fer	7
ÉLÈVES des ponts et chaussées attachés au service spécial d'un *canal.* [S.B.]	Aspirants des ponts et chaussées attachés au service du même *canal*★	Parc. canaux.	5
	Commandants du génie★	Parc. canaux.	5
	Conducteurs des ponts et chaussées attachés au service du même *canal*★	Parc. canaux.	5
	Directeurs des fortifications★	Dir. du gén. et parc. canaux.	27 / 5
	Élèves des ponts et chaussées attachés au service du même *canal*★	Parc. canaux.	5
	Ingénieurs en chef des ponts et chaussées attachés au service du même *canal*★	Parc. canaux.	5
	Ingénieurs ordinaires des ponts et chaussées attachés au service du même *canal*★	Parc. canaux.	5
	Inspecteurs divisionnaires des ponts et chaussées★	Insp.div. p. et ch. et Parc. can.	33 / 5
	Piqueurs des ponts et chaussées★	Parc. canaux.	5
	Préfets★	Parc. canaux.	5
	Sous-préfets★	Parc. canaux.	5
ÉLÈVES des ponts et chaussées attachés au service spécial d'une *rivière navigable.* [S.B.]	Aspirants des ponts et chaussées attachés au service de la même *rivière*★	Parc. riv. nav.	35
	Commandants du génie★	Parc. riv. nav.	35
	Conducteurs des ponts et chaussées attachés au service de la même *rivière*★	Parc. riv. nav.	35
	Directeurs des fortifications★	Dir. du gén. et parc. riv. nav.	27 / 35
	Élèves des ponts et chaussées attachés au service de la même *rivière*★	Parc. riv. nav.	35
	Ingénieurs en chef des ponts et chaussées attachés au service de la même *rivière*★	Parc. riv. nav.	35
	Ingénieurs ordinaires des ponts et chaussées attachés au service de la même *rivière*★	Parc. riv. nav.	35

(La suite ci-contre.)

DÉSIGNATION DES FONCTIONNAIRES ET DES PERSONNES		Circonscrip-tions territoriales dans lesquelles la correspon-dance, valablement contre-signée, circule en franchise.	N.ᵒˢ des tabl. aux de circonscription à consulter, à la suite du présent annuel.
autorisés à contre-signer leur correspondance de service. (Les initiales entre crochets indiquent la forme à employer pour la fermeture des lettres.)	auxquels la correspondance de service des fonctionnaires et des personnes désignés dans la colonne ci-contre doit être remise en franchise.		
ÉLÈVES des ponts et chaussées attachés au service spécial d'une *rivière navigable*. (*Suite.*) [S.B.]	Inspecteurs divisionnaires des ponts et chaus-sées★.	Insp.div.p.ch et parc.riv.nav.	33 35
	Piqueurs des ponts et chaussées★.	Parc. riv.nav.	35
	Préfets★.	Parc. riv.nav.	35
	Sous-préfets★.. ·	Parc. riv.nav.	35
ÉLÈVES des ponts et chaussées attachés au service spécial d'une *route*. [S.B.]	Aspirants des ponts et chaussées attachés au service de la même *route*★. . . . . ' . . .	Parc. rout.	36
	Commandants du génie★.	Parc. rout.	36
	Conducteurs des ponts et chaussées attachés au service de la même *route*★.	Parc. rout.	36
	Directeurs des fortifications★.	Direc.du gén. et Parc.rout.	27 36
	Élèves des ponts et chaussées attachés au service de la même *route*★.	Parc. rout.	36
	Ingénieurs en chef des ponts et chaussées attachés au service de la même *route*★.. .	Parc. rout.	36
	Ingénieurs ordinaires des ponts et chaussées attachés au service de la même *route*★...	Parc. rout.	36
	Inspecteurs divisionnaires des ponts et chaus-sées★.	Insp.div.p.ch Parc. rout.	33 36
	Piqueurs des ponts et chaussées★.	Parc. rout.	36
	Préfets★.	Parc. rout.	36
	Sous-préfets★.	Parc. rout.	36
ÉLÈVES des ponts et chaussées dans les dé-partem. de la *Côte-d'Or*, du *Rhône* et de *Saône-et-Loire*.[S.B.]	Ingénieur des ponts et chaussées, résidant à *Châlons-sur-Saône*, chargé de travaux re-latifs à l'entretien des routes dans les dé-partements de la *Côte-d'Or*, du *Rhône* et de *Saône-et-Loire*★.	(1)	»
ÉLÈVES des ponts et chaussées dans le dé-partement de la *Seine* [S.B.]	Ingénieur en chef des ponts et chaussées de *Seine-et-Oise*★.	»	»
ÉLÈVES des ponts et chaussées de la *Seine* et de *Seine-et-Oise*. [S.B.]	Ingénieur en chef des ponts et chaussées chargé du contrôle des travaux entrepris par des compagnies dans les départements de la *Seine* et de *Seine-et-Oise*★ (2). . . .	»	»
EMPLOYÉS dépendant des recettes des con-tributions indirectes. (3) [S.B.]	Chefs de recette des contributions indirectes, quel que soit leur titre, auxquels sont su-bordonnés les contre-signataires★..	»	»
ENTREPOSEURS des contributions indi-rectes. [S.B.]	Commissaires près les poudreries★.	Circ. com.poudr.	34
	Gardes-magasins des poudres★.	Circ. mag.poudr.	34
	Inspecteurs spéciaux chargés du service de la surveillance des tabacs★.	Arr.insp.spéc.tab (4)	»

(1) En quelque lieu que soit cet ingénieur, dans les trois départements désignés

(2) Cette concession cessera d'avoir son effet au 1ᵉʳ janvier 1844.

(3) L'état de ces employés, pour chaque département, sera transmis aux directeurs des postes par le directeur des contributions indirectes du chef-lieu.

(4) V. *les arrondissements de ces deux inspecteurs spéciaux*, à l'article : **INSPECTEURS** spéciaux, etc.; dans l'ordre alphabétique.

DÉSIGNATION DES FONCTIONNAIRES ET DES PERSONNES		Circonscriptions territoriales dans lesquelles la correspondance, valablement contre-signée, circule en franchise.	N°s des tableaux de circonscription à consulter, à la suite du présent Manuel.
autorisés à contre-signer leur correspondance de service. (Les initiales entre crochets indiquent la forme à employer pour la fermeture des lettres.)	auxquels la correspondance de service des fonctionnaires et des personnes désignés dans la colonne ci-contre, doit être remise en franchise.		
ESSAYEURS des bureaux de la garantie. [L.F.]	Président de la commission des monnaies*.	»	»
	Archevêques*.	Tout le R.	»
	Aumôniers des colléges*.	Circ. dioc.	14
	Aumôniers des hôpitaux*.	Circ. dioc.	14
	Chapelains des communautés religieuses*.	Circ. dioc.	14
	Curés*.	Circ. dioc.	14
	Desservants*.	Circ. dioc.	14
	Evêques*.	Tout le R.	»
	Grands-vicaires (ou vicaires généraux)*.	Circ. dioc.	14
	Inspecteurs des écoles primaires*.	Circ. dioc.	14
	Maires*.	Circ. dioc.	14
	Préfets*.	Circ. dioc.	14
	Premiers présidents des Cours royales*.	C. roy.	12
ÉVÊQUES (1). [S.B*.]	Présidents des comités d'arrondissement de l'instruction primaire*.	Circ. dioc.	14
	Présidents des comités communaux de l'instruction primaire*.	Circ. dioc.	14
	Procureurs généraux*. [L.F.]	C. roy.	12
	Procur. du Roi près les Cours d'assises*. [L.F.]	Circ. dioc.	14
	Procur. du Roi près les trib. de 1re inst.* [L.F.]	Circ. dioc.	14
	Recteurs d'académie*.	Arr. acad.	1
	Sous-inspecteurs des écoles primaires*.	Circ. dioc.	14
	Sous-préfets*.	Circ. dioc.	14
	Succursalistes*.	Circ. dioc.	14
	Supérieurs des écoles secondaires ecclésiastiques*.	Circ. dioc.	14
	Supérieurs des séminaires*.	Circ. dioc.	14
ÉVÊQUE de *Tarbes* (1) [S.B.*]	Directeur de la maison de retraite de *Garaison*, par *Castelnau de Magnoac*.	»	»
F			
FONCTIONNAIRES des provinces étrangères situées sur le *Rhin*. [S.B.]	Inspecteur du premier district de la navigation du *Rhin*, résidant à *Strasbourg*.	(2)	»
FONDÉS de pouvoirs des receveurs généraux des finances. [S.B.]	Receveurs généraux des finances, en *tournée*, dans leur département, *pour le service du trésor*.	Dép.	»
FONDÉ de pouvoirs du receveur particulier des finances de *Die*. [S.B.]	Receveur particulier des finances de l'arrondissement de *Die*, résidant à *Crest*.	»	»

(1) Les évêques forment leur signature des initiales de leurs prénoms, précédées d'une croix (†), et suivies de l'indication de leur qualité.

(2) Cette franchise peut s'étendre à tous les lieux situés sur les bords du *Rhin* jusqu'à l'embouchure de la *Lauter*.

DÉSIGNATION DES FONCTIONNAIRES ET DES PERSONNES		Circonscriptions territoriales dans lesquelles la correspondance, valablement contre-signée, circule en franchise.	Nos des tableaux de circonscription à consulter, à la suite du présent Manuel.
autorisés à contre-signer leur correspondance de service. (Les initiales entre crochets indiquent la forme à employer pour la fermeture des lettres.)	auxquels la correspondance de service des fonctionnaires et des personnes désignés dans la colonne ci-contre doit être remise en franchise.		
G			
GARDES d'artillerie chargés du service dans les places. [S.B.]	Commandants d'artillerie★	Dir. d'art.	3
	Directeurs d'artillerie★	Dir. d'art.	3
GARDES à cheval des forêts. [S.B.]	Brigadiers des forêts★	Conserv. for.	23
	Conservateurs des forêts★	Conserv. for.	23
	Directeurs de l'enregistrement et des domaines★	Conserv. for.	23
	Gardes à cheval des forêts★	Conserv. for.	23
	Gardes généraux des forêts★	Conserv. for.	23
	Gardes de la pêche★	Conserv. for.	23
	Gardes à pied des forêts★	Conserv. for.	23
	Inspecteurs des forêts★	Conserv. for.	23
	Maires★	Conserv. for.	23
	Procureurs du Roi★	Conserv. for. (1)	23
	Receveurs de l'enregistrement et des domaines★	Conserv. for.	23
	Sous-inspecteurs des forêts★	Conserv. for.	23
GARDES généraux des forêts. [S.B.]	Arpenteurs des forêts★	Conserv. for.	23
	Brigadiers des forêts★	Conserv. for.	23
	Conservateurs des forêts★	Conserv. for.	23
	Directeurs de l'enregistrement et des domaines★	Conserv. for.	23
	Gardes à cheval des forêts★	Conserv. for.	23
	Gardes généraux des forêts★	Conserv. for.	23
	Gardes de la pêche★	Conserv. for.	23
	Gardes à pied des forêts★	Conserv. for.	23
	Inspecteurs { des finances★	Tout le R.	»
	Inspecteurs { des forêts★	Conserv. for.	23
	Inspecteurs généraux des finances★	Tout le R.	»
	Juges de paix★	Conserv. for.	23
	Maires★	Conserv. for.	23
	Percepteurs★	Dép.	»
	Préfets★	Conserv. for.	23
	Procureurs du Roi★	Conserv. for. (1)	23
	Receveurs de l'enregistrement et des domaines★	Conserv. for.	23
	Receveurs des établissem. de bienfaisance★	Dép.	»
	Receveurs généraux des finances★	Dép.	»
	Receveurs des hospices★	Dép.	»
	Receveurs municipaux★	Dép.	»
	Receveurs particuliers des finances★	Dép.	»
	Sous-inspecteurs des forêts★	Conserv. for.	23
	Sous-préfets★	Conserv. for.	23
GARDES généraux des forêts, chefs de service. [S.B.]	Payeurs du Trésor public★	Dép.	»

(1) Cette franchise peut s'étendre aux conservations forestières limitrophes.

DÉSIGNATION DES FONCTIONNAIRES ET DES PERSONNES		Circonscriptions territoriales dans lesquelles la correspondance, valablement contre-signée, circule en franchise.	N° des tableaux de circonscriptions à consulter, à la suite du présent Manuel.
autorisés à contre-signer leur correspondance de service. (Les initiales entre crochets indiquent la forme à employer pour la fermeture des lettres.)	auxquels la correspondance de service des fonctionnaires et des personnes désignés dans la colonne ci-contre, doit être remise en franchise.		
GARDES généraux des forêts de la couronne. (1) [S.B.]	Conservateur des forêts de la couronne*...	»	»
	Directeur des domaines et du contentieux de la liste civile*..............	»	»
	Trésorier de la couronne*....	»	»
GARDE général des forêts, à *Espalion*. [S.B.]	Maires des communes de *Grandval*, *Nasbinals*, *Recouls*, *Saint-Urcize**.......	»	»
	Receveurs de l'enregistrement et des domaines, à *Aumont*, *Chaudesaigues*, *Saint-Chély**............	»	»
GARDES généraux des forêts à *Bar-le-Duc* et *Vassy*. [S.B.]	Garde général des forêts, à *Trois-Fontaines* (Marne)*............	».	»
GARDES généraux des forêts à *Saint-Palais*, *Saint-Jean-Pied-de-Port* et *Tarbes*. [S.B.]	Présidents des commissions syndicales instituées dans l'arrondissement de *Mauléon* (*Basses-Pyrénées*), pour l'administration des biens communaux indivis*.........	»	»
GARDE général des forêts à *Trois-Fontaines* (*Marne*) [S.B.]	Gardes généraux des forêts, à *Bar-le-duc* et *Vassy**............	»	»
GARDE général des forêts, à *Tulle*. [S.B.]	Directeur du haras de *Pompadour**.....	»	»
GARDES du génie chargés du service dans les places. [S.B.]	Commandants du génie*...........	Dir. du gén.	27
	Directeurs des fortifications*..........	Dir. du gén.	27
GARDES-MAGASINS dépendant des forges de la marine de *Guérigny*. [S.B.]	Chefs de section dépendant des forges de la marine de *Guérigny**...	»	»
	Directeur des forges de la marine, à *Guérigny**	»	»
	Gardes-magasins dépendant des forges de la marine de *Guérigny**............	»	»
GARDES-MAGASINS des poudres. [S.B.]	Directeurs d'arrondissement des contributions indirectes*..............	Cir.mag.poud	34
	Directeurs de département des contributions indirectes*.............	Cir.mag.poud	34
	Entreposeurs des contributions indirectes*..	Cir.mag.poud	34
GARDES-MAGASINS des poudres, en *Corse* [S.B.]	Directeur des contrib. indirectes, à *Toulon**.	»	»
GARDES-MAGASINS des tabacs en feuilles. (2) [S.B.]	Garde-magasins des tabacs en feuilles*....	Tout le R.	»
	Inspecteurs de la culture des tabacs et des magasins de tabacs en feuilles*.......	Tout le R.	»
	(La suite ci-contre.)		

(1) La correspondance assignée aux gardes généraux des forêts de la couronne est indépendante de celle que ces préposés sont déjà autorisés à entretenir, comme les gardes généraux des forêts de l'État.

(2) Ces gardes-magasins sont répartis dans les départements ci-après: *Ille-et-Vilaine*, *Lot*, *Lot-et-Garonne Nord*, *Pas-de-Calais Bas-Rhin*.

DÉSIGNATION DES FONCTIONNAIRES ET DES PERSONNES		Circonscriptions territoriales dans lesquelles la correspondance, valablement contre-signée, circule en franchise.	Nᵒˢ des tableaux de circonscriptions à consulter, à la suite du présent Manuel.
autorisés à contre-signer leur correspondance de service. (Les initiales entre crochets indiquent la forme à employer pour la fermeture des lettres.)	auxquels la correspondance de service des fonctionnaires et des personnes désignés dans la colonne ci-contre, doit être remise en franchise.		
GARDES - MAGASINS des tabacs en feuilles. (*Suite.*) [S.B.]	Inspecteurs spéciaux du service des tabacs, résidant habituellement à *Paris*★ (1). . . .	Tout le R.	»
	Régisseurs des manuf. royales de tabacs★. . .	Tout le R.	»
GARDES - MAGASINS du timbre. [S.B.]	Directeurs de l'enregistr. et des domaines★..	Dép.	»
GARDES-MINES. [S.B.]	Ingénieurs en chef des mines★.	Arr. ing. en ch. m.	31
	Ingénieurs ordinaires des mines★.	Arr. ing. ord. m.	31
	Préfets des départements où s'exerce la surveillance des contre-signataires★. . . .	»	»
GARDES de la pêche. [S.B.]	Brigadiers des forêts★.	Arr. s.-pr.	»
	Conservateurs des forêts★.	Conserv. for.	23
	Gardes à cheval des forêts★.	Conserv. for.	23
	Gardes généraux des forêts★.	Conserv. for.	23
	Inspecteurs des forêts★.	Conserv. for.	23
	Receveurs de l'enregistr. et des domaines★.	Conserv. for.	23
	Sous-inspecteurs des forêts★.	Conserv. for.	23
GARDES à pied des forêts. [S.B.]	Brigadiers des forêts★.	Arr. s.-pr.	»
	Conservateurs des forêts★.	Conserv. for.	23
	Gardes à cheval des forêts★.	Conserv. for.	23
	Gardes généraux des forêts★.	Conserv. for.	23
	Inspecteurs des forêts★.	Conserv. for.	23
	Receveurs de l'enregist. et des domaines★.	Conserv. for.	23
	Sous-inspecteurs des forêts★.	Conserv. for.	23
GARDES sanitaires. [S.B.]	Présid. semainiers des commiss. sanitaires★.	Ress. comm. san.	29
	Présid. semainiers des intendances sanitaires★	Ress. int. san.	29
GÉOMÈTRES du cadastre. [S.B.]	Géomètres en chef du cadastre★.	Dép.	»
GÉOMÈTRES en chef du cadastre. [S.B.]	Géomètres du cadastre★.	Dép.	»
	Vérificateurs spéciaux du cadastre★.	Tout le R.	»
GOUVERNEUR général des *possessions françaises dans le nord de l'Afrique* (2). [S.B.]	Préfets des départements (3).	»	»
GOUVERNEURS des *possessions françaises dans les pays d'outre-mer.* [L.F.]	Chefs du service de la marine★.	Tout le R.	»
	Préfets maritimes★.	Tout le R.	»
GOUVERNEURS des provinces du *Brabant*, des 2 *Flandres* et du *Hainaut* [S.B.]	Préfet du *Nord*★ (4).		»

(1) Lorsque ces agents sont en tournée d'inspection.

(2) Reçoit en franchise, sans condition de contre-seing, les lettres et dépêches qui lui sont adressées. (*V.* la première partie.)

(3) Pour l'envoi, sous bandes, des numéros du *Moniteur algérien* destinés aux préfectures.

(4) Cette correspondance peut également circuler sous enveloppes.

DÉSIGNATION DES FONCTIONNAIRES ET DES PERSONNES		Circonscriptions territoriales dans lesquelles la correspondance, valablement contre-signée, circule en franchise.	Nos des tableaux de circonscriptions à consulter, à la suite du présent Manuel.
autorisés à contre-signer leur correspondance de service. (Les initiales entre crochets indiquent la forme à employer pour la fermeture des lettres.)	auxquels la correspondance de service des fonctionnaires et des personnes désignés dans la colonne ci-contre, doit être remise en franchise.		
GRAND-CHANCELIER de la Légion d'honneur (1) [L.F.]	Dames surintendantes et supérieures de la maison royale de *Saint-Denis* et de ses succursales★	»	»
	Greffier en chef de la Cour des comptes★,	»	»
	Membres de la Légion d'honneur (2)★	Tout le R.	»
	Préfets★	Tout le R.	»
	Présidents des conseils d'administration des corps militaires★	Tout le R.	»
	Receveurs généraux des finances★	Tout le R.	»
	Sous-préfets★	Tout le R.	»
GRANDS - VICAIRES. [S.B.]	Archevêques★	Circ. dioc.	14
	Evêques★	Circ. dioc.	14
GRAND - VICAIRE, à *Caen* (3).		»	»
GRAND - VICAIRE, à *Lons - le - Saunier.* [S.B.]	Curés... Desservants... Succursalistes.. } dans les arrondissements de *Dôle, Lons-le-Saunier et Poligny*★	»	»
GRANDS - VICAIRES *capitulaires* (4) [S.B★.]	Aumôniers des colléges★	Circ. dioc.	14
	Aumôniers des hôpitaux★	Circ. dioc.	14
	Chapelains des communautés religieuses★	Circ. dioc.	14
	Curés★	Circ. dioc.	14
	Desservants★	Circ. dioc.	14
	Grands-vicaires (ou vicaires généraux)★	Circ. dioc.	14
	Inspecteurs des écoles primaires★	Circ. dioc.	14
	Maires★	Circ. dioc.	14
	Préfets★	Circ. dioc.	14
	Premiers présidents des Cours royales★	C. roy.	12
	Présidents des comités d'arrondissement de l'instruction primaire★	Circ. dioc.	14
	Présidents des comités communaux de l'instruction primaire★	Circ. dioc.	14
	Procureurs généraux★ [L.F.]	C. roy.	12
	Procur. du Roi près les Cours d'assises. [L.F.]	Circ. dioc.	14
	Procureurs du Roi près les tribunaux de 1re instance. [L.F.]	Circ. dioc.	14
	Recteurs d'académie★	Arr. acad.	1
	Sous-inspecteurs des écoles primaires★	Circ. dioc.	14
	Sous-préfets★	Circ. dioc.	14
	Succursalistes★	Circ. dioc.	14
	Supérieurs des écoles secondaires ecclésiast.★	Circ. dioc.	14
	Supérieurs des séminaires★	Circ. dioc.	14

(1) Reçoit en franchise, sans condition de contre-seing, les lettres et dépêches qui lui sont adressées. (*V.* la première partie.)

(2) Les lettres adressées par le grand chancelier aux membres de la Légion d'honneur doivent être renvoyées immédiatement à l'administration, en rebuts journaliers, lorsque le destinataire ne se trouve pas précisément à la résidence et même au domicile indiqués sur l'adresse. Elles ne doivent être essayées sur aucune autre destination, pour quelque motif que ce soit. Les directeurs annoteront, cependant, au dos de ces lettres, les renseignements qui auront été recueillis au domicile du destinataire, sur sa nouvelle résidence.

(3) Exerce le contre-seing et la franchise, à l'égard des mêmes correspondants et dans les mêmes circonscriptions que l'évêque de *Bayeux.*

(4) Il n'y a de grands-vicaires *capitulaires*, que pendant la vacance du siége épiscopal.

DÉSIGNATION DES FONCTIONNAIRES ET DES PERSONNES		Circonscriptions territoriales dans lesquelles la correspondance, valablement contre-signée, circule en franchise.	Nos des tableaux de circonscriptions à consulter, à la suite du présent Manuel.
autorisés à contre-signer leur correspondance de service. (Les Initiales entre crochets indiquent la forme à employer pour la fermeture des lettres.)	auxquels la correspondance de service des fonctionnaires et des personnes désignées dans la colonne ci-contre, doit être remise en franchise.		
GRANDS - VICAIRES *capitulaires* du diocèse de *Paris* (1). [S.B.⋆]	Doyen du chapitre de l'archevêché de *Paris*⋆.	»	»
GREFFIERS en chef des Cours royales. [S.B.]	Greffiers en chef des Cours royales⋆.	Tout le R.	»
	Greffiers des Cours et Tribunaux⋆.	C. roy.	12
	Premiers présidents des Cours royales⋆.	C. roy.	12
GREFFIERS des Cours et tribunaux. [S.B.]	Greffiers en chef des Cours royales⋆.	C. roy.	12
	Premiers présidents des Cours royales⋆.	C. roy.	12
	Procureurs généraux⋆. [L.F.]	C. roy.	12
INGÉNIEURS en chef des mines. [S.B.]	Aspirants des mines⋆.	Arr. ing. en ch. m.	31
	Conducteurs des mines⋆.	Arr. ing. en ch. m.	31
	Élèves des mines⋆.	Arr. ing. en ch. m.	31
	Gardes-mines⋆.	Arr. ing. en ch. m.	31
	Ingénieurs ordinaires des mines⋆.	Arr. ing. en ch. m.	31
	Inspecteurs divisionnaires des mines⋆.	Div. insp. m.	31
	Préfets⋆.	Arr. ing. en ch. m.	31
	Sous-préfets⋆.	Arr. ing. en ch. m.	31
INGÉNIEURS en chef des ponts et chaussées. [S.B.]	Aspirants des ponts et chaussées⋆.	Dép.	»
	Commandants du génie⋆.	Dép.	»
	Conducteurs des ponts et chaussées⋆.	Dép.	»
	Directeurs des fortifications⋆.	Dir. du gén.	27
	Élèves des ponts et chaussées⋆.	Dép.	»
	Ingénieurs en chef, ou ingénieurs ordinaires des ponts et chaussées chargés de l'étude ou du service spécial d'un *chemin de fer*, lorsque ce chemin porte sur tout ou partie du département où réside le contre-signat.⋆	Parc. ch. de fer.	7
	Ingénieurs en chef, ou ingénieurs ordinaires des ponts et chaussées chargés du service spécial d'un *canal*, lorsque ce canal traverse, sur quelque point que ce soit, le département du contre-signataire⋆.	Parc. canaux.	5
	Ingénieurs en chef, ou ingénieurs ordinaires des ponts et chaussées chargés du service spécial d'une *rivière navigable*, lorsque cette rivière traverse, sur quelque point que ce soit, le département du contre-signataire⋆.	Parc. riv. nav.	35
	Ingénieurs en chef, ou ingénieurs ordinaires des ponts et chaussés chargés du service spécial d'une *route*, lorsque cette route traverse, sur quelque point que ce soit, le département du contre-signataire⋆.	Parc. rout.	36
	Ingénieurs ordinaires des ponts et chaussées⋆.	Dép.	»

(La suite au verso.)

(1) Il n'y a de grands-vicaires *capitulaires*, que pendant la vacance du siége épiscopal.

DÉSIGNATION DES FONCTIONNAIRES ET DES PERSONNES		Circonscriptions territoriales dans lesquelles la correspondance, valablement contre-signée, circule en franchise.	Nos des tableaux de circonscriptions à consulter, à la suite du présent Manuel.
autorisés à contre-signer leur correspondance de service. (Les initiales entre crochets indiquent la forme à employer pour la fermeture des lettres.)	auxquels la correspondance de service des fonctionnaires et des personnes désignés dans la colonne ci-contre, doit être remise en franchise.		
INGÉNIEURS en chef des ponts et chaussées. (*Suite*) [S.B.]	Inspecteurs divisionnaires adjoints des ponts et chaussées chargés de l'inspection (1) des chemins de fer*.	Insp. ch. de f.	7
	Inspecteurs divisionn. des ponts et chaussées*	Insp.div.p.ch	33
	Inspecteurs des forêts de la couronne*. . . .	Conserv. for.	23-24
	Maîtres de port*.	Dép.	»
	Officiers de port*.	Dép.	»
	Préfets*.	Dép.	»
	Préposés des ponts à bascule*.	Dép.	»
	Sous-préfets*.	Dép.	»
INGÉNIEURS en chef des ponts et chaussées chargés de l'étude ou du service spécial d'un *chemin de fer*. [S.B.]	Agents spéciaux de surveillance établis par l'administration sur les lignes de chemins de fer*.	Dép.et dép.lim. (2)	»
	Aspirants des ponts et chaussées des départements traversés par le même *chemin de fer*.	Parc.ch.defer	7
	Commandants du génie*.	Parc.ch.de fer	7
	Commissaires de police établis par l'administration sur les lignes de chemins de fer*.	Parc.ch.de fer	7
	Conducteurs des ponts et chaussées attachés au service du même *chemin de fer*. . . .	Parc.ch.defer	7
	Directeurs des fortifications*.	Parc.ch.defer et Dir.du gén.	7 / 27
	Élèves des ponts et chaussées. . . . . . / Ingénieurs en chef des ponts et chaussées. . / Ingénieurs ordinaires des ponts et chaussées } des départem. traversés par le même *chemin de fer*. . .	Parc.ch.defer	7
	Inspecteurs divisionnaires des ponts et chaussées*. .	Insp.div.p.ch et parc. ch.de f.	33 / 7
	Piqueurs des ponts et chaussées attachés au service du même *chemin de fer*.	Parc.ch.defer	7
	Préfets des départements traversés par le même *chemin de fer*.	Parc.ch.defer	7
INGÉNIEURS en chef des ponts et chaussées chargés des travaux de chemins de fer en cours d'exécution. [S.B.]	Maires des communes traversées par les sections auxquelles sont attachés les contre-signataires*.	Ch. de f.en const.	6
INGÉNIEURS en chef des ponts et chaussées chargés du service spécial d'un *canal*. [S.B.]	Aspirants des ponts et chaussées des départements traversés par le *canal* dont le contre-signataire est chargé*.	Parc. canaux.	5
	Commandants du génie*.	Parc. canaux.	5
	Conducteurs des ponts et chaussées attachés au service du *canal* dont le contre-signataire est chargé*.	Parc. canaux.	5

(*La suite ci-contre.*)

(1) Le numéro de l'inspection doit être indiqué.

(2) Dans le département et les départements limitrophes, traversés par le chemin de fer.

DÉSIGNATION DES FONCTIONNAIRES ET DES PERSONNES		Circonscriptions territoriales dans lesquelles la correspondance, valablement contre-signée, circule en franchise.	Nos des tableaux de circonscriptions à consulter à la suite du présent Manuel.
autorisés à contre-signer leur correspondance de service. (Les initiales entre crochets indiquent la forme à employer pour la fermeture des lettres.)	auxquels la correspondance de service des fonctionnaires et des personnes désignés dans la colonne ci-contre, doit être remise en franchise.		
INGÉNIEURS en chef des ponts et chaussées chargées du service spécial d'un *canal*. (*Suite.*) [S.B.]	Directeurs des fortifications*.	Dir. du gén. et Parc. canaux.	27-5
	Élèves des ponts et chaussées.. / Ingénieurs en chef des ponts et chaussées.... / Ingénieurs ordinaires des ponts et chaussées.... } des départem. traversés par le *canal* dont le contre-signataire est chargé*.	Parc. canaux.	5
	Inspecteurs divisionnaires des ponts et chaussées*.	Insp.div.p.ch et Parc. can.	33 / 5
	Piqueurs des ponts et chaussées attachés au service du *canal* dont le contre-signataire est chargé*.	Parc. canaux.	5
	Préfets des départements traversés par le *canal* dont le contre-signataire est chargé*.	Parc. canaux.	5
INGÉNIEURS en chef des ponts et chaussées chargés du service spécial d'une *rivière navigable*. [S.B.]	Aspirants des ponts et chaussées des départements traversés par la *rivière* dont le contre-signataire est chargé*.	Parc. riv. nav.	35
	Commandants du génie*.	Parc. riv. nav.	35
	Conducteurs des ponts et chaussées attachés au service de la *rivière* dont le contre-signataire est chargé*.	Parc. riv. nav.	35
	Directeurs des fortifications*.	Dir. du gén. et Parc.riv.nav.	27 / 35
	Élèves des ponts et chaussées.. / Ingénieurs en chef des ponts et chaussées.... / Ingénieurs ordinaires des ponts et chaussées.... } des départem. traversés par la *rivière* dont le contre-signataire est chargé*.	Parc.riv.nav.	35
	Inspecteurs divisionnaires des ponts et chaussées*.	Insp.div.p.ch Parc.riv.nav.	33 / 35
	Piqueurs des ponts et chaussées attachés au service de la *rivière* dont le contre-signataire est chargé*.	Parc.riv.nav.	35
	Préfets des départements traversés par la *rivière* dont le contre-signataire est chargé*	Parc. riv.nav.	35
INGÉNIEURS en chef des ponts et chaussées chargés du service spécial d'une *route*. [S.B.]	Aspirants des ponts et chaussées des départements traversés par la *route* dont le contre-signataire est chargé*.	Parc. rout.	36
	Commandants du génie*.	Parc. rout.	36
	Conducteurs des ponts et chaussées attachés au service de la *route* dont le contre-signataire est chargé*.	Parc. rout.	36
	Directeurs des fortifications*.	Dir. du gén. et Parc. rout.	27 / 36
	Élèves des ponts et chaussées.. / Ingénieurs en chef des ponts et chaussées.... / Ingénieurs ordinaires des ponts et chaussées.... } des départem. traversés par la *route* dont le contre-signataire est chargé*.	Parc. rout.	36

(*La suite au verso.*)

DÉSIGNATION DES FONCTIONNAIRES ET DES PERSONNES		Circonscriptions territoriales dans lesquelles la correspondance, valablement contre-signée, circule en franchise.	Nos des tableaux de circonscriptions à consulter, à la suite du présent Manuel.
autorisés à contre-signer leur correspondance de service. (Les initiales entre crochets indiquent la forme à employer pour la fermeture des lettres.)	auxquels la correspondance de service des fonctionnaires et des personnes désignés dans la colonne ci-contre, doit être remise en franchise.		
INGÉNIEURS en chef des ponts et chaussées chargés du service spécial d'une *route*. (*Suite.*) [S.B.]	Inspecteurs divisionnaires des ponts et chaussées★	Insp.div.p.ch. Parc. rout.	33 36
	Piqueurs des ponts et chaussées attachés au service de la *route* dont le contre-signataire est chargé★	Parc. rout.	36
	Préfets des départements traversés par la *route* dont le contre-signataire est chargé★	Parc. rout.	36
INGÉNIEURS des ponts et chaussées chargés du service vicinal. [S.B.]	Agents voyers d'arrondissement★	Dép.	»
	Agents voyers de canton★	Dép.	»
	Agents voyers en chef★	Dép.	»
	Maires★	Dép.	»
INGÉNIEUR des ponts et chaussées, résidant à *Châlons-sur-Saône*, chargé des expériences relatives à l'entretien des routes (1). [S.B.]	Aspirants des ponts et chaussées / Conduct. des ponts et chaussées / Élèves des ponts et chaussées / Ingénieurs en chef des ponts et chaussées / Ingénieurs ordinaires des ponts et chaussées / Inspecteurs divisionnaires des ponts et chaussées / Préfets. / Préposés des ponts à bascule. / Sous-préfets. } de la *Côte-d'Or*, du *Rhône* et de *Saône-et-Loire*★	»	»
INGÉNIEUR en chef des ponts et chaussées chargé du contrôle et de la surveillance des travaux entrepris par des compagnies, dans les départements de la *Seine* et de *Seine-et-Oise* (2). [S.B.]	Agents spéciaux de surveillance établis par l'administ. sur *les lignes de chemins de fer*★	Seine et S.-Oise.	»
	Aspirants des ponts et chaussées★	Seine et S.-Oise.	»
	Commandants du génie★	Seine et S.-Oise.	»
	Commissaires de police établis par l'administration sur *les lignes de chemins de fer*★	Seine et S.-Oise.	»
	Conducteurs des ponts et chaussées★	Seine et S.-Oise.	»
	Directeurs des fortifications★	Seine et S-Oise.	»
	Élèves des ponts et chaussées★	Seine et S. Oise.	»
	Ingénieurs en chef des ponts et chaussées★	Seine et S.-Oise.	»
	Ingénieurs ordinaires des ponts et chaussées★	Seine et S.-Oise.	»
	Inspecteurs divisionn. des ponts et chaussées★	Seine et S.-Oise.	»
	Piqueurs des ponts et chaussées★	Seine et S.-Oise.	»
	Préfets★	Seine et S.-Oise.	»
INGÉNIEUR en chef des ponts et chaussées de la *Seine* (2). [S.B.]	Ingénieur en chef des ponts et chaussées chargé du contrôle et de la surveillance des travaux entrepris par des compagnies, dans les départ. de la *Seine* et de *Seine-et-Oise*★	»	»
INGÉNIEUR en chef des ponts et chaussées de *Seine-et-Oise* (2). [S.B.]	Ingénieur en chef des ponts et chaussées chargé du contrôle et de la surveillance des travaux entrepris par des compagnies, dans les départ. de la *Seine* et de *Seine-et-Oise*★	»	»

(1). Cet ingénieur peut contre-signer sa correspondance de tous les lieux compris dans les trois départements indiqués.

(2) Cette concession cessera d'avoir son effet du 1er janvier 1844

DÉSIGNATION DES FONCTIONNAIRES ET DES PERSONNES		Circonscriptions territoriales dans lesquelles la correspondance, valablement contre-signée, circule en franchise.	Nos des tableaux de circonscriptions à consulter, à la suite du présent Manuel.
autorisés à contre-signer leur correspondance de service. (Les initiales entre crochets indiquent la forme à employer pour la fermeture des lettres.)	auxquels la correspondance de service des fonctionnaires et des personnes désignés dans la colonne ci-contre, doit être remise en franchise.		
INGÉNIEUR en chef des ponts et chaussées dans le département de la Côte-d'Or. [S.B.]	Ingénieur des ponts et chaussées chargé des expériences relatives à l'entretien des routes, soit à Châlons, lieu de sa résidence, soit dans les départem. indiqués ci-contre★ . .	Côte-d'or, Rhône, Saône-et-Loire	»
INGÉNIEUR en chef des ponts et chaussées dans le départem. du Jura. [S.B.]	Préfet du Doubs, chargé de l'administration du canal du Rhône au Rhin★	»	»
INGÉNIEUR en chef des ponts et chaussées dans le départem. du Bas-Rhin. [S.B.]	Inspecteur général de la navigation du Rhin, à Mayence★	»	»
	Inspecteur du premier district de la navigation du Rhin à Strasbourg★	(1)	»
	Préfet du Doubs, chargé de l'administration du canal du Rhône au Rhin★	»	»
INGÉNIEUR en chef des ponts et chaussées dans le départem. du Haut-Rhin. [S.B.]	Inspecteur général de la navigation du Rhin, à Mayence★	»	»
	Inspecteur du premier district de la navigation du Rhin, à Strasbourg★	(1)	»
	Préfet du Doubs, chargé de l'administration du canal du Rhône au Rhin★	»	»
INGÉNIEUR en chef des ponts et chaussées dans le départem. du Rhône. [S.B.]	Ingénieur des ponts et chaussées chargé des expériences relatives à l'entretien des routes, soit à Châlons, lieu de sa résidence, soit dans les départem. indiqués ci-contre★ . .	Côte-d'Or, Rhône, Saône-et-Loire	»
INGÉNIEUR en chef des ponts et chaussées dans le départem. de Saône-et-Loire. [S.B.]	Ingénieur des ponts et chaussées chargé des expériences relatives à l'entretien des routes, soit à Châlons, lieu de sa résidence, soit dans les départem. indiqués ci-contre★ . .	Côte-d'Or, Rhône, Saône-et-Loire	»
INGÉNIEUR en chef des ponts et chaussées dans le départem. de la Seine. [S.B.]	Ingénieur en chef des ponts et chaussées de Seine-et-Oise★	»	»
INGÉNIEUR en chef des ponts et chaussées dans le départem. de Seine-et-Marne. [S.B.]	Ingénieur en chef, directeur du service municipal de Paris★	»	»
INGÉNIEUR en chef des ponts et chaussées dans le départem. de Seine-et-Oise. [S.B.]	Aspirants . . . . Conducteurs . . . . . . Élèves . . . . Ingénieur en chef . . . . Ingénieurs ordinaires . . des ponts et chaussées du départem. de la Seine★ . . .	»	»
	Préfet de la Seine★	»	»
	Préposés des ponts à bascule de la Seine★ . .	»	»
	Sous-préfet de Sceaux★	»	»
	Sous-préfet de Saint-Denis★	»	»

(1) Cette franchise peut s'étendre aux lieux situés sur les bords du Rhin, jusqu'à l'embouchure de la Lauter.

DÉSIGNATION DES FONCTIONNAIRES ET DES PERSONNES		Circonscriptions territoriales dans le-quelles la correspondance, valablement contre-signée, circule en franchise.	Nos des tableaux de circonscriptions à consulter, à la suite du présent Manuel.
autorisés à contre signer leur correspondance de service. (Les initiales entre crochets indiquent la forme à employer pour la fermeture des lettres.)	auxquels la correspondance de service des fonctionnaires et des personnes désignés dans la colonne ci-contre, doit être remise en franchise.		
INGÉNIEUR en chef, directeur du service municipal de *Paris*. [S.B.]	Ingénieur en chef des ponts et chaussées. . / Ingénieurs ordinaires des ponts et chaussées } de *Seine-et-Marne*★	»	»
INGÉNIEUR en chef du service du *Rhin*, résidant à *Stras-bourg*. [S.B.]	Commandants du génie militaire, à *Hunin-gue* et *Neufbrisach*★. . .	»	»
	Directeur des fortifications, à *Belfort*★. . . .	»	»
INGÉNIEURS ordinaires des mines. [S.B.]	Aspirants des mines★. . . .	Arr.ing.ord.m.	31
	Conducteurs des mines★. . . .	Arr.ing.ord.m.	31
	Élèves des mines★. . . .	Arr.ing.ord.m	31
	Gardes-mines★. . . .	Arr.ing.ord.m.	31
	Ingénieurs en chef des mines★. . . .	Arr.ing.en ch.m.	31
	Inspecteurs divisionnaires des mines★. . . .	Div.insp.m.	31
	Préfets★. . . .	Arr.ing.ord.m.	31
	Sous-préfets★. . . .	Arr.ing.ord.m.	31
INGÉNIEURS ordinaires des ponts et chaussées. [S.B.]	Aspirants des ponts et chaussées★. . . .	Dép.	»
	Commandants du génie★. . . .	Dép.	»
	Conducteurs des ponts et chaussées★. . . .	Dép.	»
	Directeurs des fortifications★. . . .	Dir. du gén.	27
	Élèves des ponts et chaussées★. . . .	Dép.	»
	Ingénieurs en chef des ponts et chaussées★. .	Dép.	»
	Ingénieurs ordinaires des ponts et chaussées★.	Dép.	»
	Ingénieurs en chef, ou ordinaires, des ponts et chaussées attachés à l'étude ou au service spécial d'un *chemin de fer*, lorsque ce chemin traverse le département où réside le contre-signataire★. . . .	Parc.ch.de fer	7
	Ingénieurs en chef, ou ordinaires, des ponts et chaussées attachés au service spécial d'un *canal*, lorsque ce canal traverse le département où réside le contre-signa-taire★. . . .	Parc. canaux	5
	Ingénieurs en chef, ou ordinaires, des ponts et chaussées attachés au service spécial d'une *rivière navigable*, lorsque cette rivière traverse le département où réside le contre-signataire★. . . .	Parc.riv.nav.	35
	Ingénieurs en chef, ou ordinaires, des ponts et chaussées attachés au service spécial d'une *route*, lorsque cette route traverse le département où réside le contre-signataire★	Parc.rout.	36
	Inspecteurs divisionnaires adjoints des ponts et chaussées chargés de l'inspection (1) des chemins de fer★. . . .	Insp.ch.de fer	7
	Inspect. divisionnaires des ponts et chaussées★	Insp.div.p.ch	33
	Inspecteurs des forêts de la couronne★. . . .	Conserv. for.	23-24
	Maîtres de port★. . . .	Dép.	»
	Officiers de port★. . . .	Dép.	»
	Préfets★. . . .	Dép.	»
	Préposés des ponts à bascule★. . . .	Dép.	»
	Sous-préfets★. . . .	Dép.	»

(1) Le numéro de l'inspection doit être indiqué.

DÉSIGNATION DES FONCTIONNAIRES ET DES PERSONNES		circonscrip- tions territoriales dans lesquelles la correspon- dance, valablement contre-signée, circule en franchise.	N⁰ˢ des tableaux de circonscriptions à consulter, à la suite du présent Manuel.
autorisés à contre-signer leur correspondance de service. (Les initiales entre crochets indiquent la forme à employer pour la fermeture des lettres.)	auxquels la correspondance de service des fonctionnaires et des personnes désignés dans la colonne ci-contre doit être remise en franchise.		
INGÉNIEURS ordinaires des ponts et chaussées attachés à l'étude ou au service spécial d'un *chemin de fer*. [S.B.]	Agents spéciaux de surveillance établis par l'administration sur les lignes de chemin de fer★	Dép.et dép.lim. (1)	»
	Aspirants des ponts et chaussées des départements traversés par le même *chemin de fer*★	Parc. ch. de f.	7
	Commandants du génie★	Parc. ch. de f.	7
	Commissaires de police établis par l'administration sur les lignes de chemins de fer★	Dép.et dép.lim. (1)	»
	Conducteurs des ponts et chaussées attachés au service du même *chemin de fer*★	Parc. ch. de f.	7
	Directeurs des fortifications★	Dir.du gén. et Parc.ch. de f.	27 7
	Élèves des ponts et chaussées. / Ingénieurs en chef des ponts et chaussées.. / Ingénieurs ordinaires des ponts et chaussées. } des départements traversés par le même *chemin de fer*★	Parc. ch.de f.	7
	Inspecteurs divisionnaires des ponts et chaussées★	Insp.div.p.ch et parc.ch.de f.	33 7
	Piqueurs des ponts et chaussées attachés au service du même *chemin de fer*★	Parc.ch. de f.	7
	Préfets des départements traversés par le même *chemin de fer*★	Parc.ch. de f.	7
	Sous-préfets★	Parc. ch. de f.	7
INGÉNIEURS ordinaires des ponts et chaussées chargés des travaux de chemins de fer en cours d'exécution. [S.B.]	Maires des communes traversées par les sections auxquelles sont attachés les contre-signataires★	Ch.de f. en cons	6
INGÉNIEURS ordinaires des ponts et chaussées attachés au service spécial d'un *canal*. [S.B.]	Aspirants des ponts et chaussées des départements traversés par le même *canal*★	Parc. canaux.	5
	Commandants du génie★	Parc. canaux.	5
	Conducteurs des ponts et chaussées attachés au service du même *canal*★	Parc. canaux.	5
	Directeurs des fortifications★	Dir. du gén. et parc. can.	27 5
	Élèves des ponts et chaussées. / Ingénieurs en chef des ponts et chaussées.. / Ingénieurs ordinaires des ponts et chaussées. } des départements traversés par le même *canal*★	Parc. canaux.	5
	Inspecteurs divisionnaires des ponts et chaussées★	Insp.div.p.ch et parc. can.	33 5
	Piqueurs des ponts et chaussées attachés au service du même *canal*★	Parc. canaux.	5
	Préfets des départements traversés par le même *canal*★	Parc. canaux.	5
	Sous-préfets★	Parc. canaux.	5

(1) Dans le département et les départements limitrophes traversés par le chemin de fer.

DÉSIGNATION DES FONCTIONNAIRES ET DES PERSONNES		Circonscriptions territoriales dans lesquelles la correspondance, valablement contre-signée, circule en franchise.	Nᵒˢ des tableaux de circonscriptions à consulter, à la suite du présent annuel.
autorisés à contre-signer leur correspondance de service. (Les initiales entre crochets indiquent la forme à employer pour la fermeture des lettres.)	auxquels la correspondance de service des fonctionnaires et des personnes désignés dans la colonne ci-contre, doit être remise en franchise.		
INGÉNIEURS ordinaires des ponts et chaussées attachés au service spécial d'une *rivière navigable*. [S.B.]	Aspirants des ponts et chaussées des départements traversés par la même *rivière*★,	Parc.riv.nav.	35
	Commandants du génie★,	Parc.riv.nav.	35
	Conducteurs des ponts et chaussées attachés au service de la même *rivière*★,	Parc.riv.nav.	35
	Directeurs des fortifications★,	Dir. du gén.et Parc.riv.nav.	27 35
	Élèves des ponts et chaussées / Ingénieurs en chef des ponts et chaussées★ / Ingénieurs ordinaires des ponts et chaussées, } des départem. traversés par la même *rivière*★,	Parc.riv. nav.	35
	Inspecteurs divisionnaires des ponts et chaussées★,	Insp. div. p. ch. et Parc.riv.nav.	33 35
	Piqueurs des ponts et chaussées attachés au service de la même *rivière*★,	Parc.riv.nav.	35
	Préfets des départements traversés par la même *rivière*★,	Parc.riv.nav.	35
	Sous-préfets★,	Parc.riv.nav.	35
INGÉNIEURS ordinaires des ponts et chaussées attachés au service spécial d'une *route*. [S.B.]	Aspirants des ponts et chaussées des départements traversés par la même *route*★,	Parc. rout.	36
	Commandants du génie★,	Parc. rout.	36
	Conducteurs des ponts et chaussées attachés au service de la même *route*★,	Parc. rout.	36
	Directeurs des fortifications★,	Dir. du gén. et Parc. rout.	27 36
	Élèves des ponts et chaussées / Ingénieurs en chef des ponts et chaussées, / Ingénieurs ordinaires des ponts et chaussées, } des départem. traversés par la même *route*★,	Parc. rout.	36
	Inspecteurs divisionnaires des ponts et chaussées★,	Insp. div. p. ch. et Parc. rout.	33 36
	Piqueurs des ponts et chaussées attachés au service de la même *route*★,	Parc. rout.	36
	Préfets des départements traversés par la même *route*★,	Parc. rout.	36
	Sous-préfets★,	Parc. rout.	36
INGÉNIEURS ordinaires des ponts et chaussées dans les départ. de la *Côte-d'Or*, du *Rhône* et de *Saône-et-Loire*. [S.B.]	Ingénieur des ponts et chaussées chargé des expériences relatives à l'entretien des routes, soit à *Châlons-sur-Saône*, soit dans les départements indiqués ci-contre★,	Côte-d'Or, Rhône, Saône-et-Loire	»
INGÉNIEURS ordinaires des ponts et chaussées dans le département de la *Seine*. [S.B.]	Ingénieur en chef des ponts et chaussées de *Seine-et-Oise*★,	»	»
	Ingénieur en chef des ponts et chaussées chargé du contrôle des travaux entrepris par des compagnies dans les départements de la *Seine* et de *Seine-et-Oise*★(1),	Seine et S.-Oise	»

(1) Cette concession n'aura d'effet que jusqu'au 1ᵉʳ janvier 1844.

DÉSIGNATION DES FONCTIONNAIRES ET DES PERSONNES		Circonscriptions territoriales dans lesquelles la correspondance, valablement contre-signée, circule en franchise.	N.os des tableaux de circonscriptions à consulter, à la suite du présent Manuel.
autorisés à contre-signer leur correspondance de service. (Les initiales entre crochets indiquent la forme à employer pour la fermeture des lettres.)	auxquels la correspondance de service des fonctionnaires et des personnes désignés dans la colonne ci-contre doit être remise en franchise.		
INGÉNIEURS ordinaires des ponts et chaussées dans le département de *Seine - et - Marne.* [S.B.]	Ingénieur en chef, directeur du service municipal de *Paris*★	»	»
INGÉNIEURS ordinaires des ponts et chaussées de *Seine-et-Oise.* [S.B.]	Ingénieur en chef des ponts et chaussées chargé du contrôle et de la surveillance des travaux entrepris par des compagnies dans les départements de la *Seine* et de *Seine-et-Oise*★ (1).	»	»
INSPECTEURS d'académie. [S.B.]	Chefs d'institution★	Arr. acad.	1
	Directeurs des écoles normales primaires★	Arr. acad.	1
	Directrices des écoles normales primaires★	Arr. acad.	1
	Instituteurs des écoles primaires★	Arr. acad.	1
	Institutrices des écoles primaires★	Arr. acad.	1
	Maires★	Arr. acad.	1
	Maîtres des écoles primaires★	Arr. acad.	1
	Maîtres de pension★	Arr. acad.	1
	Maîtresses des écoles primaires★	Arr. acad.	1
	Préfets★	Arr. acad.	1
	Présidents des comités d'arrondissement de l'instruction primaire★	Arr. acad.	1
	Présidents des comités communaux de l'instruction primaire★	Arr. acad.	1
	Principaux des colléges communaux★	Arr. acad.	1
	Proviseurs des colléges royaux★	Arr. acad.	1
	Recteurs d'académie★	Arr. acad.	1
	Sous-préfets★	Arr. acad.	1
INSPECTEURS d'académie, *en tournée.* [S.B.]	Inspecteurs des écoles primaires★	Arr. acad.	1
	Sous-inspecteurs des écoles primaires★	Arr. acad.	1
INSPECTEURS des contributions directes [S.B.]	Contrôleurs des contributions directes★	Dép.	»
	Directeurs des contributions directes★	Dép.	»
	Maires★	Dép.	»
	Percepteurs★	Dép.	»
	Receveurs généraux des finances★	Dép.	»
	Receveurs particuliers des finances★	Dép.	»
	Sous-préfets★	Dép.	»
INSPECTEURS de la culture des tabacs et des magasins de tabac en feuilles. [S.B.]	Contrôleurs des magasins de tabac (2)★	»	»
	Contrôleurs du service de la surveillance de la culture des tabacs (2)★	»	»
	Directeurs des contributions indirectes dans les départements d'*Ille-et-Vilaine*, du *Lot*, de *Lot-et-Garonne*, du *Nord*, du *Pas-de-Calais*, du *Bas-Rhin*★	»	»
	Gardes-magasins des tabacs en feuilles (2)★	»	»
	(La suite au verso.)		

(1) Cette concession cessera d'avoir son effet au 1er janvier 1844.

(2) Ces divers agents sont répartis dans les départements ci-après : *Ille-et-Garonne, Nord, Pas-de-Calais, Bas-Rhin.*

| DÉSIGNATION DES FONCTIONNAIRES ET DES PERSONNES | | Circonscriptions territoriales dans lesquelles la correspondance, valablement contre-signée, circule en franchise. | Nos des tableaux de circonscriptions à consulter, à la suite du présent Manuel. |
autorisés à contre-signer leur correspondance de service. (Les initiales entre crochets indiquent la forme à employer pour la fermeture des lettres.)	auxquels la correspondance de service des fonctionnaires et des personnes désignés dans la colonne ci-contre doit être remise en franchise.		
INSPECTEURS de la culture des tabacs et des magasins de tabac en feuilles. (*Suite.*) [S.B.]	Inspecteurs de la culture des tabacs et des magasins de tabac en feuilles (1)★	Tout le R.	»
	Inspecteurs spéciaux du service des tabacs, résidant habituellement à *Paris* (2)★ . . .	Tout le R.	»
	Régisseurs des manufactures de tabacs★ . .	Tout le R.	»
INSPECTEURS départementaux des enfants trouvés et des établissements de bienfaisance. [S.B.]	Maires★	Dép.	»
	Préfets★	Dép.	»
	Receveurs des établissem. de bienfaisance★	Dép.	»
	Receveurs des hospices★	Dép.	»
	Sous-préfets★	Dép.	»
INSPECTEURS de districts des puissances riveraines du *Rhin* [S.B.]	Inspecteur du 1er district de la navigation du *Rhin*, à *Strasbourg*★	(3)	»
INSPECTEUR divisionnaire des douanes, à *Paris*. [S.B.]	Commis aux soudes, à *Chauny, Couternon, Epinal, Javelle, La Glacière, St-Denis, St-Roch-lez-Amiens et Vaugirard*★ . . .	»	»
INSPECTEURS divisionnaires des mines, [S.B.]	Elèves des mines★	Div. insp. m.	31
	Ingénieurs en chef des mines★	Div. insp. m.	31
	Ingénieurs ordinaires des mines★	Div. insp. m.	31
	Préfets★	Div. insp. m.	31
	Sous-préfets★	Div. insp. m.	31
INSPECTEURS divisionnaires des ponts et chaussées. [S.B.]	Aspirants des ponts et chaussées★	Insp. div. p. ch.	33-7-5 35-36
	Elèves des ponts et chaussées★	Parc. ch. de fer.	
	Ingénieurs en chef des ponts et chaussées★ . .	Parc. canaux.	
	Ingénieurs ordinaires des ponts et chaussées★	Parc. riv. nav. Parc. rout.	
	Inspecteurs divisionnaires des ponts et chaussées chargés de l'inspection (4) des chemins de fer★	Insp. ch. de fer.	7
	Préfets★	Insp. div. p. ch.	33
	Sous-préfets★	Insp. div. p. ch.	33
INSPECTEURS divisionnaires des ponts et chaussées de la *Seine* et de *Seine-et-Oise*. [S.B.]	Ingénieur en chef des ponts et chaussées chargé du contrôle et de la surveillance des travaux entrepris par des compagnies dans les départements de la *Seine* et de *Seine-et-Oise*★ (5).	»	»
INSPECTEURS divisionnaires des ponts et chaussées de la *Côte d'Or*, du *Rhône*, de *Saône-et-L.* [S.B.]	Ingénieur des ponts et chaussées résidant à *Châlons-sur-Saône*, chargé de travaux relatifs à l'entretien des routes, dans les départements de la *Côte-d'Or*, du *Rhône* et de *Saône-et-Loire*★	(6)	»

(1) Pour l'envoi seulement d'imprimés pouvant être remplis à la main, avec interdiction d'y joindre aucune lettre manuscrite.

(2) Lorsque ces agents sont en tournée d'inspection.

(3) Cette franchise peut s'étendre aux lieux situés sur les bords du *Rhin* jusqu'à l'embouchure de la *Lauter*.

(4) Le numéro de l'inspection doit être indiqué.

(5) Cette concession cessera d'avoir son effet au 1er janvier 1844.

(6) En quelque lieu que soit cet ingénieur, dans les trois départements désignés.

DÉSIGNATION DES FONCTIONNAIRES ET DES PERSONNES		Circonscriptions territoriales dans lesquelles la correspondance, valablement contre-signée, circule en franchise.	Nos des tableaux de circonscriptions à consulter, à la suite du présent Manuel.
autorisés à contre-signer leur correspondance de service. (Les initiales entre crochets indiquent la forme à employer pour la fermeture des lettres.)	auxquels la correspondance de service des fonctionnaires et des personnes désignés dans la colonne ci-contre doit être remise en franchise.		
INSPECTEURS divisionnaires adjoints des ponts et chaussées, chargés de l'inspection (1) des chemins de fer. [S.B.]	Aspirants des ponts et chaussées★	Insp. ch. de fer	7
	Commandants du génie★	Insp. ch. de fer	7
	Conducteurs des ponts et chaussées★	Insp. ch. de fer	7
	Directeurs des fortifications★	Insp. ch. de fer	7
	Élèves des ponts et chaussées★	Insp. ch. de fer	7
	Ingénieurs en chef des ponts et chaussées★	Insp. ch. de fer	7
	Ingénieurs ordinaires des ponts et chaussées★	Insp. ch. de fer	7
	Inspect. divisionnaires des ponts et chaussées★	Insp. ch. de fer	7
	Piqueurs des ponts et chaussées★	Insp. ch. de fer	7
	Préfets des départements★	Insp. ch. de fer	7
	Sous-préfets★	Insp. ch. de fer	7
INSPECTEURS des douanes. [S.B.]	Brigadiers des douanes★	Dir. doua.	16
	Capitaines des brigades des douanes★	Dir. doua.	16
	Capitaines de pataches des douanes★	Dir. doua.	16
	Commis aux soudes★	Dir. doua.	16
	Contrôleurs des brigades des douanes★	Dir. doua.	16
	Directeurs des douanes★	Dir. doua.	16
	Inspecteurs des douanes★	Dir. doua. et dir. limit.	16
	Inspecteurs des finances★	Tout le R.	»
	Inspecteurs généraux des finances★	Tout le R.	»
	Lieutenants d'ordre des douanes★	Dir. doua.	16
	Lieutenants de pataches des douanes★	Dir. doua.	16
	Lieutenants principaux des douanes★	Dir. doua.	16
	Patrons d'embarcations des douanes★	Dir. doua.	16
	Receveurs des douanes★	Dir. doua.	16
	Receveurs principaux des douanes★	Dir. doua.	16
	Sous-inspecteurs des douanes★	Dir. doua. et dir. limit.	16
INSPECTEURS des douanes dans la direction de *Bastia*. [S.B.]	Vérificateurs des douanes, en *Corse*★	»	»
INSPECTEURS des douanes dans les départements de l'*Ariége*, de l'*Aude*, des *Bouches-du-Rhône*, du *Gard*, de la *Haute-Garonne*, de l'*Hérault* et des *Pyrénées-Orientales*. [S.B.]	Inspecteur spécial de police dans les départements du *Midi*★	»	»
INSPECTEUR des douanes, chef du service, à *Paris*. [S.B.]	Commis aux soudes à *Chauny*, *Couternon*, *Épinal*, *Javelle*, la *Glacière*, *Saint-Denis*, *Saint-Roch-lez-Amiens* et *Vaugirard*★	»	»
	Sous-inspecteur divisionnaire des douanes, à *Paris* ★ (2)	»	»
INSPECTEUR des douanes, à *Cambrai*. [S.B.]	Chefs des détachements du service actif des douanes dans le département du *Nord*★	Dép.	»

(1) Le numéro de l'inspection doit être indiqué.

(2) Cette correspondance n'est autorisée que lorsque l'inspecteur ou le sous-inspecteur est en tournée.

DÉSIGNATION DES FONCTIONNAIRES ET DES PERSONNES		Circonscriptions territoriales dans lesquelles la correspondance, valablement contre-signée, circule en franchise.	Nos des tableaux de circonscriptions à consulter, à la suite du présent Manuel.
autorisés à contre-signer leur correspondance de service. (Les initiales entre crochets indiquent la forme à employer pour la fermeture des lettres.)	auxquels la correspondance de service des fonctionnaires et des personnes désignées dans la colonne ci-contre, doit être remise en franchise.		
INSPECTEUR des douanes, à *Guérande*. [S.B.]	Sous-préfet de *Savenay*★.	»	»
INSPECTEUR des douanes, à *Lyon*. [S.B.]	Directeur des douanes, à *Belley*★.	»	»
INSPECTEUR des douanes, à *Nantua*. [S.B.]	Sous-inspecteur des douanes, à *Saint-Genis*★	»	»
	Vérificateurs des douanes, à *Collonge, Gex*★.	»	»
INSPECTEUR des douanes, au *Pont-de-Beauvoisin*. [S.B.]	Préfet de l'*Isère*.	Dép.	»
INSPECTEUR des douanes, à *St-Brieuc* [S.B.]	Présidents semainiers des commissions sanitaires, à *Lannion, Paimpol*★.	»	»
INSPECTEUR des douanes, à *St-Claude* [S.B]	Sous-inspecteur des douanes, à *Saint-Genis*★	»	»
	Vérificateurs des douanes, à *Collonge, Gex*★.	»	»
INSPECTEUR des douanes, à *Toulouse*. [S.B.]	Directeur des douanes, à *Saint-Gaudens*★. .	»	»
INSPECTEUR des douanes, à *Tréguier*. [S.B.]	Présidents semainiers des commissions sanitaires, à *Lannion, Paimpol, Saint-Brieuc*★.	»	»
INSPECTEURS ecclésiastiques de la confession d'Augsbourg. [S.B.]	Pasteurs de la confession d'Augsbourg★. . .	Insp.ec.conf A.	21
	Présidents des consistoires locaux de la confession d'Augsbourg★.	Tout le R.	»
	Président du directoire du consistoire général de *Strasbourg*★.	Tout le R.	»
INSPECTEURS des écoles primaires. [S.B.]	Archevêques★.	Circ. dioc.	14
	Curés★.	Dép.	»
	Desservants★..	Dép.	»
	Directeurs des écoles normales primaires★. .	Ress.éc.n.pr.	19
	Directrices des écoles normales primaires★..	Ress.éc.n.pr.	19
	Évêques★.	Circ. dioc.	14
	Grands-vicaires capitulaires★.	Circ. dioc.	14
	Inspecteurs d'académie, en *tournée*★. . . .	Arr. acad.	1
	Inspecteurs des écoles primaires★.	Arr. acad.	1
	Inspecteurs généraux des études, en *tournée*★. .	Tout le R.	»
	Instituteurs des écoles primaires★.	Dép.	»
	Institutrices des écoles primaires★.	Dép.	»
	Maires★.	Dép.	»
	Maîtres des écoles primaires★.	Dép.	»
	Maîtresses des écoles primaires★.	Dép.	»
	Pasteurs de la confession d'Augsbourg★.. .	Dép.	»
	Pasteurs des églises réformées★.	Dép.	»
	Percepteurs★..	Dép.	»
	Préfets★.	Dép.	»
	Présidents des comités d'arrondissement de l'instruction primaire★.	Dép.	»

(La suite ci-contre.)

DÉSIGNATION DES FONCTIONNAIRES ET DES PERSONNES		Circonscriptions territoriales dans lesquelles la correspondance, valablement contre-signée, circule en franchise.	Nos des tableaux de circonscriptions à consulter à la suite du présent Manuel.
autorisés à contre-signer leur correspondance de service. (Les initiales entre crochets indiquent la forme à employer pour la fermeture des lettres.)	auxquels la correspondance de service des fonctionnaires et des personnes désignés dans la colonne ci-contre, doit être remise en franchise.		
INSPECTEURS des écoles primaires. (Suite.) [S.B.]	Présidents des comités communaux de l'instruction primaire*.	Dép.	»
	Présidents des commissions d'examen de l'instruction primaire*.	Dép.	»
	Présidents des commissions de surveillance des écoles normales primaires*.	Dép.	»
	Présidents des consistoires départementaux du culte israélite*.	Dép.	»
	Présid. des consistoires des églises réformées*	Dép.	»
	Présidents des consistoires locaux de la confession d'*Augsbourg**.	Dép.	»
	Procureurs généraux*.	C. roy.	12
	Procureurs du Roi*.	Dép.	»
	Rabbins dépendant des consist. israélites*.	Dép.	»
	Receveurs généraux des finances*.	Dép.	»
	Receveurs particuliers des finances*.	Dép.	»
	Recteurs d'académie*.	Arr. acad.	1
	Sous-inspecteurs des écoles primaires*.	Arr. acad.	1
	Sous-préfets*.	Dép.	»
	Succursalistes*.	Dép	»
INSPECTEURS de l'enregistrement et des domaines. [S.B.]	Conservateurs des hypothèques*.	Dép.	»
	Directeurs de l'enregistr. et des domaines*.	Dép.	»
	Inspecteurs de l'enregistr. et des domaines*.	Dép.	»
	Maires*.	Dép.	»
	Percepteurs*.	Dép.	»
	Receveurs de l'enregistr. et des domaines*.	Dép.	»
	Receveurs du timbre*.	Dép	»
	Vérificateurs de l'enregistr. et des domaines*.	Dép.	»
INSPECTEURS de l'enregistrem. et des domaines du départem. de la *Seine*. [S.B.]	Intendant de la 1re division militaire*.	»	»
INSPECTEURS des finances (généraux et ordinaires). [S.B*.]	Agents de l'administration des finances soumis à la vérification des inspecteurs*.	Tout le R.	»
	Commissaires du Roi pour la fabrication des monnaies*.	Tout le R.	»
	Comptables des deniers publics*.	Tout le R.	»
	Conservateurs des forêts*.	Tout le R.	»
	Directeurs des contributions directes*.	Tout le R.	»
	Directeurs des contributions indirectes*.	Tout le R.	»
	Directeurs des douanes*.	Tout le R.	»
	Directeurs des droits d'entrée et d'octroi de la ville de *Paris**.	Tout le R.	»
	Directeurs de l'enregistr. et des domaines*.	Tout le R.	«
	Directeurs de la fabrication des monnaies*.	Tout le R.	»
	Directeurs des postes*.	Tout le R.	»
	Gardes généraux des forêts*.	Tout le R.	»
	Inspecteurs des douanes*.	Tout le R.	»
	Inspecteurs des finances*.	Tout le R.	»
	Inspecteurs des forêts.	Tout le R.	»

(La suite au verso.)

DÉSIGNATION DES FONCTIONNAIRES ET DES PERSONNES		Circonscriptions territoriales dans lesquelles la correspondance valablement contre-signée, circule en franchise.	N°s des tableaux de circonscriptions à consulter, à la suite du présent Manuel.
autorisés à contre-signer leur correspondance de service. (Les initiales entre crochets indiquent la forme à employer pour la fermeture des lettres.)	auxquels la correspondance de service des fonctionnaires et des personnes désignés dans la colonne ci-contre, doit être remise en franchise.		
INSPECTEURS des finances (généraux et ordinaires.) (*Suite.*) [S.B.*]	Inspecteurs généraux des finances*.	Tout le R.	»
	Maires*.	Tout le R.	»
	Préfets*.	Tout le R.	»
	Sous-inspecteurs des forêts*.	Tout le R.	»
	Sous-préfets*.	Tout le R.	»
INSPECTEUR des fonderies royales. [S.B.]	Colonels chefs d'état-major des divis. milit.*.	Tout le R.	»
	Commandants d'artillerie*.	Tout le R.	»
	Directeurs d'artillerie*.	Tout le R.	»
	Inspecteurs généraux d'armes*.	Tout le R.	»
	Inspecteurs généraux de gendarmerie*.	Tout le R.	»
	Intendants militaires*.	Tout le R.	»
	Lieuten. généraux command. les div. milit.*.	Tout le R.	»
	Maréch. de camp command. les subdiv. milit.*	Tout le R.	»
	Officiers { du bataillon de voltigeurs corses*.	Tout le R.	»
	Officiers { de la garde municipale de *Paris*.	Tout le R.	»
	Officiers { de gendarmerie*.	Tout le R.	»
	Payeurs du trésor public*.	Tout le R.	»
	Sous-intendants militaires*.	Tout le R.	»
	Sous-intendants militaires adjoints*.	Tout le R.	»
INSPECTEURS des forêts. [S.B.]	Arpenteurs des forêts*.	Conserv. for.	23
	Brigadiers des forêts*.	Conserv. for.	23
	Conservateurs des forêts*	Conserv. for.	23
	Directeurs de l'enregistr. et des domaines*.	Conserv. for.	23
	Gardes à cheval des forêts.	Conserv. for.	23
	Gardes généraux des forêts*.	Conserv. for.	23
	Gardes de la pêche*.	Conserv. for.	23
	Gardes à pied des forêts*.	Conserv. for.	23
	Inspecteurs { des finances*.	Tout le R.	»
	Inspecteurs { des forêts* (1).	Conserv. for.	23
	Inspecteurs généraux des finances*.	Tout le R.	»
	Juges de paix*.	Conserv. for.	23
	Maires*.	Conserv. for.	23
	Percepteurs*.	Conserv. for.	23
	Préfets*.	Conserv. for.	23
	Procureurs du Roi*.	Conserv. for. (2)	23
	Receveurs de l'enregistr. et des domaines*.	Conserv. for.	23
	Receveurs des établissem. de bienfaisance*.	Dép.	»
	Receveurs généraux des finances*.	Dép.	»
	Receveurs des hospices*.	Dép.	»
	Receveurs municipaux*.	Dép.	»
	Receveurs particuliers des finances*.	Dép.	»
	Sous-inspecteurs des forêts*.	Conserv. for.	23
	Sous-préfets*.	Conserv. for.	23
INSPECTEURS des forêts, *chefs de service.* [S B.]	Payeurs du trésor public*.	Dép.	»

(1) Cette franchise s'étend aux inspecteurs de forêts de conservations différentes, mais d'arrondissements d'inspection limitrophes.

(2) Cette franchise peut s'étendre aux conservations forestières limitrophes.

DÉSIGNATION DES FONCTIONNAIRES ET DES PERSONNES		Circonscriptions territoriales dans lesquelles la correspondance, valablement contre-signée, circule en franchise.	Nos des tableaux de circonscriptions à consulter, à la suite du présent Manuel.
autorisés à contre-signer leur correspondance de service. (Les initiales entre crochets indiquent la forme à employer pour la fermeture des lettres.)	auxquels la correspondance de service des fonctionnaires et des personnes désignés dans la colonne ci-contre, doit être remise en franchise.		
INSPECTEURS des forêts, à *Bar-le-Duc* et *Vassy*. [S.B.]	Inspecteur des forêts, à *Vitry-le-Français**.	»	»
INSPECTEUR des forêts, à *Saint-Palais*. [S.B.]	Présidents des commissions syndicales instituées dans l'arrondissement communal de *Mauléon* (*Basses-Pyrénées*) pour l'administration des biens communaux indivis**..	»	»
INSPECTEUR des forêts, à *Vitry-le-Français*. [S.B.]	Inspecteurs des forêts, à / Procureurs du Roi, à. . . / Directeurs de l'enregistr. et des domaines, à. . . } *Bar-le-Duc* et *Vassy**.	»	»
INSPECTEURS des forêts de la couronne (1) [S.B.]	Commissaires de police**..........	Conserv. for.	23-24
	Conservateur des forêts de la couronne**...	»	»
	Contrôleur du service de la maison du Roi**..	»	»
	Directeur des domaines et du contentieux de la liste civile**...........	»	»
	Directeur de la sécherie royale de graines forestières, à *Haguenau* (Bas-Rhin)**...	»	»
	Ingénieurs des ponts et chaussées (en chef et ordinaires)**...........	Conserv. for.	23-24
	Inspecteurs des forêts de la couronne**....	Tout le R.	»
	Inspect. généraux des forêts de la couronne**	Tout le R.	»
	Officiers de gendarmerie**..........	Conserv. for.	23-24
	Sous-inspecteurs des forêts de la couronne**.	Tout le R.	»
	Trésorier de la couronne**.	»	»
INSPECTEUR des forges royales. [S.B.]	Capitaines d'artillerie adjoints, détachés dans les forges et usines royales**.......	Tout le R.	»
	Colonels chefs d'état-major des divis. milit.**.	Tout le R.	»
	Commandants d'artillerie**.........	Tout le R.	»
	Contrôleurs d'artillerie, détachés dans les forges et usines royales**........	Tout le R.	»
	Directeurs d'artillerie**.........	Tout le R.	»
	Inspecteurs généraux d'armes**.......	Tout le R.	»
	Inspecteurs généraux de gendarmerie**...	Tout le R.	»
	Intendants militaires**..........	Tout le R.	»
	Lieut. généraux commandant les div. milit.**	Tout le R.	»
	Maréc. de camp, command. les subdiv. milit.**	Tout le R.	»
	Officiers { du bataillon de voltigeurs corses**.	Tout le R.	»
	{ de la garde municipale de *Paris**.	Tout le R.	»
	{ de gendarmerie**.........	Tout le R.	»
	Sous-inspecteurs des forges royales**.....	Tout le R.	»
	Sous-intendants militaires**.........	Tout le R.	»
	Sous-intendants militaires adjoints**.....	Tout le R.	»
INSPECTEUR général des bergeries royales. [S.B.]	Préfets des départements où sont établies des bergeries royales**............	»	»
	Sous-préfets des arrondissements où sont établies des bergeries royales**.......	»	»

(1) La correspondance assignée aux inspecteurs des forêts de la couronne est indépendante de celle que ces fonctionnaires sont déjà autorisés à entretenir comme les inspecteurs des forêts de l'Etat.

DESIGNATION DES FONCTIONNAIRES ET DES PERSONNES		Circonscriptions territoriales dans lesquelles la correspondance, valablement contre-signée, circule en franchise.	Nos des tableaux de circonscriptions à consulter à la suite du présent Manuel.
autorisés à contre-signer leur correspondance de service. (Les initiales entre crochets indiquent la forme à employer pour la fermeture des lettres.)	auxquels la correspondance de service des fonctionnaires et des personnes désignés dans la colonne ci-contre, doit être remise en franchise.		
INSPECTEUR général des écoles vétérinaires. [S.B.]	Préfets des départements où sont établies des écoles vétérinaires*.	»	»
	Sous-préfets des arrondissements où sont établies des écoles vétérinaires*.	»	»
INSPECTEUR général de la navigation du *Rhin*, à *Mayence*. [S.B.]	Directeur des contrib. indirectes, à *Colmar*.	»	»
	Directeur des contrib. indir., à *Strasbourg*.	»	»
	Directeur des douanes, à *Strasbourg*.	»	»
	Ingénieur en chef des ponts et chaussées du *Bas-Rhin*.	»	»
	Ingénieur en chef des ponts et chaussées du *Haut-Rhin*.	»	»
	Inspecteur du premier district de la navigation du *Rhin*, à *Strasbourg*.	»	»
	Préfet du *Bas-Rhin*.	»	»
	Préfet du *Haut-Rhin*.	»	»
	Receveur des droits de navigation sur le *Rhin*, à *Strasbourg*.	»	»
INSPECTEUR spécial de police, dans les départements du Midi. [S.B*.]	Capitaines des brigades des douanes. Commissaires de police, Contrôleurs des brigades des douanes. Directeurs des douanes. Inspecteurs des douanes — dans les départem. de l'*Ariége*, de l'*Aude*, des *Bouches-du-Rhône*, du *Gard*, de la *Haute-Garonne*, de l'*Hérault*, et des *Pyrénées-Orient.* *	Dans les départements dénommés colonne 2.	»
	Lieutenant général commandant la division active des *Pyrénées-Occidentales*.	»	»
	Lieutenant général commandant la division active des *Pyrénées-Orientales*.	»	»
	Maires. Préfets. Sous-inspecteurs des douanes. Sous-préfets — dans les départem. de l'*Ariége*, de l'*Aude*, des *Bouches-du-Rhône*, du *Gard*, de la *Haute-Garonne*, de l'*Hérault*, et des *Pyrénées-Orient.* *	Dans les départements dénommés colonne 2.	»
INSPECTEURS généraux d'armes. [S.B*.]	Administrateurs des hospices civils dans les lieux où il n'existe pas d'hôpitaux milit.*.	Arr.insp.g.d'ar	»
	Capitaines rapport. près les cons. de guerre*.	Arr.insp.g.d'ar	»
	Colonels chefs d'état-major des divis. milit.*.	Arr.insp.g.d'ar	»
	Commandants des brigades d'artillerie*.	Arr.insp.g.d'ar	»
	Commandants des brigades du bataillon de voltigeurs corses*.	Arr.insp.g.d'ar	»
	Commandants des brigades de la garde municipale de *Paris**.	Arr.insp.g.d'ar	»
	Commandants des brigades de gendarmerie*.	Arr.insp.g.d'ar	»
	Commandants des corps militaires*.	Arr.insp.g.d'ar	»
	Commandants des dépôts de recrutement*.	Arr.insp.g.d'ar	»
	Commandants des dépôts de remonte*.	Arr.insp.g.d'ar	»
	Commandants des détachements militaires*.	Arr.insp.g.d'ar	»

(*La suite ci-contre.*)

DÉSIGNATION DES FONCTIONNAIRES ET DES PERSONNES		Circonscriptions territoriales dans lesquelles la correspondance, valablement contre-signée, circule, en franchise.	Nᵒˢ des tableaux de circonscriptions à consulter, à la suite du présent Manuel.
autorisés à contre-signer leur correspondance de service. (Les initiales entre crochets indiquent la forme à employer pour la fermeture des lettres.)	auxquels la correspondance de service des fonctionnaires et des personnes désignés dans la colonne ci-contre doit être remise en franchise.		
	Comman-dants { des écoles royales militaires*.. .	Arr.insp.g.d'ar	»
	des places, forts et postes*. . . .	Arr.insp.g.d'ar	»
	des succursales des dépôts de remonte*..	Arr.insp.g.d'ar	»
	Directeurs d'artillerie*.	Arr.insp.g.d'ar	»
	Directeur de la fabrique de pierres à feu, à Saint-Aignan*.	Arr.insp g d'ar	»
	Direc-recteurs { des fortifications*.	Arr.insp.g.d'ar	»
	des manufact. royales d'armes*. .	Arr.insp.g.d'ar	»
	Directeur de la manufacture royale de machines à vapeur d'Indret*.	Arr.insp.g.d'ar	»
	Inspec-teurs { des fonderies*.	Tout le R.	»
	des forges*.	Tout le R.	».
	des manufact. royales d'armes*. .	Tout le R.	»
	des poudreries*.	Arr.insp.g.d'ar	»
	des raffineries de salpêtres*. . .	Arr.insp.g.d'ar	»
INSPECTEURS géné-raux d'armes (Suite.) [S.B*.]	Inspecteurs généraux { d'armes*.. .	Arr.insp.g d'ar	»
	de gendarmerie*..	Tout le R.	»
	Intendants militaires*.	Tout le R.	»
	Lieut.-généraux commandant les div. milit.*	Tout le R.	15
	Maires*.	Arr.insp.g.d'ar	»
	Maréc. de camp command. les subdiv. milit.*	Arr insp.g.d'ar	»
	Maréchaux de France*.	Arr insp.g.d'ar	»
	Officiers { du bataillon de voltigeurs corses*.	Tout le R.	»
	de la garde municipale de Paris*.	Tout le R.	»
	de gendarmerie*.	Tout le R.	»
	Officiers d'administration comptables des hôpitaux militaires*..	Arr.insp.g.d'ar	»
	Officiers du génie*.	Arr.insp.g.d'ar	»
	Préfets des départements*.	Arr.insp.g.d'ar	»
	Préfets maritimes*.	Tout le R.	»
	Présidents des conseils d'administration des corps militaires*.	Arr.insp.g.d'ar	»
	Présidents des conseils d'administr. des deux régiments d'infanterie de la marine*. .	Arr.insp.g.d'ar	»
	Président du conseil d'administration du dépôt des deux régiments d'infanterie de la marine (dépôt colonial), à Landerneau*.	Arr.insp.g d'ar	»
	Présidents des conseils de guerre*. . .	Arr.insp.g. d'ar	»
	Sous-inspecteurs des fonderies*.. .	Arr.insp.g.d'ar	»
	Sous-inspecteurs des forges*.	Arr.insp.g d'ar	»
	Sous intendants militaires*.	Tout le R.	»
	Sous-intendants militaires adjoints*.	Tout le R.	»
	Sous-préfets*.	Arr.insp.g.d'ar	»
INSPECTEURS géné-raux du corps royal d'artillerie de la marine. [S.B.]	Chefs du service de la marine*.	Arr. mar.	2
	Commissaires généraux de la marine*.	Arr. mar.	2
	Commissaires principaux de la marine*.	Arr. mar.	2
	Préfets maritimes*.	Arr. mar.	2
INSPECTEURS géné-raux des études, en tournée, [S.B.]	Directeurs des écoles normales primaires*.	Tout le R.	»
	Directrices des écoles normales primaires*.	Tout le R.	»
	Doyens des facultés*.	Tout le R.	»
	Inspecteurs des écoles primaires*.. .	Tout le R.	»

(La suite au verso.)

DÉSIGNATION DES FONCTIONNAIRES ET DES PERSONNES autorisés à contre-signer leur correspondance de service. (Les initiales entre crochets indiquent la forme à employer pour la fermeture des lettres.)	auxquels la correspondance de service des fonctionnaires et des personnes désignés dans la colonne ci-contre doit être remise en franchise.	Circonscriptions territoriales dans lesquelles la correspondance, valablement contre-signée, circule en franchise.	Nos des tableaux de circonscription à consulter, à la suite du présent Manuel.
INSPECTEURS généraux des études, *en tournée.* (*Suite.*) [S.B.]	Maires*..........................	Tout le R.	»
	Préfets*..........................	Tout le R.	»
	Présidents des comités d'arrondissement de l'instruction primaire*.	Tout le R.	»
	Principaux des colléges communaux*....	Tout le R.	»
	Procureurs généraux*....	Tout le R.	»
	Procureurs du Roi*....	Tout le R.	»
	Proviseurs des colléges royaux*....	Tout le R.	»
	Recteurs d'académie*....	Tout le R.	»
	Sous-inspecteurs des écoles primaires*....	Tout le R.	»
	Sous-préfets*..........................	Tout le R.	»
INSPECTEURS généraux des forêts de la couronne. [S.B.]	Conservateur des forêts de la couronne*...	»	»
	Inspecteurs des forêts de la couronne*....	Tout le R.	»
	Sous-inspecteurs des forêts de la couronne*.	Tout le R.	»
INSPECTEURS généraux de gendarmerie. [S.B*.]	Administrateurs des hospices civils dans les lieux où il n'existe pas d'hôpitaux milit.*.	Tout le R.	»
	Capitaines rapport. près les cons. de guerre*.	Tout le R.	»
	Colonels chefs d'état-major des divis. milit.*.	Tout le R.	»
	Commandants d'artillerie*..........................	Tout le R.	»
	Commandants des brigades du bataillon de voltigeurs corses*....	Tout le R.	»
	Commandants des brigades de la garde municipale de *Paris*..	Tout le R.	»
	Commandants des brigades de gendarmerie*..	Tout le R.	»
	Commandants des corps militaires*......	Tout le R.	»
	Commandants des dépôts de recrutement*..	Tout le R.	»
	Commandants des dépôts de remonte*.....	Tout le R.	»
	Commandants des détachements militaires*..	Tout le R.	»
	Commandants des écoles royales militaires*..	Tout le R.	»
	Commandants des places, forts et postes*....	Tout le R.	»
	Commandants des succursales des dépôts de remonte*..........................	Tout le R.	»
	Directeurs d'artillerie*..........................	Tout le R.	»
	Directeur de la fabrique de pierres à feu, à *Saint-Aignan*..........................	Tout le R.	»
	Directeurs des fortifications*..........................	Tout le R.	»
	Directeurs des manufactures royales d'armes*	Tout le R.	»
	Inspecteurs des fonderies*..........................	Tout le R.	»
	Inspecteurs des forges*..........................	Tout le R.	»
	Inspecteurs des manufact. royales d'armes*.	Tout le R.	»
	Inspecteurs des poudreries*..........................	Tout le R.	»
	Inspecteurs des raffineries de salpêtre*....	Tout le R.	»
	Inspecteurs généraux d'armes*..........	Tout le R.	»
	Intendants militaires*..........................	Tout le R.	»
	Lieut. généraux command. les divis. milit.*.	Tout le R.	»
	Maires*..........................	Tout le R.	»
	Maréch. de camp command. les subdiv. milit.*	Tout le R.	»
	Maréchaux de France*..........................	Tout le R.	»
	Officiers du bataillon de voltigeurs corses*.	Tout le R.	»
	Officiers de la garde municipale de *Paris*.	Tout le R.	»
	Officiers de gendarmerie*..........	Tout le R.	»
	Officiers d'adm. comptables des hôpit. milit.*	Tout le R.	»

(*La suite ci-contre.*)

DÉSIGNATION DES FONCTIONNAIRES ET DES PERSONNES		Circonscriptions territoriales dans lesquelles la correspondance, valablement contre-signée, circule en franchise.	Nos des tableaux de circonscription à consulter, à la suite du présent Manuel.
autorisés à contre-signer leur correspondance de service. (Les initiales entre crochets indiquent la forme à employer pour la fermeture des lettres.)	auxquels la correspondance de service des fonctionnaires et des personnes désignés dans la colonne ci-contre doit être remise en franchise.		
INSPECTEURS généraux de gendarmerie (Suite.) [S.B*.]	Officiers du génie*	Tout le R.	»
	Préfets*	Tout le R.	»
	Présidents des conseils d'administration des corps militaires*	Tout le R.	»
	Présidents des conseils d'administration des deux régiments d'infanterie de la marine*	Tout le R.	»
	Président du conseil d'administration du dépôt des deux régiments d'infanterie de la marine (dépôt colonial), à *Landerneau*	Tout le R.	»
	Présidents des conseils de guerre*	Tout le R.	»
	Procureurs généraux*	Tout le R.	»
	Procureurs du Roi*	Tout le R.	»
	Sous-inspecteurs des fonderies*	Tout le R.	»
	Sous-inspecteurs des forges*	Tout le R.	»
	Sous-intendants militaires*	Tout le R.	»
	Sous-intendants militaires adjoints*	Tout le R.	»
	Sous-préfets*	Tout le R.	»
INSPECTEURS généraux des haras. [S.B.]	Agents généraux des remontes des haras*	Tout le R.	»
	Directeurs des dépôts d'étalons*	Tout le R.	»
	Directeurs des haras*	Tout le R.	»
	Préfets*	Tout le R.	»
	Sous-préfets*	Tout le R.	»
INSPECTEUR des gymnases militaires. [S.B.]	Directeurs des gymnases divisionnaires*	Tout le R.	»
	Présidents des conseils d'administration des corps militaires*	Tout le R.	»
INSPECTEUR des manufactures royales d'armes. [S.B.]	Colonels chefs d'état-major des divis. milit.*	Tout le R.	»
	Commandants d'artillerie*	Tout le R.	»
	Directeurs d'artillerie*	Tout le R.	»
	Inspecteurs généraux d'armes*	Tout le R.	»
	Inspecteurs généraux de gendarmerie*	Tout le R.	»
	Intendants militaires*	Tout le R.	»
	Lieut. généraux commandant les div. milit.*	Tout le R.	»
	Maréc. de camp command. les subdiv. milit.*	Tout le R.	»
	Officiers { du bataillon de voltigeurs corses*	Tout le R.	»
	de la garde municipale de *Paris*·	Tout le R.	»
	de gendarmerie*	Tout le R.	»
	Sous-intendants militaires*	Tout le R.	»
	Sous-intendants militaires adjoints*	Tout le R.	»
INSPECTEURS particuliers de la navigation (approvisionnement de Paris.) [S.B.]	Inspecteurs particuliers de la navigation (*approvisionnement de Paris*)*	Insp.part.nav	32
	Inspecteurs généraux de la navigation (*approvisionnement de Paris*)* (1)	«	»
	Préfets*	Insp.part.nav	32
INSPECTEURS des postes. [S.B.]	Directeurs des douanes*	Dép.	»
	Directeurs des postes*	Tout le R.	»
	Inspecteurs des postes*	Tout le R.	»
	Juges de paix*	Dép.	»
	Maires*	Dép.	»

(La suite au verso.)

(1) Ces Inspecteurs généraux portent aussi le titre de *Commissaires généraux de la navigation* (Voir ce mot).

DÉSIGNATION DES FONCTIONNAIRES ET DES PERSONNES		Circonscriptions territoriales dans lesquelles la correspondance valablement contre-signée, circule en franchise.	Nos. des tableaux de circonscription à consulter, à la suite du présent Manuel.
autorisés à contre-signer leur correspondance de service. (Les initiales entre crochets indiquent la forme à employer pour la fermeture des lettres.)	auxquels la correspondance de service des fonctionnaires et des personnes désignés dans la colonne ci-contre, doit être remise en franchise.		
INSPECTEURS des postes. (*Suite.*) [S.B.]	Maîtres de poste★	Dép.	»
	Officiers { du bataillon de voltigeurs corses★	Dép.	»
	Officiers { de la garde municipale de *Paris*★	Dép.	»
	Officiers { de gendarmerie★	Dép.	»
	Préfets★	Dép.	»
	Sous-inspecteurs des postes★	Tout le R.	»
	Sous-préfets★	Dép.	»
INSPECTEURS des poudreries. [S.B.]	Colonels chefs d'état-major des divis. milit.★	Div. mil.	15
	Commandants d'artillerie★	Dir. d'art.	3
	Directeurs d'artillerie★	Dir. d'art.	3
	Inspecteurs généraux d'armes★	Arr. inap. g. d'ar.	»
	Inspecteurs généraux de gendarmerie★	Tout le R.	»
	Intendants militaires★	Tout le R.	»
	Lieutenant général commandant la 13e division militaire★	»	15
	Lieutenants généraux commandant les divisions militaires★	Div. mil.	15
	Maires des communes situées sur les routes royales ou départementales★	Tout le R.	»
	Maréchaux de camp commandant les subdivisions militaires★	Subd. mil.	37
	Officiers { du bataillon de voltigeurs corses★	Tout le R.	»
	Officiers { de la garde municipale de *Paris*★	Tout le R.	»
	Officiers { de gendarmerie★	Tout le R.	»
	Payeurs du trésor★	Dép.	»
	Préfets★	Tout le R.	»
	Sous-intendants militaires★	Tout le R.	»
	Sous-intendants militaires adjoints★	Tout le R.	»
	Sous-préfets★	Tout le R.	»
INSPECTEUR du premier district de la navigation du *Rhin* à *Strasbourg* (1). [S.B.]	Autorités des provinces étrangères situées sur le *Rhin*★	»	»
	Directeur des contrib. indirectes, à *Colmar*★	»	»
	Directeur des contrib. indir., à *Strasbourg*★	»	»
	Directeur des douanes, à *Strasbourg*★	»	»
	Fonctionnaires des provinces étrangères situées sur le *Rhin*★	»	»
	Ingénieur en chef des ponts et chaussées du *Bas-Rhin*★	»	»
	Ingénieur en chef des ponts et chaussées du *Haut-Rhin*★	»	»
	Inspecteurs de district des puissances riveraines du *Rhin*★	»	»
	Inspecteur général de la navigation du *Rhin*, à *Mayence*★	»	»
	Préfet du *Bas-Rhin*★	»	»
	Préfet du *Haut-Rhin*★	»	»
	Préposés des provinces étrangères situées sur le *Rhin*★	»	»
	Receveur des droits de navigation sur le *Rhin*, à *Strasbourg*★	»	»

(1) Ce fonctionnaire peut contre-signer sa correspondance, non-seulement de *Strasbourg*, mais encore de tous les lieux situés sur les bords du *Rhin* jusqu'à l'embouchure de la *Lauter*.

DÉSIGNATION DES FONCTIONNAIRES ET DES PERSONNES		Circonscriptions territoriales dans lesquelles la correspondance, valablement contre-signée, circule en franchise.	Nos des tableaux de circonscriptions à consulter, à la suite du present Manuel.
autorisés à contre-signer leur correspondance de service. (Les initiales entre crochets indiquent la forme à employer pour la fermeture des lettres.)	auxquels la correspondance de service des fonctionnaires et des personnes désignés dans la colonne ci-contre, doit être remise en franchise.		
INSPECTEURS des raffineries de salpêtre. [S.B.]	Colonels chefs d'état-major des divis. milit.★	Div. mil.	15
	Commandants d'artillerie★	Dir. d'art.	3
	Directeurs d'artillerie★	Dir. d'art.	3
	Inspecteurs généraux d'armes★	Arr.insp.g.d'arm	»
	Inspecteurs généraux de gendarmerie★	Tout le R.	»
	Intendants militaires★	Tout le R.	»
	Lieut. généraux commandant les divis. milit.★	Div. mil.	15
	Maréc. de camp command. les subdiv. milit.★	Subd. mil.	37
	Officiers { du bataillon de voltigeurs corses★	Tout le R.	»
	de la garde municipale de *Paris*★	Tout le R.	»
	de gendarmerie★	Tout le R.	»
	Sous-intendants militaires★	Tout le R.	»
	Sous-intendants militaires adjoints★	Tout le R.	»
INSPECTEURS spéciaux du service des tabacs, résidant habituellement à *Paris*. [S.B.]	Contrôleurs du service de la surveillance de la culture des tabacs★	Tout le R.	»
	Directeurs des contributions indirectes★	Tout le R.	»
	Gardes-magasins des tabacs en feuilles★	Tout le R.	»
	Inspecteurs de la culture des tabacs et des magasins de tabacs en feuilles★	Tout le R.	»
	Inspecteurs spéciaux du service des tabacs, résidant habituellement à *Paris*★ (1)	Tout le R.	»
	Régisseurs des manufactures de tabac★	Tout le R.	»
INSPECTEUR spécial chargé de la surveillance des tabacs, résidant à *Lille*. [S.B.]	Contrôleurs ambulants et de ville des contributions indirectes★		»
	Directeurs des contributions indirectes d'arrondissement★	Aisne	»
	Directeurs des contributions indirectes de département★	Ardennes	»
		Nord	»
	Entreposeurs des contributions indirectes★	P.-de-Calais	»
	Préposés des contrib. ind. de tous grades (2)★	Somme	»
	Receveurs-contrôleurs, ambulants ou sédentaires des contributions indirectes★		
INSPECTEUR spécial chargé du service de la surveillance des tabacs, résidant à *Strasbourg*. [S.B.]	Contrôleurs ambulants et de ville des contributions indirectes★		»
	Directeurs des contributions indirectes d'arrondissement★	Meurthe	»
	Directeurs des contributions indirectes de département★	Moselle	»
		Rhin (Bas-)	»
	Entreposeurs des contributions indirectes★	Rhin (Haut-)	»
	Préposés des contrib. indir. de tous grades (2)★	Vosges	»
	Receveurs-contrôleurs, ambulants ou sédentaires, des contributions indirectes★		
INSPECTEURS des télégraphes. [L.F.]	Administrateur en chef des lignes télégraphiques★	»	»
INSPECTEUR des télégraphes, à *Guingamp*. [L.F.]	Directeur du télégraphe, à *Brest*★	»	»
	Préfet du *Finistère*★	»	»

(1) Lorsque ces agents sont en tournée d'inspection.

(2) *V.* à l'article : **PRÉPOSÉS** (colonne 1re), l'indication des agents qui peuvent être considérés comme *Préposés des contributions indirectes*.

DÉSIGNATION DES FONCTIONNAIRES ET DES PERSONNES		Circonscriptions territoriales dans lesquelles la correspondance, valablement contre-signée, circule en franchise.	Nos des tableaux de circonscriptions à consulter, à la suite du présent Manuel.
autorisés à contre-signer leur correspondance de service. (Les initiales entre crochets indiquent la forme à employer pour la fermeture des lettres.)	auxquels la correspondance de service des fonctionnaires et des personnes désignés dans la colonne ci-contre, doit être remise en franchise.		
INSPECTEERS du travail des enfants dans les manufactures. [S.B.]	Préfets★.	Dép.	»
	Sous-préfets★.	Arr. s.-pr.	»
INSPECTEURS vérificateurs de la librairie, établis à la frontière. [S.B.]	Préfets★.	Dép.	»
INSTITUTEURS des écoles primaires. [S.B.]	Inspecteurs d'académie★.	Arr. acad.	1
	Inspecteurs des écoles primaires★.	Dép.	»
	Maires★.	Arr. s.-pr.	»
INSTITUTRICES des écoles primaires. [S.B.]	Présidents des comités communaux de l'instruction primaire★.	Arr. s.-pr.	»
	Recteurs d'académie★.	Arr. acad.	1
	Sous-inspecteurs des écoles primaires★. . .	Dép.	»
INTENDANCES sanitaires (1).	. . . .		»
INTENDANT général de la liste civile (2). [L.F.]	Adjudants des palais royaux★	Tout le R.	»
	Administrateurs des manufactures royales de *Beauvais*, de *Sèvres* et des *Gobelins*★. . .	»	»
	Architectes du Roi★.	Tout le R.	»
	Archiviste de la couronne★.	»	»
	Commandants des palais royaux★.	Tout le R.	»
	Concierges des palais royaux★.	Tout le R.	»
	Conseillers d'Etat★.	Tout le R.	»
	Conservateur des forêts de la couronne★. . .	»	»
	Conservateur du mobilier de la couronne★. .	»	»
	Conservateur des résidences et maisons royales, à *Paris*★.	»	»
	Directeur des dépenses des bâtiments de la couronne★.	»	»
	Directeur des dépenses de la liste civile★. . .	»	»
	Directeur des domaines et du contentieux de la liste civile★.	»	»
	Directeurs de l'enregistr. et des domaines★	Tout le R.	»
	Directeur des musées royaux★.	»	»
	Maîtres des requêtes★.	Tout le R.	»
	Préfets★.	Tout le R.	»
	Trésorier de la couronne★.	»	»
INTENDANTS militaires. [S.B.★]	Administrateurs des hospices civils dans les lieux où il n'existe pas d'hôpit. militaires★.	Tout le R.	»
	Capitaines rapporteurs près les conseils de guerre★.	Tout le R.	»
	Chefs du service de la marine★.	Tout le R.	»
	Colonels chefs d'état-major des divisions militaires★.	Tout le R.	»

(la suite ci-contre.)

(1) V. *Présidents semainiers des intendances sanitaires.*

(2) Reçoit en franchise, sans condition de contre-seing, les lettres et les dépêches qui lui sont adressées. (*V.* la 1re partie, pag. 1re.)

V. pag. 3, pour la correspondance frappée à la fois de la griffe de l'intendant général de la liste civile et de la griffe portant ces mots : *Service du Roi.*

DÉSIGNATION DES FONCTIONNAIRES ET DES PERSONNES autorisés à contre-signer leur correspondance de service. (Les initiales entre crochets indiquent la forme à employer pour la fermeture des lettres.)	auxquels la correspondance de service des fonctionnaires et des personnes désignés dans la colonne ci-contre, doit être remise en franchise.	Circonscriptions territoriales dans lesquelles la correspondance, valablement contre-signée, circule en franchise.	Nos des tableaux de circonscriptions à consulter, à la suite du présent Manuel.
INTENDANTS militaires. (*Suite.*) [S.B★.]	Colonels faisant partie des conseils de révision des opérations de recrutement *dans les départements cités p. 18, colonne 1re, du présent Manuel*★	»	»
	d'artillerie★	Tout le R.	»
	Commandants des brigades du bataillon de voltigeurs corses★	Tout le R.	»
	Commandants des brigades de la garde municipale de *Paris*★	Tout le R.	»
	Commandants des brigades de gendarmerie★	Tout le R.	»
	Commandants des corps militaires★	Tout le R.	»
	Commandants des dépôts de recrutement★	Tout le R.	»
	Commandants des dépôts de remonte★	Tout le R.	»
	Commandants des détachements militaires★	Tout le R.	»
	Commandants des écoles royales militaires★	Tout le R.	»
	Commandants des places, forts et postes★	Tout le R.	»
	Commandants des succursales des dépôts de remonte★	Tout le R.	»
	Commissaires de l'inscription maritime★	Tout le R.	»
	Commissaires aux revues★	Tout le R.	»
	Directeurs d'artillerie★	Tout le R.	»
	Directeur de la fabrique de pierres à feu, à *Saint-Aignan*★	»	»
	Directeurs des fortifications★	Tout le R.	»
	Directeurs des manufactures royales d'armes★	Tout le R.	»
	Directeur de la manufacture royale de machines à vapeur d'*Indret*★	»	»
	Directeurs des télégraphes★	Ray. télég.	30
	Inspecteurs des fonderies★	Tout le R.	»
	Inspecteurs des forges★	Tout le R.	»
	Inspecteurs des manufact. royales d'armes★	Tout le R.	»
	Inspecteurs des poudreries★	Tout le R.	»
	Inspecteurs des raffineries de salpêtre★	Tout le R.	»
	Inspecteurs généraux d'armes★	Tout le R.	»
	Inspecteurs généraux de gendarmerie★	Tout le R.	»
	Intendants militaires★	Tout le R.	»
	Lieutenants généraux commandant les divisions militaires★	Tout le R.	»
	Maires★	Tout le R.	»
	Maréch. de camp command. les subd. milit.★	Tout le R.	»
	Maréchaux de France★	Tout le R	»
	Officiers du bataillon de voltig. corses★	Tout le R.	»
	Officiers de la garde municip. de *Paris*★	Tout le R.	»
	Officiers de gendarmerie★	Tout le R.	»
	Officiers d'administration comptables des hôpitaux militaires★	Tout le R.	»
	Officiers d'administration comptables des subsistances militaires★	Tout le R.	»
	Officiers d'administration principaux des subsistances militaires★	Tout le R.	»
	Officiers généraux ou supérieurs, faisant partie des conseils de révision des opérations de recrutement *dans les départements cités page 18, colonne 1re du présent Manuel*★	»	»

(La suite au verso.)

DÉSIGNATION DES FONCTIONNAIRES ET DES PERSONNES		Circonscriptions territoriales dans lesquelles la correspondance, valablement contre-signée, circule en franchise.	Nᵒˢ des tableaux de circonscriptions à consulter, à la suite du présent Manuel.
autorisés à contre-signer leur correspondance de service. (Les initiales entre crochets indiquent la forme à employer pour la fermeture des lettres.)	auxquels la correspondance de service des fonctionnaires et des personnes désignés dans la colonne ci-contre, doit être remise en franchise.		
	Officiers du génie*.	Tout le R.	»
	Payeurs du trésor public*.	Tout le R.	»
	Préfets des départements*.	Tout le R.	»
	Préfets maritimes*.	Tout le R.	»
INTENDANTS militaires. (Suite.) [S.B.*]	Présidents des conseils d'administration des compagnies d'artillerie de la marine, détachées à *Brest, Cherbourg, Lorient, Rochefort, Toulon*.	»	»
	Présidents des conseils d'administration des compagnies d'ouvriers d'artillerie de la marine, à *Brest, Cherbourg, Lorient, Rochefort, Toulon*.	»	»
	Présidents des conseils d'administration des corps militaires*.	Tout le R.	»
	Présidents des conseils d'administration des dépôts des équipages de ligne, à *Brest, Cherbourg, Lorient, Rochefort, Toulon*.	»	»
	Présidents des conseils d'administration des deux régiments d'infanterie de la marine*.	Tout le R.	»
	Président du conseil d'administration du dépôt des deux régiments d'infanterie de la marine (dépôt colonial), à *Landerneau*.	»	»
	Présidents des conseils d'administration des pénitenciers militaires*.	Tout le R.	»
	Présidents des conseils de guerre*.	Tout le R.	»
	Procureurs généraux*.	Tout le R.	»
	Procureurs du Roi*.	Tout le R.	»
	Sous-inspecteurs des fonderies*.	Tout le R.	»
	Sous-inspecteurs des forges*.	Tout le R.	»
	Sous-intendants militaires*.	Tout le R.	»
	Sous-intendants militaires adjoints*.	Tout le R.	»
	Sous-préfets*.	Tout le R.	»
INTENDANT de la 1ʳᵉ division militaire, [S.B*.]	Directeur de l'enregistrement et des domaines de la *Seine*.	»	»
	Inspecteurs de l'enregistrement et des domaines de la *Seine*.	»	»
	Receveur central des finances de la *Seine*.	»	»
	Receveurs de l'enregistrement et des domaines de la *Seine*.	»	»
	Receveur général des finances de *Seine-et-Oise*.	»	»
	Vérificateurs de l'enregistrement et des domaines de la *Seine*.	»	»
INTENDANT de la 4ᵉ division militaire. [S.B.*]	Receveur général des finances de la *Sarthe*.	»	»
INTENDANT de la 8ᵉ division militaire. [S.B*.]	Directeur des finances, en *Algérie*.	»	»

| DÉSIGNATION DES FONCTIONNAIRES ET DES PERSONNES | | Circonscriptions territoriales dans lesquelles la correspondance, valablement contre-signée, circule en franchise. | Nos des tableaux de circonscriptions à consulter, à la suite du présent Manuel. |
autorisés à contre-signer leur correspondance de service. (Les initiales entre crochets indiquent la forme à employer pour la fermeture des lettres.)	auxquels la correspondance de service des fonctionnaires et des personnes désignés dans la colonne ci-contre, doit être remise en franchise.		
JARDINIERS en chef des résidences royales [S.B.]	Directeur des domaines et du contentieux de la liste civile★	»	»
JUGES d'instruction. [S.B★.]	Adjoints des maires exerçant le ministère public, près les tribunaux de simple police★	Arr. s.-pr.	»
	Commissaires de police★	Arr. s.-pr.	»
	Juges d'instruction★	Tout le R.	»
	Juges de paix★	Tout le R.	»
	Maires★	Arr. s.-pr.	»
	Officiers du bataillon de voltigeurs corses★	Arr. s.-pr.	»
	Officiers de la garde municipale de *Paris*★	Arr. s.-pr.	»
	Officiers de gendarmerie★	Arr. s.-pr.	»
	Préfets★	Dép.	»
	Premiers présidents des Cours royales★	C. roy.	12
	Présidents des Cours d'assises★	Départem. où se tiennent les assises (1).	»
	Procureurs généraux★	Tout le R.	»
	Procureurs du Roi★	Tout le R.	»
	Sous-préfets★	Arr. s.-pr.	»
JUGES d'instruction attachés au tribunal de 1re instance de la *Seine*. [S.B★.]	Adjoints des maires exerçant le ministère public près les tribunaux de simple police★	Dép.	»
	Commissaires de police★	Dép.	»
	Maires★	Dép.	»
	Officiers de la garde municipale de *Paris*★	Dép.	»
	Officiers de la gendarmerie de la *Seine*★	Dép.	»
	Sous-préfet, à *Saint-Denis*★	»	»
	Sous-préfet, à *Sceaux*★	»	»
JUGES de paix. [S.B.]	Conservateurs des forêts★	Conserv. for.	23
	Gardes généraux des forêts★	Conserv. for.	23
	Inspecteurs des forêts★	Conserv. for.	23
	Inspecteurs des postes★	Dép.	»
	Juges d'instruction★ (2)	Tout le R.	»
	Juges de paix★	C. roy.	12
	Maires★	Arr. cant.	»
	Préfets★ (2)	Dép.	»
	Premiers présidents des Cours royales★	C. roy.	12
	Présidents des Cours d'assises★	Départem. où se tiennent les assises (1).	»
	Présidents des tribunaux de commerce★	Arr. s.-pr.	»
	Procureurs généraux★	Tout le R.	»
	Procureurs du Roi★	Tout le R.	»

(La suite au verso.)

(1) Cette franchise s'étend même au lieu de la résidence ordinaire des présidents des Cours d'assises.

(2) Les juges de paix sont autorisés à fermer, en cas de nécessité, les lettres qu'ils adressent aux juges d'instruction dans tout le royaume, au préfet de leur département et au sous-préfet de leur arrondissement.

DÉSIGNATION DES FONCTIONNAIRES ET DES PERSONNES		Circonscriptions territoriales dans lesquelles la correspondance, valablement contre-signée, circule en franchise.	Nos des tableaux de circonscriptions à consulter, à la suite du présent Manuel.
autorisés à contre-signer leur correspondance de service. (Les initiales entre crochets indiquent la forme à employer pour la fermeture des lettres.)	auxquels la correspondance de service des fonctionnaires et des personnes désignés dans la colonne ci-contre, doit être remise en franchise.		
Juges de paix. (*Suite*) [S.B.]	Sous-inspecteurs des forêts*.	Conserv. for.	23
	Sous-préfets* (1).	Arr. s.-pr.	»
	Vérificateurs des poids et mesures*.	Arr. s.-pr. (2)	»
Juges de paix des cantons de *Castets* et de *Saint-Vincent-de-Tyrosse* (Landes).. [S.B.]	Présidents des tribunaux de 1re instance, à *Dax* et à *Mont-de-Marsan**.	»	»
Juges de paix de l'*île d'Oléron*. [S.B.]	Commandant de place de l'*île d'Oléron**. . .	»	»
Justiciables de la Cour des comptes. [S.B.]	Greffier en chef de la Cour des comptes.. . .	»	»
L	Administrateurs des hospices civils, dans les lieux où il n'existe pas d'hôpitaux milit.*..	Div. mil.	15
	Capitaines rapporteurs près les conseils de guerre*.	Div. mil.	15
	Colonels chefs d'état-major des divis. milit.*	Div. mil.	15
	Colonels faisant partie des conseils de révision des opérations de recrutement *dans les départements cités page 18, colonne 1re, du présent Manuel**.	Div. mil.	15
Lieutenants généraux commandant les divisions militaires.. [S.B.*]	Commandants d'artillerie*.	Div. mil.	15
	Commandants des brigades du bataillon de voltig. corses*.	Div. mil.	15
	Commandants des brigades de la garde municipale de *Paris**.	Div. mil.	15
	Commandants des brigades de gendarmerie*. . .	Div. mil.	15
	Commandants des corps militaires*.	Div. mil.	15
	Commandants de dépôts de recrutement*. . .	Div. mil.	15
	Commandants de dépôts de remonte*.	Circ.dép.de r. et Div. mil.	13 15
	Commandants des détachements militaires*.. .	Div. mil.	15
	Commandants des écoles royales militaires*...	Div. mil.	15
	Commandants des places, forts et postes*. . .	Div. mil.	15
	Commandants des succursales des dépôts de remonte*.	Circ.dép.de r. et Div. mil.	13 15
	Directeurs d'artillerie*.	Div. mil. (3)	3-15
	Directeurs des fortifications*.	Div. mil. (3)	15-27
	Directeurs des manuf. royales d'armes*. .	Div. mil.	15
	Directeurs des télégraphes*.	Ray. télég.	30
	Inspecteurs des fonderies*..	Tout le R.	»
	Inspecteurs des forges*.	Tout le R.	»
	Inspecteurs des manufact. royales d'armes*.	Tout le R.	»
	Inspecteurs des poudreries*..	Div. mil.	15
	Inspecteurs des raffineries de salpêtre*. . .	Div. mil.	15
	(*La suite ci-contre.*)		

(1) *V.* la note 2 de la page 91.

(2) *V.* les exceptions à l'article : **Vérificateurs** des poids et mesures.

(3) Cette circonscription doit s'entendre en ce sens que chaque lieutenant général est autorisé à correspondre en franchise avec tous les directeurs d'artillerie et tous les directeurs des fortifications qui ont une ou plusieurs places sur le territoire de sa division.

DÉSIGNATION DES FONCTIONNAIRES ET DES PERSONNES autorisés à contre signer leur correspondance de service. (Les initiales entre crochets indiquent la forme à employer pour la fermeture des lettres.)	auxquels la correspondance de service des fonctionnaires et des personnes désignés dans la colonne ci-contre, doit être remise en franchise.	Circonscriptions territoriales dans lesquelles la correspondance, valablement contre-signée, circule en franchise.	Nos des tableaux de circonscriptions à consulter à la suite du présent Manuel.
LIEUTENANTS généraux commandant les divisions militaires. (Suite.) [S.B*.]	Inspecteurs généraux { d'armes*......	Tout le R.	»
	Inspecteurs généraux { de gendarmerie*...	Tout le R.	»
	Intendants militaires*........	Tout le R.	»
	Lieutenants généraux commandant les divisions militaires*.............	Tout le R.	»
	Maires*...............	Div. mil.	15
	Maréchaux de camp commandant les subdivisions militaires*.........	Div. mil.	15
	Maréchaux de France*...........	Div. mil.	15
	Officiers.... { du bataill. de voltig. corses*	Tout le R.	»
	Officiers.... { de la garde munic. de *Paris*	Tout le R.	»
	Officiers.... { de gendarmerie*.......	Tout le R.	»
	Officiers d'administration comptables des hôpitaux militaires*........	Div. mil.	15
	Officiers généraux ou supérieurs, faisant partie des conseils de révision des opérations de recrutement *dans les départements cités page 18, colonne 1re, du présent Manuel**	Div. mil.	15
	Officiers du génie*.........	Div. mil.	15
	Préfets*............	Div. mil.	15
	Premiers présidents des cours royales*....	C. roy.	12
	Présidents des conseils d'administration des corps militaires*........	Tout le R.	•
	Présidents des conseils d'administration des régiments d'infanterie de la marine*....	Tout le R.	»
	Présidents des conseils d'administration des pénitenciers militaires*........	Tout le R.	»
	Présidents des conseils de guerre*......	Div. mil.	15
	Procureurs généraux*.......	Tout le R.	»
	Procureurs du Roi*........	Tout le R.	»
	Sous-inspecteurs des fonderies*........	Div. mil.	15
	Sous-inspecteurs des forges*........	Div. mil.	15
	Sous-intendants militaires*........	Tout le R.	»
	Sous-intendants militaires adjoints*.....	Tout le R.	»
	Sous-préfets*............	Div. mil.	15
LIEUTENANTS généraux commandant les divis. militaires en contact avec le littoral [S.B*.]	Préfets maritimes*............	Arr. marr.	2
LIEUTENANT général commandant la 4e division milit. [S.B*.]	Directeur de la fabrique de pierres à feu, à *Saint-Aignan**...........	»	»
LIEUTENANT général commandant la 11e div. militaire. [S.B*.]	Autorités des provinces espagnoles limitrophes à la 11e division militaire*.....	»	15
	Préfets maritimes à *Brest, Lorient, Rochefort* et *Toulon-sur-Mer**.........	»	»
LIEUTENANT général commandant la 12e div. milit. [S.B*.]	Directeur de la manufacture royale de machines à vapeur d'*Indret**.........	»	»
LIEUTENANT général commandant la 13e div. milit. [S.B*.]	Inspecteurs des poudreries*.........	Tout le R.	»
	Président du conseil d'adm. du dépôt des deux régiments d'infanterie de la marine (dépôt colonial), à *Landerneau**........	•	•

DÉSIGNATION DES FONCTIONNAIRES ET DES PERSONNES		Circonscrip-tions territoriales dans lesquelles la correspon-dance, valablement contre-signée, circule en franchise.	Nos des tableaux de circonscriptions à consulter, à la suite du présent Manuel.
autorisés à contre-signer leur correspondance de service. (Les initiales entre crochets indiquent la forme à employer pour la fermeture des lettres.)	auxquels la correspondance de service des fonctionnaires et des personnes désignés dans la colonne ci-contre, doit être remise en franchise.		
LIEUTENANT général command. la 21ᵉ div. militaire. [S.B★.]	Agent des affaires étrangères, à *Marseille*★	»	»
	Autorités et fonctionnaires des provinces espagnoles limitrophes aux départ. frontières★	»	»
	Consul d'Espagne, à *Bayonne*★	»	»
	Consuls de France, en *Espagne*★	»	»
	Vice-consul d'Espagne, à *Oloron*★	»	»
LIEUTENANT général command. la division active des *Pyrénées-Occidentales* [S.B★.]	Inspecteur spécial de police dans les départements du Midi★	»	»
LIEUTENANT général command. la division active des *Pyrénées-Orientales.* [S.B★.]	Inspecteur spécial de police dans les départements du Midi★	»	»
LIEUTENANTS d'ordre des douanes. [S.B.]	Brigadiers des douanes★	Dir. doua.	16
	Capitaines des brigades des douanes★	Dir. doua.	16
	Capitaines de pataches des douanes★	Dir. dou. et dir. limit.	16
	Contrôleurs des brigades des douanes★	Dir. doua.	16
	Directeurs des douanes★	Dir. doua.	16
	Inspecteurs des douanes★	Dir. doua.	16
	Lieutenants d'ordre des douanes★	Dir. doua. et dir. lim.	16
	Lieutenants de pataches des douanes★	Dir. doua. et dir. limit.	16
	Lieutenants principaux des douanes★	Dir. doua. et dir. limit.	16
	Patrons d'embarcations des douanes★	Dir. doua.	16
	Sous-inspecteurs des douanes★	Dir. doua.	16
LIEUTENANTS de pataches des douanes. [S.B.]	Brigadiers des douanes★	Dir. doua.	16
	Capitaines des brigades des douanes★	Dir. doua.	16
	Capitaines de pataches des douanes★	Dir. doua. et dir. limit.	16
	Contrôleurs des brigades des douanes★	Dir. doua.	16
	Directeurs des douanes★	Dir. doua.	16
	Inspecteurs des douanes★	Dir. doua.	16
	Lieutenants d'ordre des douanes★	Dir. doua. et dir. limit.	16
	Lieutenants de pataches des douanes★	Dir. doua. et dir. limit.	16
	Lieutenants principaux des douanes★	Dir. doua. et dir. limit.	16
	Patrons d'embarcations des douanes★	Dir. doua.	16
	Sous-inspecteurs des douanes★	Dir. doua.	16
LIEUTENANTS principaux des douanes. [S.B.]	Brigadiers des douanes★	Dir. doua.	16
	Capitaines des brigades des douanes★	Dir. doua.	16
	Capitaines de pataches des douanes★	Dir. doua. et dir. limit.	16
	Contrôleurs des brigades des douanes★	Dir. doua.	16
	Directeurs des douanes★	Dir. doua.	16
	Inspecteurs des douanes★	Dir. doua.	16

(La suite ci-contre.)

DÉSIGNATION DES FONCTIONNAIRES ET DES PERSONNES		Circonscriptions territoriales dans lesquelles la correspondance, valablement contre-signée, circule en franchise.	Nos des tableaux de circonscriptions à consulter, à la suite du présent Manuel.
autorisés à contre-signer leur correspondance de service. (Les initiales entre crochets indiquent la forme à employer pour la fermeture des lettres.)	auxquels la correspondance de service des fonctionnaires et des personnes désignés dans la colonne ci-contre, doit être remise en franchise.		
LIEUTENANTS principaux des douanes. *(Suite.)* [S.B.]	Lieutenants d'ordre des douanes*......	Dir. doua. et Dir. limit..	16
	Lieutenants de pataches des douanes*...	Dir. doua. et Dir. limit..	16
	Lieutenants principaux des douanes*....	Dir. doua. et dir. limit.	16
	Patrons d'embarcations des douanes*....	Dir. doua.	16
	Sous-inspecteurs des douanes*.......	Dir. doua.	16
MAIRES.... [S.B.]	Agents voyers d'arrondissement*.......	Arr.s.-pr. (1)	»
	Agents voyers de canton*...........	Arr s.-pr. (1)	»
	Agents voyers en chef*...........	Dép.	»
	Archevêques*.............	Circ. dioc.	14
	Chefs du service de la marine*.......	Tout le R.	»
	Colonels chefs d'état-major des div. milit.*	Div. mil.	15
	Commandants des brigades de gendarmerie*	Arr. s.-pr.	»
	Commandants des dépôts de recrutement*..	Dép.	»
	Commandants des dépôts de remonte de la guerre*.............	Circ.dép.de R	13
	Commandants du génie*...........	Dép.	»
	Commandants des succursales des dépôts de remonte*...	Circ.dép.de R	13
	Commissaires de l'inscription maritime*...	Tout le R.	»
	Commissaires aux revues*.........	Tout le R.	»
	Commissaires-voyers..........	Arr. s.-pr.	»
	Conservateurs. { des forêts*.........	Conserv. for.	23
	{ des hypothèques* (2).......	Arr. s.-pr.	»
	Contrôleurs des contributions directes*....	Arr. s.-pr.	8
	Curés*.............	Arr. s.-pr.	»
	Directeurs { d'artillerie*,......	Dir. d'art.	3
	{ des contributions directes*...	Dép.	»
	{ des écoles normales primaires*.	Ress.éc. n.pr.	19
	{ des fortifications*.......	Dir. du gén.	27
	{ des postes*..	Arr. s.-pr.	»
	Directrices des écoles normales primaires*.	Ress.éc.n.pr.	19
	Évêques*..	Circ. dioc.	14
	Gardes à cheval des forêts*........	Conserv. for.	23
	Gardes généraux des forêts*..	Conserv. for.	23
	Grands-vicaires capitulaires*........	Circ. dioc.	14
	Ingénieurs des ponts et chaussées chargés du service vicinal*.........	Dép.	»

(La suite au verso.)

(1) Cette franchise s'étend même aux arrondissements limitrophes, si le service des destinataires porte sur deux arrondissements, mais sans jamais dépasser les limites du département.

(2) Pour la correspondance proprement dite, et en outre, pour le renvoi des avertissements destinés aux redevables de l'enregistrement. Ces avertissements peuvent contenir de l'écriture à la main; mais ils ne doivent être ni cachetés, ni pliés en forme de lettres, ni revêtus d'adresses extérieures.

DÉSIGNATION DES FONCTIONNAIRES ET DES PERSONNES		Circonscriptions territoriales dans lesquelles la correspondance, valablement contre-signée, circule en franchise.	N°s des tableaux de circonscriptions à consulter, à la suite du présent manuel.
autorisés à contre-signer leur correspondance de service. (Les initiales entre crochets indiquent la forme à employer pour la fermeture des lettres.)	auxquels la correspondance de service des fonctionnaires et des personnes désignées dans la colonne ci-contre, doit être remise en franchise.		
	Inspecteurs { d'académie..............	Arr. acad.	1
	des contributions directes*...	Dép.	»
	départementaux des enfants trouvés et des établissements de bienfaisance*............	Dép.	»
	des écoles primaires*........	Dép.	»
	de l'enregist. et des domaines*..	Dép.	»
	des finances*.............	Tout le R.	»
	des forêts*.............	Conserv. for.	23
	des postes*.............	Dép.	»
	Inspecteurs généraux { d'armes*.............	Arr. insp. g. d'ar	»
	des études, *en tournée*....	Tout le R.	»
	des finances*.............	Tout le R.	»
	de gendarmerie*............	Tout le R.	»
	Instituteurs. Institutrices } des écoles primaires*..	Arr. s.-pr.	»
	Intendants militaires*............	Tout le R.	»
	Juges d'instruction*............	Arr. s.-pr.	»
	Juges de paix*.............	Arr. cant.	»
	Lieut. généraux command. les divis. milit.*	Div. mil.	15
MAIRES. (*Suite.*) [S.B.]	Maires*.............	Arr. s.-pr.	»
	Maîtres. Maîtresses } des écoles primaires*..	Arr. s.-pr.	»
	Maréch. de camp command. les subd. milit.*	Subd. mil.	37
	Officiers { du bataillon de voltigeurs corses*.	Tout le R.	»
	de la garde municipale de *Paris*.	Tout le R.	»
	de gendarmerie*............	Tout le R.	»
	Préfets des départements* (1).........	Dép.	»
	Préfets maritimes*..............	Tout le R.	»
	Premiers-présidents des Cours royales*...	C. roy.	12
	Présidents des comités d'arrondissement de l'instruction primaire*.........	Arr. s.-pr.	»
	Présidents des comités communaux de l'instruction primaire*.............	Arr. s.-pr.	»
	Présidents des Cours d'assises*........	Départ. où se tiennent les assises (2.	»
	Procureurs généraux*.............	C. roy.	12
	Proc. du Roi près les Cours d'assises*.[L.F.]	C. d'ass.	11
	Proc. du Roi près les trib. de 1re inst.* [L.F.]	Arr. s.-pr.	»
	Recev. de l'enregistr. et des domaines*(3).	Arr. s.-pr.	»
	Recteurs d'académie*.............	Arr. acad.	1
	Sous-inspecteurs des écoles primaires*....	Dép.	»
	Sous-inspecteurs des forêts*..........	Conserv. for.	23
	(*La suite ci-contre.*)		

(1) Les maires sont autorisés à écrire au préfet de leur département sous pli fermé, par lettres simples, c'est-à-dire par lettres pesant moins de sept grammes et demi, simplement pliées et cachetées, sans addition, ni de pièces jointes, ni d'enveloppes extérieures, à la charge par eux d'inscrire sur chaque lettre ces mots : *Lettre confidentielle.* (*V.* § 18 de l'introduction.)

(2) Cette franchise s'étend même au lieu de la résidence ordinaire des présidents des Cours d'assises.

(3) Pour la correspondance proprement dite, et, en outre, pour le renvoi des avertissements destinés aux redevables de l'enregistrement. Ces avertissements peuvent contenir de l'écriture à la main; mais ils ne doivent être ni cachetés ni pliés en forme de lettres, ni revêtus d'adresses extérieures.

DÉSIGNATION DES FONCTIONNAIRES ET DES PERSONNES		Circonscriptions territoriales dans lesquelles la correspondance, valablement contre-signée, circule en franchise.	N^{os} des tableaux de circonscriptions à consulter, à la suite du présent Manuel.
autorisés à contre-signer leur correspondance de service. (Les initiales entre crochets indiquent la forme à employer pour la fermeture des lettres.)	auxquels la correspondance de service des fonctionnaires et des personnes désignés dans la colonne ci-contre, doit être remise en franchise.		
MAIRES (*Suite*)[S.B.]	Sous-intendants militaires★.	Tout le R.	»
	Sous-intendants militaires adjoints★.	Tout le R.	»
	Sous-préfets★ (1).	Arr. s.-pr.	»
	Vérificateurs de l'enreg. et des domaines★.	Dép.	»
	Vérificateurs des poids et mesures.	Arr. s.-pr. (2)	»
MAIRES *faisant fonctions de sous-intendants militaires, dans les lieux où il n'en existe pas* (3) [S.B.]	Command. de places.. Conseillers de préfect. Maires. Majors de places.... } faisant fonct. de sous-intend. milit. dans les lieux où il n'en existe pas★ (4).	Dép.	»
	Présidents des conseils d'administration des corps militaires★.	Dép.	»
	Présidents des conseils d'administration des pénitenciers militaires★.	Dép.	»
	Secrétaires généraux de préfectures. Sous-préfets. } faisant fonct. de sous-intend. milit. dans les lieux où il n'en existe pas★ (4).	Dép.	»
MAIRES des communes situées sur les routes royales ou départementales. [S.B.]	Inspecteurs des poudreries★.	Tout le R.	»
MAIRES des communes traversées par les chemins de fer en cours d'exécution. [S.B.]	Ingénieurs en chef et ingénieurs ordinaires des ponts et chaussées chargés des travaux des sections traversant les communes administrées par les contre-signataires★.	Ch. de f.en const.	6
MAIRES des communes situées sur le littoral. [S.B.]	Présidents semainiers des commissions sanitaires★.	Ress. comm. san.	29
MAIRES des communes comprises dans l'arrondissement de Gex. [S.B.]	Sous-inspecteur des douanes, à *Saint-Genis*★	»	»
	Vérificateurs des douanes, à *Collonge, Gex*★.	»	»
MAIRES des communes comprises dans les cantons de *Meysieux* et de *St-Simphorien* (Isère).[S.B.]	Préfet du *Rhône*★.	»	»
MAIRES des communes situées dans l'*Ile-d'Oléron*. [S.B.]	Commandant de place de l'*Ile d'Oléron*★.	»	»
	Président semainier de l'intendance sanitaire au *Château* (*Ile d'Oléron*)★.	»	»

(1) Les maires sont autorisés à écrire, sous pli fermé, au sous-préfet de leur arrondissement, aux mêmes conditions qu'au préfet de leur département. (*V.* ci-contre, la note n° **1.**)

(2) *V.* les exceptions à l'article : **VÉRIFICATEURS** des poids et mesures.

(3) Dans les villes où il existe des sous intendants militaires, les maires peuvent exercer le **contre-**seing *du sous-intendant absent* ou *malade*. (*V.* § 11 de l'introduction du présent Manuel.)

(4) Pour l'envoi des pièces relatives au service des vivres et fourrages seulement.

DÉSIGNATION DES FONCTIONNAIRES ET DES PERSONNES		Circonscriptions territoriales dans lesquelles la correspondance peut valablement contre-signée, circuler en franchise.	N° des rubriques de la circonscription d'emploi, à consulter, à l'aide de du présent Manuel.
autorisés à contre-signer leur correspondance de service. (Les initiales entre crochets indiquent la forme à employer pour la fermeture des lettres.)	auxquels la correspondance de service des fonctionnaires et des personnes désignés dans la colonne ci-contre doit être remise en franchise.		
MAIRES du départ. de l'Ariège. [S.B.]	Inspecteur spécial de police dans les départements du Midi*.	»	»
MAIRES du départ. de l'Aude. [S.B.]	Inspecteur spécial de police dans les départements du Midi*.	»	»
MAIRES du départ. des Bouches-du-R. [S.B.]	Inspecteur spécial de police dans des départements du Midi*.	»	»
MAIRE de St.-Urcize (Cantal). [S.B.]	Garde général des forêts, à Espalion*.	»	»
MAIRES du départ. de la Corse. [S.B.]	Vérificateurs des douanes en Corse*.	Dép.	»
MAIRES du départ. du Doubs. [S.B.]	Commissaires particuliers près des salines de l'Est, résidant à Salins et à Lonsle-Saun.*.	»	»
MAIRES du départ. du Gard. [S.B.]	Commissaire central de police à Nîmes*. Inspecteur spécial de police dans les département du Midi*.	»	»
MAIRES du départ. de la Haute-Garonne. [S.B.]	Inspecteur spécial de police dans les départements du Midi*.	»	»
MAIRES du départ. de la Gironde. [S.B.]	Commissaire central de police, à Bordeaux*.	»	»
MAIRES du départ. du Jura. [S.B.]	Commissaires particuliers près les salines de l'Est, résidant à Salins et à Lons-le-Saun.*.	»	»
MAIRES du départ. de l'Hérault. [S.B.]	Inspecteur spécial de police dans des départements du Midi*.	»	»
MAIRES du départ. du Loiret. [S.B.]	Commissaire voyer du département du Loiret*.	Dép.	»
MAIRE de Grandval (Lozère). [S.B.]	Garde général des forêts, à Espalion*.	»	»
MAIRE de Nasbinals (Lozère). [S.B.]	Garde général des forêts, à Espalion*.	»	»
MAIRE de Recoux (Lozère). [S.B.]	Garde général des forêts, à Espalion*.	»	»
MAIRES du départ. de la Meurthe. [S.B.]	Commissaires particuliers près les salines de l'Est, résidant à Dieuze et à Moyenvic*. Commissaires de police, à Dieuze et à Vic*.	(1)	»
MAIRES des communes ... indivis dans le départ. des Basses-Pyrénées. [S.B.]	Présidents des commissions syndicales auxquelles ressortissent les communes des contre-signataires*.	»	»

(1) Cette franchise peut s'étendre à tous les lieux où les deux commissaires de police sont envoyés en mission.

DÉSIGNATION DES FONCTIONNAIRES ET DES PERSONNES		Circonscriptions territoriales dans lesquelles la correspondance, valablement contre-signée, circule en franchise.	Nᵒˢ des tableaux de circonscription à consulter, à la suite du présent Manuel.
autorisés à contre-signer leur correspondance de service. (Les initiales entre crochets indiquent la forme à employer pour la fermeture des lettres.)	auxquels la correspondance de service des fonctionnaires et des personnes désignés dans la colonne ci-contre doit être remise en franchise.		
MAIRES du départem. des *Pyrénées-Orientales.* [S.B.]	Inspecteur spécial de police dans les départements du *Midi*★.	»	»
MAIRES du départem. de la *Seine.* [S.B.]	Juges d'instruction attachés au tribunal de 1ʳᵉ instance de la *Seine*★.	Dép.	»
MAITRES des écoles primaires. [S.B.]	Inspecteurs d'académie★.	Arr. acad.	1
	Inspecteurs des écoles primaires★.	Dép.	»
	Maires★.	Arr. s.-pr.	»
	Préfets★.	Dép.	»
	Présidents des comités d'arrondissement de l'instruction primaire★.	Arr. s.-pr.	»
	Recteurs d'académie★.	Arr. acad.	1
	Sous-inspecteurs des écoles primaires★. . .	Dép.	»
	Sous-préfets★.	Arr. s.-pr.	»
MAITRES de pension. [S.B.]	Contrôleurs des contributions directes★. . .	Arr. s.-pr.	8
	Directeurs des contributions directes★. . .	Dép.	»
	Inspecteurs d'académie★.	Arr. acad.	1
	Recteurs d'académie★.	Arr. acad.	1
MAITRES de port. [S.B.]	Ingénieurs en chef des ponts et chaussées★. .	Dép.	»
	Ingénieurs ordinaires des ponts et chaussées★	Dép.	»
MAITRES de poste. [S.B.]	Inspecteurs des postes★.	Dép.	»
MAITRES des requêtes [S.B.]	Premiers présidents des cours royales★. . .	C. roy.	12
MAITRESSES des écoles primaires, [S.B.]	Inspecteurs d'académie★.	Arr. acad.	1
	Inspecteurs des écoles primaires★.	Dép.	»
	Maires★.	Arr. s.-pr.	»
	Préfets★.	Dép.	»
	Présidents des comités d'arrondissement de l'instruction primaire★.	Arr. s.-pr.	»
	Recteurs d'académie★.	Arr. acad.	1
	Sous inspecteurs des écoles primaires★. . .	Dép.	»
	Sous-préfets★.	Arr. s.-pr.	»
MAJORS de place faisant fonct. de sous-intend. militaires dans les lieux où il n'en existe pas (1). [S.B.]	Command. de places.. Conseillers de préfect. Majors de places. . . . Maires. . . . . } faisant fonct. de sous-intend. milit., dans les lieux où il n'en existe pas★ (2). . .	Dép.	»
	Présidents des conseils d'administration des corps militaires★.	Dép.	»
	Présidents des conseils d'administration des pénitenciers militaires★..	Dép.	»
	Secrétaires généraux de préfecture. . . . Sous-préfets. . . . . . } faisant fonct. de sous-intend. milit. dans les lieux où il n'en existe pas★ (2). . .	Dép.	»

(1) Dans les villes où il existe des sous-intendants militaires, les majors de place peuvent exercer le contre-seing du sous-intendant absent ou malade. (*V.* le §11 de l'introduction au présent Manuel.)

(2) Pour l'envoi des pièces relatives au service des vivres et fourrages seulement.

DÉSIGNATION DES FONCTIONNAIRES ET DES PERSONNES		Circonscriptions territoriales dans lesquelles la correspondance valablement contre-signée, circule en franchise.	Nᵒˢ des tableaux de circonscriptions à consulter, à la suite du présent Manuel.
autorisés à contre-signer leur correspondance de service. (Les initiales entre crochets indiquent la forme à employer pour la fermeture des lettres.)	auxquels la correspondance de service des fonctionnaires et des personnes désignés dans la colonne ci-contre doit être remise en franchise.		
MARÉCHAUX de camp commandant les subdivisions militaires. [S.B.*]	Administrateurs des hospices civils, dans les lieux où il n'existe pas d'hôpitaux milit.*	Subd. mil.	37
	Capitaines rapport. près les cons. de guerre*	Subd. mil.	37
	Colonels chefs d'état-major des divis. milit.*	Div. mil.	15
	Colonels faisant partie des conseils de révision des opérations de recrutement, *dans les départements cités page 18, col. 1ʳᵉ, du présent Manuel*.*	Div. mil.	15
	Commandants d'artillerie*	Subd. mil.	37
	Commandants des brigades du bataillon de voltigeurs corses*	Subd. mil.	37
	Commandants des brigades de la garde municipale de *Paris**	Subd. mil.	37
	Commandants des brigades de gendarmerie*	Subd. mil.	37
	Commandants des corps militaires*	Subd. mil.	37
	Commandants des dépôts de recrutement*	Div. mil.	15
	Commandants des dépôts de remonte*	Circ. dép. de R	13
	Commandants des détachements militaires*	Subd. mil.	37
	Commandants des écoles royales militaires*	Subd. mil.	37
	Commandants des places, forts et postes*	Subd. mil.	37
	Commandants des succursales des dépôts de remonte*	Circ. dép. de R	13
	Directeurs d'artillerie*	Subd. mil.	37
	Directeurs des fortifications*	Subd. mil.	37
	Directeurs des manufactures royales d'armes*	Subd. mil.	37
	Directeurs des télégraphes*	Ray. télég.	80
	Inspecteurs des fonderies*	Tout le R.	»
	Inspecteurs des forges*	Tout le R.	»
	Inspecteurs des manufact. royales d'armes*	Tout le R.	»
	Inspecteurs des poudreries*	Subd. mil.	37
	Inspecteurs des raffineries de salpêtre*	Subd. mil.	37
	Inspecteurs généraux d'armes*	Arr. insp. g. d'arm	»
	Inspecteurs généraux de gendarmerie*	Tout le R.	»
	Intendants militaires*	Tout le R.	»
	Lieut. généraux command. les divis. milit.*	Div. mil.	15
	Maires*	Subd. mil.	37
	Maréch. de camp command. les subdiv. limit.*	Subd. limit.	37
	Maréchaux de France*	Subd. mil.	37
	Officiers du bataillon de voltigeurs corses*	Tout le R.	»
	Officiers de la garde municipale de *Paris**	Tout le R.	»
	Officiers de gendarmerie*	Tout le R.	»
	Officiers d'adm. comptables des hôpit. milit.*	Subd. mil.	37
	Officiers généraux ou supérieurs faisant partie des conseils de révision des opérations de recrutement *dans les départements, cités page 18, col. 1ʳᵉ. du présent Manuel*.*	Div. mil.	15
	Officiers du génie*	Subd. mil.	37
	Préfets*	Subd. mil.	37
	Premiers présidents des Cours royales*	C. roy.	12
	Présidents des conseils d'adm. des corps mil.*	Tout le R.	»
	Présidents des conseils d'administration des régiments d'infanterie de la marine*	Tout le R.	»
	Présidents des conseils d'administration des pénitenciers militaires*	Tout le R.	»

(La suite ci-contre.)

DÉSIGNATION DES FONCTIONNAIRES ET DES PERSONNES		Circonscriptions territoriales dans lesquelles la correspondance, valablement contre-signée, circule en franchise.	Nos des tableaux de circonscriptions à consulter, à la suite du présent Manuel.
autorisés à contre-signer leur correspondance de service. (Les initiales entre crochets indiquent la forme à employer pour la fermeture des lettres.)	auxquels la correspondance de service des fonctionnaires et des personnes désignés dans la colonne ci-contre doit être remise en franchise.		
MARÉCHAUX de camp, commandant les subdivisions militaires. (*Suite.*) [S.B★.]	Présidents des conseils de guerre★.	Subd. mil.	37
	Procureurs généraux★.	C. roy.	12
	Procureurs du Roi★. . . . .,	Subd. div.	37
	Sous-inspecteurs des fonderies★.	Subd. div.	37
	Sous-inspecteurs des forges★.	Subd. mil.	37
	Sous-intendants militaires★.	Tout le R.	»
	Sous-intendants militaires adjoints★.	Tout le R.	»
	Sous-préfets★.	Subd. mil.	37
MARÉCHAL de camp command. le départ. du *Finistère.* [S.B★.]	Président du conseil d'administration du dépôt des deux régiments d'infanterie de la marine (dépôt colonial), à *Landerneau*★.	»	»
MARÉCHAL de camp command. le départ. de *Loir-et-Cher.* [S.B★.]	Directeur de la fabrique de pierres à feu, à *Saint-Aignan*★.	»	»
MARÉCHAL de camp command. le départ. de la *Loire - Infér.* [S.B.★]	Directeur de la manufacture royale de machines à vapeur d'*Indret*★.	»	»
MARÉCHAUX de France. [S.B.]	Colonels chefs d'état-major des divis. milit.★.	Div. mil.	15
	Inspecteurs généraux d'armes★.	Arr.insp.g.d'arm	»
	Inspecteurs généraux de gendarmerie★. . . .	Tout le R.	»
	Intendants militaires★	Tout le R.	»
	Lieut. généraux command. les divis. milit.★.	Div. mil.	15
	Maréch. de camp command. les subd. milit.★.	Subd. mil.	37
	Officiers { du bataillon de voltigeurs corses★.	Tout le R.	»
	Officiers { de la garde municipale de *Paris*★.	Tout le R.	»
	Officiers { de gendarmerie★.	Tout le R.	»
	Sous-intendants militaires★.	Tout le R.	»
	Sous-intendants militaires adjoints★.	Tout le R.	»
MÉDECINS inspecteurs des établissem. thermaux appartenant à l'Etat. [S.B.]	Préfets★.	Dép.	»
MEMBRES du conseil des haras. [S.B.]	Préfets★.	Dép.	»
	Sous-préfets★.	Arr. s.-pr.	»
MINISTRE des affaires étrangères de la *Sublime-Porte*, à *Constantinople*. [L.F.]	Ambassadeurs ottomans à *Londres* et à *Paris*★ (1)	»	»
MINISTRE des affaires étrangères (2). [L.F.]	Agents des affaires étrangères, à *l'étranger*★.	»	»
	Agents des affaires étrangères, à *Marseille* et au *Havre*★.	»	»
	Agents consulaires, à *l'étranger*★.	»	»
	Ambassadeurs de France, à l'*étranger*★. . .	»	»

(*La suite au verso.*)

(1) Cette correspondance est transportée par les paquebots de l'adm. des postes sur la Méditerranée

(2) Les Ministres secrétaires d'Etat à département reçoivent en franchise, sans condition de contre-seing, les lettres et dépêches qui leur sont adressées. (*V.* la 1re partie.)

DÉSIGNATION DES FONCTIONNAIRES ET DES PERSONNES autorisés à contresigner leur correspondance de service (Les initiales entre crochets indiquent la formule à employer pour la fermeture des lettres.)	auxquels la correspondance de service des fonctionnaires et des personnes désignés dans la colonne ci-contre doit être remise en franchise.	Circonscriptions territoriales dans lesquelles la correspondance de service valablement contresignée à gauche est franchise.
	Chefs du service de la marine*	Tout le R.
	Commissaires.	
	Commissaires généraux de la marine*	Tout le R.
	Commissaires principaux	
	Commissaires du Roi pour la démarcation des frontières de l'Est et du Nord*	Tout le R.
	Conseillers d'État*	Tout le R.
	Consuls généraux, } à l'étranger*	
	Consuls particuliers. }	
MINISTRE des affaires étrangères. (Suite.) [L.F.]	Inspecteur en chef de la navigation du Rhin à Mayence*. Dépôt des deux régimes*	
	Inspecteur du 4e district de la navigation du Rhin à Strasbourg*	
	Lieut. généraux commandant les div. milit.*	Tout le R.
	Maîtres des requêtes*	Tout le R.
	Minist. chargés d'affaires du Roi à l'étranger*	Tout le R.
	Préfets des départements*	Tout le R.
	Préfets maritimes*	Tout le R.
	Présidents des chambres de commerce*	Tout le R.
	Procureurs général (1)*	Tout le R.
	Procureurs du Roi (1)*	Tout le R.
	Sous-préfets*	Tout le R.
	Administrateurs des caisses d'épargnes (au nom collectif)*	Tout le R.
	Administrateurs des établissements de bienfaisance*	Tout le R.
	Agents généraux de remonte des haras*	Tout le R.
	Chambres de commerce*	Tout le R.
	Colonels de gendarmerie*	Tout le R.
	Commissaire estampilleur à Septème*	Tout le R.
	Conseillers d'État*	Tout le R.
MINISTRE de l'agriculture et du commerce (2). [L.F.]	Directeurs des dépôts d'étalons*	Tout le R.
	Directeurs de l'école royale de musique et de déclamation*	Tout le R.
	Directeurs des écoles royales des arts et métiers à Aix, Angers, Châlons*	Tout le R.
	Directeurs des écoles vétérinaires*	Tout le R.
	Directeurs de l'enregistr. et des domaines*	Tout le R.
	Directeurs des haras*	Tout le R.
	Directeurs des maisons centrales de détention*	Tout le R.
	Directeurs des maisons royales de Charenton et des Jeunes-Aveugles*	Tout le R.
	Greffier en chef de la Cour des comptes*	Tout le R.
	Ingénieurs en chef des mines*	Tout le R.
	Ingénieurs en chef des ponts et chaussées*	Tout le R.
	Ingénieurs ordinaires des mines*	Tout le R.
	Ingénieurs ordinaires des ponts et chaussées*	Tout le R.
	Inspecteurs de l'agriculture*	Tout le R.
	(La suite ci-contre.)	

(1) Pour la correspondance à laquelle donne lieu l'exécution de l'art. 69 du Code de procédure.

(2) Les Ministres secrétaires d'État à département reçoivent en franchise, sans condition de contre-seing, les lettres et dépêches qui leur sont adressées. (Voir la 4e partie.)

DÉSIGNATION DES FONCTIONNAIRES ET DES PERSONNES		Circonscriptions territoriales dans lesquelles la correspondance, valablement contre-signée, circule en franchise.	Nᵒˢ des tableaux de circonscriptions à consulter, à la suite du présent Manuel.
autorisés à contre-signer leur correspondance de service. (Les initiales entre crochets indiquent la forme à employer pour la fermeture des lettres.)	auxquels la correspondance de service des fonctionnaires et des personnes désignés dans la colonne ci-contre, doit être remise en franchise.		
MINISTRE de l'agriculture et du commerce (1). (*Suite.*) [L.F.]	Inspecteurs divisionnaires des mines*. . . .	Tout le R.	»
	Inspect. divisionnaires des ponts et chaussées*	Tout le R.	»
	Inspecteurs des établissements sanitaires*. .	Tout le R.	»
	Inspecteurs généraux des bergeries royales*	Tout le R.	»
	Inspecteurs généraux des écoles vétérinaires*	Tout le R.	»
	Inspecteurs généraux des haras*.	Tout le R.	»
	Maires*.	Tout le R.	»
	Maîtres des requêtes*.	Tout le R.	»
	Médecins inspecteurs des établissements thermaux appartenant à l'État*.	Tout le R.	»
	Membres du conseil des haras*.	Tout le R.	»
	Officiers { du bataillon de voltigeurs corses*.	Tout le R.	»
	de la garde municipale de *Paris**.	Tout le R.	»
	de gendarmerie*.	Tout le R.	»
	Préfets*.	Tout le R.	»
	Présidents { des chambres de commerce*. . .		
	du comité consultatif des arts et manufactures*.	Tout le R.	»
	des commissions de commerce*. .	Tout le R.	»
	des commissions des manufact.*. .	Tout le R.	»
	des commissions des subsistances*	Tout le R.	»
	du conseil général d'agriculture*.	Tout le R.	»
	du conseil général du commerce*.	Tout le R.	»
	du conseil général des manufact.*	Tout le R.	»
	des conseils de prud'hommes*. . .	Tout le R.	»
	du conservatoire de la bibliothèque du Roi*.	Tout le R.	»
	des jurys de commerce*.	Tout le R.	»
	des jurys de manufactures*. . . .	Tout le R.	»
	des jurys des subsistances*. . . .	Tout le R.	»
	des sociétés d'agriculture*. . . .	Tout le R.	»
	des sociétés des arts*.	Tout le R.	»
	des sociétés des sciences*. . . .	Tout le R.	»
	semainiers des commissions sanitaires*.	Tout le R.	»
	semainiers des intendances sanitaires*.	Tout le R.	»
	Receveurs de l'enregistr. et des domaines*..	Tout le R.	»
	Receveurs des établissements de bienfaisance*	Tout le R.	»
	Receveurs généraux des finances*.	Tout le R.	»
	Sous-préfets*.	Tout le R.	»
	Vérificateurs des poids et mesures*.	Tout le R.	»
MINISTRE des finances (1). [L.F.]	Avoués du trésor public dans les départem.*	Tout le R.	»
	Commissaire général du Roi près la régie intéressée des salines de l'*Est*.	Tout le R.	»
	Commissaires particuliers du Roi près la régie intéressée des salines de l'*Est*.	Tout le R.	»
	Commissaires du Roi pour la fabrication des monnaies*.	Tout le R.	»
	Conseillers d'État*.	Tout le R.	»
	Conservateurs des forêts*.	Tout le R.	»

(*La suite au verso.*)

(1) Les Minist. secrétaires d'État à département reçoivent en franchise, sans condition de contre seing, les lettres et dépêches qui leur sont adressées. (*V.* la 1ʳᵉ partie.)

DÉSIGNATION DES FONCTIONNAIRES ET DES PERSONNES		Circonscriptions territoriales dans lesquelles la correspondance, valablement contre-signée, circule en franchise.	Nos des tableaux de circonscriptions à consulter, à la suite du présent Manuel.
autorisés à contre-signer leur correspondance de service. (Les initiales entre crochets indiquent la forme à employer pour la fermeture des lettres.)	auxquels la correspondance de service des fonctionnaires et des personnes désignés dans la colonne ci-contre, doit être remise en franchise.		
MINISTRE des finances (1). (*Suite.*) [L.F.]	Conservateurs des hypothèques★	Tout le R.	»
	Contrôleurs { au change des monnaies★	Tout le R.	»
	au monnayage★	Tout le R.	»
	Directeurs { des contributions directes★	Tout le R.	»
	des contributions indirectes★	Tout le R.	»
	des douanes★	Tout le R.	»
	de l'école forestière, à *Nancy*★	»	»
	de l'enregistr. et des domaines★	Tout le R.	»
	de la fabrication des monnaies★	Tout le R.	»
	des postes★	Tout le R.	»
	des salines★	Tout le R.	»
	Greffier en chef de la Cour des comptes★	»	»
	Inspecteurs { des douanes, à *Lyon*, *Orléans* et *Toulouse*★	»	»
	des finances★	Tout le R.	»
	des postes★	Tout le R.	»
	Inspecteurs généraux des finances★	Tout le R.	»
	Inspecteur principal des douanes, à *Paris*★	»	»
	Maîtres des requêtes★	Tout le R.	»
	Payeurs du trésor public★	Tout le R.	»
	Préfets★	Tout le R.	»
	Présidents des chambres de commerce★	Tout le R.	»
	Président du comité de direction du service des paquebots de l'administration des postes sur la *Méditerranée*★	»	»
	Président de la commission des monnaies★	»	»
	Procureurs généraux★	Tout le R.	»
	Procureurs du Roi★	Tout le R.	»
	Receveurs { des argues royales★	Tout le R.	»
	des hospices★	Tout le R.	»
	Receveurs généraux des finances★	Tout le R.	»
	Receveurs municipaux★	Tout le R.	»
	Receveurs particuliers des finances★	Tout le R.	»
	Receveurs principaux { des contributions indirectes★	Tout le R.	»
	des douanes★	Tout le R.	»
	Sous-préfets★	Tout le R.	»
	Trésorier général des invalides de la marine★	»	»
	Vérificateurs spéciaux du cadastre★	Tout le R.	»
MINISTRE de la guerre (1). [L.F.]	Administrateurs des hospices civils dans les lieux où il n'existe pas d'hôpitaux milit.★	Tout le R.	»
	Agents comptables du service de l'habillement et du campement★	Tout le R.	»
	Agents comptables des vivres et fourrages★	Tout le R.	»
	Colonels chefs d'état-major des divis. milit.★	Tout le R.	»
	d'artillerie★	Tout le R.	»
	Commandants des brigades { du bataillon de voltigeurs corses★	Tout le R.	»
	de la garde municipale de *Paris*★	Tout le R.	»
	de gendarmerie★	Tout le R.	»
	des corps militaires★	Tout le R.	»
	(*La suite ci-contre.*)		

(1) Les Ministres secrétaires d'État à département reçoivent en franchise, sans condition de contre-seing, les lettres et dépêches qui leur sont adressées. (*V.* la première partie.)

DÉSIGNATION DES FONCTIONNAIRES ET DES PERSONNES		Circonscriptions territoriales dans lesquelles la correspondance, valablement contre-signée, circule en franchise.	Nos des tableaux de circonscriptions à consulter, à la suite du présent Manuel.
autorisés à contre-signer leur correspondance de service. (Les initiales entre crochets indiquent la forme à employer pour la fermeture des lettres.)	anxquels la correspondance de service des fonctionnaires et des personnes désignés dans la colonne ci-contre, doit être remise en franchise.		
MINISTRE de la guerre (1). (*Suite.*) [L.F.]	Commandants { des dépôts { de recrutement★	Tout le R.	»
	des dépôts { de remonte★	Tout le R.	»
	des détachements militaires★	Tout le R.	»
	des écoles royales militaires★	Tout le R.	»
	des places, forts et postes★	Tout le R.	»
	Commissaires du Roi en *Afrique*★	»	»
	Conseillers d'Etat★	Tout le R.	»
	Directeur de la fabrique de pierres à feu, à *Saint-Aignan*★	»	»
	Directeurs. { d'artillerie★	Tout le R.	»
	des fortifications et arsenaux du génie★	Tout le R.	»
	des manuf. royales d'armes★	Tout le R.	»
	Examinateurs de l'école polytechnique, *en tournée*★	Tout le R.	»
	Examinateurs de l'école spéciale militaire de Saint-Cyr, *en tournée*★	Tout le R.	»
	Gouverneur de l'hôtel des invalides★	»	»
	Greffier en chef de la cour des comptes★	»	»
	Ingénieur en chef des travaux de défense de la ville de *Lyon*★	»	»
	Inspecteurs { des fonderies★	Tout le R.	»
	des forges★	Tout le R.	»
	des manufact. royales d'armes★	Tout le R.	»
	des poudreries★	Tout le R.	»
	des raffineries de salpêtre★	Tout le R.	»
	Inspecteurs généraux d'armes★	Tout le R.	»
	Intendants militaires★	Tout le R.	»
	Lieutenants généraux★	Tout le R.	»
	Lieutenants généraux command. les div. mil.★	Tout le R.	»
	Maires★	Tout le R.	»
	Maîtres des requêtes★	Tout le R.	»
	Maréchaux de camp★	Tout le R.	»
	Maréch. de camp command. les subdiv. milit.★	Tout le R.	»
	Maréchaux de France★	Tout le R.	»
	Officiers { du bataillon de voltigeurs corses★	Tout le R.	»
	de la garde municipale de *Paris*★	Tout le R.	»
	de gendarmerie★	Tout le R.	»
	Officiers d'administration comptables des hôpitaux militaires★	Tout le R.	»
	Officiers d'administration principaux des subsistances militaires★	Tout le R.	»
	Officiers employés aux travaux extérieurs de la carte de France, et en mission pour cet objet sur un point quelconque du royaume★	Tout le R.	»
	Officiers du génie★	Tout le R.	»
	Payeur général de la guerre★	»	»
	Préfets des départements★	Tout le R.	»
	Préfet maritime, à *Toulon-sur-Mer*★	»	»
	Président du conseil d'administration de l'hôtel des invalides et de sa succursale★	»	»

(*La suite au verso.*)

(1) Les Ministres secrétaires d'Etat à département reçoivent en franchise, sans condition de contre-seing, les lettres et dépêches qui leur sont adressées. (*V.* la 1re partie.)

DÉSIGNATION DES FONCTIONNAIRES ET DES PERSONNES		Circonscriptions territoriales dans lesquelles la correspondance, valablement contre-signée, circule en franchise.	Nos des tableaux de circonscriptions à consulter à la suite du présent Manuel.
autorisés à contre-signer leur correspondance de service. (Les initiales entre crochets indiquent la forme à employer pour la fermeture des lettres.)	auxquels la correspondance de service des fonctionnaires et des personnes désignés dans la colonne ci-contre, doit être remise en franchise.		
MINISTRE de la guerre. (*Suite.*) [L.F.]	Présidents des conseils d'administration des corps militaires*.	Tout le R.	»
	Présidents des conseils d'administration des deux régiments d'infanterie de la marine et du dépôt de ces régiments*.	Tout le R.	»
	Présidents des conseils d'administration des écoles royales militaires*.	Tout le R.	»
	Présidents des conseils de guerre*.	Tout le R.	»
	Procureurs généraux*.	Tout le R.	»
	Procureurs du Roi*.	Tout le R.	»
	Régie des poudres et salpêtres*.	Tout le R.	»
	Sous-inspecteurs des fonderies*.	Tout le R.	»
	Sous-inspecteurs des forges*.	Tout le R.	»
	Sous-intendants militaires*.	Tout le R.	»
	Sous-intendants militaires adjoints*.	Tout le R.	»
	Sous-préfets*.	Tout le R.	»
MINISTRE de l'instruction publique (1) [L.F.]	Agents comptables des facultés*.	Tout le R.	»
	Archevêques*.	Tout le R.	»
	Chefs d'institution*.	Tout le R.	»
	Conseillers d'État*.	Tout le R.	»
	Conservateurs des bibliothèques de l'*Arsenal*, *Mazarine*, de *Sainte-Geneviève* et de la ville de *Paris**.	P.	»
	Conservateurs des bibliothèques départementales ou municipales*.	Tout le R.	»
	Conservateurs des bibliothèques royales dans les départements*.	Tout le R.	»
	Curés*.	Tout le R.	»
	Desservants*.	Tout le R.	»
	Directeurs des collèges particuliers*.	Tout le R.	»
	Directeurs des contributions directes*.	Tout le R.	»
	Directeurs des écoles normales primaires*.	Tout le R.	»
	Directrices des écoles normales primaires*.	Tout le R.	»
	Doyens des facultés*.	Tout le R.	»
	Évêques*.	Tout le R.	»
	Frères des écoles chrétiennes*.	Tout le R.	»
	Grands-vicaires (ou *vicaires généraux*)*.	Tout le R.	»
	Inspecteurs des académies*.	Tout le R.	»
	Inspecteurs des écoles primaires*.	Tout le R.	»
	Inspecteurs généraux de l'Université*.	Tout le R.	»
	Instituteurs. } Institutrices. } des écoles primaires*.	Tout le R.	»
	Lieutenants généraux commandant les divisions militaires*.	Tout le R.	»
	Maîtres des écoles primaires*.	Tout le R.	»
	Maîtres de pension*.	Tout le R.	»
	Maîtres des requêtes*.	Tout le R.	»
	Maîtresses des écoles primaires*.	Tout le R.	»
	Membres du conseil royal de l'Université*.	Tout le R.	»

(La suite ci-contre.)

(1) Les Ministres secrétaires d'État à département reçoivent en franchise, sans condition de contre-seing, les lettres et dépêches qui leur sont adressées. (*V.* la première partie.)

DÉSIGNATION DES FONCTIONNAIRES ET DES PERSONNES		Circonscriptions territoriales dans lesquelles la correspondance, valablement contre-signée, circule en franchise.	Nᵒˢ des tableaux de circonscription à consulter, à la suite du présent Manuel.
autorisés à contre-signer leur correspondance de service. (Les initiales entre crochets indiquent la forme à employer pour la fermeture des lettres.)	auxquels la correspondance de service des fonctionnaires et des personnes désignés dans la colonne ci-contre, doit être remise en franchise.		
	Membres titulaires et membres correspondants des comités historiques institués près le ministère de l'instruction publique★	Tout le R.	»
	Pasteurs { de la confession d'Augsbourg★,	Tout le R.	»
	{ des églises réformées★.	Tout le R.	»
	Préfets★.	Tout le R.	»
	Premiers présidents des Cours royales★. . .	Tout le R.	»
	Président de l'académie royale de médecine de *Paris*★.	»	»
	Présidents des comités d'arrondissement de l'instruction primaire★.	Tout le R.	»
	Présidents des comités communaux de l'instruction primaire★.	Tout le R.	»
	Présidents de la commission administrative de l'institut★, ...	»	»
MINISTRE de l'instruction publique (1). (*Suite*.) [L.F.]	Président du conservatoire de la bibliothèque du Roi★.	»	»
	Présidents { de la confession d'Augsbourg★.	Tout le R.	»
	des { du culte israélite★.	Tout le R.	»
	consistoires { des églises réformées★. . . .	Tout le R.	»
	Principaux des colléges communaux★. . . .	Tout le R.	»
	Procureurs généraux★.	Tout le R.	»
	Procureurs du Roi★..	Tout le R.	»
	Professeurs des colléges royaux★.	Tout le R.	»
	Professeurs des facultés★. . . :	Tout le R.	»
	Proviseurs des colléges royaux★.	Tout le R.	»
	Rabbins dépendant des consistoires israélites★	Tout le R.	»
	Receveurs généraux des finances★.	Tout le R.	»
	Receveurs particuliers des finances★.. . . .	Tout le R.	»
	Recteurs des académies★.	Tout le R.	»
	Régents des colléges communaux★.	Tout le R.	»
	Secrétaires perpétuels des cinq académies★..	Tout le R.	»
	Sous-inspecteurs des écoles primaires★. . .	Tout le R.	»
	Sous-préfets★.	Tout le R.	»
	Succursalistes★.	Tout le R.	»
	Administrateurs des bibliothèques royales★..	Tout le R.	»
	Administrateurs des établissements de bienfaisance★.	Tout le R.	»
	Administrateur en chef des lignes télégraph.★	»	»
	Agents généraux des remontes des haras★. .	Tout le R.	»
	Archevêques★.	Tout le R.	»
	Avocats généraux★.	Tout le R.	»
MINISTRE de l'intérieur (1). [L.F.]	Commandants { brigades { du bataillon de voltig. corses★. . . .	Tout le R.	»
	{ { de la garde municipale de *Paris*★.	Tout le R.	»
	{ { de gendarmerie★. . .	Tout le R.	»
	{ des gardes nationales★. . .	Tout le R.	»
	Commissaire estampilleur à *Septème*★. . . .	»	»
	Commissaires extraordinaires du Roi★. . . .	Tout le R.	»
	Commissaires de police★.	Tout le R.	»
	(*La suite au verso.*)		

(1) Les Ministres secrétaires d'État à département reçoivent en franchise, sans condition de contre-seing, les lettres et dépêches qui leur sont adressées. (*V.* la 1ʳᵉ partie.)

DÉSIGNATION DES FONCTIONNAIRES ET DES PERSONNES		Circonscriptions territoriales dans lesquelles la correspondance, valablement contre-signée, circule en franchise.	Nos des tableaux de circonscription à consulter, à la suite du présent Manuel.
autorisés à contre-signer leur correspondance de service. (Les initiales entre crochets indiquent la forme à employer pour la fermeture des lettres.)	auxquels la correspondance de service des fonctionnaires et des personnes désignés dans la colonne ci-contre, doit être remise en franchise.		
MINISTRE de l'intérieur. (*Suite.*) [L.F.]	Commissaires du Roi près les théâtres royaux★	»	»
	Conseillers d'Etat★	Tout le R.	»
	Curés★	Tout le R.	»
	Desservants★	Tout le R.	»
	Directeurs — de l'administrat. de l'école polytechnique★	»	»
	Directeurs — du comité de vaccine★	»	»
	Directeurs — du conservatoire royal de musique et de déclamat.★	»	»
	Directeurs — des dépôts d'étalons★	Tout le R.	»
	Directeurs — de l'école d'accouchement★	»	»
	Directeurs — des écoles vétérinaires★	Tout le R.	»
	Directeurs — des établissem. de bienfais.★	Tout le R.	»
	Directeurs — des haras★	Tout le R.	»
	Directeurs — de l'hosp. royal des *Quinze-Vingt*★	»	»
	Directeurs — des institutions royales des *Sourds-Muets*, à *Paris* et à *Bordeaux*★	»	»
	Directeurs — des maisons centrales de détention★	Tout le R.	»
	Directeurs — de la maison royale de *Charenton*★	»	»
	Directeurs — de la maison royale des *Jeunes-Aveugles*★	»	»
	Doyens des facultés de théologie★	Tout le R.	»
	Evêques★	Tout le R.	»
	Frères des écoles chrétiennes★	Tout le R.	»
	Garde général des archives de royaume★	»	»
	Grands vicaires (ou *vicaires généraux*)★	Tout le R.	»
	Greffier en chef de la Cour des comptes★	»	»
	Ingénieurs en chef — des mines★	Tout le R.	»
	Ingénieurs en chef — des ponts et chaussées★	Tout le R,	»
	Ingénieurs ordinaires — des mines★	Tout le R.	»
	Ingénieurs ordinaires — des ponts et chaussées★	Tout le R.	»
	Inspecteurs divisionnaires — des mines★	Tout le R.	»
	Inspecteurs divisionnaires — des ponts et chaussées★	Tout le R.	»
	Inspecteurs généraux — des asyles d'aliénés et des établiss. de bienfaisance★	Tout le R.	»
	Inspecteurs généraux — des bergeries royales★	Tout le R.	»
	Inspecteurs généraux — des écoles vétérinaires★	Tout le R.	»
	Inspecteurs généraux — des haras★	Tout le R.	»
	Inspecteurs généraux — des prisons★	Tout le R.	»
	Inspecteur spécial de police dans les départements du Midi★	Tout le R.	»
	Juges d'instruction★	Tout le R.	»
	Juges de paix★	Tout le R.	»
	Lieut. généraux commandant les divis. milit.★	Tout le R.	»
	Maires★	Tout le R.	»
	Maîtres des requêtes★	Tout le R.	»
	Maréch. de camp command. les subd. milit.★	Tout le R.	»
	Membres de la commission des archives départementales★	Tout le R.	»
	Membres de la commiss. des monum. histor.★	Tout le R.	»

(*La suite ci-contre.*)

DÉSIGNATION DES FONCTIONNAIRES ET DES PERSONNES		Circonscriptions territoriales dans lesquelles la correspondance, valablement contre-signée, circule en franchise.	N.ᵒˢ des tableaux de circonscriptions à consulter, à la suite du présent Manuel.
autorisés à contre-signer leur correspondance de service. (Les initiales entre crochets indiquent la forme à employer pour la fermeture des lettres.)	auxquels la correspondance de service des fonctionnaires et des personnes désignés dans la colonne ci-contre doit être remise en franchise.		
MINISTRE de l'intérieur (1). (*Suite.*) [L.F.]	Membres de la commission spéciale des théâtres royaux*	Tout le R.	»
	Membres du conseil des haras*	Tout le R.	»
	Membres du conseil supérieur des établissements généraux de bienfaisance*	Tout le R.	»
	Officiers { du bataillon de voltigeurs corses*	Tout le R.	»
	de la garde municipale de *Paris**	Tout le R.	»
	de gendarmerie*	Tout le R.	»
	Pasteurs { de la confession d'Augsbourg*	Tout le R.	1
	des églises réformées*	Tout le R.	»
	Préfets*	Tout le R.	»
	Préfet apostolique, à *Alger**	»	»
	Présidents des colléges électoraux*	Tout le R.	»
	Président de la commission des monnaies*	»	»
	Présidents des consistoires { de la confession d'Augsbourg*	Tout le R.	»
	du culte israélite *	Tout le R.	»
	des églises réformées*	Tout le R.	»
	Présidents des cours et tribunaux*	Tout le R.	»
	Présidents semainiers des intendances sanit.*	Tout le R.	»
	Procureurs généraux*	Tout le R.	»
	Procureurs du Roi*	Tout le R.	»
	Rabbins dépendant des consistoires israélite*	Tout le R.	»
	Receveurs des établissements de bienfaisance*	Tout le R.	»
	Régisseurs des bergeries royales*	Tout le R.	»
	Secrétaires des académies royales { des beaux-arts*	»	»
	des sciences*	»	»
	Sous-préfets*	Tout le R.	»
	Substituts des procureurs du Roi*	Tout le R.	»
	Succursalistes*	Tout le R.	»
	Supérieurs des écoles secondaires ecclés.*	Tout le R.	»
	Supérieurs des séminaires*	Tout le R.	»
	Vérificateurs des poids et mesures*	Tout le R.	»
MINISTRE de la justice. (1) (*V.* à la page suivante, *ministère de la justice, administration des cultes*) [L.F.]	Adjoints des maires exerçant le ministère public, près les tribunaux de simple police*	Tout le R.	»
	Commissaires de police*	Tout le R.	»
	Conseillers d'État*	Tout le R.	»
	Juges d'instruction*	Tout le R.	»
	Juges de paix*	Tout le R.	»
	Lieut. généraux commandant les div. milit.*	Tout le R.	»
	Maires*	Tout le R.	»
	Maîtres des requêtes*	Tout le R.	»
	Officiers { du bataillon de voltigeurs corses*	Tout le R.	»
	de la garde municipale de *Paris**	Tout le R.	»
	de gendarmerie*	Tout le R.	»
	Préfets*	Tout le R.	»
	Présidents des cours et tribunaux*	Tout le R.	»
	Procureurs généraux*	Tout le R.	»
	Procureurs du Roi*	Tout le R.	»
	Sous-préfets*	Tout le R.	»

(1) Les Ministres secrétaires d'État à département reçoivent en franchise, sans condition de contre-seing, les lettres et dépêches qui leur sont adressées. (*V.* la première partie.)

DÉSIGNATION DES FONCTIONNAIRES ET DES PERSONNES		Circonscriptions territoriales dans lesquelles la correspondance, valablement contre-signée, circule en franchise.	Nos des tableaux de circonscriptions à consulter, à la suite du présent Manuel.
autorisés à contre-signer leur correspondance de service. (Les initiales entre crochets indiquent la forme à employer pour la fermeture des lettres.)	auxquels la correspondance de service des fonctionnaires et des personnes désignés dans la colonne ci-contre, doit être remise en franchise.		
	Archevêques*.	Tout le R.	»
	Conseillers d'État*.	Tout le R.	»
	Curés*.	Tout le R.	»
	Desservants*.	Tout le R.	»
	Doyens des facultés de théologie*.	Tout le R.	»
	Évêques*.	Tout le R.	»
	Frères des écoles chrétiennes*.	Tout le R.	»
	Grands vicaires (ou *vicaires généraux*)*.	Tout le R.	»
	Maîtres des requêtes*.	Tout le R.	»
MINISTÈRE de la justice, administration des cultes(1). (V. aussi *Ministre de la justice.*) [L.F.]	Pasteurs. { de la confession d'Augsbourg*.	Tout le R.	»
	Pasteurs. { des églises réformées*.	Tout le R.	»
	Préfets*.	Tout le R.	»
	Préfet apostolique, à *Alger*.	»	»
	Présidents des consistoires { de la confession d'Ausbourg*.	Tout le R.	»
	Présidents des consistoires { du culte israélite*.	Tout le R.	»
	Présidents des consistoires { des églises réformées*.	Tout le R.	»
	Rabbins dépendant des consistoires israélites*.	Tout le R.	»
	Sous-préfets*.	Tout le R.	»
	Succursalistes*.	Tout le R.	»
	Supérieurs des écoles secondaires ecclésiast.*.	Tout le R.	»
	Supérieurs des séminaires*.	Tout le R.	»
	Administrateur à *Chandernagor*.	»	»
	Agents consulaires de France, à *l'étranger*.	»	»
	Chef du dépôt des archives de la marine, à *Versailles*.	»	»
	Chefs du service de la marine*.	Tout le R.	»
	Commissaires { de l'inscription maritime*.	Tout le R.	»
	Commissaires { de la marine*.	Tout le R.	»
	Commissaires généraux de la marine*.	Tout le R.	»
	Commissaires principaux de la marine*.	Tout le R.	»
	Commissaires rapport. près les trib. marit.*.	Tout le R.	»
	Conseillers d'État*.	Tout le R.	»
	Conservateurs des forêts*.	Tout le R.	»
MINISTRE de la marine (1). [L.F.]	Consuls de France, à *l'étranger*.	»	»
	Consuls généraux de France, à *l'étranger*.	»	»
	Directeurs { des fonderies royales*.	Tout le R.	»
	Directeurs { des forges royales*.	Tout le R.	»
	Directeurs { des manufact. royales d'armes*.	Tout le R.	»
	Directeur de la manufacture royale de machines à vapeur d'*Indret*.	»	»
	Directeurs des subsistances de la marine*.	Tout le R.	»
	Gouverneur du collège royal de la marine, à *Brest*.	»	»
	Gouverneurs des colonies françaises*.	»	»
	Greffier en chef de la Cour des comptes*.	»	»
	Inspect. coloniaux dans les colon. françaises*.	»	»
	Inspecteurs de la fabrication des projectiles, à *Nevers* et *Mézières*.	»	»
	Inspecteurs des forêts*.	Tout le R.	»

(*La suite ci-contre.*)

DÉSIGNATION DES FONCTIONNAIRES ET DES PERSONNES		Circonscriptions territoriales dans lesquelles la correspondance, valablement contre-signée, circule en franchise.	Nos des tableaux de circonscriptions à consulter, à la suite du présent Manuel.
autorisés à contre-signer leur correspondance de service. (Les initiales entre crochets indiquent la forme à employer pour la fermeture des lettres.)	auxquels la correspondance de service des fonctionnaires et des personnes désignés dans la colonne ci-contre, doit être remise en franchise.		
MINISTRE de la marine. (*Suite.*) [L.F.]	Inspecteurs généraux du corps royal d'artillerie de la marine*............	Tout le R.	»
	Intendants militaires*..........	Tout le R.	»
	Lieut. généraux commandant les div. milit.*	Tout le R.	»
	Maires*.................	Tout le R.	»
	Maîtres des requêtes*............	Tout le R.	»
	Officiers. . { du bataillon de voltig. corses*.	Tout le R.	»
	{ de la garde municip. de *Paris*.*	Tout le R.	»
	{ de gendarmerie*.	Tout le R.	»
	Officiers d'administration préposés à l'inscription maritime*............	Tout le R.	»
	Officiers de la marine royale commandant en chef une armée navale, escadre ou division, ou un bâtiment ayant une destination particulière*...........	Tout le R.	»
	Préfets des départements*.........	Tout le R.	»
	Préfets maritimes*............	Tout le R.	»
	Présidents des chambres de commerce* . . .	Tout le R.	»
	Présidents des conseils d'administration du corps royal d'artillerie de la marine*. . .	Tout le R.	»
	Présidents des conseils d'administration des dépôts des équipages de ligne, à *Brest, Cherbourg, Lorient, Rochefort, Toulon*..	»	»
	Présidents des conseils d'administration des deux régiments d'infanterie de la marine et du dépôt de ces régiments*.......	Tout le R.	»
	Procureurs généraux*............	Tout le R.	»
	Procureurs du Roi*............	Tout le R.	»
	Sous-directeurs des subsistances de la marine*	Tout le R.	»
	Sous-inspecteurs de la marine dans les ports secondaires*..	Tout le R.	»
	Sous-intendants militaires*.........	Tout le R.	»
	Sous-intendants militaires adjoints*.....	Tout le R.	»
	Sous-préfets*.	Tout le R.	»
	Trésorier général des invalides de la marine*	»	»
	Trésoriers des invalides de la marine*....	Tout le R.	»
	Vice-consuls de France, *à l'étranger*.*	»	»
MINISTRE des travaux publics (1). [L.F.]	Administrateurs des caisses d'épargnes en nom collectif*............	Tout le R.	»
	Administrateurs des établissements de bienfaisance*............	Tout le R.	»
	Administrateur des lignes télégraphiques*.	»	»
	Agents généraux des remontes des haras*..	Tout le R.	»
	Aspirants des mines*...........	Tout le R.	»
	Aspirants des ponts et chaussées*.....	Tout le R.	»
	Chambres de commerce*.........	Tout le R.	»
	Colonels de gendarmerie*.........	Tout le R.	»
	Commissaire estampilleur, à *Septème*.*	»	»
	Commissaires généraux de la navigation (approvisionnement de *Paris*.*)......	Tout le R.	»

(La suite au verso.)

(1) Les Ministres secrétaires d'État à département reçoivent en franchise, sans condition de contre-seing, les lettres et dépêches qui leur sont adressées. (*V.* la première partie.)

DÉSIGNATION DES FONCTIONNAIRES ET DES PERSONNES		Circonscriptions territoriales dans lesquelles la correspondance, valablement contre-signée, circule en franchise.	Nos des tableaux de circonscriptions à consulter, à la suite du présent Manuel.
autorisés à contre-signer leur correspondance de service. (Les initiales entre crochets indiquent la forme à employer pour la fermeture des lettres.)	auxquels la correspondance de service des fonctionnaires et des personnes désignés dans la colonne ci-contre, doit être remise en franchise.		
	Conducteurs des ponts et chaussées*.	Tout le R.	»
	Conseillers d'état*.	Tout le R.	»
	Directeurs. . . . { des dépôts d'étalons*. . . .	Tout le R.	»
	de l'école royale de musi-que et de déclamation*..	»	»
	des écoles royales des arts et métiers, à *Aix, Angers* et *Châlons**.	»	»
	des écoles vétérinaires*. .	Tout le R.	»
	de l'enregistrement et des domaines*.	Tout le R.	»
	des haras*.	Tout le R.	»
	des lignes télégraphiques*.	Tout le R.	»
	des maisons centrales de dé-tention*.	Tout le R.	»
	Directeurs des mais. royales { de *Charenton**.	»	»
	des *Jeunes Aveugles**. . .	»	»
	Greffier en chef de la Cour des comptes*. .	»	»
	Élèves des mines*.	Tout le R.	»
	Élèves des ponts et chaussées*.	Tout le R.	»
	Ingénieurs en chef. . . . . { des mines*.	Tout le R.	»
	des ponts et chaussées*. .	Tout le R.	»
MINISTRE des travaux publics (1). (*Suite.*) [L.F.]	Ingénieurs or-dinaires. . . . { des mines*.	Tout le R.	»
	des ponts et chaussées*. .	Tout le R.	»
	Inspecteur en chef de la navigation du *Rhin*, résidant à *Mayence**.	»	»
	Inspecteurs di-visionnaires.. { des mines*.	Tout le R.	»
	des ponts et chaussées*. .	Tout le R.	»
	Inspecteurs des établissements sanitaires du royaume*.	Tout le R.	»
	Inspecteurs gé-néraux. . . . { des bergeries royales*. .	Tout le R.	»
	des écoles vétérinaires*. .	Tout le R.	»
	des haras*.	Tout le R.	»
	membres du conseil des bâtiments civils*. . . .	Tout le R.	»
	des mines*.	Tout le R.	»
	des ponts et chaussées*. .	Tout le R.	»
	Inspecteurs des lignes télégraphiques*.	Tout le R.	»
	Inspecteurs de la navigation*.	Tout le R.	»
	Inspecteurs particuliers de la navigation (*approvisionnement de Paris*)*..	Tout le R.	»
	Maires*.	Tout le R.	»
	Maîtres de port*.	Tout le R.	»
	Maîtres des requêtes*.	Tout le R.	»
	Médecins inspecteurs des établissements ther-maux appartenant à l'État*.	Tout le R.	»
	Membres du conseil des haras*.	Tout le R.	»
	Officiers { du bataillon de voltigeurs corses*.	Tout le R.	»
	de la garde municipale de *Paris**.	Tout le R.	»
	de gendarmerie*. .	Tout le R.	»
	Officiers de port*.	Tout le R.	»
	(*La suite ci-contre.*)		

(1) Les Ministres secrétaires d'État à département reçoivent en franchise, sans condition de contre-seing, les lettres et dépêches qui leur sont adressées. (*V.* la première partie.)

DÉSIGNATION DES FONCTIONNAIRES ET DES PERSONNES		Circonscriptions territoriales dans lesquelles la correspondance, valablement contre-signée, circule en franchise.	Nos des tableaux de circonscriptions à consulter, à la suite du présent Manuel.
autorisés à contre-signer leur correspondance de service. (Les initiales entre crochets indiquent la forme à employer pour la fermeture des lettres.)	auxquels la correspondance de service des fonctionnaires et des personnes désignées dans la colonne ci-contre, doit être remise en franchise.		
MINISTRE des travaux publics. (*Suite.*) [L.F.]	Préfets★.	Tout le R.	»
	Préposés des ponts à bascule★.	Tout le R.	»
	Présidents des chambres de commerce★. . .	Tout le R.	»
	Présidents du comité consultatif des arts et manufactures★.	Tout le R.	»
	Présidents des commissions de commerce★. . .	Tout le R.	»
	Présidents des commissions des manufactures★	Tout le R.	»
	Présidents des commissions des subsistances★.	Tout le R.	»
	Présidents des conseils généraux d'agriculture★. . .	»	»
	Présidents des conseils généraux du commerce★. . .	»	»
	Présidents des conseils généraux des manufactures★	»	»
	Présidents des conseils de prud'hommes★. .	Tout le R.	»
	Présidents du conservatoire de la bibliothèque du Roi★.	»	»
	Présidents des jurys de commerce★. . .	Tout le R.	»
	Présidents des jurys des manufactures★	Tout le R.	»
	Présidents des jurys des subsistances★. .	Tout le R.	»
	Présidents des sociétés d'agriculture★. . .	Tout le R.	»
	Présidents des sociétés des arts★.	Tout le R.	»
	Présidents des sociétés des sciences★. . .	Tout le R.	»
	Présidents semainiers des commissions sanitaires★.	Tout le R.	»
	Présidents semainiers des intendances sanitaires★. .	Tout le R.	»
	Receveurs de l'enregistr. et des domaines★. .	Tout le R.	»
	Receveurs des établissements de bienfaisance★	Tout le R.	»
	Receveurs généraux des finances★.	Tout le R.	»
	Secrétaire du conseil des bâtiments civils★. .	»	»
	Sous-préfets★.	Tout le R.	»
	Vérificateurs des poids et mesures★.	Tout le R.	»
MINISTRES de France accrédités, tant auprès des diverses cours d'*Allemagne* qu'auprès la *Confédération suisse.* [L.F.]	Préfet du *Bas-Rhin*★.	»	»
	Préfet du *Haut-Rhin*★.	»	»
MINISTRE de France, à *Bruxelles.* [L.F.]	Préfet du *Nord*★.	»	»
MINISTRE de France, à *Florence.* [S.B★.]	Agents des affaires étrangères, *dans les parages de la Méditerranée*★.	»	»
	Ambassadeurs de France, à *Constantinople, Naples, Rome*★.	»	»
	Consuls de France (généraux ou autres), *correspondant par la Méditerranée*★. .	»	»
	Ministres de France en *Grèce*★. .	»	»
	Vice-consuls de France, *correspondant par la Méditerranée*★.	»	»
MINISTRE de France, en *Grèce.* [S.B★.]	Agents des affaires étrangères, *dans les parages de la Méditerranée*★.	»	»
	Ambassadeurs de France, à *Constantinople, Naples, Rome*★.	»	»

(*La suite au verso.*)

(1) Cette correspondance est transportée par les paquebots de la Méditerranée.

DÉSIGNATION DES FONCTIONNAIRES ET DES PERSONNES		Circonscriptions territoriales dans lesquelles la correspondance, valablement contre-signée, circule en franchise.	Nos des tableaux de circonscriptions à consulter, à la suite du présent Manuel.
autorisés à contre-signer leur correspondance de service. (Les initiales entre crochets indiquent la forme à employer pour la fermeture des lettres.)	auxquels la correspondance de service des fonctionnaires et des personnes désignées dans la colonne ci-contre, doit être remise en franchise.		
MINISTRE de France, en *Grèce.* (Suite.) [S.B*.]	Consuls de France (généraux ou autres), *correspondant par la Méditerranée*★.	»	»
	Ministres de France à *Florence.* ★	»	»
	Vice-consuls de France, *correspondant par la Méditerranée*★.	»	»
MINISTRE de France, à *La Haye.* [L.F.]	Préfet du *Nord*★.	»	»
NOTAIRES. [S.B.]	Payeurs du trésor public★.	Dép.	»
OFFICIERS d'administration comptables des hôpitaux milit. [S.B.]	Chefs du service de la marine★.	Tout le R.	»
	Colonels chefs d'état-major des divis. milit.★	Div. mil.	15
	Commissaires de l'inscription maritime★.	Tout le R.	»
	Commissaires aux revues★.	Tout le R.	»
	Inspecteurs généraux d'armes★.	Arr. insp. g. d'ar	»
	Inspecteurs généraux de gendarmerie★.	Tout le R.	»
	Intendants militaires★.	Tout le R.	»
	Lieut. généraux command. les divis. milit.★	Div. mil.	15
	Maréch. de camp command. les subd. milit.★	Subd. mil.	37
	Officiers { du bataillon de voltigeurs corses★.	Tout le R.	»
	{ de la garde municipale de *Paris*★.	Tout le R.	»
	{ de gendarmerie★.	Tout le R.	»
	Préfets maritimes★.	Tout le R.	»
	Sous-intendants militaires★.	Tout le R.	»
	Sous-intendants militaires adjoints★.	Tout le R.	»
OFFICIERS d'adm. comptables des subsistances militaires. [S.B.]	Intendants militaires★	Tout le R.	»
	Officiers d'administration principaux des subsistances militaires★.	Div. mil.	15
	Sous-intendants militaires★.	Tout le R.	»
	Sous-intendants militaires adjoints★.	Tout le R.	»
OFFICIERS d'administration préposés à l'inscription maritime (1).	. . . .	. . .	...
OFFICIERS d'administration principaux des subsistances militaires. [S.B.]	Intendants militaires★.	Tout le R.	»
	Officiers d'administration comptables des subsistances militaires★.	Div. mil.	15
	Sous-intendants militaires★.	Tout le R.	»
	Sous-intendants militaires adjoints★.	Tout le R.	»
OFFICIERS du bataillon de voltigeurs corses (2).	. . . .	. . .	...

(1) V. *Commissaires de l'inscription maritime.*

(2) Même correspondance que les *officiers de gendarmerie.* (*V.* ci-contre.)

DÉSIGNATION DES FONCTIONNAIRES ET DES PERSONNES autorisés à contre-signer leur correspondance de service. (Les initiales entre crochets indiquent la forme à employer pour la fermeture des lettres.)	auxquels la correspondance de service des fonctionnaires et des personnes désignés dans la colonne ci-contre, doit être remise en franchise.	Circonscriptions territoriales dans lesquelles la correspondance, valablement contre-signée, circule en franchise.	N° des tableaux de circonscriptions à consulter à la suite du présent Manuel.
OFFICIERS de la garde municipale de *Paris* (1).	. . . .	. . . . .	»
OFFICIERS et autres fonctionnaires de la garde nationale. (2).	. . . .	. . . . .	»
	Administrateurs des hospices civils dans les lieux où il n'existe pas d'hôpitaux milit.★	Tout le R.	»
	Capitaines rapp. près les conseils de guerre★	Tout le R.	»
	Chefs du service des chiourmes★	Dép. (3).	»
	Chefs du service de la marine★	Tout le R.	»
	Colonels chefs d'état-major des div. milit.★	Tout le R.	»
	Colonels faisant partie des conseils de révision des opérations de recrutement *dans les départements cités p. 18, colonne 1re, du présent Manuel*★	»	»
	Commandants des brigades d'artillerie★	Tout le R.	»
	Commandants des brigades du bataillon de voltigeurs corses★	Tout le R.	»
	Commandants des brigades de la garde municipale de *Paris*★	Tout le R.	»
	Commandants des brigades de gendarmerie★	Tout le R.	»
	Commandants des corps militaires★	Tout le R.	»
	Commandants des dépôts de recrutement★	Tout le R.	»
	Commandants des dépôts de remonte★	Tout le R.	»
	Commandants des détachements militaires★	Tout le R.	»
	Commandants des écoles royales militaires★	Tout le R.	»
	Commandants des places, forts et postes★	Tout le R.	»
	Commandants des succursales des dépôts de remonte★	Tout le R.	»
	Commissaires de l'inscription maritime★	Tout le R.	»
OFFICIERS de gendarmerie. [S.B★.]	Commissaires aux revues★	Tout le R.	»
	Directeurs d'artillerie★	Tout le R.	»
	Directeurs de la fabrique de pierres à feu, à *Saint-Aignan*★	»	»
	Directeurs des fortifications★	Tout le R.	»
	Directeurs des manufact. royales d'armes★	Tout le R.	»
	Directeurs de la manufact. royale de machines à vapeur d'*Indret*★	»	»
	Directeurs des fonderies★	Tout le R.	»
	Directeurs des forêts de la couronne★	Conserv. for.	23-24
	Directeurs des forges★	Tout le R.	»
	Inspecteurs des manufact. royales d'armes★	Tout le R.	»
	Inspecteurs des postes★	Dép.	»
	Inspecteurs des poudreries★	Tout le R.	»
	Inspecteurs des raffineries de salpêtre★	Tout le R.	»
	Inspecteurs généraux d'armes★	Tout le R.	»
	Inspecteurs généraux de gendarmerie★	Tout le R.	»

(La suite au verso.)

(1) Même correspondance que les *officiers de gendarmerie*. (*V*. ci-dessous.)
(2) *V*. le 1° du § 22 de l'introduction au présent *Manuel*.
(3) Cette franchise s'étend même aux départements limitrophes.

| DÉSIGNATION DES FONCTIONNAIRES ET DES PERSONNES | | Circonscriptions territoriales dans lesquelles la correspondance valablement contre-signée, circule en franchise. | Nᵒˢ des tableaux de circonscriptions à consulter, à la suite du présent Manuel. |
autorisés à contre-signer leur correspondance de service. Les initiales entre crochets indiquent la forme à employer pour la fermeture des lettres.	auxquels la correspondance de service des fonctionnaires et des personnes désignés dans la colonne ci-contre doit être remise en franchise.		
	Intendants militaires*	Tout le R.	»
	Juges d'instruction*	Arr. s.-pr.	»
	Lieut. généraux command. les divis. milit.*	Tout le R.	»
	Maires*	Tout le R.	»
	Maréchaux de camp commandant les subdivisions militaires*	Tout le R.	»
	Maréchaux de France*	Tout le R.	»
	Officiers. . . . { du bataill. de voltig. corses*	Tout le R.	»
	de la garde munic. de *Paris**	Tout le R.	»
	de gendarmerie*	Tout le R.	»
	Officiers d'administration comptables des hôpitaux militaires*	Tout le R.	»
	Officiers généraux ou supérieurs, faisant partie des conseils de révision des opérations de recrutement *dans les départements cités page 18, colonne 1ʳᵉ, du présent Manuel**	»	»
	Officiers du génie*	Tout le R.	»
	Préfets des départements*	Tout le R.	»
	Préfets maritimes*	Tout le R.	»
OFFICIERS de gendarmerie. (*Suite.*) [S.B★.]	Premiers présidents des cours royales*	C. roy.	12
	Présidents des conseils d'administration des corps militaires*	Tout le R.	»
	Présidents des conseils d'administration des deux régiments d'infanterie de la marine et du dépôt de ces régiments*	Tout le R.	»
	Présidents des conseils d'administration des pénitenciers militaires*	Tout le R.	»
	Présidents des conseils de guerre*	Tout le R.	»
	Présidents des Cours d'assises*	Départem. où se tiennent les assises (1).	»
	Procureurs généraux*	Tout le R.	»
	Procureurs du Roi*	Tout le R.	»
	Sous-inspecteurs des fonderies*	Tout le R.	»
	Sous-inspecteurs des forges*	Tout le R.	»
	Sous-intendants militaires*	Tout le R.	»
	Sous-intendants militaires adjoints*	Tout le R.	»
	Sous-préfets*	Tout le R.	»
OFFICIERS de gendarmerie *belge.* [S.B.]	Commandants des brigades de gendarmerie *française**		
	Officiers de gendarmerie *française**	Le 1ᵉʳ et le 2ᵉ rayon sur l'un et l'autre territoire.	»
OFFICIERS de gendarmerie *française.* [S.B.]	Commandants des brigades de gendarmerie *belge**		
	Officiers de gendarmerie *belge**		
OFFICIERS de gendarmerie dans le départem. de la *Meurthe.* [S.B★.]	Commissaires de police, à *Dieuze* et à *Vic**	(2)	»

(1) Cette franchise s'étend même au lieu de la résidence ordinaire des présidents des Cours d'assises.

(2) Cette franchise s'étend à tous les lieux où les deux commissaires de police peuvent être envoyés en mission.

DÉSIGNATION DES FONCTIONNAIRES ET DES PERSONNES		Circonscriptions territoriales dans lesquelles la correspondance, valablement contre-signée, circule en franchise.	Nos des tableaux de ciconscriptions à consulter, à la suite du présent Manuel.
autorisés à contre-signer leur correspondance do service. (Les initiales entre crochets indiquent la forme à employer pour la fermeture des lettres.)	auxquels la correspondance de service des fonctionnaires et des personnes désignés dans la colonne ci-contre, doit être remise en franchise.		
OFFICIERS de gendarmerie de la *Seine.* [S.B*.]	Juges d'instruction attachés au tribunal de première instance de la *Seine*★.	Dép.	»
OFFICIERS généraux ou supérieurs, faisant partie des conseils de révision des opérations de recrutement, *dans les départem. déjà cités page* 18, *colonne* 1re, *du présent Manuel.* [S.B.]	Chefs du service de la marine★.	Tout le R.	»
	Commissaires de l'inscription maritime★. . .	Tout le R.	»
	Commissaires aux revues★.	Tout le R.	»
	Intendants militaires★..	Tout le R.	»
	Lieut. généraux commandant les div. milit.★	Div. mil.	15
	Maréc. de camp command les subdiv.milit.★	Div. mil.	15
	Officiers. . { du bataillon de voltigeurs corses★.	Tout le R.	»
	de la garde municipale de *Paris*★.	Tout le R.	»
	de gendarmerie★.	Tout le R.	»
	Préfets maritimes★.	Tout le R.	»
	Présidents des conseils d'administration des corps militaires★.	Tout le R.	»
	Présidents des conseils d'administration des deux régiments d'infanterie de la marine★	Tout le R.	»
	Président du conseil d'adm. du dépôt des deux régiments d'infanterie de la marine (dépôt colonial), à *Landerneau*★.	»	»
	Sous-intendants militaires★.	Tout le R.	»
	Sous-intendants militaires adjoints★..	Tout le R.	»
OFFICIERS du génie. (1) [S.B.]	Colonels chefs d'état-major des divis. milit.★	Div. mil.	15
	Inspecteurs généraux d'armes★.	Arr.insp.g.d'ar	»
	Inspecteurs généraux de gendarmerie★. . .	Tout le R.	»
	Intendants militaires★.	Tout le R.	»
	Lieut. généraux commandant les div. mil.★	Div. mil.	15
	Maréc. de camp command. les subd. milit.★	Subd. mil.	37
	Officiers { du bataillon de voltigeurs corses★.	Tout le R.	»
	de la garde municipale de *Paris*★	Tout le R.	»
	de gendarmerie★.	Tout le R.	»
	Sous-intendants militaires★.	Tout le R.	»
	Sous-intendants militaires adjoints★.	Tout le R.	»
OFFICIERS de la marine royale, commandant en chef une armée navale, escadre ou division, ou un bâtiment ayant une destination particulière. [S.B*.]	Chefs du service de la marine★.	Arr. mar.	2
	Commissaires généraux de la marine★. . . .	Arr. mar.	2
	Commissaires principaux de la marine★.. . .	Arr. mar.	2
	Préfets maritimes★.	Arr. mar.	2
OFFICIERS de la mar. royale, command. en chef une armée navale, escadre ou division, ou un bâtiment ayant une destination *dans la Méditerranée.* [S.B.]	Préfet maritime du 5e arrondissement, à *Toulon*★ (2).	»	»

(1) *V.* aussi, lorsqu'il y a lieu, *Commandants du génie militaire*, page 23.

(2) Lorsque cette correspondance est transportée par les paquebots de la Méditerranée, elle doit être mise *sous bandes*. Transportée par un bâtiment de commerce français ou étranger, ou par la voie de terre, elle peut être pliée *sous enveloppe cachetée.*

| DÉSIGNATION DES FONCTIONNAIRES ET DES PERSONNES | | Circonscriptions territoriales dans lesquelles la correspondance valablement contre-signée, circule en franchise. | Nos des tableaux et des circonscriptions... du présent annuaire. |
autorisées à contre-signer leur correspondance de service. (Les initiales entre crochets indiquent la forme à employer pour la fermeture des lettres...)	auxquels la correspondance de service des fonctionnaires et des personnes désignés dans la colonne ci-contre, doit être remise en franchise.		
OFFICIERS des paquebots de l'administration des postes, sur la *Méditerranée*. [S.B.]	Président du comité de direction du service des paquebots de l'administration des postes sur la *Méditerranée*★		»
OFFICIERS de port. [S.B.]	Ingénieurs en chef des ponts et chaussées★	Dép.	»
	Ingénieurs ordinaires des ponts et chaussées★	Dép.	»
OFFICIERS de remonte en *tournées d'achats*. [S.B.]	Commandants des dépôts de remonte de la guerre★	Circ. dép. de R.	18
	Commandants des succursales des dépôts de remonte★	Circ. dép. de R.	19
PASTEURS de la confession d'Augsbourg. [S.B.]	Inspecteurs ecclésiastiques de la confession d'Augsbourg★	Insp. ec. conf. d'Aug.	21
	Inspecteurs des écoles primaires★	Dép.	»
	Préfets★	Dép.	»
	Présidents des consistoires locaux de la confession d'Augsbourg★	Ress. cons. loc	20
	Président du directoire du consistoire général, à *Strasbourg*★	»	»
	Sous-inspecteurs des écoles primaires★	Dép.	»
	Sous-préfets★	Arr. s.-pr.	»
PASTEURS des églises réformées. [S.B.]	Inspecteurs des écoles primaires★	Dép.	»
	Préfets★	Dép.	»
	Présid. des consistoires des églises réformées★	Arr. cons. réf.	22
	Sous-inspecteurs des écoles primaires★	Dép.	»
	Sous-préfets★	Arr. s.-pr.	»
PATRONS d'embarcations des douanes. [S.B.]	Brigadiers des douanes★	Dir. doua. et dir. limit.	16
	Capitaines des brigades des douanes★	Dir. doua.	16
	Capitaines de pataches des douanes★	Dir. doua.	16
	Contrôleurs des brigades des douanes★	Dir. doua.	16
	Directeurs des douanes★	Dir. doua.	16
	Inspecteurs des douanes★	Dir. doua.	16
	Lieutenants d'ordre des douanes★	Dir. doua.	16
	Lieutenants de pataches des douanes★	Dir. doua.	16
	Lieutenants principaux des douanes★	Dir. doua.	16
	Patrons d'embarcations des douanes★	Dir. doua. et dir. limit.	16
	Sous-inspecteurs des douanes★	Dir. doua.	16
PAYEURS de la liste civile dans les résidences royales. [S.B.]	Trésorier de la couronne★	»	»
PAYEURS du trésor public. [S.B.]	Commandants des écoles régim. d'artillerie★	Dép.	»
	Conservateurs des forêts★	Conserv. for.	23
	... d'artillerie★	Dép. et Dir. d'art.	3
	Directeurs des contributions directes★	Dép.	»
	... des fortifications★	Dép. et Dir. du gén.	[illegible]
	Gardes généraux des forêts hors de service★	Dép.	[illegible]

(La suite ci-contre.)

DÉSIGNATION DES FONCTIONNAIRES ET DES PERSONNES		Circonscriptions territoriales dans lesquelles la correspondance, valablement contre-signée, circule en franchise.	Nos des tableaux de circonscriptions à consulter, à la suite du présent Manuel.
autorisés à contre-signer leur correspondance de service. (Les initiales entre crochets indiquent la forme à employer pour la fermeture des lettres.)	auxquels la correspondance de service des fonctionnaires et des personnes désignés dans la colonne ci-contre doit être remise en franchise.		
	Inspecteur des fonderies royales*........	Tout le R.	»
	Inspecteurs des forêts, *chefs de service*...	Dép.	»
	Inspecteurs des poudreries*.........	Dép.	»
	Intendants militaires*...........	Tout le R.	»
	Notaires*............	Dép.	»
PAYEURS du trésor public. (*Suite.*) [S.B.]	Payeurs des départements chefs-lieux des divisions militaires*.........	Div. mil.	15
	Préposés payeurs*..........	Dép.	»
	Receveurs particuliers des finances* (1)...	Dép.	»
	Sous-inspecteurs des fonderies royales*....	Dép.	»
	Sous-inspecteurs des forêts, *chefs de service*	Dép.	»
	Sous intendants militaires*......	Div. mil.	15
	Sous-intendants militaires adjoints*.....	Div. mil.	15
	Trésorier de la couronne*..........	»	»
PAYEURS du trésor public dans les départem. chefs-lieux des divisions milit.*. [S.B.]	Payeurs du trésor public*.........	Div. mil.	15
PAYEURS du trésor public dans les ports. [S.B.]	Payeurs du trésor public dans les ports*...	»	»
	Préposés payeurs*............	Arr. marr.	2
PAYEURS de l'armée d'Afrique. [S.B.]	Receveur général des *Bouches-du-Rhône*..	»	»
PAYEUR des *Bouches-du-Rhône*, à *Marseille*. [S.B.]	Directeur des finances, en *Algérie**......	»	»
PAYEUR de la *Charente*, à *Angoulême*. [S.B.]	Directeur de la fonderie de *Ruelle**....	»	»
PAYEUR de la *Charente-Inférieure*, à *La Rochelle*. [S.B.]	Commissaire général de la mar., à *Rochefort**	»	»
PAYEUR du *Doubs*, à *Besançon*. [S.B.]	Commissaires particuliers près les salines de l'Est, résidant à *Lons-le-Saunier* et à *Salins**	»	»
PAYEUR du *Finistère*, à *Brest*. [S.B.]	Directeur de l'enregistrement et des domaines, à *Quimper**..........	»	»
	Préfet du *Finistère**.	»	»
PAYEUR de l'*Hérault*, à *Montpellier*. [S.B.]	Commissaire de l'inscription maritime, à *Agde**.............	»	»
PAYEUR d'*Ille-et-Vilaine*, à *Rennes*. [S.B.]	Chef du service de la marine, à *Saint-Servan**	»	»
PAYEUR de l'*Isère*, à *Grenoble*. [S.B.]	Directeur de la fonderie de *Saint-Gervais**.	»	»

(1) Cette franchise n'est autorisée que dans le cas où les receveurs particuliers, chargés d'effectuer des payements pour le compte du trésor, remplissent les fonctions de préposés payeurs ; mais alors la suscription des dépêches doit porter ces mots : *Service du payeur.*

| DÉSIGNATION DES FONCTIONNAIRES ET DES PERSONNES | | Circonscriptions territoriales dans lesquelles la correspondance, valablement contre-signée, circule en franchise. | Nos des tableaux de circonscription à consulter, à la suite du présent Manuel. |
autorisés à contre-signer leur correspondance de service. (Les initiales entre crochets indiquent la forme à employer pour la fermeture des lettres.)	auxquels la correspondance de service des fonctionnaires et des personnes désignés dans la colonne ci-contre doit être remise en franchise.		
PAYEUR du *Jura*, à *Lons-le-Saunier*. [S.B.]	Commissaires particuliers près les salines de l'Est, résidant à *Lons-le-Saunier*, et à *Salins*★.	»	»
PAYEUR de la *Manche*, à *Saint-Lô*. [S.B.]	Commissaire général de la marine, à *Cherbourg*★.	»	»
	Trésorier des invalides de la marine, à *Cherbourg*★.	»	»
PAYEUR de la *Meurthe*, à *Nancy*. [S.B.]	Commissaires particuliers près les salines de l'Est, résidant à *Dieuze* et à *Moyenvic*★. .	»	»
PAYEUR du *Morbihan*, à *Vannes*. [S.B.]	Commissaire général de la marine, à *Lorient*★	»	»
PAYEUR de la *Nièvre*, à *Nevers*. [S.B.]	Directeur des forges de la marine, à *Guériany*★	»	»
PAYEUR du *Nord*, à *Lille*. [S.B.]	Chef du service de la marine, à *Dunkerque*★.	»	»
	Directeur de la fonderie d'artillerie, à *Douai*★	»	»
	Directeur de la manuf. d'armes, à *Maubeuge*★	»	»
PAYEUR des *Basses-Pyrénées* à *Pau*. [S.B.]	Chef du service de la marine, à *Bayonne*★. .	»	»
PAYEUR du *Haut-Rhin*, à *Colmar*. [S.B.]	Préposé-payeur, à *Bale (Suisse)*★.	»	»
PAYEUR de la *Seine-Inférieure*, à *Rouen*. [S.B.]	Chef du service de la marine, au *Havre*★. .	»	»
PAYEUR du *Var*, à *Toulon*. [S.B.]	Directeur de l'enregistrement et des domaines, à *Draguignan*★.	»	»
	Directeur des finances, en *Algérie*★..	»	»
	Préfet du *Var*★.	»	»
	Receveur général des *Bouches-du-Rhône*★. .	»	»
	Receveur général du *Var*, à *Draguignan*★. .	»	»
PAYEUR de la *Vienne*, à *Poitiers*. [S.B.]	Directeur de la manufacture d'armes, à *Châtellerault*★..	»	»
PERCEPTEURS (1) [S.B.]	Agents voyers d'arrondissement★.	Arr. s.-pr.	»
	Agents voyers de canton★..	Arr. s.-pr.	»
	Agents voyers en chef★.	Dép.	»
	Conservateurs des hypothèques★	Arr. s.-pr.	»
	Contrôleurs des contributions directes★. . .	Arr. s.-pr.	8
	Directeurs des contributions directes★. . . .	Dép.	»
	Gardes généraux des forêts★.	Dép.	»
	Inspecteurs des contributions directes★.. . .	Dép.	»
	Inspecteurs des écoles primaires★.	Dép.	»
	(*La suite ci-contre.*)		

(1) La transmission des effets de commerce sous le contre-seing des receveurs des finances et des percepteurs, est une opération qui se rattache directement au service du Trésor. (*Décision du Ministre des finances, du 20 décembre 1831.*)

DÉSIGNATION DES FONCTIONNAIRES ET DES PERSONNES		Circonscriptions territoriales dans lesquelles la correspondance, valablement contre-signée, circule en franchise.	N°s des tableaux de circonscriptions à consulter, à la suite du présent Manuel.
autorisés à contre-signer leur correspondance de service. (Les initiales entre crochets indiquent la forme à employer pour la fermeture des lettres.)	auxquels la correspondance de service des fonctionnaires et des personnes désignés dans la colonne ci-contre doit être remise en franchise.		
PERCEPTEURS. (*Suite.*) [S.B.]	Inspecteurs de l'enregistr. et des domaines★.	Dép.	»
	Inspecteurs des forêts★ . . . . , . . .	Dép.	»
	Préfets★ . . . . , ,	Dép.	»
	Receveurs de l'enregistrem. et des domaines★.	Arr. s.-pr.	»
	Receveurs généraux des finances★.	Dép.	»
	Receveurs particuliers des finances★.	Arr. s. pr.	»
	Sous-inspecteurs des écoles primaires★. . . .	Dép.	»
	Sous-inspecteurs des forêts★.	Dép.	»
	Sous-préfets★.	Arr. s.-pr.	»
	Vérificateurs de l'enreg. et des domaines★. .	Dép	»
PERCEPTEUR à *Collonges* (1). [S.B.]	Receveur particulier des finances, à *Nantua*★.	»	»
PIQUEURS des ponts et chaussées. [S.B.]	Inspecteurs divisionnaires adjoints des ponts et chaussées, chargés de l'inspection (2) des chemins de fer★.	Insp. ch. de f.	7
PIQUEURS des ponts et chaussées attachés à l'étude ou au service spécial d'un *chemin de fer*. [S.B.]	Aspirants. . . . . . . des ponts et chaussées, / Élèves. . . . . attachés au service / Ingénieurs en chef. . du même chemin de / Ingénieurs ordinaires fer★.	Parc. ch. de f.	7
PIQUEURS des ponts et chaussées attachés au service spécial d'un *canal*. [S.B.]	Aspirants. . . . . . . des ponts et chaussées, / Élèves. . . . . attachés au service / Ingénieurs en chef. . du même *canal*★. / Ingénieurs ordinaires	Parc. canaux.	5
PIQUEURS des ponts et chaussées attachés au service spécial d'une *rivière navigable*. [S.B.]	Aspirants. . . . . . . des ponts et chaussées, / Élèves. . . . . attachés au service / Ingénieurs en chef. . de la même *rivière*★ / Ingénieurs ordinaires	Parc. riv. nav.	35
PIQUEURS des ponts et chaussées attachés au service spécial d'une *route*. [S.B.]	Aspirants.★ . . . . . . des ponts et chaussées, / Élèves. . . . . attachés au service / Ingénieurs en chef. . de la même *route*★. / Ingénieurs ordinaires	Parc. rout.	36
PIQUEURS des ponts et chaussées de la *Seine* et de *Seine-et-Oise*. [S.B.]	Ingénieur en chef des ponts et chaussées chargé du contrôle et de la surveillance des travaux entrepris par des compagnies dans les départements de la *Seine* et de *Seine-et-Oise*★ (3).	»	»
PRÉFETS des départements. [S.B★.]	Administrateurs des établissements de bienfaisance★.	Dép.	»
	Agents généraux des remontes des haras★.	Circ. har.	28
	(*La suite au verso.*)		

(1) La transmission des effets de commerce sous le contre-seing des receveurs des finances et des percepteurs, est une opération qui se rattache directement au service du Trésor. (*Décision du Ministre des finances, du 20 février 1831.*)

(2) Le numéro de l'inspection doit être indiqué.

(3) Cette concession cessera d'avoir son effet au 1er janvier 1844.

DESIGNATION DES FONCTIONNAIRES ET DES PERSONNES		Circonscriptions territoriales dans lesquelles la correspondance, valablement contre-signée, circule en franchise.	N°. des tableaux de circonscriptions à consulter à la suite du présent manuel.
autorisés à contre-signer leur correspondance de service. (Les initiales entre crochets indiquent la forme à employer pour la fermeture des lettres.)	auxquels la correspondance de service des fonctionnaires et des personnes désignés dans la colonne ci-contre, doit être remise en franchise.		
	Agents spéciaux de surveillance établis par l'administration sur les lignes de chemins de fer*.	Dép. et dép. limit. (1)	»
	Agents voyers d'arrondissement*.	Dép.	»
	Agents voyers de canton*.	Dép.	»
	Agents voyers en chef*.	Dép.	»
	Archevêques*.	Circ. dioc.	14
	Aspirants des ponts et chaussées attachés au service spécial d'un *canal*, lorsque ce canal traverse le département administré par le contre-signataire*.	Parc. canaux.	5
	Aspirants des ponts et chaussées attachés au service spécial d'un *chemin de fer*, lorsque ce chemin traverse le département administré par le contre-signataire*.	Parc. ch. de fer	7
	Aspirants des ponts et chaussées attachés au service spécial d'une *rivière navigable*, lorsque cette rivière traverse le département administré par le contre-signataire*.	Parc. riv. nav.	35
	Aspirants des ponts et chaussées attachés au service spécial d'une *route*, lorsque cette route traverse le département administré par le contre-signataire*.	Parc. rout.	36
	Chefs du service de la marine*.	Tout le R.	»
PRÉFETS des départements. (*Suite*.) [S.B*]	Colonels chefs d'état-major des divis. milit.*.	Div. mil.	15
	Commandants des dép. de remonte de la guerre*.	Circ. dép. de R	13
	Commandants de l'école d'application, à *Metz**	»	»
	Commandants du génie militaire*.	Dép.	»
	Commandants des succursales des dépôts de remonte*.	Circ. dép. de R	13
	Commandants des brigades du bataillon de voltigeurs corses*.	Dép.	»
	Commandants des brigades de la garde municipale de *Paris**.	Dép.	»
	Commandants des brigades de gendarmerie*.	Dép.	»
	Commissaires de l'inscription maritime*.	Tout le R.	»
	Commissaires de police*.	Dép.	»
	Commissaires de police, sur les lignes de chemins de fer*.	Dép. et dép. limit. (1)	»
	Commissaires aux revues*.	Tout le R.	»
	Commiss. du Roi près les compagnies d'assurances*.	Dép.	»
	Commiss. du Roi près les sociétés anonymes*.	Dép.	»
	Commissaires généraux de la navigation (*approvisionnement de Paris**.).	Insp. prin. nav	32
	Commissaires généraux de la marine*.	Tout le R.	»
	Commissaires principaux de la marine*.	Tout le R.	»
	Commissaires-voyers*.	Dép.	»
	Conservateurs des forêts*.	Conserv. for.	23
	Contrôleurs des contributions directes*.	Arr. s.-pr.	8
	Curés*.	Dép.	»
	Desservants*.	Dép.	»
	Directeur de l'intérieur en *Algérie**.	»	»
	(*La suite ci-contre*.)		

(1) Dans le département et les départements limitrophes traversés par le chemin de fer.

DÉSIGNATION DES FONCTIONNAIRES ET DES PERSONNES		Circonscriptions territoriales dans lesquelles la correspondance, valablement contre-signée, circule en franchise.	Nos des tableaux de circonscriptions à consulter, à la suite du présent Manuel.
autorisés à contre-signer leur correspondance de service. (Les initiales entre crochets indiquent la forme à employer pour la fermeture des lettres.)	auxquels la correspondance de service des fonctionnaires et des personnes désignés dans la colonne ci-contre, doit être remise en franchise.		
PRÉFETS des départements. *(Suite.)* [S.B*.[	Directeurs... d'artillerie*	Dir. d'art.	3
	des dépôts d'étalons*	Circ. har.	28
	des dépôts de mendicité*	Dép.	»
	des douanes*	Dir. doua.	16
	des écoles norm. primaires*	Ress.éc.n.pr.	19
	des écoles royales des arts et métiers*	Tout le R.	»
	des écoles vétérinaires*	Dép.	»
	des établiss. de bienfaisance*	Dép.	»
	des fortifications*	Dir. du gén.	27
	des haras*	Circ. har.	28
	de l'institution agronomique de *Dijon*￼*	»	»
	des maisons centrales de détention*	Dép.	»
	des postes*	Dép.	»
	des télégraphes*	Ray. télég.	30
	Directrices des écoles normales primaires*	Ress.éc.n.pr.	19
	Élèves des ponts et chaussées attachés au service spécial d'un *canal*, lorsque ce canal traverse le département administré par le contre-signataire*	Parc. canaux.	5
	Élèves des ponts et chaussées attachés au service spécial d'un *chemin de fer*, lorsque ce chemin de fer traverse le département administré par le contre-signataire*	Parc.ch.de fer	7
	Élèves des ponts et chaussées attachés au service spécial d'une *rivière navigable*, lorsque cette rivière traverse le département administré par le contre-signataire*	Parc.riv. nav.	35
	Élèves des ponts et chaussées attachés au service spécial d'une *route*, lorsque cette route traverse le département administré par le contre-signataire*	Parc. rout.	36
	Évêques*	Circ. dioc.	14
	Gardes généraux des forêts*	Conserv. for.	23
	Gardes-mines exerçant une surveillance dans le département du contre-signataire*	Dép.	»
	Grands vicaires capitulaires*	Circ. dioc.	14
	Ingénieurs en chef... des mines*	Arr. ing.en ch.m.	31
	Ingénieurs en chef... des ponts et chaussées*	Dép.	»
	Ingénieurs ordinaires... des mines*	Arr. ing. ord. m.	31
	Ingénieurs ordinaires... des ponts et chaussées*	Dép.	»
	Ingénieurs en chef ou ordinaires des ponts et chaussées chargés de l'étude ou du service spécial d'un *chemin de fer*, lorsque ce chemin porte sur tout ou partie du département administré par le contre-signataire*	Parc.ch.de fer	7
	Ingénieurs en chef ou ordinaires des ponts et chaussées chargés du service spécial d'un *canal*, lorsque ce canal traverse, sur quelque point que ce soit, le département du contre-signataire*	Parc. canaux.	5

(La suite au verso.)

DÉSIGNATION DES FONCTIONNAIRES ET DES PERSONNES		Circonscriptions territoriales dans lesquelles la correspondance, valablement contre-signée, circule en franchise.	Nos des tableaux de circonscriptions à consulter, à la suite du présent Manuel.
autorisés à contre-signer leur correspondance de service. (Les initiales entre crochets indiquent la forme à employer pour la fermeture des lettres.)	auxquels la correspondance de service des fonctionnaires et des personnes désignés dans la colonne ci-contre, doit être remise en franchise.		
PRÉFETS des départements. (*Suite.*) [S.B★.]	Ingénieurs en chef ou ordinaires des ponts et chaussées chargés du service spécial d'une *rivière navigable*, lorsque cette rivière traverse sur quelque point que ce soit le département du contre-signataire★	Parc. riv. nav.	35
	Ingénieurs en chef ou ordinaires des ponts et chaussées chargés du service spécial d'une *route*, lorsque cette route traverse sur quelque point que ce soit le département du contre-signataire★	Parc. rout.	36
	Inspecteurs . . . des académies★	Arr. acad.	1
	des écoles primaires★ . . .	Dép.	»
	des finances★	Tout le R.	»
	des forêts★	Conserv. for.	23
	des postes★	Dép.	»
	des poudreries★	Tout le R.	»
	du travail des enfants dans les manufactures★	Dép.	»
	Inspecteurs departementaux des enfants trouvés et des établissements de bienfaisance★.	Dép.	»
	Inspecteurs divisionnaires.. des mines★	Div. insp. m.	31
	des ponts et chaussées★ . .	Insp. div. p. ch.	33
	Inspecteurs divisionnaires adjoints des ponts et chaussées chargés de l'inspection (1) des chemins de fer★.	Insp. ch. de fer	7
	Inspecteurs généraux . . . . d'armes★	Arr. insp. g. d'arm	»
	des bergeries royales★ . . .	Tout le R.	»
	des écoles vétérinaires★ . .	Tout le R.	»
	des études, *en tournée*★ . .	Tout le R.	»
	des finances★	Tout le R.	»
	de gendarmerie★	Tout le R.	»
	des haras★	Tout le R.	»
	Inspecteurs particuliers de la navigation (*approvisionnement de Paris*)★	Insp. part. nav	32
	Inspecteurs vérificateurs de la librairie établis à la frontière★	Dép.	»
	Instituteurs . . . Institutrices . . des écoles primaires★	Dép.	»
	Intendants militaires★	Tout le R.	»
	Juges d'instruction★	Dép.	»
	Juges de paix★	Dép.	»
	Lieut. généraux command. les divis. milit.★	Div. mil.	15
	Maires★	Dép.	»
	Maîtres . . . . Maîtresses . . des écoles primaires★ . . .	Dép.	»
	Maréch. de camp command. les subd. milit.★	Subd. mil.	37
	Médecins inspecteurs des établissements thermaux appartenant à l'Etat★	Dép.	»
	Membres du conseil des haras★	Dép.	»
	Officiers . . . . . du batail. de voltig. corses★	Tout le R.	»
	de la garde munic. de *Paris*★	Tout le R.	»
	de gendarmerie★	Tout le R.	»
	(*La suite ci-contre.*)		

(1) Le numéro de l'inspection doit être indiqué.

DÉSIGNATION DES FONCTIONNAIRES ET DES PERSONNES		Circonscriptions territoriales dans lesquelles la correspondance, valablement contre-signée, circule en franchise.	Nᵒˢ des tableaux de circonscriptions à consulter, à la suite du prés¹ Manuel.
autorisés à contre-signer leur correspondance de service. (Les initiales entre crochets indiquent la forme à employer pour la fermeture des lettres.)	auxquels la correspondance de service des fonctionnaires et des personnes désignés dans la colonne ci-contre, doit être remise en franchise.		
PRÉFETS des départements. (*Suite.*) [S.B★]	Pasteurs { de la confession d'Augsbourg★...	Dép	»
	des églises réformées★.......	Dép.	»
	Percepteurs★................	Dép.	»
	Préfets des départements★........	Tout le R.	»
	Préfets maritimes★............	Tout le R.	»
	Premiers présidents des cours royales★....	C. roy.	12
	Présidents { des chambres de commerce★...	Dép.	»
	des chambres consultatives des arts et manufactures★........	Dép.	»
	des comités d'arrondissement de l'instruction primaire★.....	Dép.	»
	des comités communaux de l'instruction primaire★.......	Dép.	»
	des conseils d'administration des corps militaires★........	Tout le R.	»
	des conseils d'administration des pénitenciers militaires★.....	Tout le R.	»
	des conseils de prud'hommes★...	Dép.	»
	des consistoires locaux de la confession d'Augsbourg★......	Dép.	»
	des consistoires de l'égl. réformée★	Dép.	»
	des cours d'assises★........	Départem. où se tiennent les assises (1).	»
	des jurys de commerce et des manufactures★.......	Dép.	»
	des sociétés des sciences, agriculture et arts★........	Dép.	»
	des tribunaux de commerce★...	Dép.	»
	Présidents semainiers des commissions sanitaires★........	Dép.	»
	Procureurs généraux★..........	C. roy.	12
	Procureurs du Roi★...........	Dép.	»
	Receveurs des établissements de bienfaisance★	Dép.	»
	Receveurs municipaux★........	Dép.	»
	Receveurs particuliers des finances★.....	Dép.	»
	Recteurs d'académie★.........	Arr. acad.	1
	Régisseurs des bergeries royales★......	Dép.	»
	Sous-inspecteurs des écoles primaires★...	Dép.	»
	Sous-inspecteurs des forêts★........	Conserv. for.	23
	Sous-intendants militaires★........	Tout le R.	»
	Sous-intendants militaires adjoints★.....	Tout le R.	»
	Sous-préfets★.............	Dép.	»
	Sous-préfet, à *Bayonne*★.......	»	»
	Succursalistes★...........	Dép.	»
	Syndics des agents de change★.......	Dép.	»
	Syndics des courtiers de commerce★.....	Dép.	»
	Vérificateurs des armes de la garde nationale (Officiers)★..............	Arr.vér. arm.	25
	Vérificateurs des poids et mesures★......	Dép.	»
	Vérificateurs spéciaux du cadastre★......	Tout le R.	»

(1) Cette franchise s'étend même au lieu de la résidence ordinaire des présidents des cours d'assises.

DÉSIGNATION DES FONCTIONNAIRES ET DES PERSONNES		Circonscrip-tions territoriales dans lesquelles la correspon-dance, valablement contre-signée, circule en franchise.	Nos des tableaux de circonscriptions à consulter, à la suite du présent Manuel.
autorisés à contre-signer leur correspondance de service. (Les initiales entre crochets indiquent la forme à employer pour la fermeture des lettres.)	auxquels la correspondance de service des fonctionnaires et des personnes désignés dans la colonne ci-contre doit être remise en franchise.		
PRÉFETS *en tournée.* [S.B.★]	Conseiller ou secrétaire général de préfecture délégué pour remplacer le préfet, *en son absence*★.	Dép.	»
PRÉFET de l'*Ain.* [S.B★.]	Ambassadeurs de France près la *confédération suisse* et à *Turin*★. . . . . . . [L.F.]	»	»
	Commissaire du Roi pour la démarcation des frontières de l'*Est*★. . . . . [L.F.]	»	»
PRÉFET de l'*Allier.* [S.B★.]	Régisseur de l'établiss. thermal de *Vichy*★. .	»	»
PRÉFET des *Basses-Alpes.* [S.B★.]	Commissaire du Roi pour la démarcation des frontières de l'*Est*★. . . . . [L.F.]	»	»
	Consuls français, dans les *États sardes*★. .	»	»
PRÉFET des *Hautes-Alpes.* [S.B★.]	Ambassadeur de France à *Turin*★.	»	»
	Commissaire du Roi pour la démarcation des frontières de l'*Est*★. . . . . [L.F.]	»	»
PRÉFET de l'*Ardèche.* [S.B★.]	Présidents des commissions administr. des hospices civils de *Grenoble* et de *Vienne*★.	»	»
PRÉFET des *Ardennes* [S.B.★]	Commissaire du Roi pour la démarcation des frontières du *Nord*★. . . . . [L.F.]	»	»
	Directeur des contributions indirectes du départ. des *Ardennes* résid. à *Charleville*★.	»	»
PRÉFET de l'*Ariége.* [S.B.★]	Autorités des *provinces espagnoles* limi-trophes★.	»	»
PRÉFET de l'*Aube.* [S.B★.]	Directeur du quartier des condamnés politi-ques de la maison centrale de *Clairvaux*★.	»	»
PRÉFET de l'*Aude.* [S.B★.]	Inspecteur spécial de police, dans les départe-ments du *Midi*★.	»	»
	Président semainier de l'intendance sanitaire, à *Marseille*★.	»	»
PRÉFET des *Bouches-du-Rhône.* [S.B★.]	Inspecteur spécial de police dans les départe-ments du Midi★.	»	»
	Sous-préfet, à *Toulon-sur-Mer*★.	»	»
PRÉFET du *Calva-dos.* [S.B★.]	Président semainier de l'intendance sanitaire, au *Havre*★.	»	»
PRÉFET de la *Cha-rente.* [S.B★.]	Président de la commission administrative des hospices civils de *Bordeaux*★. . . .	»	»
PRÉFET de la *Cha-rente-Inférieure.* [S.B★.]	Direct. de l'école normale prim., à *Poitiers*★	»	»
	Président de la commission administrative des hospices civils de *Bordeaux*★.	»	»
PRÉFET de la *Corse.* [S.B.★]	Sous-préfet, à *Toulon*★.	»	»
	Vérificateurs des douanes, en *Corse*★. . .	Dép.	»

DÉSIGNATION DES FONCTIONNAIRES ET DES PERSONNES		Circonscriptions territoriales dans lesquelles la correspondance, valablement contre-signée, circule en franchise.	N°s des tableaux de circonscriptions à consulter, à la suite du présent Manuel.
autorisés à contre-signer leur correspondance de service. (Les initiales entre crochets indiquent la forme à employer pour la fermeture des lettres.)	auxquels la correspondance de service des fonctionnaires et des personnes désignés dans la colonne ci-contre, doit être remise en franchise.		
Préfet de la *Côte-d'Or.* [S.B★.]	Ingénieur des ponts et chaussées résidant à *Châlons-sur-Saône*, chargé des expériences relatives à l'entretien des routes dans les départements de la *Côte-d'Or*, du *Rhône* et de *Saône-et-Loire*★.	(1)	»
Préfet des *Côtes-du-Nord.* [S.B★.]	Direct. de l'école normale prim., à *Rennes*★. Sous-préfet, à *Saint-Malo*★.	» »	» »
Préfet de la *Dordogne*★. [S.B★].	Président de la commission administrative des hospices civils de *Bordeaux*★.	»	»
Préfet du *Doubs.* [S.B★.]	Ambassadeur de France près la *Confédération Suisse*★. . . . . [L.F.] Autorités étrangères des pays limitrophes à la frontière de l'*Est*★. . . . . Commissaire du Roi pour la démarcation des frontières de l'*Est*★. . . . . [L.F.] Ingénieurs en chef des ponts et chaussées. . du *Jura*★. . . . . . Ingénieurs ordinaires des ponts et chaussées du *Bas-Rhin*★. . . . du *Haut-Rhin*★. . .	» » » » » »	» » » » » »
Préfet de la *Drôme.* [S.B★.]	Directeur de l'école normale primaire, à *Grenoble*★. . . . . Présidents des commissions administratives des hospices civils de *Grenoble* et de *Vienne*★.	» »	» »
Préfet de l'*Eure.* [S.B★.]	Président semainier de l'intendance sanitaire, au *Havre*★.	»	»
Préfet du *Finistère.* [S.B★.]	Directeur des contrib. indir., à *Morlaix*★. . Directeur de l'école normale prim., à *Rennes*★ Inspecteur des télégraphes, à *Guingamp*★. . Payeur du trésor, à *Brest*★. . . . . Président semainier de l'intendance sanitaire, à *Brest*★. . . . . Receveur général du *Finistère*, résidant à *Brest*★.	» » » » » »	» » » » » »
Préfet du *Gard.* [S.B★.]	Inspecteur spécial de police dans les départements du *Midi*★. . . Président semainier de l'intendance sanitaire, à *Marseille*★.	» »	» »
Préfet de la *Haute-Garonne.* [S.B★.]	Autorités des *provinces espagnoles* limitr.★ Inspecteur spécial de police dans les départements du Midi★.	» »	» »
Préfet de la *Gironde.* [S.B★.]	Autorités espagnoles des provinces limitrophes aux départements frontières★.	»	»

(1) En quelque lieu que soit cet ingénieur, dans les trois départements désignés.

DÉSIGNATION DES FONCTIONNAIRES ET DES PERSONNES		Circonscriptions territoriales dans lesquelles la correspondance, valablement contre-signée, circule en franchise.	Nos des tableaux de circonscriptions à consulter, à la suite du présent Manuel.
autorisés à contre-signer leur correspondance de service. (Les initiales entre crochets indiquent la forme à employer pour la fermeture des lettres.)	auxquels la correspondance de service des fonctionnaires et des personnes désignés dans la colonne ci-contre doit être, remise en franchise.		
PRÉFET de l'*Hérault* [S.B★.]	Inspecteur spécial de police dans les départements du *Midi*★.	»	»
	Président semainier de l'intendance sanitaire, à *Marseille*★.	»	»
	Sous-préfet de *Narbonne*★.	»	»
PRÉFET d'*Indre-et-Loire.* [S.B★.]	Directeur de l'école normale primaire, à *Orléans*★.	»	»
PRÉFET de l'*Isère.* [S.B★.]	Commissaire estampilleur, à *Septème*★.	»	»
	Commissaire du Roi pour la démarcation des frontières de l'*Est*★. [L.F.]	»	»
	Inspecteur des douanes, au *Pont-de-Beauvoisin*★.	»	»
PRÉFET du *Jura.* [S.B★.]	Commissaire du Roi pour la démarcation des frontières de l'*Est*★. [L.F.]	»	»
PRÉFET des *Landes.* [S.B★.]	Président semainier de l'intendance sanitaire, à *Bayonne*★.	»	»
PRÉFET de la *Loire.* [S.B★.]	Directeur de l'asile privé d'aliénés de Saint-Pierre et St-Paul, à la *Guillotière* (Rhône)★	»	»
	Présidents des commissions administratives des hospices civils de *Grenoble* et de *Vienne*★.	»	»
PRÉFET de la *Haute-Loire.* [S.B★.]	Présidents des commissions administratives des hospices civils de *Grenoble* et de *Vienne*★.	»	»
PRÉFET de la *Manche.* [S.B★.]	Président semainier de l'intendance sanitaire, au *Havre*★.	»	»
PRÉFET de la *Marne* (*Haute.*) [S.B★.]	Conservateur des forêts, à *Châlons-sur-Marne*★.	»	»
PRÉFET de la *Meurthe.* [S.B★.]	Commissaires de police, à *Dieuze* et à *Vic*★.	(1)	»
PRÉFET de la *Meuse.* [S.B★.]	Conservateur des forêts, à *Châlons-sur-Marne*★.	»	»
PRÉFET du *Morbihan.* [S.B★.]	Directeur de l'école normale primaire, à *Rennes*★.	»	»
	Président semainier de l'intendance sanitaire, à *Lorient*★.	»	»
	Président semainier de l'intendance sanitaire, à *Nantes*★.	»	»
PRÉFET de la *Moselle.* [S.B★.]	Commissaire du Roi pour la démarcation des frontières du *Nord*★. [L.F.]	»	»

(1) Cette franchise s'étend à tous les lieux où les deux commissaires de police peuvent être envoyés en mission.

DÉSIGNATION DES FONCTIONNAIRES ET DES PERSONNES		Circonscriptions territoriales dans lesquelles la correspondance, valablement contre-signée, circule en franchise.	N°s des tableaux de circonscriptions à consulter, à la suite du présent Manuel.
autorisés à contre-signer leur correspondance de service. (Les initiales entre crochets indiquent la forme à employer pour la fermeture des lettres.)	auxquels la correspondance de service des fonctionnaires et des personnes désignés dans la colonne ci-contre, doit être remise en franchise.		
Préfet de la *Nièvre*. [S.B★.]	Direct. de l'école normale prim., à *Bourges*★	»	»
	Direct. des forges de la marine, à *Guérigny*★	»	»
Préfet du *Nord*. [S.B.★]	Commissaires du Roi pour la démarcation des frontières du *Nord*★. . . . . ●. . [L.F.]	»	»
Préfet de l'*Oise*. [S.B★.]	Directeur de l'école normale primaire, à *Versailles*★.	»	»
Préfet du *Pas-de-Calais*. [S.B★.]	Directeur de l'école normale prim., à *Douai*★.	»	»
Préfet des *Basses-Pyrénées*. [S.B★.]	Autorités des *provinces espag.* limitrophes★.	»	»
	Consul d'Espagne, à *Bayonne*★.	»	»
	Présidents des commissions syndicales instituées pour l'administration des biens communaux indivis dans le département des *Basses-Pyrénées*★.	Dép.	»
	Président semainier de l'intendance sanitaire, à *Bayonne*★. .	»	»
	Vice-consul d'Espagne, à *Oloron*★.	»	»
Préfet des *Hautes-Pyrénées*. [S.B★.]	Autorités des *provinces espagnoles* limitrophes★.	»	»
Préfet des *Pyrénées-Orientales*. [S.B★.]	Autorités des *provinces espagnoles* limitrophes★.	»	»
	Inspecteur spécial de police dans les départements du *Midi*★.	»	»
	Président semainier de l'intendance sanitaire, à *Marseille*★.	»	»
	Sous-préfet de *Narbonne*★.	»	»
	Vérificateur des passe-ports, au *Perthus*★. .	»	»
Préfet du *Bas-Rhin* [S.B★.]	Autorités étrangères des pays limitrophes à la frontière de l'*Est*★.	»	»
	Commissaire du Roi pour la démarcation des frontières de l'*Est*★. . . . . [L.F.]	»	»
	Inspecteur général de la navigation du *Rhin*, à *Mayence*★.	»	»
	Inspecteur du premier district de la navigation du *Rhin* à *Strasbourg*★.	(1)	»
	Ministres de France accrédités, tant auprès des diverses cours d'*Allemagne* qu'auprès de la *Confédération suisse*★.	»	»
Préfet du *Haut-Rhin*. [S.B★.]	Autorités étrangères des pays limitrophes à la frontière de l'*Est*★.	»	»
	Commissaire du Roi pour la démarcation des frontières de l'*Est*. . . . . [L.F.]	»	»
	Inspecteur général de la navigation du *Rhin*, à *Mayence*★.	»	»
	Inspecteur du premier district de la navigation du *Rhin*, à *Strasbourg*★.	(1)	»
	Ministres de France accrédités, tant auprès des diverses cours d'*Allemagne* qu'auprès de la *Confédération suisse*★.	»	»

(1) Cette franchise s'étend à tous les lieux situés sur les bords du *Rhin*, jusqu'à l'embouchure de la *Lauter*.

DÉSIGNATION DES FONCTIONNAIRES ET DES PERSONNES		Circonscriptions territoriales dans lesquelles la correspondance valablement contre-signée, circule en franchise.	Nos des tableaux de circonscription à consulter, à la suite du présent Manuel.
autorisés à contre-signer leur correspondance de service. (Les initiales entre crochets indiquent la forme à employer pour la fermeture des lettres.)	auxquels la correspondance de service des fonctionnaires et des personnes désignés dans la colonne ci-contre, doit être remise en franchise.		
PRÉFET du *Rhône*. [S.B★.]	Commissaire de police, au *Pont-de-Beauvoisin*★	»	»
	Commissaire du Roi pour la démarcation des frontières de l'*Est*★ . . . . [L.F.]	»	
	Ingénieur des ponts et chaussées résidant à *Châlons-sur-Saône*, chargé des expériences relatives à l'entretien des routes dans les départements de la *Côte-d'Or*, du *Rhône* et de *Saône-et-Loire*★	(1)	»
	Maires des communes comprises dans les cantons de *Meyzieux* et de *Saint-Simphorien* (*Isère*)★	»	»
	Présidents des commissions administratives des hospices civils de *Grenoble* et de *Vienne*★	»	»
	Sous-préfets { à *Saint-Etienne*★	»	»
	à *La Tour-du-Pin*★	»	»
	à *Vienne*★		
PRÉFET de *Saône-et-Loire*. [S.B★.]	Ingénieur des ponts et chaussées résidant à *Châlons-sur-Saône*, chargé des expériences relatives à l'entretien des routes, dans les départements de la *Côte-d'Or*, du *Rhône* et de *Saône-et-Loire*★	(1)	»
PRÉFET de la *Seine*. [S.B★.]	Conservateur des hypothèques, à *Sceaux* et *Saint-Denis*★ (2)	»	»
	Directeur du conservatoire royal des arts et métiers★	»	»
	Directeur de la maison royale de *Charenton*★	»	»
	Direct. de la maison roy. des *jeunes aveugles*★	»	»
	Ingénieur en chef des ponts et chaussées de *Seine-et-Oise*★	»	»
	Ingénieur en chef des ponts et chaussées chargé du contrôle des travaux entrepris par des compagnies dans les départements de la *Seine* et de *Seine-et-Oise*★ (2)	»	»
PRÉFET de la *Seine-Inférieure*. [S.B★.]	Président semainier de l'intendance sanitaire, au *Havre*★	»	»
PRÉFET de *Seine-et-Oise*. [S.B★.]	Directeur supérieur des fortificat. de *Paris*★.	»	»
	Ingénieur en chef des ponts et chaussées chargé du contrôle et de la surveillance des travaux entrepris par des compagnies dans les départ. de la *Seine* et de *S.-et-Oise*★ (2)	»	»
PRÉFET du *Var*. [S.B★.]	Ambassadeur de France, à *Turin*★.	»	»
	Consul de France, à *Nice*★	»	»

(*La suite ci-contre.*)

(1) En quelque lieu que soit cet Ingénieur, dans les départements de la *Côte-d'Or*, du *Rhône* et de *Saône-et-Loire*.

(2) Cette franchise n'aura d'effet que jusqu'au 31 décembre 1843.

DÉSIGNATION DES FONCTIONNAIRES ET DES PERSONNES		Circonscriptions territoriales dans lesquelles la correspondance, valablement contre-signée, circule en franchise.	N°s des tableaux de circonscriptions à consulter, à la suite du présent Manuel.
autorisés à contre-signer leur correspondance de service. (Les initiales entre crochets indiquent la forme à employer pour la fermeture des lettres.)	auxquels la correspondance de service des fonctionnaires et des personnes désignés dans la colonne ci-contre, doit être remise en franchise.		
PRÉFET du *Var*. (Suite.) [S.B★.]	Consul général de France, à *Gênes*★.....	»	»
	Commissaire du Roi pour la démarcation des frontières de *l'Est*★......... [L.F.]	»	»
	Directeur des contributions indirectes du département du *Var*★.	»	»
	Directeur des douanes, à *Digne*★... [L.F]	»	»
	Directeur de l'enregistrement et des domaines du *Var*★.	»	»
	Payeur du *Var*, à *Toulon*★......	»	»
	Président semainier de l'intendance sanitaire, à *Toulon*★.	»	»
	Receveur général du *Var*★.	»	»
	Receveurs particuliers, à *Brignolles* et à *Grasse*★.	»	»
PRÉFET de la *Vendée*. [S.B★.]	Président semainier de l'intendance sanitaire, à *Nantes*★.	»	»
	Président semainier de l'intendance sanitaire, à *La Rochelle*★.	»	»
PRÉFETS maritimes. [S.B★.]	Administrateurs des hospices civils dans les lieux où il n'existe pas d'hôpitaux milit.★..	Tout le R.	»
	Chefs du service de la marine★.	Tout le R.	»
	Colonels faisant partie des conseils de révision des opérations de recrutement, *dans les départements cités page 18, colonne 1re, du présent Manuel*★.	»	»
	Commandants des brigades { du bataillon de voltigeurs corses★.	Tout le R.	»
	de la garde municipale de *Paris*★.	Tout le R.	»
	de gendarmerie★.	Tout le R.	»
	Commandants des possessions françaises dans les pays d'outre-mer★.	»	»
	Commissaires { de l'inscription maritime★.	Arr. mar.	2 et 3
	de la marine★.	Arr. mar.	2 et 3
	Commissaires généraux de la marine★.	Tout le R.	»
	Commissaires principaux de la marine★.	Tout le R.	»
	Commissaires rapport. près les trib. marit.★.	Arr. mar.	2 et 3
	Consuls de France, à *l'étranger*★.	»	»
	Directeurs { des fonderies royales★.	Tout le R.	»
	des forges royales★.	Tout le R.	»
	des manufact. royales d'armes★.	Tout le R.	»
	de la manuf. royale de machines à vapeur d'*Indret*★.	»	»
	des subsistances de la marine★.	Arr. mar.	2
	des télégraphes★.	Ray. télég.	30
	Gouverneurs des possessions françaises dans les pays d'outre-mer★.	»	»
	Inspecteurs généraux d'armes★.	Tout le R.	»
	Inspecteurs généraux du corps royal d'artillerie de la marine★.	Arr. mar.	2
	Intendants militaires★.	Tout le R.	»
	Lieut. généraux commandant les divisions militaires en contact avec le littoral★.	Arr. mar.	2
	Maires★.	Tout le R.	»

(La suite au verso.)

DÉSIGNATION DES FONCTIONNAIRES ET DES PERSONNES		Circonscriptions territoriales dans lesquelles la correspondance, valablement contre-signée, circule en franchise.	Nos des tableaux de circonscriptions à consulter, à la suite du présent Manuel.
autorisés à contre-signer leur correspondance de service. (Les initiales entre crochets indiquent la forme à employer pour la fermeture des lettres.)	auxquels la correspondance de service des fonctionnaires et des personnes désignés dans la colonne ci-contre, doit être remise en franchise.		
PRÉFETS maritimes. (Suite.) [S.B*.]	Officiers { du bataillon de voltigeurs corses*.	Tout le R.	»
	de la garde municipale de *Paris**.	Tout le R.	»
	de gendarmerie*.	Tout le R.	»
	Officiers d'adm. comptables des hôpit. milit.*	Tout le R.	»
	Officiers d'administration préposés à l'inscription maritime*.	Arr. mar.	2
	Officiers généraux ou supérieurs faisant partie des conseils de révision des opérations de recrutement *dans les départements, cités page 18. col. 1re, du présent Manuel**. .	»	»
	Officiers de la marine royale commandant en chef une armée navale, escadre ou division, ou un bâtiment ayant une destination particulière*.	Arr. mar.	2
	Préfets des départements*.	Tout le R.	»
	Préfets maritimes*.	Tout le R.	»
	Présidents des conseils d'administration des corps militaires, soit de l'armée de terre, soit des troupes de la marine*.	Tout le R.	»
	Sous-direct. des subsistances de la marine*.	Arr. mar.	2
	Sous-intendants militaires*.	Tout le R.	»
	Sous-intendants militaires adjoints*.	Tout le R.	»
	Sous-préfets*.	Tout le R.	»
	Trésorier général des invalides de la marine*	»	»
	Trésoriers des invalides de la marine*. . . .	Arr. mar.	2
	Vice-consuls de France, *à l'étranger**.[L.F.]	»	»
PRÉFET maritime, a *Brest*. [S.B*.]	Lieutenant général commandant la 11e division militaire*.	»	15
	Procureurs généraux*..	Tout le R.	»
	Procureurs du Roi*.	Tout le R.	»
PRÉFET maritime, à *Lorient*. [S.B*.]	Lieutenant général commandant la 11e division militaire*.	»	15
PRÉFET maritime, à *Rochefort*. [S.B*.]	Lieutenant général commandant la 11e division militaire*.	»	15
	Procureurs généraux*.	Tout le R.	»
	Procureurs du Roi*..	Tout le R.	»
PRÉFET maritime, à *Toulon*. [S.B*.]	Directeur de l'intérieur, en *Algérie**: . . .	»	»
	Lieutenant général commandant la 11e division militaire*.	»	15
	Officiers de la marine royale commandant en chef une armée navale, escadre ou division, ou un bâtiment ayant une destination particulière *dans la Méditerranée**(1) . . .	Tous les parages de la Méditerranée.	»
	Procureurs généraux*.	Tout le R.	»
	Procureurs du Roi*.	Tout le R.	»

(1) Lorsque cette correspondance est transportée par les paquebots de la Méditerranée, elle doit être mise *sous bandes*. Transportée par un bâtiment du commerce français ou étranger, ou par la voie de terre, elle peut être pliée *sous enveloppe cachetée*.

DÉSIGNATION DES FONCTIONNAIRES ET DES PERSONNES		Circonscriptions territoriales dans lesquelles la correspondance, valablement contre-signée, circule en franchise.	Nᵒˢ des tableaux de circonscriptions à consulter, à la suite du présent Manuel.
autorisés à contre-signer leur correspondance de service. (Les initiales entre crochets indiquent la forme à employer pour la fermeture des lettres.)	auxquels la correspondance de service des fonctionnaires et des personnes désignés dans la colonne ci-contre, doit être remise en franchise.		
	Adjoints des communes rurales de la Seine*.	»	»
	Adjoints des maires de *Meudon*, *Sèvres*, *Saint-Cloud**.	»	»
	Architecte commissaire de la petite voirie**.	»	»
Caissiers	de la caisse de *Poissy**.	»	»
	de la caisse syndicale**.	»	»
	du commerce de la marée, à *Paris**.	»	»
	du commerce de la volaille et du gibier, à *Paris**.	»	»
	Colonel d'armes de la garde municipale de *Paris**.	»	»
	Commandant du corps des sapeurs pompiers de *Paris**.	»	»
	Command. de la gendarmerie de la *Seine**.	»	»
	Commissaire général de l'approvisionnement de *Paris* en combustibles**.	»	»
	Commissaires de police du ressort de la Cour royale de *Paris**.	C. roy.	12
	Concierges des maisons d'arrêt, de force et de détention sous la surveillance du préfet de police**.	»	»
	Contrôleur de la fourrière, à *Paris**.	»	»
Contrôleurs	de la halle aux cuirs, à *Paris**.	»	»
	de la halle aux draps et toiles, à *Paris**.	»	»
	Contrôleurs du service de la surveillance des stations de voitures publiques, à *Paris**.	»	»
	Contrôleur général de la halle aux grains et farines, à *Paris**.	»	»
	Contrôleur général du recensement et mesurage des bois et charbons, à *Paris**.	»	»
	Contrôleur général adjoint du recensement et mesurage des bois et charbons, à *Paris**.	»	»
	Dégustateurs des boissons, à *Paris**.	»	»
Directeurs	de la caisse de *Poissy**.	»	»
	de la caisse syndicale**.	»	»
	du dépôt de mendicité de *Villers-Cotterets**.	»	»
	des hôpitaux et des hospices**.	Paris et ressort de la préfecture de police.	»
	Ingénieur en chef des ponts et chaussées chargé de la direction de l'entretien du pavé de *Paris**.	»	»
	Ingénieur en chef chargé des travaux hydrauliques de *Paris**.	»	»
Ingénieurs en chef. Ingénieurs ordinaires	des ponts et chaussées de la *Seine* et de *Seine-et-Oise**.	»	»

PRÉFET de police (1) [L.F.]

(La suite au verso.)

(1) Reçoit en franchise sans condition de contre-seing, les lettres et dépêches qui lui sont adressées. (*V.* la première partie.)

DÉSIGNATION DES FONCTIONNAIRES ET DES PERSONNES		Circonscriptions territoriales dans lesquelles la correspondance valablement contre-signée, circule en franchise.	Nos des tableaux de circonscription à consulter à la suite du présent Manuel.
autorisés à contre-signer leur correspondance de service. (Les initiales entre crochets indiquent la forme à employer pour la fermeture des lettres.)	auxquels la correspondance de service des fonctionnaires et des personnes désignés dans la colonne ci-contre, doit être remise en franchise.		
	Inspecteurs { des abattoirs★. / des établissements insalubres★. / des maisons de santé et de sevrage★. / de la petite voirie★. / des poids et mesures★. / du travail des enfants dans les manufactures★.	A Paris, et dans le ressort de la préfecture de police.	»
	Inspecteur adjoint de la salubrité et de l'illumination, à *Paris*★.	»	»
	Inspecteurs généraux { des halles et marchés, à *Paris*★.	»	»
	{ de la navigation et des ports★.	Ressort de la préfecture de police.	»
	{ de la police, à *Paris*★.	»	»
	{ de la salubrité et de l'illumination, à *Paris*★.	»	»
	Inspecteurs particuliers { des halles et marchés, à *Paris*★.	»	»
	{ de la navigation et des ports★.	Ressort de la préfecture de police.	»
	Juges de paix★.	C. roy.	12
	Lieutenants généraux commandant les divisions militaires★.	Tout le R.	»
	Maires★.	Tout le R.	»
PRÉFET de police. (*Suite.*) [L.F.]	Maréchaux de camp commandant les subdivisions militaires★.	Tout le R.	»
	Membres.. { du conseil de préfecture de la Seine★.	»	»
	{ du conseil de salubrité, à *Paris*★.	»	»
	{ de l'école de pharmacie, à *Paris*★.	»	»
	Officiers de gendarmerie★.	Tout le R.	»
	Officiers de paix, à *Paris*★.	»	»
	Préfets des départements★.	Tout le R.	»
	Préfets maritimes★.	Tout le R.	»
	Préposés de la navigation et des ports★.	Ressort de la préfecture de police.	»
	Présidents des conseils d'admin. { des corps militaires★.	Tout le R.	»
	{ de la garde municip. de *Paris*★.	»	»
	{ des sapeurs pompiers de *Paris*★.	»	»
	Procureurs généraux★.	Tout le R.	»
	Procureurs du Roi★.	Tout le R.	»
	Sous-préfets★.	Tout le R.	»
	Surveillants des stations de voitures publiques, à *Paris*★.	»	»
	Syndics. { des agents de change★.	»	»
	{ du commerce de la boucherie, à *Paris*★.	»	»
	{ du commerce de la boulangerie, à *Paris*★.	»	»
	{ des courtiers de comm., à *Paris*★.	»	»

DÉSIGNATION DES FONCTIONNAIRES ET DES PERSONNES		Circonscriptions territoriales dans lesquelles la correspondance, valablement contre-signée, circule en franchise.	Nos des tableaux de circonscriptions à consulter, à la suite du présent Manuel.
autorisés à contre-signer leur correspondance de service. (Les initiales entre crochets indiquent la forme à employer pour la fermeture des lettres.)	auxquels la correspondance de service des fonctionnaires et des personnes désignés dans la colonne ci-contre doit être remise en franchise.		
PREMIER président de la Cour de cassation (1) [S.B★.]	Adjoints des maires exerçant le ministère public près les trib. de simple police★...	Tout le R.	»
	Commissaires de police★...	Tout le R.	»
	Conseillers d'Etat★...	Tout le R.	»
	Juges d'instruction★...	Tout le R.	»
	Juges de paix★...	Tout le R.	»
	Lieut. généraux commandant les div. milit.★	Tout le R.	»
	Maires★...	Tout le R.	»
	Maîtres des requêtes★...	Tout le R.	»
	Officiers { du bataillon de voltigeurs corses★.	Tout le R.	»
	de la garde municipale de *Paris*★.	Tout le R.	»
	de gendarmerie★...	Tout le R.	»
	Préfets★...	Tout le R.	»
	Premiers présidents des Cours royales★...	Tout le R.	»
	Présidents des cours et tribunaux★...	Tout le R.	»
	Procureurs généraux★...	Tout le R.	»
	Procureurs du Roi★...	Tout le R.	»
	Sous-préfets★...	Tout le R.	»
PREMIER président de la Cour des comptes (2) [L.F.]	Caissiers { des académies★...	Tout le R.	»
	de la caisse d'amortissement★...	»	»
	de la caisse des brevets d'invent.★	»	»
	de la caisse des dépôts et consign.★	»	»
	des facultés de droit★...	Tout le R.	»
	des facultés de médecine★...	Tout le R.	»
	des fonds de la chancellerie★...	»	»
	des hôpitaux★...	Tout le R.	»
	de l'imprimerie royale★...	»	»
	des monts-de-piété★...	Tout le R.	»
	des tontines★...	Tout le R.	»
	Caissier central du trésor★...	»	»
	Commissaires des poudres et salpêtres★...	Tout le R.	»
	Directeurs { de la fabrication des monnaies★.	Tout le R.	»
	de l'imprimerie royale★...	»	»
	des monts-de-piété★...	Tout le R.	»
	Directeurs comptables des postes★...	Tout le R.	»
	Directeur général des poudres et salpêtres★.	»	»
	Economes des colléges royaux★...	Tout le R.	»
	Gardes-magasins du timbre★...	Tout le R.	»
	Justiciables de la Cour des comptes★ (3)...	Tout le R.	»
	Payeurs { aux armées★.	Tout le R.	»
	du trésor. { dans les départements★...	Tout le R.	»
	Payeur central du trésor★...	»	»
	Préfets★...	Tout le R.	»

(La suite au verso.)

(1) Reçoit en franchise, sans condition de contre-seing, les lettres et dépêches qui lui sont adressées. (*V*. la première partie.)

(2) Le premier président de la Cour des comptes reçoit en franchise, sans condition de contre-seing, les lettres et dépêches qui lui sont adressées. (*V*. la première partie.)

(3) La désignation de *justiciable de la Cour des comptes* n'opérera la franchise qu'autant qu'elle sera précédée du titre ou de la qualité du destinataire, soit *administrateur de... caissier de... directeur de... receveur de...*

DÉSIGNATION DES FONCTIONNAIRES ET DES PERSONNES		Circonscriptions territoriales dans lesquelles la correspondance, valablement contre-signée, circule en franchise.	Nos des tableaux de circonscriptions à consulter, à la suite du présent Manuel.
autorisés à contre-signer leur correspondance de service. (Les initiales entre crochets indiquent la forme à employer pour la fermeture des lettres.)	auxquels la correspondance de service des fonctionnaires et des personnes désignés dans la colonne ci-contre, doit être remise en franchise.		
	Receveurs { des bureaux de bienfaisance★.	Tout le R.	»
	des bureaux de charité★.	Tout le R.	»
	des contributions indirectes★.	Tout le R.	»
	des douanes★.	Tout le R.	»
	de l'enregistrement et des domaines★.	Tout le R.	»
	des établissements de bienfaisance★.	Tout le R.	»
	des hospices★.	Tout le R.	»
	des octrois★.	Tout le R.	»
PREMIER président de la Cour des comptes. (Suite.) [L.F.]	Receveurs généraux★.	Tout le R.	»
	Receveurs municipaux★.	Tout le R.	»
	Trésoriers { des colonies★.	»	»
	des fonds coloniaux★.	»	»
	des invalides, à Avignon★.	»	»
	des invalides, à Paris★.	»	»
	Trésorier général des invalides de la marine★	»	»
	Adjoints des maires exerçant le ministère public, près les tribunaux de simple police★.	C. roy.	12
	Archevêques★.	C. roy.	12
	Capitaines rapport. près les cons. de guerre★.	C. roy.	12
	Commissaires de police★.	C. roy.	12
	Conseillers d'État★.	C. roy.	12
	Directeurs de l'enregistr. et des domaines★.	C. roy.	12
	Évêques★.	C. roy.	12
	Grands-vicaires capitulaires★.	C. roy.	12
	Greffiers en chef des Cours royales★.	C. roy.	12
	Greffiers des Cours et tribunaux★.	C. roy.	12
	Juges d'instruction★.	C. roy.	12
	Juges de paix★.	C. roy.	12
	Lieutenants généraux commandant les divisions militaires★.	C. roy.	12
PREMIERS présidents des Cours royales. [S.B★.]	Maires★.	C. roy.	12
	Maîtres des requêtes★.	C. roy.	12
	Maréchaux de camp commandant les subdivisions militaires★.	C. roy.	12
	Officiers. { du bataillon de voltig. corses★.	C. roy.	12
	de la garde municip. de Paris★.	C. roy.	12
	de gendarmerie★.	C. roy.	12
	Préfets★.	C. roy.	12
	Présidents des conseils de guerre★.	C. roy.	12
	Présidents des Cours et Tribunaux★.	C. roy.	12
	Procureurs généraux★.	C. roy.	12
	Procureurs du Roi★.	C. roy.	12
	Proviseurs des colléges royaux★.	C. roy.	12
	Recteurs d'académie★.	C. roy.	12
	Sous-préfets★.	C. roy.	12
PRÉPOSÉS de l'administration des finances soumis à la vérification des inspecteurs. [S.B.]	Inspecteurs des finances★.	Tout le R.	»
	Inspecteurs généraux des finances★.	Tout le R.	»

DÉSIGNATION DES FONCTIONNAIRES ET DES PERSONNES		Circonscriptions territoriales dans lesquelles la correspondance, valablement contre-signée, circule en franchise.	Nos des tableaux de circonscription à consulter, à la suite du présent Manuel.
autorisés à contre signer leur correspondance de service. (Les initiales entre crochets indiquent la forme à employer pour la fermeture des lettres.)	auxquels la correspondance de service des fonctionnaires et des personnes désignés dans la colonne ci-contre, doit être remise en franchise.		
PRÉPOSÉS des contributions indirectes. (1) [S.B.]	Contrôleurs ambulants des contrib. indir.★.. Directeurs des contrib. indir. { d'arrondissement★.... { de département★.... Inspecteurs spéciaux chargés du service de la surveillance des tabacs★.........	Dép. Arr. s.-pr. (2) Dép. Insp. spéc. tab (3)	» 9 » »
PRÉPOSÉS des contributions indir. dans le départ. de la *Seine*. [S.B.]	Directeur des droits d'entrée et d'octroi de la ville de *Paris*★.........	»	»
PRÉPOSÉS des lazarets de terre, à *Urdos* et au *Pas de Béhobie*. [S.B.]	Président semainier de l'intendance sanitaire, à *Bayonne*★............	»	»
PRÉPOSÉS de la navigation et des ports *dans le ressort de la préfecture de police*. [S.B.]	Inspecteurs de la navigation et des ports *dans le ressort de la préfecture de police*★... Préposés de la navigation et des ports *dans le ressort de la préfecture de police*★...	» »	» »
PRÉPOSÉS-PAYEURS [S.B.]	Payeurs du trésor public★........ Payeurs du trésor public dans les ports★...	Dép. Arr. mar.	» 2
PRÉPOSÉ PAYEUR, à *Bâle* (Suisse.) [S.B.]	Payeur du Haut-Rhin, à *Colmar*......	»	»
PRÉPOSÉ-PAYEUR, à *Calais*. [S.B.]	Receveur général du *Pas-de-Calais*★... Receveurs particuliers du *Pas-de-Calais*★..	» »	» »
PRÉPOSÉS des ponts à bascule. [S.B.]	Ingénieurs en chef.. { des ponts et chaus- Ingénieurs ordinaires. } sées★........	Dép.	»
PRÉPOSÉS des ponts à bascule dans les départ. de la *Côte-d'Or*, du *Rhône* et de *Saône-et-Loire*. [S.B.]	Ingénieur des ponts et chaussées résidant à *Châlons-sur-Saône*, chargé des expériences relatives à l'entretien des routes, dans les départements de la *Côte-d'Or*, du *Rhône* et de *Saône-et-Loire*★.........	(4)	»
PRÉPOSÉS des ponts à bascule dans le départem. de la *Seine*. [S.B.]	Ingénieur en chef des ponts et chaussées de *Seine-et-Oise*★........	»	»

(1) Sont considérés comme *préposés des contributions indirectes*, les inspecteurs des brigades de surveillance ; les contrôleurs de comptabilité, de ville, de garantie, de navigation, des salines; les contrôleurs près la manufacture de papier filigrané; les contrôleurs ambulants, brigadiers et receveurs ambulants ; les entreposeurs des tabacs et des poudres à feu; les sous-contrôleurs de garantie, des salines et de surveillance; les préposés en chef des octrois; les receveurs principaux, les receveurs principaux entreposeurs, particuliers entreposeurs, particuliers sédentaires, ambulants à pied et à cheval, et buralistes; les receveurs de navigation et de garantie; les vérificateurs près les salines; les commis de direction, de surveillance, ambulants, aux exercices; les commis adjoints ambulants; les gardes-magasins des poudres à feu; les débitants de tabacs et de poudres à feu.

(2) C'est-à-dire dans l'arrondissement, ou les arrondissements qui dépendent des directeurs destinataires. (*V.* le tableau, nº 9, à la suite du présent Manuel.)

(3) *V.* les arrondissements de ces inspecteurs spéciaux, page 87.

(4) En quelque lieu que soit cet ingénieur dans les trois départements désignés ci-contre.

| DÉSIGNATION DES FONCTIONNAIRES ET DES PERSONNES | | Circonscriptions territoriales dans lesquelles la correspondance, valablement contre-signée, circule en franchise. | Nos des tableaux de circonscriptions à consulter, à la suite du présent Manuel. |
autorisés à contre-signer leur correspondance de service. (Les initiales entre crochets indiquent la forme à employer pour la fermeture des lettres.)	auxquels la correspondance de service des fonctionnaires et des personnes désignées dans la colonne ci-contre, doit être remise en franchise.		
PRÉPOSÉS des provinces étrangères situées sur le *Rhin*. [S.B.]	Inspecteur du 1er district de la navigation du *Rhin* à *Strasbourg**.	(1)	»
PRÉPOSÉS des trésoriers des invalides de la marine. [S.B.]	Trésoriers des invalides de la marine*. . . .	Arr. mar.	2
PRÉSIDENTS des chambres de commerce. [S.B.]	Préfets*.	Dép.	»
PRÉSIDENTS des chambres consultatives des arts et manufactures. [S.B]	Préfets*.	Dép.	»
PRÉSIDENTS des chambres de discipline des notaires. [S.B]	Procureurs du Roi*.	Arr. s.-pr.	»
PRÉSIDENT de la Chambre des Pairs. (2)	. . . .	. . . .	»
PRÉSIDENTS des comités d'arrondissem. de l'instruction primaire. [S.B.]	Archevêques*.	Circ. dioc.	14
	Curés*, ...	Arr. s.-pr.	»
	Directeurs . . . } Directrices. . . } des écoles normales prim.*	Ress.éc.n. pr.	19
	Évêques*.	Circ. dioc.	14
	Grands vicaires capitulaires*.	Circ. dioc.	14
	Inspecteurs d'académie*.	Arr. acad.	1
	Inspecteurs des écoles primaires*.	Dép.	»
	Inspecteurs généraux des études, *en tournée**	Tout le R.	»
	Instituteurs. . . } Institutrices. . . } des écoles primaires*. . . .	Arr. s.-pr.	»
	Maires*.	Arr. s.-pr.	»
	Maîtres. . . . . } Maîtresses. . . } des écoles primaires* . . .	Arr. s.-pr.	»
	Préfets*.	Dép.	»
	Présidents des comités communaux de l'instruction primaire*.	Arr. s.-pr.	»
	Recteurs d'académie*.	Arr. acad.	1
	Sous-inspecteurs des écoles primaires*. . . .	Dép.	»
	Sous-préfets*.	Arr. s.-pr.	»
PRÉSIDENTS des comités communaux de l'instruction primaire [S.B.]	Archevêques*.	Circ. dioc.	14
	Directeurs. . . } Directrices. . . } des écoles normales prim.*	Ress.éc.n. pr.	19
	(*La suite ci-contre.*)		

(1) Cette franchise peut s'étendre à tous les lieux situés sur les bords du *Rhin* jusqu'à l'embouchure de la *Lauter*.

(2) *Le Président de la Chambre des Pairs* est en même temps *Chancelier de France*. (*V.* la liste de ses correspondants, pag. 14.)

Le Président de la Chambre des Pairs reçoit en franchise, sans condition de contre-seing, les lettres et dépêches qui lui sont adressées. (*V.* la première partie.)

DÉSIGNATION DES FONCTIONNAIRES ET DES PERSONNES		Circonscriptions territoriales dans lesquelles la correspondance, valablement contre-signée, circule en franchise.	N.° des tableaux de circonscriptions à consulter, à la suite du présent Manuel.
autorisés à contre-signer leur correspondance de service. (Les initiales entre crochets indiquent la forme à employer pour la fermeture des lettres.)	auxquels la correspondance de service des fonctionnaires et des personnes désignés dans la colonne ci contre, doit être remise en franchise.		
PRÉSIDENTS des comités communaux de l'instruction primaire (*Suite.*) [S.B.]	Evêques★	Circ. dioc.	14
	Grands vicaires capitulaires★	Circ. dioc.	14
	Inspecteurs d'académie★	Arr. acad.	1
	Inspecteurs des écoles primaires★	Dép.	»
	Maires★	Arr. s.-pr.	»
	Préfets★	Dép.	»
	Présidents des comités d'arrondissement de l'instruction primaire★	Arr. s.-pr.	»
	Recteurs d'académie★	Arr. acad.	1
	Sous-inspecteurs des écoles primaires★	Dép.	»
	Sous-préfets★	Arr. s.-pr.	»
PRÉSIDENT du comité de direction du service des paquebots de l'administration des postes sur *la Méditerranée*. [S.B*.]	Agents des postes embarqués sur les paquebots de la *Méditerranée*★	»	»
	Agents du service des paquebots placés dans les *Echelles*★	»	»
	Commandants des paquebots de l'administration des postes sur la *Méditerranée*★	»	»
	Directeurs des postes dans les stations de la *Méditerranée*★	»	»
	Officiers des paquebots de l'administration des postes sur la *Méditerranée*★	»	»
PRÉSIDENT de la commission administrative des hospices civils de *Bordeaux*. [S.B.]	Préfets. Receveurs généraux } de la *Charente*, de la *Charente-Inférieure* et de la *Dordogne*★	»	»
PRÉSIDENT de la commission administrative des hospices civils de *Grenoble*. [S.B.]	Préfets. Receveurs généraux } de l'*Ardèche*, de la *Drôme*, de la *Loire*, de la *Haute-Loire* et du *Rhône*★	»	»
PRÉSIDENT de la commission administrative des hospices civils de *Vienne* (Isère) [S.B.]	Préfets. Receveurs généraux } de l'*Ardèche*, de la *Drôme*, de la *Loire*, de la *Haute-Loire* et du *Rhône*★	»	»
PRÉSIDENT de la commission de l'ancienne liste civile (1). [L.F.]	Maires★	Tout le R.	»
	Pensionnaires de l'ancienne liste civile★	Tout le R.	»
	Pensionn. de la caisse de vétérance★	Tout le R.	»
	Préfets★	Tout le R.	»
	Sous-préfets★	Tout le R.	»
PRÉSIDENTS des commissions d'examen de l'instruction primaire [S.B.]	Directeurs. Directrices. } des écoles normales prim.★	Ress. éc. n. pr.	19
	Inspecteurs des écoles primaires★	Dép.	»
	Sous-inspecteurs des écoles primaires★	Dép.	»

(1) Reçoit en franchise, sans condition de contre seing, les lettres et dépêches qui lui sont adressées. (*V.* la première partie.)

DÉSIGNATION DES FONCTIONNAIRES ET DES PERSONNES		Circonscriptions territoriales dans lesquelles la correspondance, valablement contre-signée, circule en franchise.	Nᵒˢ des tableaux de circonscriptions à consulter, à la suite du présent Manuel.
autorisés à contre-signer leur correspondance de service. (Les initiales entre crochets indiquent la forme à employer pour la fermeture des lettres.)	auxquels la correspondance de service des fonctionnaires et des personnes désignés dans la colonne ci-contre, doit être remise en franchise.		
PRÉSIDENT de la commission des monnaies. [L.F.]	Commissaires du roi pour la fabrication des monnaies ★	Tout le R.	»
	Contrôleurs { des argues à *Lyon* et à *Trévoux* ★	»	
	des bureaux de la garantie ★ . .	Tout le R.	»
	au change des monnaies ★ . . .	Tout le R.	»
	au monnayage ★	Tout le R.	»
	Directeurs de la fabrication des monnaies ★ (1)	Tout le R.	»
	Essayeurs des bureaux de la garantie ★	Tout le R.	»
	Receveurs des argues à *Lyon* et à *Trévoux* ★.	Tout le R.	»
PRÉSIDENT de la commission de salubrité navale, à *Nantes*. (2)	. . . .	. . . .	
PRÉSIDENTS des commissions de surveillance des écoles normales primaires. [S.B.]	Directeurs des écoles normales primaires ★ .	Ress. éc.n.pr.	19
	Directrices des écoles normales primaires ★ .	Ress. éc.n.pr.	19
	Inspecteurs des écoles primaires ★	Dép.	»
	Recteurs d'académie ★	Arr. acad.	1
	Sous-inspecteurs des écoles primaires ★ . . .	Dép.	»
PRÉSIDENTS des commissions syndicales instituées dans l'arrondissement communal de *Mauléon* (*Basses - Pyrénées*), pour l'administration des biens communaux indivis. [S.B.]	Gardes généraux des forêts à *Saint-Palais*, *Saint-Jean-Pied-de-Port* et *Tardets* ★.	»	»
	Inspecteurs des forêts à *Saint-Palais* ★ . . .	»	»
PRÉSIDENTS des commissions syndicales instituées dans le département des *Basses-Pyrénées* pour l'administration des biens communaux indivis. [S.B.]	Maires des communes qui ressortissent à la commission des contre-signataires ★ . . .	Dép.	»
	Préfet des *Basses-Pyrénées* ★	Dép.	»
	Sous-Préfets des arrondissements dans lesquels sont situées les communes qui ressortissent à la commission des contre-signataires ★	Arr. s.-pr.	»
PRÉSIDENTS des conseils d'administration des bâtiments armés. [S.B.]	Commissaires aux revues ★	Tout le R.	»

(1) Pour l'envoi *sous chargement* des boîtes contenant les poinçons de garantie.

(2) Voyez *Commissaire principal de la marine, à Nantes.*

DÉSIGNATION DES FONCTIONNAIRES ET DES PERSONNES		Circonscriptions territoriales dans lesquelles la correspondance valablement contre-signée, circule en franchise.	N°s des tableaux de circonscriptions à consulter à la suite du présent Manuel.
autorisés à contre-signer leur correspondance de service. (Les initiales entre crochets indiquent la forme à employer pour la fermeture des lettres.)	auxquels la correspondance de service des fonctionnaires et des personnes désignés dans la colonne ci-contre doit être remise en franchise.		
PRÉSIDENTS des conseils d'administration des corps militaires. [S.B.]	Capitaines rapp. près les conseils de guerre★.	Tout le R.	»
	Chefs du service de la marine★.	Tout le R.	»
	Colonels chefs d'état-major des div. milit.★	Div. mil.	15
	Colonels des corps auxquels appartiennent les contre-signataires, lorsque ces colonels sont absents de leurs corps★.	(1)	»
	Colonels faisant partie des conseils de révision des opérations de recrutement *dans les départements cités p. 18, colonne 1re, du présent Manuel*★.	»	»
	Commandants des corps militaires auxquels appartiennent les contre-signataires★.	Tout le R.	»
	Commandants des dépôts de recrutement★.	Tout le R.	»
	Commandants des détachements des corps auxquels appartiennent les contre-signataires★.	Tout le R.	»
	Commandants de place faisant fonctions de sous-intendants militaires dans les lieux où il n'en existe pas★.	Dép.	»
	Commissaires de l'inscription maritime★.	Tout le R.	»
	Commissaires aux revues★.	Tout le R.	»
	Conseillers de préfecture faisant fonctions de sous-intendants militaires dans les lieux où il n'en existe pas★.	Dép.	»
	Inspecteur des gymnases militaires★.	Tout le R.	»
	Inspecteurs généraux d'armes★.	Arr. insp. g. d'ar.	»
	Inspecteurs généraux de gendarmerie★.	Tout le R.	»
	Intendants militaires★	Tout le R.	»
	Lieut. généraux command. les divis. milit.★.	Tout le R.	»
	Maires........ Majors de places. } faisant fonctions de sous-intend. milit., dans les lieux où il n'en existe pas★.	Dép.	»
	Maréch. de camp command. les subdiv. milit.★	Tout le R.	»
	Officiers { du bataillon de voltigeurs corses★.	Tout le R.	»
	de la garde municipale de *Paris*★.	Tout le R.	»
	de gendarmerie★.	Tout le R.	»
	Officiers généraux ou supérieurs, faisant partie des conseils de révision des opérations de recrutement *dans les départements cités page 18, colonne 1re, du présent Manuel*★	»	»
	Préfets des départements★.	Tout le R.	»
	Préfets maritimes★.	Tout le R.	»
	Présidents des conseils d'administration des pénitenciers militaires★.	Tout le R.	»
	Secrétaires généraux de préfecture faisant fonctions de sous-intendants militaires dans les lieux où il n'en existe pas★.	Dép.	»
	Sous-intendants militaires★.	Tout le R.	»
	Sous-intendants militaires adjoints★.	Tout le R.	»
	Sous-préfets faisant fonctions de sous-intendants militaires, dans les lieux où il n'en existe pas★.	Dép.	»

(1) En quelque lieu que les régiments se trouvent placés.

DÉSIGNATION DES FONCTIONNAIRES ET DES PERSONNES		Circonscriptions territoriales dans lesquelles la correspondance valablement contre-signée, circule en franchise.	Nos des tableaux de circonscriptions à consulter, à la suite du présent Annuel.
autorisés à contre-signer leur correspondance de service. (Les initiales entre crochets indiquent la forme à employer pour la fermeture des lettres.)	auxquels la correspondance de service des fonctionnaires et des personnes désignées dans la colonne ci-contre, doit être remise en franchise.		
PRÉSIDENTS des conseils d'administration dont les corps sont aux armées (1). [S.B.]	Chefs des états-majors généraux des armées dont font partie les corps auxquels appartiennent les contre-signataires*. . . .	»	»
PRÉSIDENTS des conseils d'administr. des corps d'artillerie, de cavalerie, du génie; de l'école de cavalerie, à *Saumur*; des équipages militaires (1). [S.B.]	Commandants des dépôts de remonte*. . . .	Tout le R.	»
	Commandants des succursales des dépôts de remonte*. . . .	Tout le R.	»
PRÉSIDENTS des conseils d'administration du corps royal d'artillerie de la marine (1). [S.B.]	Chefs du service de la marine*. . . .	Tout le R.	»
	Commis- (de l'inscription maritime*. . . .	Tout le R.	»
	saires (aux revues*. . . .	Tout le R.	»
	Commissaires généraux de la marine*. . . .	Arr. mar.	2
	Commissaires principaux de la marine*. . . .	Arr. mar.	2
	Préfets maritimes*. . . .	Tout le R.	»
PRÉSIDENTS des conseils d'administration des deux régiments d'infanterie de la marine (1). [S.B.]	Commissaires généraux de la marine*. . . .	Tout le R.	»
	Commissaires principaux de la marine*. . . .	Tout le R.	»
	Officiers d'administration préposés à l'inscription maritime*. . . .	Tout le R.	
PRÉSIDENTS des conseils d'adm. des compagnies d'artillerie de la marine, à *Brest*, *Cherbourg*, *Lorient*, *Rochefort*, *Toulon* (1). [S.B.]	. . . .		
	Intendants militaires*. . . .	Tout le R.	»
	Sous-intendants militaires*. . . .	Tout le R.	»
PRÉSIDENTS des conseils d'adm. des compagnies d'ouvr. d'artillerie de la marine, à *Brest*, *Cherbourg*, *Lorient*, *Rochefort*, *Toulon* (1). [S.B.]	Sous-intendants militaires adjoints*. . . .	Tout le R.	»
PRÉSIDENTS des conseils d'administration des dépôts des équipages de ligne à *Brest*, *Cherbourg*, *Lorient*, *Rochefort*, *Toulon* (1). [S.B.]	Chefs du service de la marine*. . . .	Tout le R.	»
	Commandants des dépôts de recrutement*. . . .	Tout le R.	»
	Commis- (de l'inscription maritime*. . . .	Tout le R.	»
	saires (aux revues*. . . .	Tout le R.	»
	Commissaires généraux de la marine*. . . .	Tout le R.	»
	Commissaires principaux de la marine*. . . .	Tout le R.	»
	Intendants militaires*. . . .	Tout le R.	»
	Préfets maritimes*. . . .	Tout le R.	»

(La suite ci-contre.)

(1) Indépendamment de la correspondance qui leur est attribuée ici, ces présidents ont encore la correspondance qui appartient aux présidents des conseils d'administration des corps militaires en général.

DÉSIGNATION DES FONCTIONNAIRES ET DES PERSONNES		Circonscriptions territoriales dans lesquelles la correspondance valablement contre-signée, circule en franchise.	Nos des tableaux de circonscriptions à consulter à la suite du présent Manuel.
autorisés à contre-signer leur correspondance de service. (Les initiales entre crochets indiquent la forme à employer pour la fermeture des lettres.)	auxquels la correspondance de service des fonctionnaires et des personnes désignés dans la colonne ci-contre doit être remise en franchise.		
PRÉSIDENTS des conseils d'administration des dépôts des équipages de ligne à *Brest, Cherbourg, Lorient, Rochefort* et *Toulon.* (*Suite.*) [S.B.]	Présidents des conseils d'administration des dépôts des équipages de ligne, à *Brest, Cherbourg, Lorient, Rochefort* et *Toulon*★	»	»
	Sous-intendants militaires★	Tout le R.	»
	Sous-intendants militaires adjoints★	Tout le R.	»
PRÉSIDENT du conseil d'administration du dépôt des régim. d'infant. de la marine (dépôt colonial), à *Landerneau*(1).[S.B.]	Commissaires généraux de la marine★	Tout le R.	»
	Commissaires principaux de la marine★	Tout le R.	»
	Officiers d'administration préposés à l'inscription maritime★	Tout le R.	»
PRÉSIDENTS des conseils d'administration des pénitenciers militaires (1). [S.B.]	Colonels chefs d'état-major des divis. milit.★	Div. mil.	15
	Commandants des dépôts de recrutement★	Tout le R.	»
	Commandants de place. / Conseillers de préfecture } faisant fonctions de sous-intendants militaires, dans les lieux où il n'en existe pas★	Dép.	»
	Intendants militaires★	Tout le R.	»
	Lieut. généraux command. les divis. milit.★	Tout le R.	»
	Maires. / Majors de place } faisant fonctions de sous-intendants militaires, dans les lieux où il n'en existe pas★	Dép.	»
	Maréch. de camp command. les subdiv. milit.★	Tout le R.	»
	Officiers.. { du bataill. de voltig. corses★	Tout le R.	»
	{ de la garde munic. de *Paris*★	Tout le R.	»
	{ de gendarmerie★	Tout le R.	»
	Préfets★	Tout le R.	»
	Présidents des conseils d'administration des corps militaires★	Tout le R.	»
	Secrétaires généraux de préfecture faisant fonctions de sous-intendants militaires dans les lieux où il n'en existe pas★	Dép.	»
	Sous-intendants militaires★	Tout le R.	»
	Sous-intendants militaires adjoints★	Tout le R.	»
	Sous-préfets faisant fonctions de sous-intendants militaires, dans les lieux où il n'en existe pas★	Dép.	»
PRÉSIDENTS des conseils de guerre. [S.B.]	Colonels chefs d'état-major des divis. milit.★	Div. mil.	15
	Inspecteurs généraux d'armes★	Arr. insp. g. d'arm	»
	Inspecteurs généraux de gendarmerie★	Tout le R.	»
	Intendants militaires★	Tout le R.	»
	Lieut. généraux command. les divis. milit.★	Div. mil.	15
	Maréchaux de camp commandant les subdivisions militaires★	Subd. mil.	37

(*La suite au verso.*)

(1) Indépendamment de la correspondance qui leur est attribuée ci-dessus, ces présidents ont encore la correspondance attribuée aux présidents des conseils d'administration des corps militaires en général.

DÉSIGNATION DES FONCTIONNAIRES ET DES PERSONNES		Circonscriptions territoriales dans lesquelles la correspondance, valablement contre-signée, circule en franchise.	N°s des tableaux de circonscriptions à consulter, à la suite du présent Manuel.
autorisés à contre-signer leur correspondance de service. (Les initiales entre crochets indiquent la forme à employer pour la fermeture des lettres.)	**auxquels la correspondance de service des fonctionnaires et des personnes désignés dans la colonne ci-contre, doit être remise en franchise.**		
PRÉSIDENTS des conseils de guerre. (*Suite*) [S.B.]	Officiers. . . { du bataill. de voltig. corses★.	Tout le R.	»
	{ de la garde munic. de *Paris*★.	Tout le R.	»
	{ de gendarmerie★.	Tout le R.	»
	Premiers présidents des Cours royales★. . .	C. roy.	12
	Procureurs généraux★..	Tout le R.	»
	Procureurs du Roi★	Tout le R.	»
	Sous-intendants militaires★.	Tout le R.	»
	Sous-intendants militaires adjoints★. . . .	Tout le R.	»
PRÉSIDENTS des conseils de prud'hommes [S B.]	Préfets★.	Dép.	»
PRÉSIDENT du consistoire central israélite, à *Paris*. [S.B.]	Présidents des consistoires départementaux du culte israélite★.	Tout le R.	»
PRÉSIDENT des consistoires départementaux du culte israélite. [S.B.]	Inspecteurs des écoles primaires★.	Dép.	»
	Président du consistoire central du culte israélite, à *Paris*★.	»	»
	Sous-inspecteurs des écoles primaires★. . .	Dép.	»
PRÉSIDENTS des consistoires des églises réformées. [S.B.]	Inspecteurs des écoles primaires★.	Dép.	»
	Pasteurs des églises réformées★.	Arr.cons.réf.	22
	Préfets★.	Arr.cons. réf.	22
	Sous-inspecteurs des écoles primaires★. . . .	Dép.	»
PRÉSIDENTS des consistoires locaux de la confession d'*Augsbourg*. [S.B.]	Inspecteurs ecclésiastiques de la confession d'Augsbourg★.	Tout le R.	»
	Inspecteurs des écoles primaires★..	Dép.	»
	Pasteurs de la confession d'Augsbourg★.. . .	Ress.cons.loc	20
	Préfets★.	Dép.	»
	Président du directoire du consistoire général de *Strasbourg*★.	»	»
	Sous-inspecteurs des écoles primaires★.. . .	Dép.	»
	Sous-préfets★.	Arr. s.-pr.	»
PRÉSIDENTS des Cours d'assises (1). [S.B★.]	Adjoints des maires exerçant le ministère public, près les tribunaux de simple police★		
	Commissaires de police★.		
	Juges d'instruction★.	Départem. où se tiennent les assises.	
	Juges de paix★.		
	Maires★.		»
	Officiers { du bataillon de voltigeurs corses★.		
	{ de la garde municipale de *Paris*★.		
	{ de gendarmerie★.		
	Préfets★.		
	Premiers présidents des cours royales★. . .	C. roy.	12
	Présidents des cours et tribunaux★.	Départem. où se tiennent les assises.	»

(La suite ci-contre.)

(1) Les présidents des Cours d'assises peuvent contre-signer leur correspondance du lieu même de leur résidence ordinaire.

DÉSIGNATION DES FONCTIONNAIRES ET DES PERSONNES		Circonscrip-tions territoriales dans lesquelles la correspon-dance, valablement contre-signée, circule en franchise.	Nos des tableaux de circonscriptions à consulter, à la suite du présent Manuel.
autorisés à contre-signer leur correspondance de service. (Les initiales entre crochets indiquent la forme à employer pour la fermeture des lettres.)	auxquels la correspondance de service des fonctionnaires et des personnes désignés dans la colonne ci-contre doit être remise en franchise.		
PRÉSIDENTS des cours d'assises [S.B★.] (Suite.)	Procureurs généraux ★. . . . . [L. F.]	C. Roy.	12
	Procureurs du Roi ★.	Départ. où se tiennent les assises.	
	Sous-préfets ★.		
PRÉSIDENTS des cours royales. [S.B.★]	Premiers présidents des cours royales ★. . .	C. roy.	12
	Présidents des cours d'assises ★.	Dép. (1)	
	Procureurs généraux ★. . . . . . . (L. F.)	C. roy.	12
PRÉSIDENT du directoire du consistoire général de Strasbourg. [S.B.]	Inspecteurs ecclésiastiques de la confession d'Augsbourg ★.	Tout le R.	»
	Pasteurs de la confession d'Augsbourg ★. . -	Tout le R.	»
	Présidents des consistoires locaux de la confession d'Augsbourg ★.	Tout le R.	»
PRÉSIDENTS des jurys de commerce et des manufactures. [S.B.]	Préfets ★	Dép.	»
PRÉSIDENTS semainiers des commissions sanitaires. [S. B.]	Agents consulaires de France à l'étranger. ★	»	»
	Agents sanitaires ★.	Ress. com. san.	29
	Consuls de France à l'étranger ★.	»	»
	Gardes sanitaires ★.	Ress. com. san.	29
	Maires des communes situées sur le littoral ★.	Ress. com. san.	29
	Préfets ★.	Dép.	»
	Présidents semainiers des commissions sanitaires et des intendances sanitaires ★. . . .	Tout le R.	»
	Vice-consuls de France à l'étranger ★. . . .	»	»
PRÉSIDENTS semainiers des commissions sanitaires :			
à Calais.	Directeur des douanes à Boulogne ★. . . .	»	»
à Cherbourg . . .	Sous Préfets à Coutances et à Valognes ★. .	»	»
à Granville. . . .	Directeur des douanes à Cherbourg ★ . . .	»	»
	Sous-préfets à Avranches et à Coutances ★. .	»	»
à Gravelines . . .	Directeur des douanes à Dunkerque ★. . . .	»	»
	Commissaire de marine à Saint-Brieuc ★. . .	»	»
	Directeur des douanes à Brest ★. . . .	»	»
à Lannion	Inspecteurs des douanes à Saint-Brieuc et à Tréguier ★	»	»
	Sous-commissaire de marine à Paimpol ★ . .	»	»
	Sous-préfets à Dinan et à Guingamp ★. . .	»	»
à Montreuil-sur-Mer.	Directeur des douanes à Boulogne-sur-Mer ★.	»	»
	Commissaire de marine à Saint-Brieuc ★. . .	»	»
	Directeur des douanes à Saint-Malo ★. . . .	»	»
à Paimpol.	Inspecteurs des douanes à Saint-Brieuc et à Tréguier ★	»	»
[S.B.]	Sous-préfets à Dinan, Guingamp et Lannion ★.	»	»

(La suite au verso.)

(1) Cette franchise s'étend même au lieu de la résidence ordinaire des présidents des cours d'assises.

DÉSIGNATION DES FONCTIONNAIRES ET DES PERSONNES		Circonscriptions territoriales dans lesquelles la correspondance, valablement contre-signée, circule en franchise.	N° des tableaux de circonscriptions à consulter à la suite du présent Manuel.
autorisés à contre-signer leur correspondance de service. (Les initiales entre crochets indiquent la forme à employer pour la fermeture des lettres.)	auxquels la correspondance de service des fonctionnaires et des personnes désignés dans la colonne ci-contre, doit être remise en franchise.		
PRÉSIDENTS semainiers des commissions sanitaires :			
	Directeur des douanes à *Saint-Malo*★	»	»
à *Saint-Brieuc*. . . .	Inspecteur des douanes à *Tréguier* ★	»	»
	Sous-commissaire de marine à *Paimpol* ★ . .	»	»
	Sous-préfets à *Dinan, Guingamp* et *Lannion*★.	»	»
à *Saint-Valery-sur-Somme* . . . . . [S.B.]	Directeur des douanes à *Abbeville*★	»	»
	Sous-préfet à *Abbeville*★	»	»
PRÉSIDENTS semainiers des intendances sanitaires. [S.B.]	Agents consulaires de France, à *l'étranger*★.	»	»
	Agents sanitaires★.	Ress. int. san.	29
	Consuls de France, à *l'étranger*★	»	»
	Gardes sanitaires★.	Ress. int. san.	29
	Présidents semainiers des. . . . { commissions sanitaires★.	Tout le R.	»
	{ intendances sanitaires★. .	Tout le R.	»
	Vice-consuls de France, à *l'étranger*★	»	»
PRÉSIDENTS semainiers des intendances sanitaires :			
	Directeur des douanes, à *Bordeaux*★	»	»
à *Bayonne*.	Préfets des départements des *Landes* et des *Basses-Pyrénées*★.	»	»
	Préposés des lazarets de terre, à *Urdos* et au *Pas de Belloïïe*★.	»	»
à *Brest*..	Directeur des douanes, à *Lorient*★	»	»
	Préfet du département du *Finistère*★. . . .	»	»
au *Château* (Île d'Oléron). . . .	Maires des communes de l'Île d'Oléron★. . .	»	»
au *Havre*.	Directeurs des douanes, à *Abbeville*, à *Cherbourg*, et à *Rouen*★.	»	»
	Préfets des départements du *Calvados*, de l'*Eure*, de la *Manche*, de la *Seine-Infér.*★	»	»
à *Lorient*.	Préfet du département du *Morbihan*★. . . .	»	»
à *La Rochelle*. . .	Préfet du département de la *Vendée*★.. . . .	»	»
à *Nantes*..	Délégué de la commission de salubrité navale, à *Saint-Nazaire*★.	»	»
	Directeurs des douanes, à *Lorient* et à *La Rochelle*★. . . .	»	»
	Préfets des départements du *Morbihan*, de la *Vendée*★.	»	»
à *Marseille*. . . .	Directeurs des douanes, à *Montpellier* et *Perpignan*★..	»	»
	Préfets des départements de l'*Aude*, du *Gard*, de l'*Hérault* et des *Pyrénées-Orientales*★.	»	»
à *Toulon*. . . . . [S.B.]	Préfet du département du *Var*★.	»	»
PRÉSIDENTS des sociétés des sciences, agriculture et arts. [S.B.]	Préfets★.	Dép.	»

DÉSIGNATION DES FONCTIONNAIRES ET DES PERSONNES		Circonscriptions territoriales dans lesquelles la correspondance, valablement contre-signée, circule en franchise.	Nos des tableaux de circonscriptions à consulter, à la suite du présent Manuel.
autorisés à contre-signer leur correspondance de service. (Les initiales entre crochets indiquent la forme à employer pour la fermeture des lettres.)	auxquels la correspondance de service des fonctionnaires et des personnes désignés dans la colonne ci-contre doit être remise en franchise.		
PRÉSIDENTS des tribunaux. [S.B★.]	Premiers présidents des cours royales★....	C. roy.	12
	Présidents des Cours d'assises★........	(Départ. où se tiennent les assises (1).	″
	Procureurs généraux★............ [L.F.]	C. roy.	12
PRÉSIDENTS des tribunaux de commerce. [S.B.★]	Juges de paix★............	Arr. s.pr.	″
	Préfets★............	Dép.	″
PRÉSIDENTS des tribunaux de 1re inst., à *Dax* et à *Mont-de-Marsan*. [S.B★.]	Juges de paix des cantons de *Castets* et de *Saint-Vincent-de-Tyrosse*★........		″
PRÉSIDENT du tribunal de commerce de *Paris*. [S.B★]	Procureur du Roi près le tribunal de première instance de la *Seine*★........	″	″
PRÉSIDENT du tribunal de commerce de *Saint-Martin-de-Ré* (Charente Inférieure) [S.B★.]	Procureur du Roi, à *La Rochelle*★......	″	″
PRINCE ROYAL (2).	....	...	...
PRINCIPAUX des collèges communaux. [S.B.]	Contrôleurs des contributions directes★....	Arr. s.-pr.	″
	Directeurs des contributions directes★....	Dép.	″
	Inspecteurs d'académie★............	Arr. acad.	1
	Inspecteurs généraux des études, *en tournée*★	Tout le R.	″
	Recteurs d'académie★............	Arr. acad.	1
PROCUREUR général de la Cour de cassation (3). [S.B★]	Adjoints des maires exerçant le ministère public, près les tribunaux de simple police★	Tout le R.	″
	Commissaires de police★............	Tout le R.	″
	Conseillers d'État★............	Tout le R.	″
	Juges d'instruction★............	Tout le R.	″
	Juges de paix★............	Tout le R.	″
	Lieut. généraux command. les divis. milit.★.	Tout le R.	″
	Maires★............	Tout le R.	″
	Maîtres des requêtes★............	Tout le R.	″
	Officiers { du bataillon de voltigeurs corses★.	Tout le R.	″
	de la garde municipale de *Paris*★.	Tout le R.	″
	de gendarmerie★............	Tout le R.	″
	Préfets★............	Tout le R.	″
	Premiers présidents des cours royales★..	Tout le R.	″
	Présidents des cours et tribunaux★.......	Tout le R.	″
	Procureurs généraux★............	Tout le R.	″
	Procureurs du Roi★............	Tout le R.	″
	Sous-préfets★............	Tout le R.	″

(1) Cette franchise s'étend même au lieu de la résidence ordinaire des présidents des cours d'assises.

(2) *V.* pages 1 et 3.

(3) Le procureur général de la Cour de cassation reçoit en franchise, sans condition de contre seing, les lettres et dépêches qui lui sont adressées. (*V.* la 1re partie.)

10*

DÉSIGNATION DES FONCTIONNAIRES ET DES PERSONNES		Circonscriptions territoriales dans lesquelles la correspondance, valablement contre-signée, circule en franchise.	Nos des tableaux de circonscriptions à consulter, à la suite du présent Manuel.
autorisés à contre-signer leur correspondance de service. (Les initiales entre crochets indiquent la forme à employer pour la fermeture des lettres.)	auxquels la correspondance de service des fonctionnaires et des personnes désignés dans la colonne ci-contre, doit être remise en franchise.		
PROCUREUR général de la Cour des comptes. (1) [L.F.]	Caissiers { des académies*..................	Tout le R.	»
	de la caisse d'amortissement*...	»	»
	de la caisse des brevets d'invention*..................	»	»
	de la caisse des dépôts et consign.	»	»
	des facultés de droit*.........	Tout le R.	»
	des facultés de médecine*.....	Tout le R.	»
	des fonds de la chancellerie*...	»	»
	des hôpitaux*.............	Tout le R.	»
	de l'imprimerie royale*.......	»	»
	des monts-de-piété*.........	Tout le R.	»
	des tontines*..	Tout le R.	»
	Caissier central du trésor*........	»	»
	Commissaires des poudres et salpêtres*..	Tout le R.	»
	Directeurs { de la fabrication des monnaies*..	Tout le R.	»
	de l'imprimerie royale*......	»	»
	des monts-de-piété*.........	Tout le R.	»
	Directeurs comptables des postes*.......	Tout le R.	»
	Directeur général des poudres et salpêtres*..	»	»
	Économes des collèges royaux*........	Tout le R.	»
	Gardes-magasins du timbre*........	Tout le R.	»
	Justiciables de la Cour des comptes* (2)...	Tout le R.	»
	Payeurs du trésor { aux armées*...........	Tout le R.	»
	dans les départements*.......	Tout le R.	»
	Payeur central du trésor*.........	»	»
	Préfets*.................	Tout le R.	»
	Receveurs { des bureaux de bienfaisance*...	Tout le R.	»
	des bureaux de charité*......	Tout le R.	»
	des contributions indirectes*...	Tout le R.	»
	des douanes*............	Tout le R.	»
	de l'enregistr. et des domaines*..	Tout le R.	»
	des établissem. de bienfaisance*	Tout le R.	»
	des hospices*...........	Tout le R.	»
	des octrois*............	Tout le R.	»
	Receveurs généraux*............	Tout le R.	»
	Receveurs municipaux*...........	»	»
	Trésoriers { des colonies*..	»	»
	des fonds coloniaux*.......	»	»
	des invalides, à *Avignon*....	»	»
	des invalides, à *Paris*.......	»	»
	Trésorier général des invalides de la marine*	»	»
PROCUREURS généraux. [S.B*.]	Adjoints des maires exerçant le ministère public, près les tribunaux de simple police*.	C. roy.	12
	Archevêques*.............	C. roy.	12
	Capitaines rapporteurs près les conseils de guerre*.	Tout le R.	»
	Chefs du service des chiourmes*......	Dép. (3)	»
	(La suite ci-contre.)		

(1) Le procureur général de la Cour des comptes reçoit en franchise, sans condition de contre-seing, les lettres et dépêches qui lui sont adressées. (*V.* la première partie.)

(2) La désignation de *justiciable de la Cour des comptes* n'opérera la franchise qu'autant qu'elle sera précédée du titre ou de la qualité du destinataire, soit: *administrateur de... caissier de... directeur de... receveur de...*

(3) Cette franchise peut s'étendre aux départements limitrophes.

| DÉSIGNATION DES FONCTIONNAIRES ET DES PERSONNES | | Circonscriptions territoriales dans lesquelles la correspondance, valablement contre-signée, circule en franchise. | Nos des tableaux de circonscriptions à consulter, à la suite du présent Manuel. |
autorisés à contre-signer leur correspondance de service. (Les initiales entre crochets indiquent la forme à employer pour la fermeture des lettres.)	auxquels la correspondance de service des fonctionnaires et des personnes désignés dans la colonne ci-contre doit être remise en franchise.		
	Comman-dants des brigades { du bataillon de voltigeurs corses★	Tout le R.	»
	de la garde municipale de *Paris*★.	Tout le R.	»
	de gendarmerie★	Tout le R.	»
	Commissaires de police ★	C. roy.	12
	Conservateurs des forêts ★	Conserv. for. (1)	23
	Directeurs { de l'enregistr. et des domaines★.	C. roy.	12
	des maisons centr. de détention★	Tout le R.	»
	des postes ★	C. roy.	12
	des télégraphes★	Ray. télég.	30
	Évêques★	C. roy.	12
	Grands vicaires capitulaires★	C. roy.	12
	Greffiers des cours et tribunaux★	C. roy.	12
	Inspecteurs des écoles primaires ★	C. roy.	12
	Inspecteurs généraux des études, *en tournée*★	Tout le R.	»
	Inspecteurs généraux de gendarmerie★ . . .	Tout le R.	»
	Intendants militaires ★	Tout le R.	»
	Juges d'instruction ★	Tout le R.	»
PROCUREURS géné-raux. (*Suite*) (2). [S.B★.]	Juges de paix ★	Tout le R.	»
	Lieutenants généraux commandant les divisions militaires★	Tout le R.	»
	Maires★	C. roy.	12
	Maréchaux de camp commandant les subdivisions militaires ★	C. roy.	12
	Officiers { du bataillon de voltigeurs corses★.	Tout le R.	»
	de la garde municipale *de Paris*★.	Tout le R.	»
	de gendarmerie★	Tout le R.	»
	Préfets des départements★	C. roy.	12
	Préfets maritimes, à *Brest*, *Rochefort* et *Toulon*★	»	»
	Premiers présidents des cours royales ★ . . .	C. roy.	12
	Présidents des conseils de guerre ★	Tout le R.	»
	Présidents des cours et tribunaux★	C. roy.	12
	Procureurs généraux★	Tout le R.	»
	Procureurs du Roi★	Tout le R.	»
	Proviseurs des collèges royaux ★	C. roy.	12
	Recteurs d'académie ★	C. roy.	12
	Sous-inspecteurs des écoles primaires★	C. roy.	12
	Sous-intendants militaires★	C. roy.	12
	Sous-intendants militaires adjoints ★	C. roy.	12
	Sous-préfets ★	C. roy.	12
PROCUREURS généraux des départem. frontières. [S.B★]	Autorités étrangères des pays limitrophes ★ .	»	»

(1) Cette franchise peut s'étendre aux conservations forestières limitrophes.

(2) Les procureurs généraux reçoivent en franchise, sans condition de contre-seing, les lettres et dépêches qui leur sont adressées des lieux situés dans le ressort de leur parquet. (*Voir* la première partie)

DÉSIGNATION DES FONCTIONNAIRES ET DES PERSONNES		Circonscriptions territoriales dans lesquelles la correspondance, valablement contre-signée, circule en franchise.	N° des tableaux de circonscriptions à consulter, à la suite du présent Manuel.
autorisés à contre-signer leur correspondance de service. (Les initiales entre crochets indiquent la forme à employer pour la fermeture des lettres.)	auxquels la correspondance de service des fonctionnaires et des personnes désignés dans la colonne ci-contre, doit être remise en franchise.		
PROCUREURS du Roi près les Cours d'assises (1). [S.B★.]	Adjoints des maires exerçant le ministère public, près les tribunaux de simple police★.	Dép.	»
	Commissaires de police★.	Dép.	»
	Maires★.	Dép.	»
	Sous-préfets★.	Dép.	»
PROCUREURS du Roi près les tribunaux de première instance (4). [S.B★.]	Adjoints des maires exerçant le ministère public, près les tribunaux de simple police★.	Arr. s.-pr.	»
	Archevêques★. [L.F.]	Circ. dioc.	14
	Capitaines rapp. près les conseils de guerre★.	Tout le R.	»
	Chefs du service des chiourmes★.	Dép. (2)	»
	Comman- du bataillon de voltigeurs corses★.	Tout le R.	»
	dants des de la garde municipale de *Paris*★.	Tout le R.	»
	brigades de gendarmerie★.	Tout le R.	»
	Commandants du génie★.	Dép.	»
	Commissaires de police★.	Arr. s. pr.	»
	Conservateurs des forêts★.	Conserv. for (3)	23
	Conservateurs des hypothèques★.	Arr. s.-pr.	»
	Directeurs... de l'enregistrement et des domaines★.	Dép.	»
	des fortifications★.	Dir. du gén.	27
	des maisons centrales de détention★.	Tout le R.	»
	des postes★.	Arr. s.-pr.	»
	des télégraphes★.	Ray. télég.	30
	Évêques★.	Circ. dioc.	14
	Gardes à cheval des forêts★.	Conserv. for (3	23
	Gardes généraux des forêts★.	Conserv. for 3)	23
	Grands-vicaires capitulaires★.	Circ. dioc.	14
	Inspecteurs des écoles primaires★.	Dép.	»
	Inspecteurs des forêts★.	Conserv. for (3)	23
	Inspecteurs généraux des études, *en tournée*★.	Tout le R.	»
	Inspecteurs généraux de gendarmerie★.	Tout le R.	»
	Intendants militaires★.	Tout le R.	»
	Juges d'instruction★.	Tout le R.	»
	Juges de paix★.	Tout le R.	»
	Lieut. généraux commandant les div. milit.★	Tout le R.	»
	Maires★.	Arr. s.-pr.	»
	Maréch. de camp command. les subdiv. milit.★	Subd. mil.	37

(La suite ci-contre.)

(1) Le contre-seing ici attribué aux *procureurs du roi près les Cours d'assises* est indépendant du contre-seing auquel les magistrats qui en exercent les fonctions ont déjà droit en leur qualité de *procureurs du Roi près les tribunaux de première instance*. (*V.* ci-dessous.)

Les procureurs du Roi près les Cours d'assises reçoivent en franchise, sans condition de contre-seing, les lettres et dépêches qui leur sont adressées des lieux situés dans le ressort de la Cour d'assises. (*V.* la première partie.)

(2) Cette franchise peut s'étendre aux départements limitrophes.

(3) Cette franchise s'étend même aux conservations forestières limitrophes.

(4) Les procureurs du Roi près les tribunaux de première instance reçoivent en franchise, sans condition de contre-seing, les lettres et dépêches qui leur sont adressées des lieux situés dans le ressort de leur parquet. (*V.* la première partie.)

DÉSIGNATION DES FONCTIONNAIRES ET DES PERSONNES		Circonscriptions territoriales dans lesquelles la correspondance, valablement contre-signée, circule en franchise.	N°s des tableaux de circonscriptions à consulter, à la suite du présent Manuel.
autorisés à contre-signer leur correspondance de service. (Les Initiales entre crochets Indiquent la forme à employer pour la fermeture des lettres.)	auxquels la correspondance de service des fonctionnaires et des personnes désignés dans la colonne ci-contre, doit être remise en franchise.		
PROCUREURS du Roi près les tribunaux de première instance. (*Suite*). [S.B.*]	Officiers { du bataillon de voltigeurs corses*.	Tout le R.	»
	de la garde municipale de *Paris*.	Tout le R.	»
	de gendarmerie*.	Tout le R.	»
	Préfets des départements*.	Dép.	»
	Préfets maritimes à *Brest*, *Rochefort* et *Toulon**.	»	»
	Premiers présidents des cours royales*.	C. roy.	12
	Présidents des chambres de discipline des notaires*.	Arr. s.-p.	»
	Présidents des conseils de guerre*.	Tout le R.	»
	Présidents des cours d'assises*.	Départem où se tiennent les assises (1).	»
	Procureurs généraux*.	Tout le R.	»
	Procureurs du Roi*.	Tout le R.	»
	Receveurs de l'enregistr. et des domaines*.	Arr. s.-p.	»
	Recteurs d'académie*.	Arr. acad.	1
	Sous-inspecteurs des écoles primaires*.	Dep.	»
	Sous-inspecteurs des forêts*.	Conserv. for. (2)	23
	Sous-intendants militaires*.	Dep	»
	Sous-intendants militaires adjoints*.	Dep.	»
	Sous-préfets*.	Arr. s.-pr.	»
	Vérificateurs des poids et mesures*.	Arr. s.-pr.	»
PROCUREURS du Roi des départem. frontières. [S.B*.]	Autorités étrangères des pays limitrophes*.	»	»
PROCUREUR du Roi à *La Rochelle* (Charente-Inférieure). [S.B*.]	Président du tribunal de commerce de *Saint-Martin-de-Ré* (Charente-Inférieure)*.	»	»
PROCUREURS du Roi à *Vassy* (H.-Marne). et *Bar-le-Duc* (Meuse) [S.B*]	Inspecteur des forêts, à *Vitry-le-François**.	»	»
PROCUREURS du Roi dans le département de la *Nièvre*. [S.B.*]	Direct. des forges de la marine à *Guérigny**.	»	»
PROCUREUR du Roi, près le tribunal de 1re instance de la *Seine*. [S.B.*]	Directeurs des hôpitaux et hospices de *Paris**	»	»
	Président du trib. de commerce de *Paris**.	»	»
PROFESSEURS des facultés [S.B.]	Doyens des Facultés*.	Arr. acad.	1
	Recteurs d'académie*.	Arr. acad.	1
PROVISEURS des colleges royaux. [S.B.]	Contrôleurs des contributions directes*.	Arr. s.-pr.	8
	Directeurs des contributions directes*.	Dép.	»
	Inspecteurs d'académie*.	Arr. acad.	1
	Inspecteurs généraux des études, *en tournée**	Tout le R.	»
	Premiers présidents des cours royales*.	C. roy.	12
	Procureurs généraux*.	C. roy.	12
	Recteurs d'académie*.	Arr. acad.	1

(1) Cette franchise s'étend même au lieu de la résidence ordinaire des présidents des cours d'assises.

(2) Cette franchise peut s'étendre aux conservations forestières limitrophes.

DÉSIGNATION DES FONCTIONNAIRES ET DES PERSONNES		Circonscriptions territoriales dans lesquelles la correspondance, valablement contre-signée, circule en franchise.	N° des tableaux de circonscriptions à consulter, à la suite du présent Manuel.
autorisés à contre-signer leur correspondance de service. (Les initiales entre crochets indiquent la forme à employer pour la fermeture des lettres.)	auxquels la correspondance de service des fonctionnaires et des personnes désignés dans la colonne ci-contre, doit être remise en franchise.		
R.			
RABBINS dépendant des consistoires israélites. [S.B.]	Inspecteurs des écoles primaires*........	Dép.	»
	Sous-inspecteurs des écoles primaires*....	Dép.	»
RECEVEURS des argues, a *Lyon* et à *Trévoux*. [L.F.]	Président de la commission des monnaies*..	»	»
RECEVEURS des bureaux de transit des douanes. [S.B.]	Receveurs des bureaux de transit des douanes* (1)...............	Tout le R.	»
	Receveurs des entrepôts des douanes* (1)..	Tout le R.	›
RECEVEUR central des finances de la *Seine*. (2) [S.B.]	Intendant de la 1re division militaire*....	»	»
	Sous-intendant militaire attaché à l'école polytechnique*..............	»	»
RECEVEURS des contributions indirectes près les salines de l'intérieur. [S.B.]	Receveurs généraux des finances des départements qui s'approvisionnent aux salines de l'intérieur* (3).............	»	»
RECEVEURS contrôleurs ambulants ou sédentaires des contributions indir. (5) [S.B.]	Inspecteurs spéciaux chargés du service de la surveillance des tabacs*..........	Insp.spéc.tab (4)	»
	Receveurs particuliers entreposeurs des arrondissements où il n'existe pas de directeurs des contributions indirectes*.....	Arr. s.-pr.	9
RECEVEURS des douanes. (6) [S.B.]	....	......	...
RECEVEUR des droits de navigation sur le *Rhin*, à *Strasbourg*. [S.B.]	Inspecteur général de la navigation du *Rhin*, à *Mayence**..........	»	»
	Inspecteur du premier district de la navigation du *Rhin*, à *Strasbourg**........	(7)	»
RECEVEURS de l'enregistrement et des domaines. [S.B.]	Brigadiers des forêts*...........	Conserv. for.	23
	Conservateurs des forêts*...........	Conserv. for.	23
	Conservateurs des hypothèques*........	Dép.	»
	Contrôleurs des contributions directes*...	Arr. s.-pr.	8
	(La suite ci-contre.)		

(1) Pour l'envoi seulement des extraits d'acquit-à-caution.

(2) Le receveur central de la *Seine* a, en outre, la correspondance attribuée aux receveurs généraux des finances. (*V.* plus loin.)

(3) *V.* la nomenclature de ces départements, à l'article : **RECEVEURS** généraux des finances.

(4) V. *les arrondissements de ces inspecteurs spéciaux*, page 87.

(5) *V.* aussi *préposés des contributions indirectes*, page 137.

(6) V. *Receveurs principaux* et *Receveurs subordonnés des douanes*.

(7) Cette franchise s'étend à tous les lieux situés sur les bords du *Rhin*, jusqu'à l'embouchure de la *Lauter*.

DÉSIGNATION DES FONCTIONNAIRES ET DES PERSONNES		Circonscriptions territoriales dans lesquelles la correspondance, valablement contre-signée, circule en franchise.	N°° des tableaux de circonscription à consulter, à la suite du présent Manuel.
autorisés à contre-signer leur correspondance de service. (Les initiales entre crochets indiquent la forme à employer pour la fermeture des lettres.)	auxquels la correspondance de service des fonctionnaires et des personnes désignés dans la colonne ci-contre, doit être remise en franchise.		
RECEVEURS de l'enregistrement et des domaines. [S. B.]	Directeurs des bergeries royales★	Dép.	»
	des dépôts d'étalons★	Dép.	»
	des écoles vétérinaires★	Dép.	»
	de l'enregistrement et des domaines★	Dép.	»
	des haras★	Dép.	»
	Gardes à cheval des forêts ★	Conserv. for.	23
	Gardes généraux des forêts★	Conserv. for.	23
	Gardes de la pêche★	Conserv. for.	23
	Gardes à pied des forêts★	Conserv. for.	23
	Inspecteurs de l'enregistrement et des domaines★	Dép.	»
	Inspecteurs des forêts★	Conserv. for.	23
	Maires★ (1)	Arr. s.-pr.	»
	Percepteurs★	Arr. s.-pr.	»
	Procureurs du Roi★	Arr. s.-pr.	»
	Receveurs de l'enregistrement et des domaines★	Dép.	»
	Receveurs du timbre★	Dép.	»
	Régisseurs des bergeries royales★	Dép.	»
	des écoles vétérinaires★	Dép.	»
	des établissements thermaux, appartenant à l'État	Dép.	»
	Sous-inspecteurs des forêts ★	Conserv. for.	23
	Vérificateurs de l'enregistrement et des domaines★	Dép.	»
RECEVEURS de l'enregistrement et des domaines du département de la *Seine*. [S.B.]	Directeur du dépôt de remonte situé au bois de *Boulogne*, près *Paris* ★	»	»
RECEVEUR de l'enregistrement et desdomaines, à *Aumont*. [S.B.]	Garde général des forêts, à *Espalion* ★	»	»
RECEVEURS de l'enregistrement et des domaines, à *Bar-le-Duc et Vassy*★ [S.B.]	Inspecteur des forêts, à *Vitry-le-Français* ★	»	»
RECEVEUR de l'enregistrement et des domaines, à *Chaudesaigues*. [S.B.]	Garde général des forêts, à *Espalion*★	»	»
RECEVEUR de l'enregistrement et des domaines, à *St-Chély*. [S.B.]	Garde général des forêts, à *Espalion*★	»	»

(1) Cette franchise s'étend à l'envoi des avertissements destinés aux redevables de l'enregistrement. Ces avertissements, dont la formule est imprimée, peuvent contenir de l'écriture à la main, mais ils ne doivent être ni pliés en forme de lettre, ni cachetés, ni revêtus d'adresses extérieures.

DÉSIGNATION DES FONCTIONNAIRES ET DES PERSONNES		Circonscriptions territoriales dans lesquelles la correspondance, valablement contre-signée, circule en franchise.	Nos des tableaux de circonscriptions à consulter, à la suite du présent Manuel.
autorisés à contre-signer leur correspondance de service. (Les initiales entre crochets indiquent la forme à employer pour la fermeture des lettres.)	auxquels la correspondance de service des fonctionnaires et des personnes désignés dans la colonne ci-contre doit être remise en franchise.		
RECEVEURS des entrepôts des douanes. [S.B.]	Receveurs des bureaux de transit des douanes* (1).	Tout le R.	»
	Receveurs des entrepôts des douanes*.	Tout le R.	»
RECEVEURS des établissemens de bienfaisance. [S.B.]	Gardes généraux des forêts*.	Dép.	»
	Inspecteurs départementaux des enfants trouvés et des établissements de bienfaisance*.	Dép.	»
	Inspecteurs des forêts*.	Dép.	»
	Préfets*.	Dép.	»
	Receveurs généraux des finances*.	Arr. s.-pr.	»
	Receveurs particuliers des finances*.	Arr. s.-pr.	»
	Sous-inspecteurs des forêts*.	Dép.	»
	Sous-préfets*.	Arr. s.-pr.	»
RECEVEURS généraux des finances. (4) [S.B.]	Agents comptables des facultés*.	Arr. acad.	1
	Conservateurs des forêts*.	Conserv. for.	23
	Contrôleurs des contributions directes*.	Dép.	»
	Directeurs des douanes*.	Dép.	»
	Directeurs des fortifications*.	Dir. du gén.	27
	Directeurs des postes*.	Arr. s.-pr.	»
	Doyens des facultés*.	Arr. acad.	1
	Gardes généraux des forêts*.	Dép.	»
	Greffi. en chef de la Cour de comptes* (2) [L.F.]	»	»
	Inspecteurs { des contributions directes*.	Dép.	»
	des écoles primaires*.	Dép.	»
	des forêts*.	Dép.	»
	Notaires (3).	Dép.	»
	Percepteurs*.	Dép.	»
	Receveurs des établissements de bienfaisance*	Arr. s.-pr.	»
	Receveurs des hospices*.	Dép.	»
	Receveurs municipaux*.	Dép.	»
	Receveurs particuliers des finances*.	Dép.	»
	Receveurs principaux des douanes*.	Dép.	»
	Recteurs d'académie*.	Arr. acad.	1
	Sous-inspecteurs des écoles primaires*.	Dép.	»
	Sous-inspecteurs des forêts*.	Dép.	»
	Sous-préfets*.	Dép.	»
	Trésorier de la couronne*.	»	»
RECEVEURS généraux des finances des dép. qui s'approvisionnent aux salines de l'intérieur (5) [S.B.]	Receveurs des contributions indirectes près les salines de l'intérieur*.	(5)	»

(1) Pour l'envoi seulement des extraits d'acquits-à-caution.

(2) Pour l'envoi des comptes.

(3) Pour l'envoi des paquets de formules de certificats de vie.

(4) La transmission des effets de commerce, sous le contre-seing des receveurs des finances et des percepteurs, est une opération qui se rattache directement au service du trésor. (*Décision du Ministre des finances du 20 décembre 1831.*)

(5) Ces départements sont au nombre de vingt-deux, savoir : l'*Ain*, les *Ardennes*, l'*Aube*, la *Côte-d'Or*, le *Doubs*, la *Gironde*, le *Jura*, les *Landes*, la *Marne*, la *Haute-Marne*, la *Meurthe*, la *Meuse*, la *Moselle*, les *Basses-Pyrénées*, les *Hautes-Pyrénées*, le *Bas-Rhin*, le *Haut-Rhin*, le *Rhône*, *Saône-et-Loire*, *Haute-Saône*, *Seine* et *Vosges*.

DÉSIGNATION DES FONCTIONNAIRES ET DES PERSONNES		Circonscriptions territoriales dans lesquelles la correspondance, valablement contre-signée, circule en franchise.	Nᵒˢ des tableaux de circonscriptions à consulter, à la suite du présent tableau.
autorisés à contre-signer leur correspondance de service. (Les initiales entre crochets indiquent la forme à employer pour la fermeture des lettres.)	auxquels la correspondance de service des fonctionnaires et des personnes désignés dans la colonne ci-contre, doit être remise en franchise.		
RECEVEURS généraux des finances, en tournée, dans leur département, pour le service du Trésor. [S.B.]	Fondés de pouvoirs des contre-signataires, au siége de la recette générale*.	Dép.	»
RECEVEUR général de l'Ardèche. [S.B.]	Présidents des commissions administratives des hospices civ. de *Grenoble* et de *Vienne*★	»	»
RECEVEUR général des *Bouches-du-Rh.* [S.B.]	Directeur des finances, en *Algérie*★. . . . . Payeur de l'armée d'*Afrique*★. . . . . . . Payeur du trésor public, a *Toulon*★. . . . . Receveur général de la *Corse*★.	» » » »	» » » »
RECEVEUR général de la *Charente*. [S B.]	Président de la commission administrative des hospices civils de *Bordeaux*★.	»	»
RECEVEUR général de la *Charente-Infer.* [S.B.]	Président de la commission administrative des hospices civils de *Bordeaux*★. . . .	»	»
RECEVEUR général de la *Corse.* [S.B.]	Receveur général des *Bouches-du-Rhône*★. .	»	»
RECEVEUR général de la *Dordogne*. [S.B.]	Président de la commission administrative des hospices civils de *Bordeaux*★.. . . . . ,	»	»
RECEVEUR général de la *Drôme.* [S.B.]	Présidents des commissions administratives des hospices civ. de *Grenoble* et de *Vienne*★	»	»
RECEVEUR général du *Finistère*, résidant à *Brest.* [S.B.]	Préfet du *Finistère*★.	»	»
RECEVEUR général de la *Loire.* [S.B.]	Présidents des commissions administratives des hospices civ. de *Grenoble* et de *Vienne*★	»	»
RECEVEUR général de la *Haute-Loire* [S.B.]	Présidents des commissions administratives des hospices civ. de *Grenoble* et de *Vienne*★	»	»
RECEVEUR général du *Pas-de-Calais.* [S.B.]	Préposé payeur, a *Calais*★.	»	»
RECEVEUR général du *Rhône* [S.B.]	Présidents des commissions administratives des hospices civ. de *Grenoble* et de *Vienne*★	»	»
RECEVEUR général de la *Sarthe.* [S.B.]	Intendant de la 4ᵉ division militaire★. . . . . Sous-intendant militaire chargé de l'école de la *Flèche*, en résidence au *Mans*★. , . . .	» »	15 »
RECEVEUR général de *Seine-et-Oise.* [S.B.]	Intendant de la 1ʳᵉ division militaire★. . . . . Sous-intendant militaire chargé de l'école de *Saint-Cyr*, en résidence à *Versailles*★.	» »	15 »

DÉSIGNATION DES FONCTIONNAIRES ET DES PERSONNES		Circonscriptions territoriales dans lesquelles la correspondance, valablement contre-signée, circule en franchise.	Nos des tableaux de circonscriptions à consulter, à la suite du présent Manuel.
autorisés à contre-signer leur correspondance de service. (Les initiales entre crochets indiquent la forme à employer pour la fermeture des lettres.)	auxquels la correspondance de service des fonctionnaires et des personnes désignés dans la colonne ci-contre, doit être remise en franchise.		
RECEVEUR général du *Var*. [S.B.]	Directeur des finances, en *Algérie*★	»	»
	Payeur du département du *Var*, résidant à *Toulon*★	»	»
	Préfet du *Var*★	»	»
RECEVEURS des hospices. [S.B.]	Gardes généraux des forêts★	Dép.	»
	Inspecteurs départementaux des enfants trouvés et des établissements de bienfaisance★	Dép.	»
	Inspecteurs des forêts★	Dép.	»
	Receveurs généraux des finances★	Dép.	»
	Receveurs particuliers des finances★	Arr. s. pr.	»
	Sous-inspecteurs des forêts★	Dép.	»
RECEVEURS municipaux. [S.B.]	Gardes généraux des forêts★	Dép.	»
	Greffier en chef de la cour des comptes (1).	»	»
	Inspecteurs des forêts★	Dép.	»
	Préfets★	Dép.	»
	Receveurs généraux des finances★	Dép.	»
	Receveurs particuliers des finances★	Arr. s.-pr.	»
	Sous-inspecteurs des forêts★	Dép.	»
	Sous-préfets★	Arr. s.-pr.	»
RECEVEURS particuliers ambulants ou sédentaires des contributions indirectes (2) [S.B]	Receveurs particuliers entreposeurs des arrondissements où il n'existe pas de directeur des contributions indirectes★	Arr. s.-pr.	9
RECEVEURS particuliers entreposeurs des arrondissements où il n'existe pas de directeur des contributions indirectes. (2) [S.B.]	Receveurs contrôleurs ambulants ou sédentaires des contributions indirectes★	Arr. s.-pr.	9
	Receveurs particuliers ambulants ou sédentaires des contributions indirectes★	Arr. s.-pr.	9
RECEVEURS particuliers des finances (3).	Conservateurs des forêts★	Conserv. for.	23
	Contrôleurs des contributions directes★	Arr. s.-pr.	8
	Directeurs { des contributions directes★	Dép.	»
	des douanes★	Arr s.-pr.	»
	des fortifications★	Dir. du gén.	27
	des postes★	Arr. s.-pr.	»
	Gardes généraux des forêts★	Dép.	»
	Inspecteurs des contributions directes★	Dép.	»
	Inspecteurs des écoles primaires★	Dép.	»
	Inspecteurs des forêts★	Dép.	»
	Payeurs du trésor public★ (4).	Dép.	»
	(*La suite ci-contre.*)		

(1) Pour l'envoi des comptes et pièces à l'appui.

(2) *V.* aussi *Préposés des contributions indirectes.*

(3) La transmission des effets de commerce, sous le contre-seing des receveurs des finances et des percepteurs, est une opération qui se rattache directement au service du trésor. (*Décision du Ministre des finances, du 20 décembre 1831.*)

(4) Cette correspondance n'est autorisée que dans le cas où les receveurs particuliers, chargés d'effectuer des payements pour le compte du trésor, remplissent les fonctions de préposés payeurs; mais alors la suscription des dépêches doit porter ces mots : *Service du payeur.*

DÉSIGNATION DES FONCTIONNAIRES ET DES PERSONNES		Circonscrip-tions territoriales dans lesquelles la correspon-dance, valablement contre-signée, circule en franchise.	Nᵒˢ des tableaux de circonscription à consulter, à la suite du présent Manuel.
autorisés à contre-signer leur correspondance de service. (Les initiales entre crochets indiquent la forme à employer pour la fermeture des lettres.)	auxquels la correspondance de service des fonctionnaires et des personnes désignés dans la colonne ci-contre, doit être remise en franchise.		
Receveurs particu-liers des finances. (*Suite.*)	Percepteurs ★	Arr. s.-pr.	»
	Préfets★	Dép.	»
	Receveurs des établissements de bienfai-sance ★	» Arr. s.-pr.	»
	Receveurs des hospices★	Arr. s.-pr.	»
	Receveurs généraux des finances★	Dép.	»
	Receveurs municipaux★	Arr. s.-pr.	»
	Receveurs principaux des douanes ★	Arr. s.-pr.	»
	Sous-inspecteurs des forêts★	Dép.	»
	Sous-inspecteurs des écoles primaires★	Dép.	»
Receveur particu-lier des finances, à *Brignolles.* [S.B.]	Préfet du *Var*★	»	»
Receveur particu-lier des finances de l'arrondissement de *Die,* en résidence à *Crest.* [S.B.]	Fondé de pouvoirs du receveur contre-signa-taire, à *Die*★	»	»
Receveur particul. des finances, à *Gex.* [S.B.]	Receveur particulier des finances, à *Nantua*★	»	»
Receveur particu-lier des finances, à *Grasse.* [S.B.]	Préfet du *Var*★	»	»
Receveur particu-lier des finances, à *Nantua.* [S.B.]	Percepteur à *Collonges*★	»	»
	Receveur particulier des finances, à *Gex*★	»	»
Receveurs particu-liers des finances du *Pas-de-Calais* [S.B.]	Préposé payeur, à *Calais*★	»	»
Receveurs princi-paux des douanes. [S.B.]	Capitaines des brigades des douanes★	Dir. doua.	16
	Contrôleurs des brigades des douanes★	Dir. doua.	16
	Contrôleurs aux sels ressortissant aux recettes des contre-signataires ★	Cont. aux sels	10
	Directeurs des douanes ★	Dir. doua.	16
	Directeurs des postes ★	Arr. s.-pr.	»
	Inspecteurs des douanes ★	Dir. doua.	16
	Receveurs subordonnés des douanes★	Dir. doua. et dir. limit.	16
	Receveurs généraux des finances★	Dép.	»
	Receveurs particuliers des finances★	Arr. s.-pr.	»
	Receveurs principaux des douanes ★	Dir. doua. et dir. limitr.	16
	Sous-inspecteurs des douanes★	Dir. doua.	16
Receveurs princi-paux des douanes dans la direction de *Bastia.* [S.B.]	Vérificateurs des douanes, en *Corse*★	»	»

DÉSIGNATION DES FONCTIONNAIRES ET DES PERSONNES		Circonscriptions territoriales dans lesquelles la correspondance, valablement contre-signée, circule en franchise.	Nos des tableaux de circonscriptions à consulter, à la suite du présent Manuel.
autorisés à contre-signer leur correspondance de service. (Les initiales entre crochets indiquent la forme à employer pour la fermeture des lettres.)	auxquels la correspondance de service des fonctionnaires et des personnes désignés dans la colonne ci-contre, doit être remise en franchise.		
RECEVEURS principaux des douanes, à *Aubenton* et à *Lille*. [S.B.]	Commis principal des douanes, à *Vervins*★. .	»	»
	Commis principal des douanes, à *Douai*★. .	»	»
RECEVEUR principal des douanes, à *Delle*. [S.B.]	Commis principal des douanes, à *Belfort*★. .	»	»
RECEVEUR principal des entrepôts, à *Paris* [S.B.]	Commis aux soudes, à *Chauny*, *Couternon*, *Epinal*, *Javelle*, *La Glacière*, *Saint-Denis*, *Saint-Roch-lez-Amiens*, *Vaugirard*★. . .	»	»
RECEVEURS subordonnés des douanes. [S.B.]	Directeurs des douanes★.	Dir. doua.	16
	Commis aux soudes★.	Dir. doua. et dir. limit.	16 16
	Directeurs des postes★.	Arr. s.-pr.	»
	Inspecteurs des douanes★.	Dir. doua.	16
	Receveurs principaux des douanes★. . . .	Dir. doua. et dir. limit.	16 16
	Receveurs subordonnés des douanes★. . .	Dir. doua. et dir. limit.	16 16
	Sous-inspecteurs des douanes★.	Dir. doua.	16
RECEVEURS subordonnés des douanes dans la direction de *Bastia*. [S.B.]	Vérificateurs des douanes, en *Corse*★.	»	»
RECEVEURS du timbre. [S.B.]	Conservateurs des hypothèques★.	Dép.	»
	Directeurs de l'enregistr. et des domaines★. .	Dép.	»
	Inspecteurs de l'enregistr. et des domaines★.	Dép.	»
	Receveurs de l'enregistr. et des domaines★. .	Dép.	»
	Receveurs du timbre★.	Dép.	»
	Vérificateurs de l'enregistr. et des domaines★	Dép.	
RECTEURS d'académie. [S.B.]	Archevêques★.	Arr. acad.	1
	Chefs d'institution★.	Arr. acad.	1
	Curés★.	Arr. acad.	1
	Desservants★.	Arr. acad.	1
	Directeurs des contributions directes★. . .	Arr. acad.	1
	Directeurs des écoles normales primaires★. .	Arr. acad.	1
	Directrices des écoles normales primaires★. .	Arr. acad.	1
	Doyens des facultés★.	Arr. acad.	1
	Evêques★.	Arr. acad.	1
	Grands-vicaires capitulaires★.	Arr. acad.	1
	Inspecteurs d'académie★.	Arr. acad.	1
	Inspecteurs des écoles primaires★.	Arr. acad.	1
	Inspecteurs généraux des études, *en tournée*★	Arr. acad.	»
	Instituteurs des écoles primaires★.	Arr. acad.	1
	Institutrices des écoles primaires★.	Arr. acad.	1
	Maires★.	Arr. acad.	1
	Maîtres des écoles primaires★.	Arr. acad.	1
	Maîtres de pension★.	Arr. acad.	1
	Maîtresses des écoles primaires★.	Arr. acad.	1
	Préfets★.	Arr. acad.	1
	Premiers présidents des Cours royales★. . .	C. roy.	12

(La suite ci-contre.)

DÉSIGNATION DES FONCTIONNAIRES ET DES PERSONNES		Circonscriptions territoriales dans lesquelles la correspondance, valablement contre-signée, circule en franchise.	N^{os} des tableaux de circonscription à consulter, à la suite du présent Manuel.
autorisés à contre signer leur correspondance de service. (Les initiales entre crochets indiquent la forme à employer pour la fermeture des lettres.)	auxquels la correspondance de service des fonctionnaires et des personnes désignés dans la colonne ci-contre, doit être remise en franchise.		
RECTEURS d'académie. (*Suite*.) [S.B.]	Présidents des comités d'arrondissement de l'instruction primaire★............	Arr. acad.	1
	Présidents des comités communaux de l'instruction primaire★.............	Arr. acad.	1
	Présidents des commissions de surveillance des écoles normales primaires★......	Arr. acad.	1
	Principaux des colléges communaux★....	Arr. acad.	1
	Procureurs généraux★................	C. roy.	12
	Procureurs du Roi★.................	Arr. acad.	1
	Professeurs des facultés★............	Arr. acad.	1
	Proviseurs des colléges royaux★......	Arr. acad.	1
	Receveurs généraux des finances★....	Arr. acad.	1
	Recteurs d'académie★.............	Tout le R.	»
	Sous-inspecteurs des écoles primaires★...	Arr. acad.	1
	Sous-préfets★...................	Arr. acad.	1
	Succursalistes★..................	Arr. acad,	1
RECTEURS de paroisses. (1)	....	....	»
RÉGISSEURS des bergeries royales. [S.B.]	Direct. de l'enregistrement et des domaines★.	Dép.	»
	Préfets★.	Dép.	»
	Recev. de l'enregistrement et des domaines★.	Dép.	»
	Sous-préfets★.	Arr. s.-pr.	»
RÉGISSEURS des écoles vétérinaires. [S.B.]	Directeurs de l'enregistr. et des domaines★.	Dép.	»
	Receveurs de l'enregistr. et des domaines★..	Dép.	»
RÉGISSEURS des établissements thermaux appartenant à l'État. [S.B.]	Directeurs de l'enregistr. et des domaines★..	Dép.	»
	Receveurs de l'enregistr. et des domaines★..	Dép.	»
RÉGISSEUR de l'établissement thermal de *Vichy*. [S.B.]	Préfet de l'*Allier*★..	»	»
RÉGISSEURS des manufactures royales de tabacs. [S.B.]	Directeurs des contributions indirectes★.	Tout le R.	»
	Gardes-magasins des tabacs en feuilles★(2). .	»	»
	Inspecteurs de la culture des tabacs et des magasins de tabacs en feuilles★........	Tout le R.	»
	Inspecteurs spéciaux du service des tabacs, résidant habituellement à *Paris*★(3)... .	Tout le R.	»
	Régisseurs des manufactures de tabacs★....	Tout le R.	»
LA REINE (4).....	....	»	»
LE ROI (4).	....	»	»

(1) Voyez *Curés, Desservants, Succursalistes*.

(2) Ces agents sont répartis dans les départements ci-après : *Ille-et-Vilaine, Lot, Lot-et-Garonne, Nord, Pas-de-Calais, Bas-Rhin*.

(3) Lorsque ces inspecteurs sont en tournée.

(4) *Voir* pages 1 et 3.

DÉSIGNATION DES FONCTIONNAIRES ET DES PERSONNES		Circonscriptions territoriales dans lesquelles la correspondance, valablement contre-signée, circule en franchise.	N°s des bureaux de circonscriptions à consulter, à la suite du présent Manuel.
autorisés à contre-signer leur correspondance de service. (Les initiales entre crochets indiquent la forme à employer pour la fermeture des lettres.)	auxquels la correspondance de service des fonctionnaires et des personnes désignées dans la colonne ci-contre, doit être remise en franchise.		
SECRÉTAIRES du cabinet du roi (1).	. . . .	. . .	. . .
SECRÉTAIRE des commandements de la reine (2).	. . . .	. . .	. . .
SECRÉTAIRE général du conseil d'État (3). [L.F.]	Archiviste du conseil d'Etat★	»	»
	Conseillers d'Etat★	»	»
	Maîtres des requêtes★	»	»
	Secrétaires des comités du conseil d'Etat★ . .	»	»
SECRÉTAIRES généraux de préfecture délégués, en cas d'absence des préfets (4). [S.B.]	Préfets *en tournée* ★	Dép	»
SECRÉTAIRES généraux de préfecture *faisant fonctions de sous-intendants militaires, dans les lieux où il n'en existe pas* (5). [S.B.]	Commandants de place. } Conseillers de préfect. } Maires . . . . } fais. fonc. de sous-intend. milit. dans les lieux où il n'en existe pas ★ (6). .	Dép.	»
	Majors de place . . . . }	Dép.	»
	Présid. des cons. d'adm. des corps militaires★	Dép.	
	Présid. des cons. d'adm. des pénit. militaires★		
	Secrétaires généraux de préfecture . . . . . . } Sous-préfets . . . . } faisant fonctions de sous-intend. milit., dans les lieux où il n'en existe pas (6) ★	Dép.	»
SOUS-COMMISSAIRE de marine, à *Paimpol*. [S.B.]	Présidents semainiers des commissions sanitaires, à *Lannion*, *Saint-Brieuc* ★	»	»
SOUS-DIRECTEUR des parcs de construction, à *Châteauroux*. [S.B.]	Directeur des établissem. et command. sup. du train des équipages, à *Vernon*★	»	»

(1) Le secrétaire en chef du cabinet du roi contre-signe au moyen d'une griffe portant ces mots : *Service du roi, cabinet du roi.* (*Voir* p. 3.)

En outre, les secrétaires du cabinet du roi reçoivent en franchise, sans condition de contre-seing, les lettres et dépêches qui leur sont adressées. (*Voir* la première partie, page 1.)

(2) Contre-signe au moyen d'une griffe portant ces mots : *Service du roi, cabinet de la reine.* (*Voir* page 3.)

Reçoit en franchise, sans condition de contre-seing, les lettres et dépêches qui lui sont adressées. (*Voir* la première partie, p. 1.)

(3) Le secrétaire général du conseil d'Etat reçoit en franchise, sans condition de contre-seing, les lettres et dépêches qui lui sont adressées (*Voir* la première partie.)

(4) Ces secrétaires généraux peuvent, en outre, exercer *par intérim* le contre-seing attribué aux préfets.

(5) Dans les villes où il existe des sous-intendants militaires, les secrétaires généraux de préfecture peuvent exercer le contre-seing du sous-intendant absent ou malade. (*Voir* le § 11 de l'introduction au présent Manuel.)

(6) Pour l'envoi des pièces relatives au service des vivres et fourrages seulement.

DÉSIGNATION DES FONCTIONNAIRES ET DES PERSONNES		Circonscriptions territoriales dans lesquelles la correspondance, valablement contre-signée, circule en franchise.	Nºˢ des tableaux de circonscriptions à consulter, à la suite du présent Manuel.
autorisés à contre-signer leur correspondance de service. (Les initiales entre crochets indiquent la forme à employer pour la fermeture des lettres.)	auxquels la correspondance de service des fonctionnaires et des personnes désignés dans la colonne ci-contre, doit être remise en franchise.		
Sous - directeurs des subsistances de la marine. [S.B.]	Chefs du service de la marine★.	Arr. mar.	2
	Commissaires généraux de la marine★. . . .	Arr. mar.	2
	Commissaires principaux de la marine★. . .	Arr. mar.	2
	Préfets maritimes★.	Arr. mar.	2
Sous - inspecteurs des douanes. [S.B.]	Brigadiers des douanes★.	Dir. doua.	16
	Capitaines de brigades des douanes★. . . .	Dir. doua.	16
	Capitaines de pataches des douanes★. . . .	Dir. doua.	16
	Commis aux sondes★	Dir. doua.	16
	Contrôleurs de brigades des douanes★. . . .	Dir. doua.	16
	Directeurs des douanes★.	Dir. doua.	16
	Inspecteurs des douanes★.	Dir. doua. et dir. limit.	16 / 16
	Lieutenants d'ordre des douanes★.	Dir. doua.	16
	Lieutenants de pataches des douanes★. . .	Dir. doua.	16
	Lieutenants principaux des douanes★.	Dir. doua.	16
	Patrons d'embarcations des douanes★	Dir. doua.	16
	Receveurs des douanes★.	Dir. doua.	16
	Receveurs principaux des douanes★.	Dir. doua.	16
	Sous-inspecteurs des douanes★.	Dir. doua. et dir. limit.	16
Sous - inspecteurs des douanes, dans les départements de l'*Ariége*, de l'*Aude*, des *Bouches- du-Rhône*, du *Gard*, de la *Haute-Garonne*, de l'*Hérault* et des *Pyrénées-Orientales*. [S.B.]	Inspecteur spécial de police dans les départements du *Midi*★.	»	»
Sous - inspecteur division. des douanes, à *Paris*. [S.B.]	Commis aux sondes, à *Chauny, Couternon, Épinal, Javelle, La Glacière, St-Denis, Saint-Roch-lez-Amiens, Vaugirard*★. . .	»	»
	Inspecteur des douanes, chef du service, à *Paris*★. (1).	»	»
Sous - inspecteur des douanes, à *Saint-Genis*. [S.B.]	Directeurs des douanes, à *Belley* et *Besançon*★	»	»
	Inspecteurs des douanes, à *Nantua* et *Saint-Claude*★.	»	»
	Maires, dans l'arrondissement de *Gex*★. . .	»	»
	Sous-préfet de *Gex*★.	»	»
	Vérificateurs des douanes, à *Collonges* et à *Gex*★.	»	»
Sous - inspecteurs des écoles primaires. [S.B.]	Archevêques★.	Circ. dioc.	14
	Curés★.	Dép.	»
	Desservants★.	Dép.	»
	Directeurs des écoles normales primaires ★ .	Ress. éc.n.pr.	19
	Directrices des écoles normales primaires ★.	Ress. éc.n.pr.	19

(La suite au verso.)

(1) Cette correspondance n'est autorisée que lorsque l'inspecteur ou le sous-inspecteur est en tournée.

DÉSIGNATION DES FONCTIONNAIRES ET DES PERSONNES		Circonscriptions territoriales dans lesquelles la correspondance, valablement contre-signée, circule en franchise.	N°s des tableaux de circonscriptions à consulter, à la suite du présent Manuel.
autorisés à contre-signer leur correspondance de service. (Les initiales entre crochets indiquent la forme à employer pour la fermeture des lettres.)	auxquels la correspondance de service des fonctionnaires et des personnes désignés dans la colonne ci-contre, doit être remise en franchise.		
	Evêques*.	Circ. dioc.	14
	Grands-vicaires capitulaires*.	Circ. dioc.	14
	Inspecteurs d'académie, *en tournée*.	Arr. acad.	1
	Inspecteurs des écoles primaires*.	Arr. acad.	1
	Inspecteurs généraux des études, *en tournée*.	Tout le R.	»
	Instituteurs des écoles primaires*.	Dép.	»
	Institutrices des écoles primaires*.	Dép.	»
	Maires*.	Dép.	»
	Maîtres des écoles primaires*.	Dép.	»
	Maîtresses des écoles primaires*.	Dép.	»
	Pasteurs de la confession d'Augsbourg*.	Dép.	»
	Pasteurs des églises réformées*.	Dép.	»
	Percepteurs*.	Dép.	»
SOUS-INSPECTEURS des écoles primaires. (*Suite.*) [S.B.]	Préfets*.	Dép.	»
	Présidents des comités d'arrondissement de l'instruction primaire*.	Dép. C.	»
	Présidents des comités communaux de l'instruction primaire*.	Dép.	»
	Présidents des commissions d'examen de l'instruction primaire*.	Dép.	»
	Présidents des commissions de surveillance des écoles normales primaires*.	Dép.	»
	Présidents des consistoires départementaux du culte israélite*.	Dép.	»
	Présidents des consistoires des églises réformées*.	Dép.	»
	Présidents des consistoires locaux de la confession d'*Augsbourg*.	Dép.	»
	Procureurs généraux*.	C. roy.	12
	Procureurs du Roi*.	Dép.	»
	Rabbins dépendant des consistoires israélites*.	Dép.	»
	Receveurs généraux des finances*.	Dép.	»
	Receveurs particuliers des finances*.	Dép.	»
	Recteurs d'académie *.	Arr. acad.	1
	Sous-inspecteurs des écoles primaires *.	Arr. acad.	1
	Sous-préfets*.	Dép.	»
	Succursalistes*.	Dép.	»
	Colonels chefs d'état-major des div. milit.*.	Div. mil.	15
	Commandants d'artillerie*.	Dir. d'art.	3
	Directeurs d'artillerie*.	Dir. d'art.	3
	Inspecteurs généraux d'armes*.	Arr. insp. g. d'ar	»
	Inspecteurs généraux de gendarmerie*.	Tout le R.	»
	Intendants militaires*.	Tout le R.	»
SOUS-INSPECTEURS des fonderies. [S.B.]	Lieutenants généraux commandant les divisions militaires*.	Div. mil.	15
	Maréchaux de camp commandant les subdivisions militaires*.	Subd. mil.	37
	Officiers { du bataillon de voltigeurs corses*.	Tout le R.	»
	Officiers { de la garde municipale de *Paris*.	Tout le R.	»
	Officiers { de gendarmerie*.	Tout le R.	»
	Payeurs du trésor public*.	Dép.	»
	Sous-intendants militaires*.	Tout le R.	»
	Sous-intendants militaires adjoints*.	Tout le R.	»

DÉSIGNATION DES FONCTIONNAIRES ET DES PERSONNES		Circonscriptions territoriales dans lesquelles la correspondance, valablement contre-signée, circule en franchise.	Nos des tableaux de circonscriptions à consulter, à la suite du présent Manuel.
autorisés à contre-signer leur correspondance de service. (Les initiales entre crochets indiquent la forme à employer pour la fermeture des lettres.)	auxquels la correspondance de service des fonctionnaires et des personnes désignées dans la colonne ci-contre, doit être remise en franchise.		
SOUS-INSPECTEURS des forêts. [S.B.]	Arpenteurs des forêts★.	Conserv. for.	23
	Brigadiers des forêts★.	Conserv. for.	23
	Conservateurs des forêts★.	Conserv. for.	23
	Directeurs de l'enregistr. et des domaines★.	Conserv. for.	23
	Gardes à cheval des forêts★.	Conserv. for.	23
	Gardes généraux des forêts★.	Conserv. for.	23
	Gardes de la pêche★.	Conserv. for.	23
	Gardes à pied des forêts★.	Conserv. for.	23
	Inspecteurs { des finances.	Tout le R.	»
	Inspecteurs { des forêts.	Conserv. for.	23
	Inspecteurs généraux des finances★.	Tout le R.	»
	Juges de paix★.	Conserv. for.	23
	Maires★.	Conserv. for.	23
	Percepteurs★.	Dép.	»
	Préfets★.	Conserv. for.	23
	Procureurs du Roi★ (1).	Conserv. for.	23
	Receveurs de l'enregistr. et des domaines★.	Conserv. for.	23
	Receveurs des établissem. de bienfaisance★.	Dép.	»
	Receveurs généraux des finances★.	Dép.	»
	Receveurs des hospices★.	Dép.	»
	Receveurs municipaux★.	Dép.	»
	Receveurs particuliers des finances★.	Dép.	»
	Sous-inspecteurs des forêts★.	Conserv. for.	23
	Sous-préfets★.	Conserv. for.	23
SOUS-INSPECTEURS des forêts, *chefs de service.* [S.B.]	Payeurs du trésor public★.	Dép.	»
SOUS-INSPECTEURS des forêts de la couronne (2). [S.B.]	Conservateur des forêts de la couronne★.	»	»
	Directeur du domaine et du contentieux de la liste civile★.	»	»
	Inspecteurs des forêts de la couronne★.	Tout le R.	»
	Inspecteurs génér. des forêts de la couronne★.	Tout le R.	»
	Sous inspecteurs des forêts de la couronne★.	Tout le R.	»
	Trésorier de la couronne★.	»	»
SOUS-INSPECTEURS des forges royales. [S.B.]	Capitaines d'artillerie adjoints, détachés dans les forges et usines royales★.	Arr. forges et dir. d'art.	3-4
	Colonels chefs d'état-major des divisions militaires★.	Div. mil.	15
	Commandants d'artillerie★.	Arr. forges et dir. d'art.	3-4
	Contrôleurs d'artillerie détachés dans les forges et usines royales★.	Arr. forges et dir. d'art.	3-4
	Directeurs d'artillerie★.	Tout le R.	»
	Inspecteurs des forges royales★.	Tout le R.	»
	Inspecteurs généraux d'armes★.	Arr. insp. g. d'ar	»
	Inspecteurs généraux de gendarmerie★.	Tout le R.	»
	Intendants militaires★.	Tout le R.	»
	Lieut. généraux command. les divis. milit.★.	Div. mil.	15
	Maréchaux de camp comm. les subdiv. milit.★.	Subd. mil.	37

(La suite au verso.)

(1) Cette franchise s'étend même aux conservations forestières limitrophes.
(2) La correspondance assignée aux sous-inspecteurs des forêts de la couronne est indépendante de celle que ces fonctionnaires sont déjà autorisés à entretenir comme les s.-insp. des forêts.

DÉSIGNATION DES FONCTIONNAIRES ET DES PERSONNES		Circonscriptions territoriales dans lesquelles la correspondance valablement contre-signée, circule en franchise.	N°s des tableaux de circonscriptions à consulter, à la suite du présent Manuel.
autorisés à contre-signer leur correspondance de service. (Les initiales entre crochets indiquent la forme à employer pour la fermeture des lettres.)	auxquels la correspondance de service des fonctionnaires et des personnes désignés dans la colonne ci-contre doit être remise en franchise.		
SOUS-INSPECTEURS des forges royales. (*Suite.*) [S.B.]	Officiers.. . . { du bataill. de voltig. corses★.	Tout le R.	»
	de la garde munic. de *Paris*★.	Tout le R.	»
	de gendarmerie★.	Tout le R.	»
	Sous-intendants militaires★.	Tout le R.	»
	Sous-intendants militaires adjoints★.	Tout le R.	»
SOUS-INSPECTEURS des postes. [S.B.]	Directeurs des postes pour lesquels font dépêches les bureaux des contre-signataires★	»	»
	Inspecteurs des postes★	Tout le R.	»
	Sous-inspecteurs des postes des bureaux pour lesquels font dépêche les bureaux des contre-signataires.	»	»
SOUS-INTENDANTS civils dans les posses. françaises du Nord de l'Afrique (1).	. . . .	»	»
SOUS-INTENDANTS militaires. [S.B.]	Administrateurs des hospices civils dans les lieux où il n'existe pas d'hôpitaux milit★. .	Tout le R.	»
	Capitaines rapp. près les conseils de guerre★.	Tout le R.	»
	Chefs du service de la marine★.	Tout le R.	»
	Colonels chefs d'état-major des div. milit.★	Tout le R.	»
	Colonels faisant partie des conseils de révision des opérations de recrutement *dans les départements cités p. 18, colonne 1re, du présent Manuel*★.	»	»
	Comman-dants { d'artillerie..	Tout le R.	»
	des brigades { du bataillon de voltigeurs corses★. . . .	Tout le R.	»
	de la garde municipale de *Paris*★.	Tout le R.	»
	de gendarmerie★. . .	Tout le R.	»
	des corps militaires★.	Tout le R.	»
	des dépôts { de recrutement★. .	Tout le R.	»
	de remonte★. . . .	Tout le R.	»
	des détachements militaires.. . .	Tout le R.	»
	des écoles royales militaires★.. .	Tout le R.	»
	des places, forts et postes★. . . .	Tout le R.	»
	des succursales des dép. de rem★.	Tout le R.	»
	Commissaires de l'inscription maritime★. . .	Tout le R.	»
	Commissaires aux revues★.	Tout le R.	»
	Direc-teurs { d'artillerie★.	Tout le R.	»
	de la fabrique de pierres à feu, à *St-Aignan*★.	»	»
	des fortifications★.	Tout le R.	»
	des manufactures roy. d'armes★.	Tout le R.	»
	de la manufacture royale de machines à vapeur d'*Indret*★. . .	»	»
	Inspec-teurs { des fonderies★..	Tout le R.	»
	des forges★.	Tout le R.	»
	des manufactures roy. d'armes★.	Tout le R.	»
	des poudreries★.	Tout le R.	»
	des raffineries de salpêtre★. . . .	Tout le R.	»
	(*La suite ci-contre.*)		

(1·) Même correspondance que les *Sous-préfets*. (Voir à ce mot.)

DÉSIGNATION DES FONCTIONNAIRES ET DES PERSONNES		Circonscriptions territoriales dans lesquelles la correspondance, valablement contre-signée, circule en franchise.	Nos des tableaux de circonscriptions à consulter à la suite du présent Manuel.
autorisés à contre-signer leur correspondance de service. (Les initiales entre crochets indiquent la forme à employer pour la fermeture des lettres.)	auxquels la correspondance de service des fonctionnaires et des personnes désignés dans la colonne ci-contre doit être remise en franchise.		
SOUS - INTENDANTS militaires. (Suite.) [S.B.]	Inspecteurs généraux { d'armes★	Tout le R.	»
	{ de gendarmerie★	Tout le R.	»
	Intendants militaires★	Tout le R.	»
	Lieut. généraux command. les divis. milit.★	Tout le R.	»
	Maires★	Tout le R.	»
	Maréch. de camp command. les subdiv. milit.★	Tout le R.	»
	Maréchaux de France★	Tout le R.	»
	Officiers { du bataillon de voltigeurs corses★	Tout le R.	»
	{ de la garde municipale de *Paris*★	Tout le R.	»
	{ de gendarmerie★	Tout le R.	»
	Officiers d'administration comptables des hôpitaux militaires★	Tout le R.	»
	Officiers d'administration comptables des subsistances militaires★	Tout le R.	»
	Officiers d'administration principaux des subsistances militaires★	Tout le R.	»
	Officiers généraux ou supérieurs, faisant partie des conseils de révision des opérations de recrutement *dans les départements cités page 18, colonne 1re, du présent Manuel*★	»	»
	Officiers du génie★	Tout le R.	»
	Payeurs du trésor public★	Div. mil.	15
	Préfets des départements★	Tout le R.	»
	Préfets maritimes★	Tout le R.	»
	Présidents des conseils d'adm. { des comp. d'art. de la marine. { des comp. d'ouv. d'artillerie de la marine. à { *Brest*★	»	»
	{ *Cherbourg*★	»	»
	{ *Lorient*★	»	»
	{ *Rochefort*★	»	»
	{ *Toulon*★	»	»
	{ des corps militaires★	Tout le R.	»
	{ des deux rég. d'inf. de la marine★	Tout le R.	»
	Présidents des conseils d'administration des dépôts des équipages de ligne, à *Brest, Cherbourg, Lorient, Rochefort, Toulon*★	»	»
	Président du conseil d'administration du dépôt des régiments d'infanterie de la marine (dépôt colonial), à *Landerneau*★	»	»
	Présidents des conseils d'administration des pénitenciers militaires★	Tout le R.	»
	Présidents des conseils de guerre★	Tout le R.	»
	Procureurs généraux★	C. roy.	12
	Procureurs du Roi★	Dép.	»
	Sous- { des fonderies★ Inspecteurs { des forges★	Tout le R.	»
		Tout le R.	»
	Sous-intendants militaires★	Tout le R.	»
	Sous-intendants militaires adjoints★	Tout le R.	»
	Sous-préfets★	Tout le R.	»
SOUS - INTENDANT militaire, à *St-Omer*. [S.B.]	Agent d'administration de l'atelier du fort *Saint-François*★	»	»

DÉSIGNATION DES FONCTIONNAIRES ET DES PERSONNES		Circonscriptions territoriales dans lesquelles la correspondance, valablement contre-signée, circule en franchise.	N^{os} des tableaux de circonscriptions à consulter, à la suite du présent Manuel.
autorisés à contre-signer leur correspondance de service. (Les initiales entre crochets indiquent la forme à employer pour la fermeture des lettres.)	auxquels la correspondance de service des fonctionnaires et des personnes désignés dans la colonne ci-contre doit être remise en franchise,		
Sous - Intendant militaire attaché à l'école polytechnique [S.B.]	Receveur central des finances de la *Seine*★. .	»	»
Sous - Intendant militaire chargé de l'école de *la Flèche*, résidant *au Mans.* [S.B.]	Receveur général de la *Sarthe*★.	»	»
Sous - Intendant militaire chargé de l'école de *Saint-Cyr*, résidant à *Versailles.* [S.B.]	Receveur général de *Seine-et-Oise*★. . . .	»	»
Sous - Intendant militaire, à *Toulon-sur-Mer.* [S.B.]	Directeur des finances, en *Algérie*★.	»	»
Sous - Intendants militaires adjoints. (1) [S.B.]	. . . .	»	»
Sous-Préfets. [S.B★]	Administrateurs des établissements de bienfaisance★.	Arr. s.pr.	»
	Agents généraux des remontes des haras★. .	Circ. har.	28
	Agents spéciaux de surveillance établis par l'administration sur les lignes de chemins de fer★.	Dép. et Dép. limit. (2)	»
	Agents-voyers d'arrondissement★..	Arr. s.-pr. (3)	»
	Agents-voyers de canton★.	Arr. s.-pr. (3	»
	Agents-voyers en chef★..	Dép.	»
	Archevêques★.	Circ. dioc.	14
	Aspirants des ponts et chaussées★.	Parc. canaux.	5
		Parc. ch. de fer	7
		Parc. riv. nav.	35
		Parc. rout.	36
	Chefs du service de la marine★.	Tout le R.	»
	Colonels chefs d'état-major des div. milit.★	Div. mil.	15
	Comman-dants { des dép. de remonte de la guerre★	Circ. dép. de R	13
	du génie★.	Dép.	»
	des succursales des dépôts de remonte★.	Circ. dép. de R	13
	Comman-dants des brigades { du bataillon de voltigeurs corses★	Arr. s.-pr.	»
	de la garde municipale de *Paris*★.	Arr. s.-pr.	»
	de gendarmerie★.	Arr. s.-pr.	»
	Commissaires de l'inscription maritime★. . .	Tout le R.	»
	Commissaires de police ★	Arr. s.-pr.	»
	. . . . . (*La suite ci-contre.*)		

(1) Même correspondance que les *sous-intendants militaires.* (*V.* page 164.)

(2) Dans le département et les départements limitrophes traversés par le chemin de fer.

(3) Cette franchise s'étend même aux arrondissements limitrophes, si le service des destinataires porte sur deux arrondissements, mais sans jamais dépasser les limites du département.

DÉSIGNATION DES FONCTIONNAIRES ET DES PERSONNES		Circonscriptions territoriales dans lesquelles la correspondance, valablement contre-signée, circule en franchise.	Nos des tableaux de circonscriptions à con-ulter, à la suite du présent Manuel
autorisés à contre-signer leur correspondance de service. (Les initiales entre crochets indiquent la forme à employer pour la fermeture des lettres.)	auxquels la correspondance de service des fonctionnaires et des personnes désignés dans la colonne ci-contre, doit être remise en franchise.		
SOUS - PRÉFETS (*Suite.*) [S.B*.]	Commissaires de police établis par l'admin. sur les lignes de chemins de fer*	Dép et dép. lim.	»
	Commissaires aux revues*	Tout le R.	»
	Commissaires voyers*	Arr. s.-pr.	»
	Conservateurs des forêts*	Conserv. for.	23
	Contrôleurs des contributions directes*	Arr. s.-pr.	8
	Curés*	Arr. s.-pr.	»
	Desservants*	Arr. s.-pr.	»
	Directeurs d'artillerie*	Dir. d'art.	3
	Directeurs des contributions directes*	Dép.	»
	Directeurs des dépôts d'étalons*	Circ. har.	28
	Directeurs des écoles normales primaires*	Ress. éc. n. pr.	19
	Directeurs des écoles vétérinaires*	Arr. s.-pr.	»
	Directeurs des établissem. de bienfaisance*	Arr. s.-pr.	»
	Directeurs des fortifications*	Dir. du gén.	27
	Directeurs des haras*	Circ. har.	28
	Directeurs des maisons centr. de détention*	Arr. s.-pr.	»
	Directeurs des postes*	Arr. s.-pr.	»
	Directeurs des télégraphes*	Ray. télég.	30
	Directrices des écoles normales primaires*	Ress. éc. n. pr.	19
	Élèves des ponts et chaussées*	Parc. canaux.	8
		Parc. ch. de fer	7
		Parc. riv. nav.	35
		Parc. rout.	36
	Évêques*	Circ. dioc.	14
	Gardes généraux des forêts*	Conserv. for.	23
	Grands vicaires capitulaires*	Circ. dioc.	14
	Ingénieurs en chef des mines*	Arr. ing. en ch. m.	31
	Ingénieurs en chef des ponts et chaussées*	Dép.	»
	Ingénieurs ordinaires des mines*	Arr. ing. ord. m.	31
		Dép.	»
	Ingénieurs ordinaires des ponts et chaussées*	Parc. canaux.	5
		Parc. ch. de fer	7
		Parc. riv. nav.	35
		Parc. rout.	36
	Inspecteurs d'académie*	Arr. acad.	1
	Inspecteurs des contributions directes*	Dép.	»
	Inspecteurs des écoles primaires*	Dép.	»
	Inspecteurs des finances*	Tout le R.	»
	Inspecteurs des forêts*	Conserv. for.	23
	Inspecteurs des postes*	Dép.	»
	Inspecteurs des poudreries*	Tout le R.	»
	Inspecteurs du travail des enfants dans les manufactures*	Arr. s.-pr.	»
	Inspecteurs départementaux des enfants trouvés et des établissements de bienfaisance*	Dép.	»
	Inspecteurs divisionnaires des mines*	Div. insp. m.	31
	Inspecteurs divisionnaires des ponts et chaussées*	Insp. div. p. et ch.	33
	Inspecteurs divisionnaires adjoints des ponts-et-chaussées chargés de l'inspection (1) des chemins de fer*	Insp. ch. de fer.	7

(*La suite au verso.*)

(1) Le numéro de l'inspection doit être indiqué.

DÉSIGNATION DES FONCTIONNAIRES ET DES PERSONNES		Circonscriptions territoriales dans lesquelles la correspondance, valablement contre-signée, circule en franchise.	Nos des tableaux de circonscriptions à consulter, à la suite du présent Manuel.
autorisés à contre-signer leur correspondance de service. (Les initiales entre crochets indiquent la forme à employer pour la fermeture des lettres.)	auxquels la correspondance de service des fonctionnaires et des personnes désignés dans la colonne ci-contre, doit être remise en franchise.		
SOUS-PRÉFETS (Suite.) [S.B.*]	Inspecteurs généraux { d'armes*	Arr.insp.g d'ar	»
	des bergeries royales*	Tout le R.	»
	des écoles vétérinair*	Tout le R.	»
	des étud., *en tournée* *	Tout le R.	»
	des finances*	Tout le R.	»
	de gendarmerie*	Tout le R.	»
	des haras*	Tout le R.	»
	Instituteurs Institutrices } des écoles primaires*	Arr. s.-pr.	
	Intendants militaires*	Tout le R.	»
	Juges d'instruction*	Arr. s.-pr.	»
	Juges de paix*	Arr. s.-pr.	»
	Lieut. généraux command. les divis. milit.*	Div. mil.	15
	Maires*	Arr. s.-pr.	»
	Maîtres. Maîtresses } des écoles primaires*	Arr.s.-pr.	»
	Maréchaux de camp commandant les subdivisions militaires*	Subd. mil.	37
	Membres du conseil des haras*	Arr. s.-pr.	»
	Officiers { du bataillon de voltigeurs corses*	Tout le R.	»
	de la garde municipale de *Paris* *	Tout le R.	»
	de gendarmerie*	Tout le R.	»
	Pasteurs { de la confession d'Augsbourg*	Arr.s.-pr.	»
	des églises réformées*	Arr s.-pr.	»
	Percepteurs*	Arr. s.-pr.	»
	Préfets des départements*	Dép.	»
	Préfets maritimes*	Tout le R.	»
	Premiers présidents des cours royales*	C. roy.	12
	Présidents des comités d'arrondissement de l'instruction primaire*	Arr. s.-p.	»
	Présidents des comités communaux de l'instruction primaire*	Arr. s.-pr.	»
	Présidents des consistoires locaux de la confession d'Augsbourg*	Arr. s.-pr.	»
	Présidents des cours d'assises*	Départem. où se tiennent les assises (1).	»
	Procureurs généraux*	C. roy.	12
	Procureurs du Roi près les cours d'ass.*	C. d'ass.	11
	Procureurs du Roi près les tribunaux de première instance*	Arr. s.-pr.	»
	Receveurs des établissem. de bienfaisance*	Arr. s.-pr.	»
	Receveurs généraux des finances*	Dép.	»
	Receveurs municipaux*	Arr. s.-pr.	»
	Recteurs d'académie*	Arr. acad.	1
	Régisseurs des bergeries royales*	Arr. s.-pr.	»
	Sous-inspecteurs des écoles primaires*	Dép.	»
	Sous-inspecteurs des forêts*	Conserv. for.	23
	Sous-intendants militaires*	Tout le R.	»
	Sous-intendants militaires adjoints*	Tout le R.	»
	Sous-préfets*	Dép. (2)	»

(La suite ci-contre.)

(1) Cette franchise s'étend même au lieu de la résidence ordinaire des présidents des cours d'assises.
(2) Cette franchise s'étend même aux arrondissements d'un département voisin, qui sont limitrophes de l'arrondissement du contre-signataire.

DÉSIGNATION DES FONCTIONNAIRES ET DES PERSONNES		Circonscrip-tions territoriales dans lesquelles la correspon-dance, valablement contre-signée, circule en franchise.	Nos des tableaux de circonscriptions à consulter, à la suite du présent Manuel.
autorisés à contre-signer leur correspondance de service. (Les initiales entre crochets indiquent la forme à employer pour la fermeture des lettres.)	auxquels la correspondance de service des fonctionnaires et des personnes désignés dans la colonne ci-contre doit être remise en franchise.		
Sous-préfets (*Suite.*) [S.B★.]	Succursalistes★	Arr. s.-pr.	»
	Vérificateurs des armes de la garde nationale (officiers)	Arr. vér.arm.	25
	Vérificateurs des poids et mesures★	Arr.s.-pr. (1)	»
Sous-préfets *faisant fonct. de sous-intendants militaires, dans les villes où il n'en existe pas.* [S.B★.]	Command. de places, Conseill. de préfect. Majors de place, Maires, Présid. des conseils d'administration { faisant fonct. de sous-intend. mil. dans les lieux où il n'en existe pas★ (2)	Dép.	»
	{ des corps militaires★	Dép.	»
	{ des pénitenciers mil.★	Dép.	»
	Secrétaires généraux de préfecture, Sous-préfets { faisant fonct. de sous-intend. milit. dans les lieux où il n'en existe pas★ (2)	Dép.	»
Sous-préfet, à *Abbeville.* [S.B★.]	Président semainier de la commission sanitaire, à *Saint-Valery-sur-Somme*★	»	»
Sous-préfet, à *Aix.* [S.B★.]	Inspecteur spécial de police dans les départements du *Midi*★	»	»
Sous-préfet, à *Alais,* [S.B★.]	Inspecteur spécial de police dans les départements du *Midi*★	»	»
Sous-préfet, à *Arles.* [S.B★.]	Inspecteur spécial de police dans les départements du *Midi*★	»	»
Sous-préfet, à *Autun.* [S.B★.]	Ingénieur des ponts et chaussées résidant à *Châlons-sur-Saône,* chargé des expériences relatives à l'entretien des routes, dans les départements de la *Côte-d'Or,* du *Rhône* et de *Saône-et-Loire*★	(3)	»
Sous-préfet, à *Avesnes.* [S.B★.]	Directeur des douanes, à *Valenciennes*★	»	»
Sous-préfet, à *Avranches.* [S.B★.]	Président semainier de la commission sanitaire, à *Grandville*★	»	»
Sous-préfet, à *Bastia.* [S.B★.]	Vérificateurs des douanes, en *Corse*★	Dép.	»
Sous-préfet, à *Bayonne.* [S.B★.]	Préfets★	Tout le R.	»
Sous-préfet, à *Beaune.* [S.B★.]	Ingénieur des ponts et chaussées résidant à *Châlons-sur-Saône,* chargé des expériences relatives à l'entretien des routes, dans les départements de la *Côte-d'Or,* du *Rhône* et de *Saône-et-Loire*★	(3)	»

(1) *V.* les exceptions à l'article : **Vérificateurs** des poids et mesures.

(2) Pour l'envoi seulement des pièces relatives au service des vivres et fourrages.

(3) En quelque lieu des trois départements désignés, que soit cet ingénieur.

DÉSIGNATION DES FONCTIONNAIRES ET DES PERSONNES		Circonscriptions territoriales dans lesquelles la correspondance, valablement contre-signée, circule en franchise.	N^{os} des tableaux de circonscriptions à consulter, à la suite du présent Manuel.
autorisés à contre-signer leur correspondance de service. (Les initiales entre crochets indiquent la forme à employer pour la fermeture des lettres.)	auxquels la correspondance de service des fonctionnaires et des personnes désignés dans la colonne ci-contre, doit être remise en franchise.		
SOUS-PRÉFET, à Béthune. [S.B★.]	Directeur des douanes, à *Dunkerque*.★ . . .	»	»
SOUS-PRÉFET, à Béziers [S.B★.]	Inspecteur spécial de police dans les départements du *Midi*★.	»	»
SOUS-PRÉFET, à Calvi. [S.B★.]	Vérificateurs des douanes, en *Corse*★.	Dép.	»
SOUS-PRÉFET à Cambrai. [S.B★.]	Directeur des douanes, à *Valenciennes*★. . .	»	»
SOUS-PRÉFET, à Castelnaudary. [S.B★.]	Inspecteur spécial de police dans les départements du *Midi*★.	»	»
SOUS-PRÉFET, à Céret. [S.B★.]	Inspecteur spécial de police dans les départements du *Midi*★	»	»
	Vérificateur des passe-ports, au *Perthus*★. . .	»	»
SOUS-PRÉFET, à Châlons-s.-Saône.[S.B★.]	Ingénieur des ponts et chaussées résidant à *Châlons-sur-Saône*, chargé des expériences relatives à l'entretien des routes, dans les départements de la *Côte-d'Or*, du *Rhône* et de *Saône-et-Loire*★.	(1)	»
SOUS-PRÉFET, à Charolles. [S.B★]	Ingénieur des ponts et chaussées résidant à *Châlons-sur-Saône*, chargé des expérience- relatives à l'entretien des routes, dans les départements de la *Côte-d'Or*, du *Rhône* et de *Saône-et-Loire*★.		»
SOUS-PRÉFET, à Château-Salins.[S.B★]	Commissaires de police à *Dieuze* et *Vic*★. . .	(2)	»
SOUS-PRÉFET, à Châtillon-sur-Seine. [S.B★.]	Ingénieur des ponts et chaussées résidant à *Châlons-sur-Saône*, chargé des expériences relatives à l'entretien des routes, dans les départements de la *Côte-d'or*, du *Rhône* et de *Saône-et-Loire*★.	1)	»
SOUS-PRÉFET, à Corté. [S.B★.]	Vérificateurs des douanes, en *Corse*.	Dép.	»
SOUS-PRÉFET, à Coutances. [S.B★.]	Présidents semainiers des commissions sanitaires, à *Cherbourg* et à *Granville*★. . .	»	»
SOUS-PRÉFET, à Dinan. [S.B★.]	Présidents semainiers des commissions sanitaires, à *Lannion*, *Paimpol* et *St-Brieuc*★	»	»
SOUS-PRÉFET, à Douai. [S.B★.]	Directeur des douanes, à *Dunkerque* et à *Valenciennes*★.	»	»

(1) En quelque lieu des trois départements désignés, que soit cet ingénieur.

(2) Cette franchise s'étend à tous les lieux où les deux commissaires de police peuvent être envoyés en mission.

DÉSIGNATION DES FONCTIONNAIRES ET DES PERSONNES		Circonscriptions territoriales dans lesquelles la correspondance, valablement contre-signée, circule en franchise.	N.ᵒˢ des tableaux de circonscriptions à consulter, à la suite du présent Manuel.
autorisés à contre-signer leur correspondance de service. [Les initiales entre crochets indiquent la forme à employer pour la fermeture des lettres.]	auxquels la correspondance de service des fonctionnaires et des personnes désignés dans la colonne ci-contre, doit être remise en franchise.		
Sous-préfet, à Gex. [S.B*.]	Ambassadeur de France près la *Confédération Suisse*★. . . . . Ambassadeur de France à *Turin*★ . . . . . Sous-inspecteur des douanes, à *St-Genis*★. . Vérificateurs des douanes, à *Collonges* et *Gex*★	» » » »	» » » »
Sous-préfet, à Gien. [S.B*.]	Commissaire voyer du département du *Loiret*★.	»	»
Sous-préfet, à Grasse. [S.B*.]	Consul de France, à *Nice*★.	»	»
Sous-préfet, à Guingamp. [S.B*.]	Présidents semainiers des commissions sanitaires, à *Lannion*, *Paimpol* et *St-Brieuc*★	»	»
Sous-préfet, à Hazebrouck.[S.B*.]	Directeur des douanes à *Dunkerque*★	»	»
Sous-préfet, à Lannion. [S.B*.]	Présidents semainiers des commissions sanitaires, à *Paimpol* et *Saint-Brieuc*★. . . .	»	»
Sous-préfet, à Limoux. [S.B*.]	Inspecteur spécial de police dans les départ. du *Midi*★.	»	»
Sous-préfet, à Lodève. [S.B*.]	Inspecteur spécial de police dans les départ. du *Midi*★.	»	»
Sous-préfet, à Louhans. [S.B*.]	Ingénieur des ponts et chaussées résidant à *Châlons-sur-Saône*, chargé des expériences relatives à l'entretien des routes dans les départements de la *Côte-d'Or*, du *Rhône* et de *Saône-et-Loire* ★.	(1)	
Sous-préfet, à Lunéville. [S.B*.]	Commissaires de police, à *Dieuze* et à *Vic* ★.	(2)	»
Sous-préfet, à Montargis. [S.B*.]	Commissaire voyer du département du *Loiret*★	»	»
Sous-préfet, à Muret. [S.B*.]	Inspecteur spécial de police dans les départ. du *Midi*★.	»	»
Sous-préfet, à Narbonne. [S.B*.]	Inspecteur spécial de police dans les départ. du *Midi*★. Préfet de l'*Hérault*★. Préfet des *Pyrénées-Orientales*★.	» » » »	» » » »
Sous-préfet, à Pamiers. [S.B*.]	Inspecteur spécial de police dans les départ. du *Midi*★.	» »	» »
Sous-préfet, à Pithiviers. [S.B*.]	Commissaire voyer du département du *Loiret*★.	»	»

(1) En quelque lieu des trois départements désignés, que soit cet ingénieur.
(2) Cette franchise s'étend à tous les lieux où les deux commissaires de police peuvent être envoyés en mission.

| DÉSIGNATION DES FONCTIONNAIRES ET DES PERSONNES | | Circonscriptions territoriales dans lesquelles la correspondance, valablement contre-signée, circule en franchise. | Nos des tableaux de circonscriptions à consulter, à la suite du présent Manuel. |
autorisés à contre-signer leur correspondance de service. (Les initiales entre crochets indiquent la forme à employer pour la fermeture des lettres.)	auxquels la correspondance de service des fonctionnaires et des personnes désignés dans la colonne ci-contre, doit être remise en franchise.		
Sous-préfet, à *Prades*. [S.B★.]	Inspecteur spécial de police, dans les départements du *Midi*★.	»	»
Sous-préfet, à *St-Denis*. [S.B★.]	Capitaines d'armement de la garde nationale★ Ingénieur en chef des ponts et chaussées de *Seine-et-Oise*★. . . . . Juges d'instruction attachés au tribunal de la *Seine*★.	Arr. s.-pr. » »	» »
Sous-préfet, à *St-Etienne*. [S.B★.]	Préfet du *Rhône*★.	»	»
Sous-préfet, à *St-Gaudens*. [S.B★.]	Inspecteur spécial de police dans les départements du *Midi*★.	»	»
Sous-préfet, à *St-Girons*. [S.B★.]	Inspecteur spécial de police dans les départements du *Midi*★.	»	»
Sous-préfet, à *St-Malo*. [S.B.★]	Préfet des *Côtes-du-Nord*★.	»	»
Sous-préfet, à *St-Pons*. [S.B.★]	Inspecteur spécial de police, dans les départements du *Midi*★.	»	»
Sous-préfet, à *St-Quentin*. [S.B★.]	Directeur des douanes, à *Valenciennes*★. . .	»	»
Sous-préfet, à *Sarrebourg*. [S.B★.]	Commissaires de police, à *Dieuze* et à *Vic*★..	(1)	»
Sous-préfet, à *Sarlène*. [S.B★.]	Vérificateurs des douanes, en *Corse*★.	Dép.	»
Sous-préfet, à *Savenay*. [S.B★.]	Inspecteur des douanes, à *Guérande*★.. . . .	»	»
Sous-préfet, à *Sceaux*. [S.B★.]	Capitaines d'armement de la garde nationale★ Directeur de la maison royale de *Charenton*★ Ingénieur en chef des ponts et chaussées de *Seine-et-Oise*★.. . . . . Juges d'instruction attachés au tribunal civil de la *Seine*★.	Arr. s.-pr. » » »	» » » »
Sous-préfet, à *Semur*. [S.B★.]	Ingénieur des ponts et chaussées résidant à *Châlons-sur-Saône*, chargé des expériences relatives à l'entretien des routes, dans les départements de la *Côte-d'Or*, du *Rhône* et de *Saône-et-Loire*★.	(2)	»

(1) Cette franchise s'étend à tous les lieux où les deux commissaires de police peuvent être envoyés en mission.

(2) En quelque lieu, des trois départements désignés, que soit cet ingénieur.

| DÉSIGNATION DES FONCTIONNAIRES ET DES PERSONNES | | Circonscriptions territoriales dans lesquelles la correspondance, valablement contre-signée, circule en franchise. | Nos des tableaux de circonscriptions à consulter, à la suite du présent Manuel. |
autorisés à contre-signer leur correspondance de service. (Les initiales entre crochets indiquent la forme à employer pour la fermeture des lettres.)	auxquels la correspondance de service des fonctionnaires et des personnes désignés dans la colonne ci-contre, doit être remise en franchise.		
SOUS-PRÉFET, à *Toul*. [S.B★.]	Commissaires de police, à *Dieuze* et à *Vic*★ .	(1)	»
SOUS-PRÉFET, à *Toulon*. [S.B★.]	Intendant civil à *Alger*★.	»	»
	Préfet des *Bouches-du-Rhône*★.	»	»
	Préfet de la *Corse*★.	»	»
SOUS-PRÉFET, à *La Tour-du-Pin*. [S.B★]	Préfet du *Rhône*★.	»	»
SOUS-PRÉFET, à *Uzès* [S.B★.]	Inspecteur spécial de police dans les départements du *Midi*★	»	»
SOUS-PRÉFET, à *Valenciennes*. [S.B★.]	Directeur des douanes, à *Dunkerque*★.	»	»
SOUS-PRÉFET, à *Valognes*. [S.B★.]	Président semainier de la commission sanitaire, à *Cherbourg*★.	»	»
SOUS-PRÉFET, à *Vienne*. [S.B★.]	Commissaire estampilleur, à *Septème*★.	»	»
	Préfet du *Rhône*★.	»	»
SOUS-PRÉFET, au *Vigan*. [S.B★.]	Inspecteur spécial de police dans les départements du *Midi*★	»	»
SOUS-PRÉFET, à *Villefranche-de-Lauraguais*. [S.B★.]	Inspecteur spécial de police dans les départements du *Midi*★	»	»
SOUS-PRÉFET, à *Villefranche-sur-Saône*. [S.B★.]	Ingénieur des ponts et chaussées résidant à *Châlons sur-Saône*, chargé des expériences relatives à l'entretien des routes, dans les départements de la *Côte-d'Or*, du *Rhône* et de *Saône-et-Loire*★.	(2)	»
SOUS-PRÉFET, à *Wissembourg*. [S.B★.]	Autorités de la *Bavière rhénane*★.	»	»
	Autorités du *Grand duché de Bade*★.	»	»
SOUS-PRÉFETS des *Basses-Pyrénées*. [S.B★.]	Présidents des commissions syndicales instituées pour l'administration de biens communaux indivis★.	arr. s. pr.	
STATIONNAIRES des télégraphes. [S B]	Administrateur en chef des lignes télégraphiques★ (3)	»	»
SUBSTITUTS des procureurs généraux.(4)		»	»

(1) Cette franchise s'étend à tous lieux où les deux commissaires de police peuvent être envoyés en mission.

(2) En quelque lieu des trois départements désignés, que soit cet ingénieur.

(3) Pour l'envoi seulement des procès-verbaux en chiffres.

(4) Exercent le contre-seing des *procureurs généraux*, en cas d'empêchement de la part de ces magistrats. (*Voir* le § 10 de l'Introduction.)

DÉSIGNATION DES FONCTIONNAIRES ET DES PERSONNES		Circonscriptions territoriales dans lesquelles la correspondance, valablement contre-signée, circule en franchise.	Nos des tableaux de circonscriptions à consulter, à la suite du présent Manuel.
autorisés à contre-signer leur correspondance de service. (Les initiales entre crochets indiquent la forme à employer pour la fermeture des lettres.)	auxquels la correspondance de service des fonctionnaires et des personnes désignés dans la colonne ci-contre doit être remise en franchise.		
SUBSTITUTS du procureur général, à *Bône* et *Oran* (*Afrique*). (1)	. . . .	.	...
SUBSTITUTS des procureurs du Roi. (2)	. . . .	.	...
SUCCURSALISTES [S.B.]	Archevêques*.	Circ. dioc.	14
	Evêques*.	Circ. dioc.	14
	Grands vicaires capitulaires*. . . .	Circ. dioc.	14
	Inspecteurs des écoles primaires *.	Dép.	»
	Préfets*.	Dép.	»
	Recteurs d'académie*.	Arr. acad.	1
	Sous-inspecteurs des écoles primaires*. . . .	Dép.	»
	Sous-préfets*.	Arr. s.-pr.	»
SUCCURSALISTES dans les arrondissements de *Dôle*, de *Lons-le-Saunier*, de *Poligny*. [S.B.]	Grand vicaire résidant à *Lons-le-Saunier**(3)	»	»
SUPÉRIEURS des écoles secondaires ecclésiastiques. [S.B.]	Archevêques*.	Circ. dioc.	14
	Evêques*.	Circ. dioc.	14
	Grands vicaires capitulaires*.	Circ. dioc.	14
SUPÉRIEURS des séminaires. [S. B.]	Archevêques*.	Circ. dioc.	14
	Evêques*.	Circ. dioc.	14
	Grands-vicaires capitulaires*.	Circ. dioc.	14
SYNDICS des agents de change. [S.B.]	Préfets*.	Dép.	»
SYNDICS des courtiers de commerce. [S.B.]	Préfets *.	Dép.	»
SYNDICS des gens de mer. [S.B.]	Commissaires de l'inscription maritime*. . .	Arr. mar.	2
T			
TRÉSORIER de la couronne. [S.B.]	Archiviste de la couronne*.	»	»
	Conservateur des forêts de la couronne*. .	»	»
	Conservateur du mobilier de la couronne*..	»	»
	Conservateur des résidences et maisons royales, à *Paris*.	»	»
	(*La suite ci-contre.*)		

(1) Sont assimilés, pour le contre-seing et la franchise, aux *procureurs du Roi*.

(2) Exercent le contre-seing des *procureurs du Roi*, en cas d'empêchement de la part de ces magistrats. (*V*. le § 10 de l'Introduction.)

(3) Indépendamment de la correspondance avec l'évêque de *Saint-Claude*.

| DÉSIGNATION DES FONCTIONNAIRES ET DES PERSONNES | | Circonscriptions territoriales dans lesquelles la correspondance, valablement contre-signée, circule en franchise. | N.ᵒˢ des tableaux de circonscription à consulter, à la suite du présent Man.ᵉˡ. |
autorisés à contre-signer leur correspondance de service. (Les initiales entre crochets indiquent la forme à employer pour la fermeture des lettres.)	auxquels la correspondance de service des fonctionnaires et des personnes désignés dans la colonne ci-contre, doit être remise en franchise.		
TRÉSORIER de la couronne. (*Suite.*) [S.B.]	Directeurs. { des dépenses des bâtiments de la couronne★..........	»	»
	des dépenses de la liste civile★.	»	»
	des domaines et du contentieux de la liste civile★.....	»	»
	Gardes généraux des forêts de la couronne★.	Tout le R.	»
	Inspecteurs des forêts de la couronne★....	Tout le R.	»
	Payeurs de la liste civile dans les résidences royales★.......	»	»
	Payeurs du trésor★.....	Tout le R.	»
	Receveurs généraux des finances★......	Tout le R.	»
	Sous-inspecteurs des forêts de la couronne★.	Tout le R.	»
TRÉSORIERS du bataillon de voltigeurs corses, de la garde municipale de *Paris*, de gendarmerie (1).	....	»	»
TRÉSORIER général des invalides de la marine. [S.B.]	Chefs du service de la marine★.......	Tout le R.	»
	Commissaires généraux de la marine★...	Tout le R.	»
	Commissaires principaux de la marine★...	Tout le R.	»
	Greffier en chef de la cour des comptes★ (2).	»	»
	Préfets maritimes★........	Tout le R.	
	Trésoriers des invalides de la marine★...	Tout le R.	»
TRÉSORIERS des invalides de la marine. [S.B.]	Chefs du service de la marine★........	Arr. mar.	2
	Commissaires généraux de la marine★....	Arr. mar.	2
	Commissaires principaux de la marine★...	Arr. mar.	2
	Préfets maritimes★........	Arr. mar.	2
	Préposés des trésoriers des invalides de la marine★.	Arr. mar.	2
	Trésorier général des invalides de la marine★.	»	»
	Trésoriers des invalides de la marine★...	Tout le R.	»
TRÉSORIER des invalides de la marine, à *Cherbourg*. [S.B.]	Payeur de la *Manche*, à *St-Lô*........	»	»
TRIBUNAUX (3)...	....	»	»
V			
VÉRIFICATEURS des armes de la garde nationale (officiers). [S.B.]	Préfets★............	Arr. vér. arm.	25
	Sous-préfets★..........	Arr. vér. arm.	25

(1) Voyez *Officiers de gendarmerie.*
(2) Pour l'envoi des comptes.
(3) Voyez *Présidents des cours et tribunaux.*

DÉSIGNATION DES FONCTIONNAIRES ET DES PERSONNES		Circonscriptions territoriales dans lesquelles la correspondance, valablement contre-signée, circule en franchise.	Nᵒˢ des tableaux de circonscriptions à consulter, à la suite du présent Manuel.
autorisés à contre-signer leur correspondance de service. (Les initiales entre crochets indiquent la forme à employer pour la fermeture des lettres.)	auxquels la correspondance de service des fonctionnaires et des personnes désignés dans la colonne ci-contre, doit être remise en franchise.		
VÉRIFICATEURS de l'enregistrement et des domaines. [S.B.]	Conservateurs des hypothèques★.	Dép.	»
	Directeurs de l'enregistr. et des domaines★.	Dép.	»
	Inspecteurs de l'enregistr. et des domaines★..	Dép.	»
	Maires★.	Dép.	»
	Percepteurs★.	Dép.	»
	Receveurs de l'enregistr. et des domaines★..	Dép.	»
	Receveurs du timbre★.	Dép.	»
	Vérificateurs de l'enregistr. et des domaines★.	Dép.	»
VÉRIFICATEURS de l'enregistrement et des domaines du département de la *Seine*. [S.B.]	Intendant de la première division milit.★ .	Dép.	»
VÉRIFICATEURS des douanes en *Corse*. . [S.B.]	Directeur des douanes, à *Bastia* ★.	»	»
	Inspecteurs des douanes dans la direction de *Bastia* ★.	»	»
	Maires des communes situées dans les circonscriptions auxquelles appartiennent les contre-signataires★.	»	»
	Préfet du département de la *Corse*★. . . .	Dép.	»
	Receveurs principaux des douanes dans la direction de *Bastia*★.	»	»
	Receveurs subordonnés des douanes dans la direction de *Bastia*★.	»	»
	Sous-préfets du département de la *Corse*★. .	Dép.	»
	Vérificateurs des douanes, en *Corse*★. . . .	Dép.	»
VÉRIFICATEUR des passe-ports, au *Perthus*. [S.B.]	Préfet des *Pyrénées-Orientales*★.	»	»
	Sous-préfet à *Céret*★.	»	»
VÉRIFICATEURS des poids et mesures. [S.B.]	Juges de paix★	Arr. s.-pr. (1)	»
	Maires★.	Arr. s.-pr. (1)	»
	Préfets★.	Dép.	»
	Procureurs du Roi★	Arr. s.-pr. (1ᵉ	»
	Sous-préfets★.	Arr. s.-pr. (1)	»
VÉRIFICATEURS des poids et mesures en résidence : [S.B.] à *Ancenis*.	Juges de paix — Maires — Sous-préfets des arrond. d'*Ancenis* et de *Châteaubriant*★.		
à *Angers*	Juges de paix — Maires — Sous-préfets des arrond. d'*Angers* et de *Segré*★		»
à *Arcis-sur-Aube*. .	Juges de paix — Maires — Sous-préfets des arrond. d'*Arcis-sur-Aube* et de *Nogent-sur-Seine*★ .		(2)
à *Auch*	Juges de paix — Maires — Sous-préfets des arrond. d'*Auch* et de *Lombez* ★		

(1) Voir ci-après les exceptions.
(2) En quelque lieu que soient ces vérificateurs dans les arrondissements de sous-préfecture qui leur sont assignés.

DÉSIGNATION DES FONCTIONNAIRES ET DES PERSONNES		Circonscriptions territoriales dans lesquelles la correspondance, valablement contre-signée, circule en franchise.	Nos des tableaux de circonscription à consulter, à la suite du présent Manuel.
autorisés à contre-signer leur correspondance de service. (Les initiales entre crochets indiquent la forme à employer pour la fermeture des lettres.)	auxquels la correspondance de service des fonctionnaires et des personnes désignés dans la colonne ci-contre, doit être remise en franchise.		
VÉRIFICATEURS des poids et mesures en résidence : (Suite.) [S.B.]			
à *Bagnères*.	Juges de paix } Maires.. . . . } Sous-préfets.. } des arrondissements d'*Arge-lez* et de *Bagnères*★.		
à *Condom*.	Juges de paix } Maires.. . . . } Sous-préfets.. } des arrondissements de *Condom* et de *Lectoure*★. . . .		
à *Digne*.	Juges de paix } Maires. . . . . } Sous-préfets.. } des arrondissements de *Bar-celonnette*, de *Castellane* et de *Digne*★.		
à *Embrun*.	Juges de paix } Maires.. . . . } Sous-préfets.. } des arrondissem. de *Brian-çon* et d'*Embrun*★.		
à *Luxeuil*.	Juges de paix } Maires. . . . . } Sous-préfets.. } des arrondissements de *Lure* et de *Luxeuil*★.	(1)	
à *Metz*.	Juges de paix } Maires.. . . . } Sous-préfets.. } des arrondissements de *Briey* et de *Metz*★.		
à *Montauban*. . . .	Juges de paix } Maires. . . . } Sous-préfets.. } des arrondissem. de *Castel-Sarrasin* et de *Montau-ban*★.		
à *Montélimart*. . .	Juges de paix } Maires. . . . } Sous-préfets.. } des arrondissements de *Mon-télimart* et de *Nyons*★. . .		
à *Redon*.	Juges de paix } Maires. . . . } Sous-préfets... } des arrondissements de *Mont-fort* et de *Redon*★. . . .		
VÉRIFICATEURS spéciaux du cadastre. [S.B.]	Directeurs des contributions directes★. . . .	Tout le R.	»
	Géomètres en chef du cadastre★.	Tout le R.	»
	Préfets★.	Tout le R.	»
	Vérificateurs spéciaux du cadastre★.	Tout le R.	»
VICAIRES généraux. (2)	. . . .	. . . .	»
VICE-CONSUL d'Es-pagne, à *Oloron*. [S.B.]	Lieutenant général commandant la 21e divi-sion militaire★.	»	»
	Préfet des *Basses-Pyrénées*★.	»	»
VICE-CONSULS de France, à *l'étranger*. [L.F.]	Chefs du service de la marine★.	Tout le R.	»
	Commissaires généraux de la marine★. . . .	Tout le R.	»
	Commissaires principaux de la marine★.. . .	Tout le R.	»
	Préfets maritimes★.	Tout le R.	»
	Présidents semainiers des commissions sani-taires★.	Tout le R.	»
	Présidents semainiers des intendances sani-taires★.	Tout le R.	»

(1) En quelque lieu que soient ces vérificateurs dans les arrondissements de sous-préfecture qui leur sont assignés.

(2) V. *Grands Vicaires*.

DÉSIGNATION DES FONCTIONNAIRES ET DES PERSONNES		Circonscrip-tions territoriales dans lesquelles la correspon-dance, valablement contre-signée, » circule en franchise.	Nᵒˢ des tableaux de circonscriptions à consulter, à la suite du présent Manuel.
autorisés à contre-signer leur correspondance do service. (Les initibles entre crochets indiquent la forme à employer pour la fermeture des lettres.)	auxquels la correspondance de service des fonctionnaires et des personnes désignés dans la colonne ci-contre doit être remise en franchise.		
VICE - CONSULS de France correspondant par la Méditerranée. (1) [S.B.]	Agents des affaires étrangères dans les *parages de la Méditerranée*.......... Ambassadeurs de France, à *Constantinople, Naples, Rome*.......... Consuls de France (généraux ou autres), *correspondant par la Méditerranée*..... Ministres de France, à *Florence* et en *Grèce*.......... Vice-consuls de France, *correspondant par la Méditerranée*..........	»	»
VICE - CONSULS de France, en *Espagne*. [L.F.]	Préfet des *Bouches-du-Rhône*, à *Marseille*. Préfet des *Pyrénées-Orientales*, à *Perpignan*..........	» »	» »
VICE - CONSULS de France, en *Italie*. [L.F.]	Préfet des *Bouches-du-Rhône*, à *Marseille*.	»	»

(1) Cette correspondance est transportée par les paquebots de la Méditerranée.

POSTES MILITAIRES.

TABLEAUX DES FRANCHISES

ATTRIBUÉES

A LA CORRESPONDANCE DE SERVICE DES OFFICIERS ET FONCTIONNAIRES

Faisant partie des armées,

Par le Règlement sur les Postes militaires,

EN DATE DU 1er MARS 1823 (*).

(*) Les dispositions du règlement en date du 1er mars 1823, relatives aux franchises, sont applicables à la correspondance de service des officiers et fonctionnaires attachés aux armées, non-seulement hors du royaume, mais même sur le territoire français, à partir de la formation des armées et jusqu'à leur dislocation.

Répartie au Manuel des Franchises.

POSTES MILITAIRES.

TABLEAUX DES FRANCHISES

attribuées

A LA CORRESPONDANCE DE RAISON DES OFFICIERS ET FONCTIONNAIRES

faisant partie des armées,

Par le Règlement sur les Postes militaires,

EN DATE DU 1er MARS 1822 (*).

(*) Les dispositions du règlement en date du 1er mars 1822, relatives aux franchises, sont applicables à la correspondance de service des officiers et fonctionnaires attachés aux armées [illegible].

Répartie au Manuel des Franchises.

PREMIÈRE PARTIE.

DES FRANCHISES

SANS CONDITION DE CONTRE-SEING.

ÉTENDUE des FRANCHISES ACCORDÉES sans condition de contre-seing. (Les initiales entre crochets indiquent la forme à employer pour la fermeture des lettres.)	DÉSIGNATION DES FONCTIONNAIRES ET DES PERSONNES qui jouissent de la franchise à raison de leur qualité et sans condition de contre-seing.	Circonscriptions dans l'étendue desquelles la correspondance, valablement contre-signée, circule en franchise.	OBSERVATIONS.
FRANCHISE ILLIMI-TÉE. [L.F. ou S.B.]	Le général en chef. . . . . Le major général. . . . . Le chef de l'état-major général. . . . . . . L'intendant en chef. . . . . Les généraux commandant les corps d'ar-mée. . . . . Les chefs d'état-major des corps d'armée. . .	Toute l'armée.	

DES PÉNALITÉS

SUR CRÉDIT DE CONFIANCE

GRADES	DÉSIGNATION DES FONCTIONNAIRES à qui l'on est tenu de rendre compte, et aux conditions de ...	OBSERVATIONS
	Le général en chef	
	Le major général	
	Le chef de l'état-major général	
	L'intendant en chef	Par l'intermé-
	Les généraux commandant les corps d'ar-mée	
	Les chefs d'état-major des corps d'armée . .	

DEUXIÈME PARTIE.

DES FRANCHISES

SOUS LA CONDITION D'UN CONTRE-SEING.

DÉSIGNATION DES OFFICIERS ET FONCTIONNAIRES ATTACHÉS AUX ARMÉES		Circonscriptions dans l'étendue desquelles la correspondance, valablement contre-signée, circule en franchise.	OBSERVATIONS.
autorisés à contre-signer leur correspondance de service. (Les initiales entre crochets indiquent la forme à employer pour la fermeture des lettres.)	auxquels la correspondance de service des officiers et fonctionnaires désignés dans la colonne ci-contre, doit être remise en franchise.		
AGENTS en chef des différents services administratifs. [S.B.]	Intendants militaires*	Toute l'armée.	
	Préposés des différents services administratifs auxquels appartiennent les contre-signataires*	Toute l'armée.	
	Sous-intendants militaires*	Toute l'armée.	
	Sous-intendants militaires adjoints*	Toute l'armée.	
CHEF de l'état-major général. [L.F.]	Militaires de tous grades*	Toute l'armée.	
CHEFS d'état-major des corps d'armée. [L.F.]	Officiers chargés d'un commandement* . .	Corps d'armée.	
CHEFS d'état-major des divisions. [S.B.]	Commandants. { des corps militaires * . . .	Division.	
	{ des détachem. militaires* .	Division.	
	Intendants militaires*	Division.	
	Sous-intendants militaires*	Division.	
	Sous-intendants militaires adjoints*	Division.	
CHEFS d'état-major des subdivisions ou brigades. [S.B.]	Commandants. { des corps militaires* . .	Subdivision.	
	{ des détachem. militaires* .	Subdivision.	
	Intendants militaires *	Division.	
	Sous-intendants militaires*	Division.	
	Sous-intendants militaires adjoints*	Division.	
COMMANDANTS des corps militaires [S.B.]	Chefs d'état-major { des divisions*	Division.	
	{ des subdiv. ou brigades*	Subdivision.	
	Commandants de détachements des corps auxquels appartiennent les contre-signat.*	(1) Division.	
	Intendants militaires *	Division.	
	Lieutenants généraux commandant les divisions ou brigades*	Division.	
	Maréchaux de camp commandant les subdivisions ou brigades*	Subdivision.	
	Officiers de gendarmerie. . . . . [L.F.]	Toute l'armée.	
	Sous-intendants militaires*	Division.	
	Sous-intendants militaires adjoints*	Division.	

(1) En quelque lieu que se trouvent placés les détachements.

DÉSIGNATION DES OFFICIERS ET FONCTIONNAIRES ATTACHÉS AUX ARMÉES		Circonscriptions dans l'étendue desquelles la correspondance, valablement contre-signée, circule en franchise.	OBSERVATIONS.
autorisés à contre-signer leur correspondance de service. (Les initiales entre crochets indiquent la forme à employer pour la fermeture des lettres.)	auxquels la correspondance de service des officiers et fonctionnaires désignés dans la colonne ci-contre, doit être remise en franchise.		
COMMANDANTS de détachem. des corps militaires. [S.B.]	Chefs d'état-major. { des divisions*	Division.	
	des subdivisions ou brigades*	Subdivision.	
	Commandants des corps militaires auxquelles appartiennent les contre-signataires*	(1)	
	Intendants militaires*	Division.	
	Lieutenants généraux commandant les divisions*	Division.	
	Maréchaux de camp commandant les subdivisions ou brigades*	Subdivision.	
	Officiers de gendarmerie* [L.F.]	Toute l'armée.	
	Sous-intendants militaires*	Division.	
	Sous-intendants militaires adjoints*	Division.	
COMMISSAIRE des postes. [S.B.]	Employés de tous grades des postes militaires*	Toute l'armée.	
	Intendants militaires*	Toute l'armée.	
	Sous-intendants militaires*	Toute l'armée.	
	Sous-intendants militaires adjoints*	Toute l'armée.	
EMPLOYÉS de tous grades des postes militaires. [S.B.]	Commissaire des postes*	(2)	
GÉNÉRAL en chef. [L.F.]	Militaires et agents de tous grades*	Toute l'armée.	
GÉNÉRAUX commandant les corps d'armée. [L.F.]	Militaires et agents de tous grades*	Corps d'armée.	
INTENDANT en chef. [L.F.]	Agents de tous grades des différents services administratifs* [S.B.]	Toute l'armée.	
	Intendants militaires*	Toute l'armée.	
	Lieutenants généraux*	Toute l'armée.	
	Maréchaux de camp*	Toute l'armée.	
	Officiers de santé* [S.B.]	Toute l'armée.	
	Sous-intendants militaires*	Toute l'armée.	
	Sous-intendants militaires adjoints*	Toute l'armée.	
INTENDANTS militaires. [S.B.]	Agents de tous grades des différents services administratifs*	Division.	

(La suite au verso.)

(1) En quelque lieu que les corps se trouvent placés.
(2) En quelque lieu que se trouve le commissaire des postes.

DÉSIGNATION DES OFFICIERS ET FONCTIONNAIRES ATTACHÉS AUX ARMÉES		Circonscriptions dans l'étendue desquelles la correspondance, valablement contre-signée, circule en franchise.	OBSERVATIONS.
autorisés à contre-signer leur correspondance de service. (Les initiales entre crochets indiquent la forme à employer pour la fermeture des lettres.)	auxquels la correspondance de service des officiers et fonctionnaires désignés dans la colonne ci-contre, doit être remise en franchise.		
INTENDANTS militaires. (*Suite*). [S.B.]	Chefs d'état-major.. . { des divisions*.	Division.	
	des subdivisions ou brig.	Division.	
	Commandants.. { des corps militaires*. . . .	Division.	
	des détachements milit.*. .	Division.	
	Commissaire des postes*.	(1)	
	Intendants militaires*.	Toute l'armée.	
	Lieutenants généraux commandant { l'artillerie*. . . . . . [L.F.]	Toute l'armée.	
	les divisions*.	Division.	
	le génie**. . . . . . [L.F.]	Toute l'armée	
	Maréchaux de camp commandant. { l'artillerie*. . . . . [L.F.]	Toute l'armée.	
	le génie*. . . . . . [L.F.]	Toute l'armée.	
	les subdivisions ou brig.*.	Division.	
	Officiers. . . . . { d'artillerie, chargés d'un commandement*. . . .	Division.	
	de gendarmerie*. . [L.F.]	Toute l'armée.	
	du génie, chargés d'un commandement*.	Division.	
	de santé { en chef*.	(2)	
	ordinaires, chargés d'un service*. .	Division.	
	Sous-intendants militaires*.	Toute l'armée	
	Sous-intendants militaires adjoints*.	Toute l'armée.	
LIEUTENANTS généraux commandant l'artillerie. [L.F.]	Intendants militaires*.	Toute l'armée.	
	Lieutenants généraux commandant les divisions*.	Toute l'armée.	
	Maréchaux de camp commandant les subdivisions ou brigades*.	Toute l'armée.	
	Officiers. . . . . { d'artillerie*. . . . . [S.B.]	Toute l'armée.	
	de gendarmerie*.	Toute l'armée.	
	Sous intendants militaires*.	Toute l'armée	
	Sous-intendants militaires adjoints*.	Toute l'armée.	
LIEUTENANTS généraux commandant les divisions. [L.F.]	Commandants. { des corps militaires* [S.B.]	Division.	
	des détachem. milit.* [S.B.]	Division.	
	Intendants militaires*.	Division.	
	Lieutenants généraux commandant { l'artillerie*.	Toute l'armée.	
	le génie*.	Toute l'armée.	
	Maréchaux de camp commandant { l'artillerie*.	Toute l'armée.	
	le génie*.	Toute l'armée.	
	les subdiv. ou brigades*. .	Division.	
	Officiers.. . . . . { d'artillerie, chargés d'un commandement. [S.B.]	Division.	
	de gendarmerie*.	Toute l'armée.	
	du génie, chargés d'un commandement* [S.B.]	Division.	
	Sous-intendants militaires*. . . . . [S.B.]	Division.	
	Sous-intendants militaires adjoints*. . [S.B.]	Division.	

(1) En quelque lieu que se trouve le commissaire des postes.
(2) En quelque lieu que se trouvent placés les officiers de santé en chef.

DÉSIGNATION DES OFFICIERS ET FONCTIONNAIRES		Circonscriptions dans l'étendue desquelles la correspondance, valablement contre-signée, circule en franchise.	OBSERVATIONS.
autorisés à contre-signer leur correspondance de service. (Les initiales entre crochets indiquent la forme à employer pour la fermeture des lettres.)	ATTACHÉS AUX ARMÉES auxquels la correspondance de service des officiers et fonctionnaires désignés dans la colonne ci-contre, doit être remise en franchise.		
LIEUTENANTS géné- raux commandant le génie. [L.F.]	Intendants militaires*.	Toute l'armée.	
	Lieutenants généraux commandant les divi- sions*.	Toute l'armée.	
	Maréchaux de camp commandant les subdi- visions ou brigades*.	Toute l'armée.	
	Officiers. { de gendarmerie*.	Toute l'armée.	
	{ du génie*.	Toute l'armée.	
	Sous-intendants militaires*.	Toute l'armée.	
	Sous-intendants militaires adjoints*.	Toute l'armée.	
MAJOR GÉNÉRAL de l'armée. [L.F.]	Militaires de tous grades*.	Toute l'armée.	
MARÉCHAUX de camp commandant les subdivisions ou brigades. [S.B.]	Commandants { des corps militaires*.	Subdivision.	
	{ des détachem. militaires*.	Subdivision.	
	Intendants militaires*.	Division.	
	Lieutenants généraux commandant { l'artillerie*. [L.F.]	Toute l'armée.	
	{ les divisions*. [L.F.]	Division.	
	{ le génie*. [L.F.]	Toute l'armée.	
	Maréc. de camp commandant { l'artillerie*. [L.F.]	Toute l'armée.	
	{ le génie*. [L.F.]	Toute l'armée.	
	Officiers. { d'artillerie, chargés d'un commandement*.	Division.	
	{ de gendarmerie*. [L.F.]	Toute l'armée.	
	{ du génie, chargés d'un com- mandement*.	Division.	
	Sous-intendants militaires*.	Division.	
	Sous-intendants militaires adjoints*.	Division.	
MARÉCHAUX de camp command. l'ar- tillerie. [L.F.]	Intendants militaires*.	Toute l'armée.	
	Lieutenants généraux commandant les divi- sions*.	Toute l'armée.	
	Maréchaux de camp commandant les subdi- visions ou brigades*.	Toute l'armée.	
	Officiers. { d'artillerie*. [S.B.]	Toute l'armée.	
	{ de gendarmerie*.	Toute l'armée.	
	Sous-intendants militaires*.	Toute l'armée.	
	Sous-intendants militaires adjoints*.	Toute l'armée.	
MARÉCHAUX de camp commandant le génie. [L.F.]	Intendants militaires*.	Toute l'armée.	
	Lieutenants généraux commandant les divi- sions*.	Toute l'armée.	
	Maréchaux de camp commandant les subdi- visions ou brigades*.	Toute l'armée.	
	Officiers. { de gendarmerie*.	Toute l'armée.	
	{ du génie*. [S.B.]	Toute l'armée.	
	Sous-intendants militaires*.	Toute l'armée.	
	Sous-intendants militaires adjoints*.	Toute l'armée.	

DÉSIGNATION DES OFFICIERS ET FONCTIONNAIRES ATTACHÉS AUX ARMÉES		Circonscriptions dans l'étendue desquelles la correspondance, valablement contre-signée, circule en franchise.	OBSERVATIONS.
autorisés à contre-signer leur correspondance de service. (Les initiales entre crochets indiquent la forme à employer pour la fermeture des lettres.)	auxquels la correspondance de service des officiers et fonctionnaires désignés dans la colonne ci-contre, doit être remise en franchise.		
OFFICIERS d'artillerie chargés d'un commandement (1). [S.B.]	Intendants militaires★	Division.	
	Lieutenants généraux commandant { l'artillerie★	Toute l'armée.	
	Lieutenants généraux commandant { les divisions★	Division.	
	Maréchaux de camp commandant { l'artillerie★	Toute l'armée.	
	Maréchaux de camp commandant { les subdivisions ou brigades★	Division.	
	Officiers d'artillerie chargés d'un commandement★	Division.	
	Sous-intendants militaires★	Division.	
	Sous-intendants militaires adjoints★	Division.	
OFFICIERS d'artillerie sans commandement [S.B.]	Lieutenants généraux / Maréchaux de camp { commandant l'artillerie★	Toute l'armée.	
OFFICIERS de gendarmerie. [L.F.]	Commandants.. { des corps militaires★	Toute l'armée.	
	Commandants.. { des détachements milit.★	Toute l'armée.	
	Intendants militaires★	Toute l'armée.	
	Lieutenants généraux★	Toute l'armée.	
	Maréchaux de camp★	Toute l'armée.	
	Officiers de gendarmerie★	Toute l'armée.	
	Sous-intendants militaires★	Toute l'armée.	
	Sous-intendants militaires adjoints★	Toute l'armée.	
	Sous-officiers de gendarmerie★ [S.B.]	Toute l'armée.	
OFFICIERS de santé en chef. [S.B.]	Intendants militaires★	Toute l'armée.	
	Officiers de santé chargés d'un service★	Toute l'armée.	
	Sous-intendants militaires★	Toute l'armée.	
	Sous-intendants militaires adjoints★	Toute l'armée.	
OFFICIERS de santé chargés d'un service. [S.B.]	Intendants militaires★	Division.	
	Officiers de santé en chef★	(2)	
	Sous-intendants militaires★	Division.	
	Sous-intendants militaires adjoints★	Division.	
OFFICIERS du génie chargés d'un commandement (1) [S.B.]	Intendants militaires★	Division.	
	Lieutenants généraux commandant { les divisions★	Division.	
	Lieutenants généraux commandant { le génie★	Toute l'armée.	
	Maréchaux de camp commandant { le génie★	Toute l'armée.	
	Maréchaux de camp commandant { les subdivisions ou brigades★	Division.	
	Officiers du génie chargés d'un commandement★	Division.	
	Sous-intendants militaires★	Division.	
	Sous-intendants militaires adjoints★	Division.	

(1) Indépendamment de la correspondance qui leur est attribuée ici, ces officiers ont encore celle qui appartient aux commandants des détachements des corps militaires. (*Voir* pag. 84.)

(2) En quelque lieu que se trouvent placés les officiers de santé en chef.

DÉSIGNATION DES OFFICIERS ET FONCTIONNAIRES ATTACHÉS AUX ARMÉES		Circonscriptions dans l'étendue desquelles la correspondance, valablement contre-signée, circule en franchise.	OBSERVATIONS.
autorisés à contre-signer leur correspondance de service. (Les initiales entre crochets indiquent la forme à employer pour la fermeture des lettres.)	auxquels la correspondance de service des officiers et fonctionnaires désignés dans la colonne ci-contre, doit être remise en franchise.		
OFFICIERS u génie sans commandement. [S.B.]	Lieutenants généraux / Maréchaux de camp. { commandant le génie*...........	Toute l'armée.	
PRÉPOSÉS des différents services administratifs. [S.B.]	Agents en chef des services auxquels appartiennent les contre-signataires*......	(1)	
	Agents de tous grades des différents services administratifs*..............	Division.	
	Chefs d'état-major { des divisions*.............	Division.	
	{ des subdivisions ou brigades*	Division.	
	Commandants { des corps militaires*......	Division.	
	{ des détachements militaires*	Division.	
	Commissaire des postes*.............	(2)	
	Intendants militaires*...............	Toute l'armée.	
SOUS-INTENDANTS militaires et sous-intendants militaires adjoints. [S.B.]	Lieutenants généraux commandant { l'artillerie*...........[L.F.]	Toute l'armée.	
	{ les divisions*.............	Division.	
	{ le génie*...........[L.F.]	Toute l'armée.	
	Maréchaux de camp commandant { l'artillerie*...........[L.F.]	Toute l'armée.	
	{ le génie*...........[L.F.]	Toute l'armée.	
	{ les subdivisions ou brigades*	Division.	
	Officiers.... { d'artillerie, chargés d'un commandement*...........	Division.	
	{ de gendarmerie*.......[L.F.]	Toute l'armée.	
	{ du génie, chargés d'un commandement*...........	Division.	
	de santé { en chef*.............	(3)	
	{ ordinaires, chargés d'un service*.	Division.	
	Sous-intendants militaires*..............	Toute l'armée.	
	Sous-intendants militaires adjoints*......	Toute l'armée.	
SOUS-OFFICIERS de gendarmerie. [S.B.]	Officiers de gendarmerie*..............	Toute l'armée.	

(1) En quelque lieu que se trouvent les agents en chef.

(2) En quelque lieu que se trouve le commissaire des postes.

(3) En quelque lieu que se trouvent placés les officiers de santé en chef.

TABLEAUX

DES

CIRCONSCRIPTIONS TERRITORIALES

Dans l'étendue desquelles

LA CORRESPONDANCE VALABLEMENT CONTRE-SIGNÉE

CIRCULE EN FRANCHISE.

Nota. — Les chiffres qui figurent dans la colonne 4 du présent *Manuel*, indiquent le numéro du tableau à consulter pour chaque correspondance.

ACADÉMIES.

TABLEAU Nº 1

Indiquant les chefs-lieux des Académies, et les départements compris dans le ressort de chacune d'elles.

Abréviation par laquelle le présent tableau est désigné dans la colonne 3 du Manuel :
Arr. acad.

CHEFS-LIEUX des ACADÉMIES.	DÉPARTEMENTS qui forment LEUR CIRCONSCRIPTION.	CHEFS-LIEUX des ACADÉMIES.	DÉPARTEMENTS qui forment LEUR CIRCONSCRIPTION.
AIX.	Alpes (Basses-). Bouches-du-Rhône. Var.	METZ.	Ardennes. Moselle.
AJACCIO.	Corse.	MONTPELLIER.	Aude. Aveyron. Hérault. Pyrénées-Orientales.
AMIENS.	Aisne. Oise. Somme.	NANCY.	Meurthe. Meuse. Vosges.
ANGERS.	Maine-et-Loire. Mayenne. Sarthe.	NISMES.	Ardèche. Gard. Lozère. Vaucluse.
BESANÇON.	Doubs. Jura. Saône (Haute-).	ORLÉANS.	Indre-et-Loire. Loiret. Loir-et-Cher.
BORDEAUX.	Charente. Dordogne. Gironde.	PARIS.	Aube. Eure-et-Loir. Marne. Seine. Seine-et-Marne. Seine-et-Oise. Yonne.
BOURGES.	Cher. Indre. Nièvre.	PAU.	Landes. Pyrénées (Basses-). Pyrénées (Hautes-).
CAEN.	Calvados. Manche. Orne.	POITIERS.	Charente-Inférieure. Sèvres (Deux-). Vendée. Vienne.
CAHORS.	Lot. Gers. Lot-et-Garonne.	RENNES.	Côtes-du-Nord. Finistère. Ile-et-Vilaine. Loire-Inférieure. Morbihan.
CLERMONT-FER- RAND.	Allier. Cantal. Loire (Haute-). Puy-de-Dôme.	ROUEN.	Eure. Seine-Inférieure.
DIJON.	Côte-d'Or. Marne (Haute-). Saône-et-Loire.	STRASBOURG.	Rhin (Bas-). Rhin (Haut-).
DOUAI.	Nord. Pas-de-Calais.	TOULOUSE.	Ariége. Garonne (Haute). Tarn. Tarn-et-Garonne.
GRENOBLE.	Alpes (Hautes-). Drôme. Isère.		
LIMOGES.	Corrèze. Creuse. Vienne (Haute-).		
LYON.	Ain. Loire. Rhône.		

ARRONDISSEMENTS MARITIMES.

TABLEAU N° 2,

Indiquant la Circonscription des Arrondissements maritimes.

Abréviation par laquelle le présent tableau est désigné dans la colonne 3 du Manuel.

Arr. mar.

ARRONDISSEMENTS MARITIMES.	DÉPARTEMENTS compris DANS LA CIRCONSCRIPTION de chaque arrondissement.	ARRONDISSEMENTS MARITIMES.	DÉPARTEMENTS compris DANS LA CIRCONSCRIPTION de chaque arrondissement.
1er ARRONDISSEMENT. Chef-lieu, *Cherbourg*	Calvados. Manche. Nord. Pas-de-Calais. Seine-Inférieure. Somme.	4e ARRONDISSEMENT. Chef-lieu, *Rochefort*	Charente-Inférieure. Gironde. Landes. Pyrénées (Basses). Vendée.
2e ARRONDISSEMENT. Chef-lieu, *Brest.*	Côtes-du-Nord. Finistère. Ille-et-Vilaine. Manche.	5e ARRONDISSEMENT. Chef-lieu, *Toulon-sur-Mer.*	Aude. Bouches-du-Rhône. Corse. Hérault. Pyrénées-Orientales. Var.
3e ARRONDISSEMENT. Chef-lieu, *Lorient.*	Finistère. Ille-et-Vilaine. Loire-Inférieure. Morbihan.		

4

DIRECTIONS D'ARTILLERIE.

TABLEAU N° 3,

Indiquant la Circonscription des directions d'artillerie.

Abréviation par laquelle le présent tableau est désigné dans la colonne 3 du Manuel :
Dir. d'art.

CHEFS-LIEUX des DIRECTIONS.	DÉSIGNATION DES PLACES qui composent CHAQUE DIRECTION D'ARTILLERIE.	DÉPARTEMENTS compris DANS CHAQUE DIRECTION	DIVISIONS militaires.
ALGER.	Arzew. . . . . Bone. . . . . Bougie. . . . . Mers-el-Kebir . . . . Mostaganem.. . . . . Oran.	Etats d'Alger	»
BASTIA.	Ajaccio. . . . . Bogognano (Tour de). . . . . Bonifacio. . . . . Calvi. . . . . Corte . . . . Saint-Florent . . . . Vivario (Tour de)	Corse.	17ᵉ
BAYONNE.	Blaye et forts Médoc et Pâté . . . . Bordeaux . . . . Dax . . . . Grave (Pointe de). . . . . Lourdes. . . . . Navarreins. . . . . Soccoa (Fort de) . . . . Saint-Jean-Pied-de-Port . . . . . Teste (Batterie de la côte de). . . .	Gironde . . . . Landes. . . . . Pyrénées (Basses). . . . Pyrénées (Hautes). . . .	11ᵉ 20ᵉ
BESANÇON	Auxonne . . . . Belfort. . . . . Blamont. . . . . Huningue. . . . . Joux (Fort de). . . . . Landscroon.. . . . . Langres . . . . Montbéliard. . . . . Salins	Côte-d'Or . . . . Doubs . . . . Jura . . . . Marne (Haute-) . . . . . Rhin (Haut).	5ᵉ 6ᵉ 18ᵉ
BREST	Bougcien (Fort). . . . . Conquet (Batterie) . . . . Ouessant (Ile d') . . . . Quelernes (Lignes de) . . . . . . Roscoff . . . . Taureau (Château du).	Finistère.	13ᵉ

CHEFS-LIEUX des DIRECTIONS.	DÉSIGNATION DES PLACES qui composent CHAQUE DIRECTION D'ARTILLERIE.	DÉPARTEMENTS compris DANS CHAQUE DIRECTION	DIVISIONS militaires.
CHERBOURG. . . .	Caen (Château de). . . . . Carentan. . . . . Colleville. . . . . Dielette. . . . . Fort-Royal. . . . . Hommet (Fort du). . . . . Honfleur. . . . . Hogue (La). . . . . Levy (Cap). . . . . Omonville. . . . . Querqueville (Fort). . . . . Quincville (Redoute de). . . . . . . Saint-Marcouf (Ile). . . . . Tatihou.	Calvados. . . . . Manche.	14ᵉ
DOUAI.	Arras. . . . . Bapaume. . . . . Cambrai. . . . . Scarpe (Fort de).	Nord. . . . . Pas-de-Calais.	16ᵉ
EMBRUN.	Briançon. . . . . Colmars. . . . . Mont-Dauphin. . . . . Queyras. . . . . Seyne. . . . . Sisteron. . . . . Saint-Vincent.	Alpes (Basses). . . . . . Alpes (Hautes).	7ᵉ 8ᵉ
FÈRE (LA).	Château-Thierry. . . . . Guise. . . . . Ham. . . . . Laon. . . . . Péronne. . . . . Soissons. . . . . Saint-Quentin. . . . . Vitry-le-Français.	Aisne. . . . . Marne. . . . . Somme.	1ʳᵉ 2ᵉ 16ᵉ
GRENOBLE.	Barreaux (Fort). . . . . Écluse (Fort l'). . . . . Lyon. . . . . Pierre-Châtel. . . . . Valence.	Ain. . . . . Drôme. . . . . Isère. . . . . Rhône.	7ᵉ
HAVRE (LE). . . .	Abbeville. . . . . Amiens. . . . . Dieppe. . . . . Doulens. . . . . Fécamps. . . . . Saint-Valery. . . . . Tréport.	Seine-Inférieure. . . . . Somme.	14ᵉ 16ᵉ
LILLE.	Bergues. . . . . Dunkerque. . . . . Fort-Français. . . . . Fort-Louis. . . . . Gravelines.	Nord.	16ᵉ

CHEFS-LIEUX des DIRECTIONS.	DÉSIGNATION DES PLACES qui composent CHAQUE DIRECTION D'ARTILLERIE.	DÉPARTEMENTS compris DANS CHAQUE DIRECTION	DIVISIONS militaires.
METZ.	Bitche.. . . . . Longwy.. . . . . Marsal. . . . . Rodemak. . . . . Sierk. . . . . Thionville. . . . . Toul. . . . . Verdun.	Meurthe.. . . . . Moselle..	2e 3e
MÉZIÈRES.	Charlemont. . . . . Charleville. . . . . Givet. . . . . Montmédy. . . . . Rocroy. . . . . Sédan.	Ardennes.. . . . . Meuse..	⎰ 2e
MONTPELLIER..	Agde. . . . . Aigues-Mortes. . . . . Brescou (Fort). . . . . Cette. . . . . Lafranquy (Batterie). . . . . . Narbonne.. . . . . Peccais (Fort). . . . . Saint-Esprit.	Aude. . . . . Gard. . . . . Hérault.	9e 11e
NANTES.	Angers. . . . . Belle-Ile. . . . . Concarneau.. . . . . Croisic (Le). . . . . Groix (Ile de). . . . . Lorient. . . . . Pentièvre (Fort). . . . . Port-Louis. . . . . Port-Navalo.. . . . . Quiberon. . . . . Saumur (Château de).. . . . . . Saint-Gilles. . . . . Yeu (Iles d').	Finistère. . . . . Loire Inférieure. . . . . Maine-et-Loire.. . . . . Morbihan. . . . . Vendée	12e 13e
PARIS.	Vincennes..	Seine..	1re
PERPIGNAN. . . .	Bellegarde. . . . . Collioure. . . . . Fort-les-Bains. . . . . Mont-Louis.. . . . . Port-Vendre. . . . . Pratz-de-Mello. . . . . Salces. . . . . Villefranche.	Pyrénées-Orientales. . .	21e
RENNES.	Bréhat (Ile de). . . . . Châteauneuf. . . . . Fort-la-Cité. . . . . Granville. . . . . Saint-Malo.	Côtes-du-Nord. . . . . . Ille-et-Vilaine. . . . . . . Manche..	13e 14e

CHEFS-LIEUX des DIRECTIONS.	DÉSIGNATION DES PLACES qui composent CHAQUE DIRECTION D'ARTILLERIE.	DÉPARTEMENTS compris DANS CHAQUE DIRECTION	DIVISIONS militaires.
ROCHELLE (LA).	Aiguille (Fort l'). Aix (Ile d'). Boyard-Ville. Brouage. Chapus (Fort). Fouras (Fort). Laprée (Fort). Minimes (Pointe des). Oléron (Ile d'). Ré (Ile de). Rochefort. Royan. Sables d'Olonne (Les).	Charente-Inférieure. Vendée.	11e 12e
STRASBOURG.	Fort-Louis. Fort-Mortier. Haguenau. Lauterbourg. Lichtemberg. Neufbrisach. Petite-Pierre (La). Phalsbourg. Schelestatt. Wissembourg.	Meurthe. Rhin (Bas-). Rhin (Haut-).	3e 5e
SAINT-OMER.	Aire. Ambleteuse. Ardres. Béthune. Boulogne. Calais. Hesdin. Montreuil. Saint-Venant.	Pas-de-Calais.	16e
TOULON.	Antibes et Fort-Carré. Bandol (Batterie de). Bréganson (Fort). Ciotat (Château de la). Citon-Redon (Batterie de). Entrevaux. If (Château-d'). Lamalgue (Fort). Marseille et forts S.-Nicolas et S.-Jean. Porquerolles. Porteros. Ratonneau (Ile). Sainte-Marguerite (Ile). Saint-Tropez. Tour-de-Bouc.	Alpes (Basses-). Bouches-du-Rhône. Var.	8e
TOULOUSE.	Toulouse.	Garonne (Haute-).	10e
TOURS.	Bourges. Saint-Aignan.	Cher. Loir-et-Cher.	4e 15e
VALENCIENNES.	Avesnes. Bouchain. Condé. Landrecies. Maubeuge. Quesnoy (Le).	Nord.	16e

ETABLISSEMENTS D'ARTILLERIE.

TABLEAU N° 4,

Indiquant les siéges des divers Établissements d'Artillerie.

Abréviation par laquelle le présent tableau est désigné dans la colonne 3 du **Manuel** :
Arr. forg.

NATURE des ÉTABLISSEMENTS.	LIEUX où LES ÉTABLISSEMENTS SONT SITUÉS.	DÉPARTEMENTS.	DIVISIONS militaires.
FONDERIES..	Douai.	Nord.	16e
	Strasbourg.	Bas-Rhin.	5e
	Toulouse.	Haute-Garonne.. . . .	10e
FORGES.	Besançon	Doubs.	6e
	Metz.	Moselle.	3e
	Mézières..	Ardennes..	2e
	Nevers..	Nièvre.	15e
	Rennes	Ille-et-Vilaine.. . . .	13e
	Toulouse..	Haute-Garonne.. . . .	10e
MANUFACTURES D'ARMES. . . .	Charleville.	Ardennes..	2e
	Châtellerault..	Vienne.	4e
	Klingenthal	Bas-Rhin.	5e
	Maubeuge.	Nord.	16e
	Mutzig..	Bas Rhin.	5e
	Saint-Étienne.	Loire.	7e
	Tulle..	Corrèze..	19e
POUDRERIES.	Angoulème..	Charente.	11e
	Bouchet (Le).	Seine-et-Oise.. . . .	1re
	Esquerdes..	Pas-de-Calais.. . . .	16e
	Metz..	Moselle.	3e
	Ponts-de-Buis.	Finistère.	13e
	Ripault (Le).	Indre-et-Loire. . . .	4e
	Saint-Chamas.	Bouches-du-Rhône. .	8e
	Saint-Médard.	Gironde.	11e
	Saint-Ponce.	Ardennes..	2e
	Toulouse..	Haute-Garonne.. . . .	10e
	Vonges..	Côte-d'Or..	18e
RAFFINERIES DE SALPÊTRES. . .	Bordeaux.	Gironde.	11e
	Lille..	Nord.	16e
	Lyon..	Rhône.	7e
	Marseille..	Bouches-du-Rhône. .	8e
	Nancy.	Meurthe.	3e
	Paris..	Seine..	1re
	Ripault (Le).	Indre-et-Loire. . . .	4e
	Toulouse..	Haute-Garonne.. . .	0e
ENTREPÔTS DE SALPÊTRES. . .	Avignon.	Vaucluse.	8e
	Châlons.	Marne.	2e

CANAUX.

TABLEAU N° 5,

Indiquant les Canaux de navigation et les départements traversés par chaque Canal.

Abréviation par laquelle le présent tableau est désigné dans la colonne 3 du Manuel.

Parc, Canaux.

DÉSIGNATION des CANAUX.	DÉPARTEMENTS TRAVERSÉS PAR CHAQUE CANAL.
Adour (canal de l').	Gers, Landes.
Aisne à la Marne (canal de l'). . .	Aisne, Marne.
Ardennes (canal des).	Ardennes.
Arles à Bouc (canal d').	Bouches-du-Rhône.
Berry (canal du).	Allier, Cher, Indre-et-Loire, Loir-et-Cher.
Bourgogne (canal de).	Côte-d'Or, Yonne.
Dordogne à la Loire (jonction de la).	Charente, Charente-Inférieure, Dordogne, Gironde, Vienne, Vienne (Haute).
Iton à la Sarthe (jonction de l'). . .	Eure, Orne.
Garonne (canal latéral à la). . . .	Garonne (Haute), Gironde, Lot-et-Garonne, Tarn-et-Garonne.
Ille-et-Rance (canal d').	Côtes-du-Nord, Ille-et-Vilaine.
Loire (canal latéral à la).	Allier, Cher, Lorient, Nièvre
Loire à la Manche (jonction de la).	Calvados, Mayenne, Orne, Sarthe.
Marne au Rhin (canal de la). . . .	Marne, Meurthe, Meuse, Rhin (Bas-)
Midi (canal du).	Aude, Garonne (Haute-), Hérault.
Nantes à Brest (canal de) et canal du Blavet.	Côtes-du-Nord, Finistère, Loire-Inférieure, Morbihan.
Nivernais (canal du).	Nièvre, Yonne.
Rhône au Rhin (canal du). . . .	Côte-d'Or, Doubs, Jura, Rhin (Bas-), Rhin (Haut-)
Saône à la Marne (jonction de la).	Côte-d'Or, Marne (Haute-), Saône (Haute-).
Saint-Quentin (canaux de) et du Crozat, et de la Sambre à l'Oise.	Aisne, Nord.
Seine (canal de la Haute-).	Aube, Marne.
Vienne au Cher (jonction de la) et du Cher à l'Allier.	Allier, Creuse, Puy-de-Dôme, Vienne (Haute-).

LIGNES DE CHEMINS DE FER EN COURS D'EXÉCUTION.

TABLEAU N° 6,

Indiquant les Circonscriptions dans lesquelles les Ingénieurs en chef et les Ingénieurs ordinaires des ponts et chaussées, *chargés des travaux des chemins de fer en construction, jouissent du contre-seing et de la franchise.*

Abréviation par laquelle le présent tableau est désigné dans la colonne 3 du Manuel:

Ch. de fer en const.

<table>
<tr><td colspan="3" align="center">DÉSIGNATION</td></tr>
<tr><td>DE LA LIGNE GÉNÉRALE.</td><td>DES SECTIONS EN COURS D'EXÉCUTION.</td><td>DES DÉPARTEMENTS sur lesquels s'exécutent les travaux.</td></tr>
<tr><td rowspan="3">De Paris à la frontière de Belgique. . . . .</td><td>1re Section. De Paris à Ailly.</td><td>Oise, Seine, Seine-et-Oise, Somme.</td></tr>
<tr><td>2e Section. D'Ailly à la limite du département de la Somme. . . . .</td><td>Somme.</td></tr>
<tr><td>3e Section. Traversée des départements du Pas-de-Calais et du Nord. . . . .</td><td>Nord, Pas-de-Calais.</td></tr>
<tr><td rowspan="2">De Paris à Strasbourg. . .</td><td>1re Section. De Nancy à la limite des départements de la Meurthe et du Bas-Rhin.</td><td>Meurthe.</td></tr>
<tr><td>2e Section. De la limite du Bas-Rhin à Strasbourg. .</td><td>Bas-Rhin.</td></tr>
<tr><td>De Paris sur la frontière d'Espagne. . . . . . .</td><td>D'Orléans à Vierzon et à Bourges. . . . .</td><td>Cher, Loiret.</td></tr>
<tr><td>De Paris sur la Méditerranée. . . . .</td><td>De Dijon à Châlons-sur-Saône</td><td>Côte-d'Or, Saône-et-Loire.</td></tr>
<tr><td>De Paris à Tours et à Nantes. . . . .</td><td>D'Orléans à Tours. . . . . .</td><td>Indre-et-Loire, Loir-et-Cher, Loiret.</td></tr>
<tr><td>De Paris à Montpellier. .</td><td>. . . . .</td><td>Gard, Hérault.</td></tr>
</table>

CHEMINS DE FER.

TABLEAU N° 7,

Indiquant les Inspections de chemins de fer, les Lignes dont elles se composent et les Départements traversés par ces Lignes.

Abréviations par lesquelles le présent tableau est désigné { *Arr. insp. ch. de fer.*
dans la colonne 3 du Manuel : . . . . { *Parc. ch. de fer.*

INSPECTIONS.	LIGNES.	DÉPARTEMENTS TRAVERSÉS PAR CHAQUE LIGNE.
1re INSPECTION	1re *Ligne.* (De Paris à la frontière de Belgique). .	Nord, Oise, Pas-de-Calais, Seine, Seine-et-Oise, Somme.
	2e *Ligne.* (Sur l'Angleterre.)	Nord, Pas-de-Calais, Somme.
2e INSPECTION.	1re *Ligne.* (De Paris sur Strasbourg par Nancy). . . .	Aisne, Marne, Meurthe, Meuse, Moselle, Oise, Rhin (Bas-), Seine, Seine-et-Marne, Seine-et-Oise.
	2e *Ligne.* (De Paris sur la Méditerranée)..	Aube, Côte-d'Or, Seine, Seine-et-Marne, Seine-et-Oise, Yonne.
	3e *Ligne.* (De la Méditerranée sur le Rhin). . . .	Côte-d'Or, Doubs, Saône (Haute-).
3e INSPECTION.	1re *Ligne.* (De Paris à Tours et à Nantes).	Indre-et-Loire, Loir-et-Cher, Loire-Inférieure, Loiret, Maine-et-Loire.
	2e *Ligne.* (De Paris à Brest.)	Côtes-du-Nord, Eure-et-Loir, Finistère, Ille-et-Vilaine, Loire-Inférieure, Mayenne, Morbihan, Orne, Sarthe, Seine-et-Oise.
	3e *Ligne.* (De Paris à Cherbourg par Caen).	Calvados, Eure, Manche, Seine-Inférieure.
4e INSPECTION.	1re *Ligne.* (De Paris sur la frontière d'Espagne par Tours, Poitiers, Angoulême, Bordeaux et Bayonne).	Charente, Gironde, Indre-et-Loire, Landes, Pyrénées (Basses-), Vienne.
	2e *Ligne.* (De l'Océan sur la Méditerranée par Bordeaux et Toulouse). . . .	Garonne (Haute-), Gironde, Lot-et-Garonne, Tarn-et-Garonne.
	3e *Ligne.* Sur le centre de la France par Bourges). .	Allier, Cher, Creuse, Dordogne, Indre, Loiret, Lot-et-Garonne, Puy-de-Dôme, Vienne (Haute-).
5e INSPECTION.	1re *Ligne.* (De Paris sur la Méditerranée).	Côte-d'Or, Drôme, Isère, Rhône, Saône-et-Loire, Vaucluse.
	2e *Ligne.* (De l'Océan sur la Méditerranée).	Aude, Garonne (Haute-), Hérault.

CONTROLES DES CONTRIBUTIONS DIRECTES.

TABLEAU N° 8,

Indiquant les Contrôles des contributions directes dont la circonscription est assise sur plusieurs arrondissements de sous-préfecture.

La limitation : *Arr. s.-pr.* (Arrondissement de sous-préfecture), qui circonscrit une partie de la franchise attribuée aux contrôleurs des contributions directes (*V.* page 39 du Manuel), est modifiée comme suit, pour les contrôles désignés dans le présent tableau.

DÉPARTEMENTS.	RÉSIDENCE DES CONTROLEURS.	ARRONDISSEMENTS sur lesquels sont assis les contrôles.
AIN	Bourg-en-Bresse (2e div.)	Bourg-en-Bresse, Trévoux.
	Gex	Belley, Gex, Nantua.
	Montluel	Belley, Trévoux.
AISNE	Guise	Saint-Quentin, Vervins.
ALLIER	Moulins	Gannat, Moulins, Palisse (La).
ALPES (BASSES)	Barcelonnette	Barcelonnette, Digne.
	Castellane	Barcelonnette, Castellane.
	Digne (Division du Nord)	Digne, Forcalquier.
ALPES (HAUTES)	Gap (Div. de St-Bonnet)	Embrun, Gap.
ARDÈCHE	Aubenas	Largentière, Privas.
	Bourg-Saint-Andéol	Largentière, Privas.
	Tournon	Privas, Tournon.
	Vernoux	Privas, Tournon.
ARDENNES	Mézières (Division du Sud)	Mézières, Sedan.
ARIÉGE	Mirepoix	Foix, Pamiers.
AUBE	Troyes	Arcis, Troyes.
	Vandœuvre	Bar-sur-Aube, Bar-sur-Seine.
AUDE	Carcassonne (1re division)	Carcassonne, Castelnaudary.
	Grasse (La)	Carcassonne, Narbonne.
AVEYRON	Espalion	Espalion, Milhau.
	Milhau	Milhau, Saint-Affrique.
	Rodez (2e division)	Milhau, Rodez.
BOUCHES-DU-RHONE	Marseille (2e division)	Aix, Marseille.
	Marseille (3e division)	Aix, Marseille.
	Marseille (4e division)	Aix, Marseille.
	Salons	Aix, Arles-sur-Rhône.
CALVADOS	Caen (1re division)	Caen, Pont-l'Evêque.
	Caen (2e division)	Caen, Falaise.
	Caen (3e division)	Caen, Falaise.
	Lisieux	Lisieux, Pont-l'Evêque.
CANTAL	Aurillac (3e division)	Aurillac, Mauriac.

DÉPARTEMENTS.	RÉSIDENCE DES CONTRÔLEURS.	ARRONDISSEMENTS sur lesquels sont assis les contrôles.
CHARENTE.	Barbezieux.	Barbezieux, Cognac.
	Rochefoucauld (La).	Angoulême, Confolens.
CHARENTE-INFÉR.	Pons.	Jonzac, Saintes.
	Rochefort.	Marennes, Rochefort.
	Rochelle (La).	Rochefort, Rochelle (La).
	Saintes (division du Nord).	Saintes, Saint-Jean-d'Angély.
CHER.	Bourges (3e division).	Bourges, Saint-Amand-Montrond.
CORRÈZE.	Tulle (division de l'Est).	Tulle, Ussel.
	Uzerche.	Brives, Tulle.
CORSE.	Bastia (2e division).	Bastia, Corté.
	Calvi.	Bastia, Calvi, Corté.
	Sartène.	Ajaccio, Sartène.
COTE-D'OR.	Châtillon-sur-Seine (Division de Montbard).	Châtillon-sur-Seine, Semur.
COTES-DU-NORD.	Broons.	Dinan, Loudéac.
	Guingamp.	Guingamp, Saint-Brieuc.
	Lamballe.	Dinan, Saint-Brieuc.
	Lannion.	Guingamp, Lannion.
	Paimpol.	Lannion, Saint-Brieuc.
	Saint-Brieuc (Division de Montcontour).	Loudéac, Saint-Brieuc.
CREUSE.	»	»
DORDOGNE.	Bergerac.	Bergerac, Sarlat.
	Périgueux (D. d'Excideuil)	Nontron, Périgueux.
	Ribérac.	Bergerac, Ribérac.
DOUBS.	Montbéliard.	Baume-les-Dames, Montbéliard.
	Morteau.	Baume-les-Dames, Montbéliard, Pontarlier.
DROME.	Crest.	Die, Valence.
	Dieulefit.	Die, Montélimart, Nyon.
	Montélimart.	Montélimart, Valence.
EURE.	»	»
EURE-ET-LOIRE.	Chartres (Div. du Nord).	Chartres, Dreux.
	Chartres (Div. d'Illiers.).	Chartres, Châteaudun.
FINISTÈRE.	Morlaix (Div. de Carhaix)	Châteaudun, Morlaix.
	Quimperlé.	Quimper, Quimperlé.
GARD.	Anduze.	Alais, Vigan (Le).
GARONNE (HAUTE).	Toulouse (Div. de Castanet)	Toulouse, Villefranche-de-Lauragais.
GERS.	Auch (2e division).	Auch, Lectoure.
GIRONDE.	Lesparre.	Bordeaux, Lesparre.
	Preignac.	Bordeaux, Réole (La).

DÉPARTEMENTS.	RÉSIDENCE DES CONTRÔLEURS.	ARRONDISSEMENTS sur lesquels sont assis les contrôles.
HERAULT.	Béziers. . . . . Montpellier (Div. de Cette)	Béziers, Saint-Pons. Lodève, Montpellier.
ILLE-ET-VILAINE. . .	Rennes (Division du Nord) Rennes (Division du Sud). . Saint-Malo.	Fougères, Rennes. Redon, Rennes, Vitré. Fougères, Saint-Malo.
INDRE.	Châteauroux (Div. d'Argenton). . . . . Châteauroux (Division de Buzençais).	Blanc (Le), Châteauroux, Châtre (La). Blanc (Le), Châteauroux.
INDRE-ET-LOIRE. . . .	Loches.	Loches, Tours.
ISÈRE.	Côte-Saint-André (La). . . Grenoble (Cont. de Vif.). . Grenoble (Contrôle de Voiron).	Saint-Marcelin, Tour-Dupin (La), Vienne. Grenoble, Saint-Marcellin. Grenoble, Saint-Marcellin, Tour-Dupin (La).
JURA.	Champagnole. . . . . Lons-le-Saunier (Contrôle d'Orgelet). . . . . Lons-le-Saunier (Contrôle de Voiteur).	Poligny, Saint-Claude. Lons-le-Saunier, Saint-Claude. Dôle, Lons-le-Saunier, Poligny.
LANDES.	Aire. . . . . Peyrehorade.	Mont-de-Marsan, Saint-Sever. Dax, Saint-Sever.
LOIR-ET-CHER.	»	»
LOIRE.	Saint-Etienne (3ᵉ division).	Montbrison, Saint-Etienne.
LOIRE (HAUTE-). . . .	Puy (Le) (Div. d'Allègre). . Puy (Le) (Div. de Loudes).	Puy (Le), Yssengeaux. Brioude, Puy (Le).
LOIRE-INFÉRIEURE. .	Nantes (Div. de Carquefou).	Châteaubriant, Nantes, Savenay.
LOIRET.	»	»
LOT.	»	»
LOT-ET-GARONNE. . .	Nérac (2ᵉ division).	Marmande, Nérac.
LOZÈRE.	Mende (2ᵉ division). . . . . Mende (3ᵉ division).	Marvejols, Mende. Florac, Marvejols, Mende.
MAINE-ET-LOIRE. . .	Angers (Div. de Briollay). Cholet. . . . . Doué. . . . . Saumur.	Angers, Beaugé, Segré. Beaupréau, Saumur. Angers, Saumur. Beaugé, Saumur.
MANCHE.	Avranches. Briquebec. . . . . Coutances (Div. du Sud). . Granville.	Avranches, Mortain. Cherbourg, Valognes. Avranches, Coutances. Avranches, Mortain.
MARNE.	Châlons (Div. de l'Est). . . Epernay.	Châlons, Sainte-Menehould. Epernay, Reims.

DÉPARTEMENTS.	RÉSIDENCE DES CONTRÔLEURS.	ARRONDISSEMENTS sur lesquels sont assis les contrôles.
MARNE (HAUTE-). . .	»	»
MAYENNE.	Château-Gontier.	Château-Gontier, Laval.
	Craon.	Château-Gontier, Laval.
	Ernée.	Laval, Mayenne.
	Evron.	Laval, Mayenne.
MEURTHE.	Dieuze.	Château-Salins, Sarrebourg.
	Nancy (3ᵉ division). . . .	Nancy, Toul.
	Pont-à-Mousson.	Nancy, Toul.
MEUSE.	»	
	Ligny.	Bar-le-Duc, Commercy.
	Saint-Mihiel.	Commercy, Verdun-sur-Meuse.
	Verdun (2ᵉ division). . .	Montmédy, Verdun-sur-Meuse.
MORBIHAN.	Vannes (Div. de Locminé).	Pontivy, Vannes.
MOSELLE.	Metz (Div. de Boulay). . .	Metz, Thionville.
	Metz (Division de Briey). .	Briey, Metz.
	Saint-Avold.	Metz, Sarreguemines.
NIÈVRE.	Corbigny.	Château-Chinon, Clamecy.
	Nevers (Div. de Premary).	Clamecy, Cosne, Nevers.
NORD.	Cassel.	Dunkerque, Azebrouck.
	Lille (D. de Pont-à-Marcq)	Douai, Lille.
	Quesnoy (Le).	Avesne, Cambrai.
	Saint-Amand-les-Eaux. .	Douai, Valenciennes.
OISE.	Saint-Just-en-Chaussée. . .	Clermont, Compiègne.
ORNE.	Alençon (Div. de Séez). . .	Alençon, Argentan.
	Argentan (Div. de Briouze)	Argentan, Domfront.
	Laigle.	Argentan, Montagne-sur-Huisne.
PAS-DE-CALAIS. . . .	Arras (Div. sud-ouest). . .	Arras, Béthune, St-Pol-sur-Ternoise.
	Calais.	Boulogne-sur-Mer, Saint-Omer.
	Hesdin.	Montreuil-sur Mer, St-Pol-sur-Ternoise
PUY-DE-DÔME.	Clermont-Ferrand (2ᵉ div.)	Clermont-Ferrand, Issoire.
	Clermont-Ferrand (3ᵉ division de Riom).	Clermont-Ferrand, Riom.
	Issoire.	Ambert, Issoire.
PYRÉNÉES (BASSES-). .	Mauléon.	Mauléon, Oloron, Orthez.
	Pau (1ʳᵉ division).	Oloron, Pau.
	Sauveterre.	Bayonne, Orthez.
PYRÉNÉES (HAUTES-).	Trie.	Bagnère-en-Bigorre, Tarbes.
PYRÉNÉES-ORIENT. . .	»	»
RHIN (BAS-).	Strasbourg (Division de Geispelsheim).	Schelestat, Strasbourg.
	Strasbourg (Division de Schilligheim).	Saverne, Strasbourg.

DÉPARTEMENTS.	RÉSIDENCE DES CONTRÔLEURS.	ARRONDISSEMENTS sur lesquels sont assis les contrôles.
RHIN (HAUT-)	Altkirch..	Altkirch, Belfort.
	Thenn (1re division)	Belfort, Colmar.
RHÔNE.	»	»
SAÔNE (HAUTE).	Gy.	Gray, Vesoul.
	Vesoul.	Lure, Vesoul.
SAONE-ET-LOIRE.	Autan (2e division)..	Autun, Charolles.
	Louhans (1re division).	Châlons-sur-Saône, Louhans.
	Louhans (2e division).	Châlons-sur-Saône, Louhans.
	St-Gengoux-le-Royal.	Autun, Châlons-sur-Saône, Charolles, Mâcon.
	Tournus..	Châlons-sur-Saône, Mâcon.
SARTHE.	Château-du-Loire.	Flèche (La), Saint-Calais.
SEINE.	Paris (M. Forgeot).	Paris, Saint-Denis.
	Paris (M. Frappier)..	Paris, Saint-Denis.
	Paris (M. Maillard).	Paris, Sceaux.
	Paris (M. Marivault).	Paris, Sceaux, Saint-Denis.
SEINE-ET-MARNE.	Brie-Comte-Robert.	Melun, Provins.
	Coulommiers.	Coulommiers, Meaux.
	Ferté-sous-Jouarre (La).	Coulommiers, Meaux.
	Lagny..	Meaux, Melun.
	Montereau.	Fontainebleau, Provins.
SEINE-ET-OISE.	Corbeil (1re division).	Corbeil, Etampes.
	Meulan.	Mantes, Versailles.
	Versailles (2e division)..	Rambouillet, Versailles.
SEINE-INFÉRIEURE..	Fécamp.	Havre (Le), Yvetot.
	Neufchâtel-en-Bray.	Dieppe, Neufchâtel-en-Bray.
	Rouen (4e division)..	Rouen, Yvetot.
	St-Victor-l'Abbaye.	Dieppe, Neufchâtel-en-Bray.
	Yvetot (2e division).	Dieppe, Yvetot.
SÈVRES (DEUX).	Bressuire.	Bressuire, Parthenay.
	Saint-Maixent.	Niort, Parthenay.
SOMME.	Albert..	Doullens, Péronne.
	Corbie..	Amiens, Montdidier.
TARN.	Albi (1re division)..	Albi, Castres.
	Gaillac (2e division)..	Albi, Gaillac.
TARN-ET-GARONNE.	Moissac (1re division)..	Moissac, Montauban.
	Moissac (2e division).	Moissac, Montauban.
VAR.	»	»
VAUCLUSE.	Avignon (Div. de Cavaillon)	Apt, Avignon, Orange.
VENDÉE.	Bourbon-Vendée (3e div.).	Bourbon-Vendée, Sables (Les),
VIENNE.	Châtellerault.	Châtellerault, Montmorillon.
	Châtellerault (Division de Lencroître).	Châtellerault, Loudun.
	Poitiers (D. de Lusignan)..	Montmorillon, Poitiers.
VIENNE (HAUTE).	Saint-Yrieix..	Limoges, Saint-Yrieix.
VOSGES.	»	»
YONNE.	Sens (Division de Villeneuve-le-Roi).	Joigny, Sens.
	Tonnerre (Div. de Noyers).	Avallon, Tonnerre.

TABLEAU N° 9,

Indiquant les arrondissements de sous-préfectures où il n'existe pas de Directeurs des Contributions indirectes, et les directions dont dépendent ces arrondissements.

NOTA. Ce tableau a été dressé pour servir à l'application de la franchise attribuée aux directeurs et préposés des contributions indirectes, ainsi qu'aux receveurs particuliers entreposeurs.

ARRONDISSEM. de SOUS-PRÉFECTURES dans lesquels il n'y a pas de directeur des contributions indirectes.	DIRECTIONS auxquelles se rattachent les arrondissements ci-contre désignés.	DÉPARTEM.	ARRONDISSEM. de SOUS-PRÉFECTURES dans lesquels il n'y a pas de directeur des contributions indirectes.	DIRECTIONS auxquelles se rattachent les arrondissements ci-contre désignés.	DÉPARTEM.
Ambert	Thiers	Puy-de-Dôme.	Mauriac	Aurillac	Cantal.
Arcis-sur-Aube	Troyes	Aube.	Melle	Niort	Deux-Sèvres.
Argelès	Tarbes	Hautes-Pyrén.	Montfort	Rennes	Ille-et-Vilaine.
Barcelonnette	Digne	Basses-Alpes.	Mortain	Avranches	Manche.
Baume	Montbéliard	Doubs.	Murat	Saint-Flour	Cantal.
Bourganeuf	Aubusson	Creuse.	Muret	Toulouse	H.-Garonne.
Boussac	Guéret	Creuse.	Nérac	Agen	Lot-et-Garonne
Briançon	Embrun	Hautes-Alpes.	Neufchâteau	Mirecourt	Vosges.
Brioude	Puy (Le)	Haute-Loire.	Nyons	Montélimart	Drôme.
Carpentras	Avignon	Vaucluse.	Orange	Avignon	Vaucluse.
Castellane	Digne	Basses-Alpes.	Pamiers	Foix	Ariége.
Castelnaudary	Carcassonne	Aude.	Prades	Perpignan	P.-Orientales.
Castel-Sarrasin	Moissac	Tarn-et-Gar.	Quimperlé	Quimper	Finistères.
Céret	Perpignan	P.-Orientales.	Remiremont	Epinal	Vosges.
Château-Gonthier	Laval	Mayenne.	Réole (La)	Bazas	Gironde.
Die	Valence	Drôme.	Rochechouart	Limoges	Haute-Vienne.
Doullens	Amiens	Somme.	Romorantin	Blois	Loir-et-Cher.
Florac	Mende	Lozère.	Ruffec	Angoulême	Charente.
Forcalquier	Sisteron	Basses-Alpes.	Sancerre	Bourges	Cher.
Fougères	Vitré	Ille-et-Vilaine.	Sceaux	Paris	Seine.
Gannat	Cusset	Allier.	Segré	Angers	Maine-et-Loire
Gex	Nantua	Ain.	Saint-Affrique	Milhau	Aveyron.
Issengeaux	Puy (Le)	Haute-Loire.	Saint-Calais	Le Mans	Sarthe.
Largentière	Privas	Ardèche.	Saint-Denis	Paris	Seine.
Lavaur	Gaillac	Tarn.	Saint-Girons	Foix	Ariége.
Lectoure	Condom	Gers.	Sainte-Menehould	Châlons	Marne.
Lesparre	Blaye	Gironde.	Saint-Pons	Béziers	Hérault.
Lodève	Montpellier	Hérault.	Saint-Sever	M.-de-Marsan	Landes.
Lombez	Auch	Gers.	Saint-Yrieix	Limoges	Haute-Vienne.
Loudun	Poitiers	Vienne.	Toul	Nancy	Meurthe.
Louhans	Châlons	S.-et-Loire.	Ussel	Tulle	Corrèze.
Marennes	Rochefort	Charente-Inf.	Vigan (Le)	Alais	Gard.
Marvejols	Mende	Lozère.			

CONTROLEURS AUX SELS.

TABLEAU N° 10,

Indiquant les résidences des Contrôleurs aux sels et les Recettes principales des Douanes auxquelles appartient chaque contrôle.

Abréviation par laquelle le présent tableau est désigné dans la colonne 3 du Manuel :

Contr. aux Sels.

RÉSIDENCES DES CONTRÔLEURS.	DÉPARTEMENTS.	RECETTES PRINCIPALES DES DOUANES auxquelles appartiennent les contrôles.
Bagnas.	Hérault.	Agde.
Béziers.	Hérault.	Agde.
Croix-Chapeau.	Charente-Inférieure.	La Rochelle.
Dompierre.	Charente-Inférieure.	La Rochelle.
Estarac.	Aude.	Narbonne.
Grimand.	Aude.	Narbonne.
Lac.	Aude.	Narbonne.
Lunel.	Hérault.	Aigues-Mortes.
Marseillan.	Hérault.	Agde.
Motte-Achard.	Vendée.	Les Sables.
Peyriac.	Aude.	Narbonne.
Saint-Gilles.	Gard.	Aigues-Mortes.
Sainte-Lucie.	Aude.	Narbonne.
Sijean.	Aude.	Narbonne.
Tallavignes.	Aude.	Narbonne.

COURS D'ASSISES.

TABLEAU N° 11,

Indiquant, par chaque département, les Magistrats qui exercent les fonctions de Procureurs du Roi près les Cours d'assises, et leurs Résidences.

Abréviation par laquelle le présent tableau est désigné dans la colonne 3 du Manuel :

C. d'ass.

NOMS des DÉPARTEMENTS.	DÉSIGNATION DES MAGISTRATS QUI EXERCENT LES FONCTIONS DE PROCUREUR DU ROI près les Cours d'assises.	RÉSIDENCES de CES MAGISTRATS.
Ain.	Le Procureur du Roi près le Tribunal de 1re instance.	Bourg.
Aisne.	Le Procureur du Roi près le Tribunal de 1re instance.	Laon.
Allier.	Le Procureur du Roi près le Tribunal de 1re instance.	Moulins.
Alpes (Hautes-).	Le Procureur du Roi près le Tribunal de 1re instance.	Gap.
Alpes (Basses-).	Le Procureur du Roi près le Tribunal de 1re instance.	Digne.
Ardèche.	Le Procureur du Roi près le Tribunal de 1re instance.	Privas.
Ardennes.	Le Procureur du Roi près le Tribunal de 1re instance.	Charleville.
Ariége.	Le Procureur du Roi près le Tribunal de 1re instance.	Foix.
Aube.	Le Procureur du Roi près le Tribunal de 1re instance.	Troyes.
Aude.	Le Procureur du Roi près le Tribunal de 1re instance.	Carcassonne.
Aveyron.	Le Procureur du Roi près le Tribunal de 1re instance.	Rodez.
Bouch.-du-Rhône.	Le Procureur général près la Cour royale.	Aix.
Calvados.	Le Procureur général près la Cour royale.	Caen.
Cantal.	Le Procureur du Roi près le Tribunal de 1re instance.	Saint-Flour.
Charente.	Le Procureur du Roi près le Tribunal de 1re instance.	Angoulême.
Charente-Inf.	Le Procureur du Roi près le Tribunal de 1re instance.	Saintes.
Cher.	Le Procureur général près la Cour royale.	Bourges.
Corrèze.	Le Procureur du Roi près le Tribunal de 1re instance.	Tulle.
Corse.	Le Procureur général près la Cour royale.	Bastia.
Côte-d'Or.	Le Procureur général près la Cour royale.	Dijon.
Côte-du-Nord.	Le Procureur du Roi près le Tribunal de 1re instance.	Saint-Brieuc.
Creuse.	Le Procureur du Roi près le Tribunal de 1re instance.	Guéret.
Dordogne.	Le Procureur du Roi près le Tribunal de 1re instance.	Périgueux.
Doubs.	Le Procureur général près la Cour royale.	Besançon.
Drôme.	Le Procureur du Roi près le Tribunal de 1re instance.	Valence.
Eure.	Le Procureur du Roi près le Tribunal de 1re instance.	Evreux.
Eure-et-Loir.	Le Procureur du Roi près le Tribunal de 1re instance.	Chartres.
Finistère.	Le Procureur du Roi près le Tribunal de 1re instance.	Quimper.
Gard.	Le Procureur général près la Cour royale.	Nismes.
Garonne (Haute-).	Le Procureur général près la Cour royale.	Toulouse.
Gers.	Le Procureur du Roi près le Tribunal de 1re instance.	Auch.
Gironde.	Le Procureur général près la Cour royale.	Bordeaux.
Hérault.	Le Procureur général près la Cour royale.	Montpellier.
Ille-et-Vilaine.	Le Procureur général près la Cour royale.	Rennes.

NOMS des DÉPARTEMENTS.	DÉSIGNATION DES MAGISTRATS QUI EXERCENT LES FONCTIONS DE PROCUREURS DU ROI près les Cours d'assises.	RÉSIDENCES de CES MAGISTRATS.
Indre.	Le Procureur du Roi près le Tribunal de 1re instance.	Châteauroux.
Indre-et-Loire. .	Le Procureur du Roi près le Tribunal de 1re instance.	Tours.
Isère.	Le Procureur général près la Cour royale.	Grenoble.
Jura.	Le Procureur du Roi près le Tribunal de 1re instance.	Lons-le-Saulnier.
Landes.	Le Procureur du Roi près le Tribunal de 1re instance	Mont-de-Marsan.
Loir-et-Cher. . .	Le Procureur du Roi près le Tribunal de 1re instance.	Blois.
Loire.	Le Procureur du Roi près le Tribunal de 1re instance.	Montbrison.
Loire (Haute-). .	Le Procureur du Roi près le Tribunal de 1re instance.	Le Puy.
Loire-Inférieure. .	Le Procureur du Roi près le Tribunal de 1re instance.	Nantes.
Loiret.	Le Procureur général près la Cour royale.	Orléans.
Lot.	Le Procureur du Roi près le Tribunal de 1re instance.	Cahors.
Lot-et-Garonne. .	Le Procureur général près la Cour royale.	Agen.
Lozère.	Le Procureur du Roi près le Tribunal de 1re instance.	Mende.
Maine-et-Loire. .	Le Procureur général près la Cour royale. . . .	Angers.
Manche.	Le Procureur du Roi près le Tribunal de 1re instance.	Coutances.
Marne.	Le Procureur du Roi près le Tribunal de 1re instance.	Reims.
Marne (Haute-). .	Le Procureur du Roi près le Tribunal de 1re instance.	Chaumont.
Mayenne.	Le Procureur du Roi près le Tribunal de 1re instance.	Laval.
Meurthe.	Le Procureur général près la Cour royale.	Nancy.
Meuse.	Le Procureur du Roi près le Tribunal de 1re instance.	Saint-Mihiel.
Morbihan. . . .	Le Procureur du Roi près le Tribunal de 1re instance.	Vannes.
Moselle.	Le Procureur général près la Cour royale.	Metz.
Nièvre.	Le Procureur du Roi près le Tribunal de 1re instance	Nevers.
Nord.	Le Procureur général près la Cour royale.	Douai.
Oise.	Le Procureur du Roi près le Tribunal de 1re instance.	Beauvais.
Orne.	Le Procureur du Roi près le Tribunal de 1re instance.	Alençon.
Pas-de-Calais. . .	Le Procureur du Roi près le Tribunal de 1re instance.	Saint-Omer.
Puy-de-Dôme. . .	Le Procureur général près la Cour royale.	Riom.
Pyrénées (Basses-)	Le Procureur général près la Cour royale.	Pau.
Pyrénées (H.-). .	Le Procureur du Roi près le Tribunal de 1re instance.	Tarbes.
Pyrénées-Orient..	Le Procureur du Roi près le Tribunal de 1re instance.	Perpignan.
Rhin (Bas-). . .	Le Procureur du Roi près le Tribunal de 1re instance.	Strasbourg.
Rhin (Haut-). . .	Le Procureur général près la Cour royale. . . .	Colmar.
Rhône.	Le Procureur général près la Cour royale.	Lyon.
Saône (Haute-). .	Le Procureur du Roi près le tribunal de 1re instance.	Vesoul.
Saône-et-Loire. .	Le Procureur du Roi près le Tribunal de 1re instance.	Châlon-s.-Saône.
Sarthe.	Le Procureur du Roi près le Tribunal de 1re instance.	Le Mans.
Seine.	Le Procureur général près la Cour royale.	Paris.
Seine-et-Oise. .	Le Procureur du Roi près le Tribunal de 1re instance.	Versailles.
Seine-et-Marne. .	Le Procureur du Roi près le Tribunal de 1re instance.	Melun.
Seine-Inférieure. .	Le Procureur général près la Cour royale.	Rouen.
Sèvres (Deux-). .	Le Procureur du Roi près le Tribunal de 1re instance.	Niort.
Somme.	Le Procureur général près la Cour royale.	Amiens.
Tarn.	Le Procureur du Roi près le Tribunal de 1re instance.	Alby.
Tarn-et-Garonne.	Le Procureur du Roi près le Tribunal de 1re instance.	Montauban.
Var.	Le Procureur du Roi près le Tribunal de 1re instance.	Draguignan.
Vaucluse.	Le Procureur du Roi près le Tribunal de 1re instance.	Carpentras.
Vendée.	Le Procureur du Roi près le Tribunal de 1re instance.	Bourbon-Vendée.
Vienne.	Le Procureur général près la Cour royale.	Poitiers.
Vienne (Haute-)..	Le Procureur général près la Cour royale.	Limoges.
Vosges.	Le Procureur du Roi près le Tribunal de 1re instance.	Épinal.
Yonne.	Le Procureur du Roi près le Tribunal de 1re instance.	Auxerre.

COURS ROYALES.

TABLEAU N° 12,

Indiquant les ressorts des Cours royales.

Abréviation par laquelle le présent tableau est désigné dans la colonne 3 du Manuel :

C. Roy.

SIÉGES des COURS ROYALES.	DÉPARTEMENTS COMPRIS DANS LEUR RESSORT.	SIÉGES des COURS ROYALES.	DÉPARTEMENTS COMPRIS DANS LEUR RESSORT.
AGEN.	Gers. Lot. Lot et-Garonne.	MONTPELLIER.	Aude. Aveyron. Hérault. Pyrénées-Orientales.
AIX.	Alpes (Basses-), Bouches du-Rhône. Var.	NANCY.	Meurthe. Meuse. Vosges.
AMIENS.	Aisne. Oise. Somme.	NISMES.	Ardèche. Gard. Lozère.
ANGERS.	Maine-et-Loire. Mayenne. Sarthe.	ORLEANS.	Vaucluse. Indre-et-Loire. Loir-et-Cher. Loiret.
BASTIA.	Corse.		
BESANÇON.	Doubs. Jura. Saône (Haute-).	PARIS.	Aube. Eure-et-Loir. Marne. Seine. Seine-et-Marne. Seine-et-Oise. Yonne.
BORDEAUX.	Charente. Dordogne. Gironde.		
BOURGES.	Cher. Indre. Nièvre.	PAU.	Landes. Pyrénées (Basses-) Pyrénées (Hautes-)
CAEN.	Calvados. Manche. Orne.	POITIERS.	Charente-Inférieure. Sèvres (Deux-) Vendée. Vienne.
COLMAR.	Rhin (Bas-). Rhin (Haut-).		
DIJON.	Côte-d'Or. Marne (Haute-). Saône-et-Loire.	RENNES.	Côtes-du-Nord. Finistère. Ille-et-Vilaine. Loire-Inférieure. Morbihan.
DOUAI.	Nord. Pas-de-Calais.		
GRENOBLE.	Alpes (Hautes-). Drôme. Isère.	RIOM.	Allier. Cantal. Loire (Haute-) Puy-de-Dôme.
LIMOGES.	Corrèze. Creuse. Vienne (Haute-)	ROUEN.	Eure. Seine-Inférieure.
LYON.	Ain. Loire. Rhône.	TOULOUSE.	Ariége. Garonne (Haute-) Tarn. Tarn-et-Garonne.
METZ.	Ardennes. Moselle.		

DÉPOTS DE REMONTE DE LA GUERRE.

TABLEAU Nº 13,

Indiquant les lieux où sont situés les dépôts de remonte de la guerre, et les succursales de ces dépôts, ainsi que les départements et les divisions militaires compris dans la circonscription de chaque dépôt de remonte.

Abréviation par laquelle le présent tableau est désigné dans la colonne 3 du Manuel :

Circ. dép. de r.

DÉSIGNATION		DÉPARTEMENTS	DIVISIONS MILITAIRES.
DES DÉPOTS de remonte DE LA GUERRE.	DES SUCCURSALES de chaque dépôt DE REMONTE.	COMPRIS DANS LA CIRCONSCRIPTION de chaque Dépôt.	
Auch.	Castres. Tarbes. Agen.	Ariége, Aude, Aveyron, Garonne (Hte.), Gers, Gironde, Landes, Lot, Lot-et-Garonne, Pyrénées (Basses-), Pyrénées (Hautes-), Pyrénées-Orientales, Tarn, Tarn-et-Garonne.	9e 10e 11e 20e 21e
Caen.	Alençon. Le Bec. Saint-Lô. Angers.	Calvados, Eure, Eure-et-Loir, Indre-et-Loire, Loir-et-Cher, Manche, Maine-et-Loire, Mayenne, Oise, Orne, Sarthe, Seine-Inférieure.	1er 4e 12e 14e
Gueret.	Aurillac.	Allier, Cantal, Cher, Corrége, Creuse, Dordogne, Indre, Loire, Loire (Haute-), Lozère, Nièvre, Puy-de-Dôme, Saône-et-Loire, Vienne (Haute-).	7e 9e 11e 15e 18e 19e
Guimgamp.	Morlaix.	Côtes-du-Nord, Finistère, Ille-et-Vilaine, Loire-Inférieure (rive droite), Morbihan.	12e 13e
St-Maixent.	Saint-Jean-d'Angléy. Fontenay-le-Comte. Le Gibaud.	Charente, Charente-Inférieure, Loire-Inférieure (rive gauche), Sèvres (Deux-), Vendée, Vienne.	4e 11e 12e
Villiers, devant Mézières (par Mézières).		Aisne, Ardennes, Marne, Nord, Pas-de-Calais, Seine-et-Marne, Somme.	1re 2e 16e

DIOCÈSES.

TABLEAU N° 14,
Indiquant la circonscription des diocèses.

Abréviation par laquelle le présent tableau est désigné dans la **colonne 3 du Manuel:**
Circ. dioc.

NOMS DES DIOCÈSES.	DÉPARTEMENTS OU ARRONDISSEMENTS formant leur circonscription.	NOMS DES DIOCÈSES.	DÉPARTEMENTS OU ARRONDISSEMENTS formant leur circonscription.
AGEN..	Lot-et-Garonne.	MARSEILLE..	Arrondissem. de Marseille (*Bouches-du-Rhône*).
AIRE..	Landes.	MEAUX..	Seine-et-Marne.
AIX, ARLES ET EMBRUN..	Arrondissements d'Aix et d'Arles (*B.-du-Rhône*) et d'Embrun (*Hautes-Alpes*)	MENDE..	Lozère.
		METZ..	Moselle.
AJACCIO..	Corse.	MONTAUBAN..	Tarn-et-Garonne.
ALBY..	Tarn.	MONTPELLIER..	Hérault.
AMIENS..	Somme.	MOULINS..	Allier.
ANGERS..	Maine-et-Loire.	NANCY ET TOUL	Meurthe.
ANGOULÊME..	Charente.	NANTES..	Loire-Inférieure.
ARRAS..	Pas-de-Calais.	NEVERS..	Nièvre.
AUCH..	Gers.	NISMES..	Gard.
AUTUN..	Saône-et-Loire.	ORLÉANS..	Loiret.
AVIGNON..	Vaucluse.	PAMIERS..	Ariége.
BAYEUX..	Calvados.	PARIS..	Seine.
BAYONNE..	Pyrénées (Basses-).	PÉRIGUEUX..	Dordogne.
BEAUVAIS..	Oise.	PERPIGNAN..	Pyrénées-Orientales.
BELLEY..	Ain.	POITIERS..	Sèvres (Deux) et Vienne.
BESANÇON..	Doubs et Saône (Haute-).	PUY (LE)..	Loire (Haute-).
BLOIS..	Loir-et-Cher.	QUIMPER..	Finistère.
BORDEAUX..	Gironde.	REIMS..	Ardennes et l'arrondissement de Reims (*Marne*).
BOURGES..	Cher et Indre.		
CAHORS..	Lot.	RENNES..	Ille-et-Vilaine.
CAMBRAI..	Nord.	ROCHELLE (LA).	Charente-Inférieure.
CARCASSONNE..	Aube, moins l'arrondissement de Narbonne..	RODEZ..	Aveyron.
		ROUEN..	Seine-Inférieure
CHALONS-SUR-MARNE..	Arrondissement de Châlons. Arrondissem. d'Epernay. Arrondissement de Sainte-Menehould. Arrondissement de Vitry-le-Français.	SAINT-BRIEUC..	Côtes-du-Nord.
		SAINT-CLAUDE.	Jura.
		SAINT-DIEZ..	Vosges.
		SAINT-FLOUR..	Cantal.
		SÉEZ..	Orne.
		SENS..	Yonne.
		SOISSONS..	Aisne.
CHARTRES..	Eure-et-Loir.	STRASBOURG..	Rhin (Bas-). Rhin (Haut-).
CLERMONT..	Puy-de-Dôme.		
COUTANCES..	Manche.	TARBES..	Pyrénées (Hautes-).
DIGNE..	Alpes (Basses-).	TOULOUSE ET NARBONNE..	Garonne (Haute-) et l'arrondissement de Narbonne (*Aude*).
DIJON..	Côte-d'Or		
EVREUX..	Eure.		
FRÉJUS..	Var.	TOURS..	Indre-et-Loire.
GAP..	Alpes (Hautes-).	TROYES..	Aube.
GRENOBLE..	Isère.	TULLE..	Corrèze.
LANGRES..	Marne (Haute-).	VALENCE..	Drôme.
LIMOGES..	Creuse et Vienne (Haute-).	VANNES..	Morbihan.
LUÇON..	Vendée.	VERDUN..	Meuse.
LYON ET VIENNE	Rhône et Isère.	VERSAILLES..	Seine-et-Oise.
MANS (LE)..	Mayenne et Sarthe.	VIVIERS..	Ardèche.

DIVISIONS MILITAIRES.

TABLEAU N° 15,
Indiquant la circonscription des Divisions militaires.

Abréviation par laquelle le présent tableau est désigné dans la colonne 3 du Manuel :
Div. mil.

CHEFS-LIEUX des DIVISIONS MILIT.res	DÉPARTEMENTS formant la circonscription DES DIVISIONS MILIT.res	CHEFS-LIEUX des DIVISIONS MILIT.res	DÉPARTEMENTS formant la circonscription DES DIVISIONS MILIT.res
1re DIVISION. Paris.	Aisne. Eure-et-Loir. Loiret. Oise. Seine. Seine-et-Marne. Seine-et-Oise.	11e DIVISION. Bordeaux.	Charente. Charente-Inférieure. Dordogne. Gironde. Lot-et-Garonne.
2e DIVISION. Châlons.	Ardennes. Marne. Meuse.	12e DIVISION. Nantes.	Loire-Inférieure. Maine-et-Loire. Sèvres (Deux-) Vendée.
3e DIVISION. Metz.	Meurthe. Moselle. Vosges.	13e DIVISION. Rennes.	Côtes-du-Nord. Finistère. Ille-et-Vilaine. Morbihan.
4e DIVISION. Tours.	Indre-et-Loire. Loir-et-Cher. Mayenne. Sarthe. Vienne.	14e DIVISION. Rouen.	Calvados. Eure. Manche. Orne. Seine-Inférieure.
5e DIVISION. Strasbourg.	Rhin (Bas-). Rhin (Haut-).	15e DIVISION. Bourges.	Cher. Creuse. Indre. Nièvre. Vienne (Haute-)
6e DIVISION. Besançon.	Doubs. Jura. Saône (Haute-).	16e DIVISION. Lille.	Nord. Pas-de-Calais. Somme.
7e DIVISION. Lyon.	Ain. Alpes (Hautes-). Drôme. Isère. Loire. Rhône.	17e DIVISION. Bastia.	Corse.
8e DIVISION. Marseille.	Alpes (Basses-). Bouches-du-Rhône. Var. Vaucluse.	18e DIVISION. Dijon.	Aude. Côte-d'Or. Marne (Haute-). Saône-et-Loire. Yonne.
9e DIVISION. Montpellier.	Ardèche. Aveyron. Gard. Hérault. Lozère.	19e DIVISION. Clermont-Ferrand.	Allier. Cantal. Corrèze. Loire (Haute-) Puy-de-Dôme.
10e DIVISION. Toulouse.	Garonne (Haute-) Lot. Tarn. Tarn-et-Garonne.	20e DIVISION. Bayonne.	Gers. Landes. Pyrénées (Basses-) Pyrénées (Hautes-)
		21e DIVISION. Perpignan.	Ariége. Aube. Pyrénées-Orientales.

DOUANES.

TABLEAU N° 16,

Indiquant les Directions des Douanes par ordre alphabétique, et, en regard de chacune d'elles, les Directions limitrophes, ainsi que les Départements ou Arrondissements de Sous-Préfecture qui forment la circonscription de chaque Direction.

Abréviations par lesquelles le présent tableau est désigné dans la colonne 3 du Manuel :
Dir. Doua.—Dir. Doua et Dir. limit.

CHEFS-LIEUX des DIRECTIONS des DOUANES.	NOMS DES DÉPARTEMENTS et des arrondissements de sous-préfecture qui forment la circonscription de chaque direction des douanes.	DIRECTIONS des DOUANES LIMITROPHES aux directions indiquées dans la colonne n° 1.
ABBEVILLE...	Arrondissement d'Abbeville (*Somme*)...... — de Dieppe (*Seine-Inférieure*)...... — d'Yvetot (*Seine-Inférieure*)......	Boulogne. Rouen.
BASTIA....	Département de la Corse..............	Marseille. Montpellier. Toulon.
BAYONNE....	Arrondissement de Bayonne (*Basses-Pyrénées*). — de Dax (*Landes*)........ — de Mauléon (*Basses-Pyrénées*)...... — de Mont-de-Marsan (*Landes*)...... — d'Oloron (*Basses-Pyrénées*).......	Bordeaux. Saint-Gaudens.
BELLEY.....	Arrondissement de Belley (*Ain*)........ — de Gex (*Ain*)............ — de Grenoble (*Isère*)......... — de Nantua (*Ain*)........... — de Saint-Marcelin (*Isère*).......	Besançon. Grenoble.
BESANÇON....	Arrondissement de Baume-les-Dames (*Doubs*).. — de Montbéliard (*Doubs*)........ — de Poligny (*Jura*)....... — de Pontarlier (*Doubs*)........ — de Saint-Claude (*Jura*)........	Belley. Strasbourg.
BORDEAUX...	Arrondissement de Blaye (*Gironde*)....... — de Bordeaux (*Gironde*)........ — de Jonzac (*Charente-Inférieure*)...... — de Lesparre (*Gironde*)......... — de Libourne (*Gironde*)......... — de Marennes (*Charente-Inférieure*)... — de Mont-de-Marsan (*Landes*)...... — de Saintes (*Charente-Inférieure*).....	Bayonne. La Rochelle.
BOULOGNE-SUR-MER.....	Arrondissement de Boulogne-sur-Mer (*Pas-de-Calais*).......... — de Montreuil-sur-Mer (*Pas-de-Calais*). — de Saint-Omer (*Pas-de-Calais*)......	Abbeville. Dunkerque.
BREST.....	Département du Finistère...........	Lorient. Saint-Malo.
CHARLEVILLE..	Arrondissement de Mézières (*Ardennes*)..... — Rocroy (*Ardennes*)......... — Sedan (*Ardennes*)......... — Vervins (*Aisne*)...........	Metz. Valenciennes.

CHEFS-LIEUX des DIRECTIONS des DOUANES.	NOMS DES DÉPARTEMENTS et des arrondissements de sous-préfecture qui forment la circonscription de chaque direction des douanes.	DIRECTIONS des DOUANES LIMITROPHES aux directions indiquées dans la colonne n° 1.
CHERBOURG...	Arrondissement d'Avranches (*Manche*)....... — de Bayeux (*Calvados*).......... — de Caen (*Calvados*)............ — de Cherbourg (*Manche*).......... — de Coutances (*Manche*).......... — de Pont-l'Évêque (*Calvados*)....... — de Saint-Lô (*Manche*)........... — de Valognes (*Manche*)...........	Rouen.. Saint-Malo.
DIGNE......	Arrondissement de Barcelonnette (*Basses-Alpes*) — de Castellanne (*Basses-Alpes*)....... — de Digne (*Basses-Alpes*).......... — de Grasse (*Var*).............	Grenoble. Toulon.
DUNKERQUE...	Arrondissement de Béthune (*Pas-de-Calais*)... — de Douai (*Nord*)............ — de Dunkerque (*Nord*).......... — de Hazebrouck (*Nord*).......... — de Lille (*Nord*)............ — de Valenciennes (*Nord*...........	Boulogne-sur-Mer. Valenciennes.
GRENOBLE...	Arrondissement de Briançon (*Hautes-Alpes*).. — d'Embrun (*Hautes-Alpes*).......... — de Grenoble (*Isère*)...........	Belley. Digne.
LORIENT. ...	Arrondissement de Lorient (*Morbihan*)..... — de Redon (*Ille-et-Vilaine*)......... — de Vannes (*Morbihan*)...........	Brest. Nantes.
MARSEILLE...	Départements des Bouches-du-Rhône......	Bastia. Montpellier. Toulon.
METZ......	Département de la Moselle............ Arrondissement de Montmédy (*Meuse*)..... — de Saverne (*Bas-Rhin*)..........	Charleville. Strasbourg.
MONTPELLIER..	Arrondissement de Béziers (*Hérault*)....... — de Montpellier (*Hérault*).......... — de Nismes (*Gard*).............	Bastia. Montpellier. Perpignan.
NANTES.....	Arrondissement de Nantes (*Loire-Inférieure*).. — de Paimbœuf (*Loire-Inférieure*)...... — Sables (Les) (*Vendée*).......... — de Savenay (*Loire-Inférieure*)....... — de Vannes (*Morbihan*)...........	Lorient. Rochelle (La).
PERPIGNAN...	Département des Pyrénées-Orientales...... Arrondissement de Narbonne (*Aude*)......	Montpellier. Saint-Gaudens.
ROCHELLE (LA)	Arrondissement de Fontenay-le-Comte (*Vendée*) — de Marennes (*Charente-Inférieure*)..... — de Rochefort (*Charente-Inférieure*).... — de la Rochelle (*Charente-Inférieure*)... — Sables (Les) (*Vendée*)..........	Bordeaux. Nantes.

CHEFS-LIEUX des DIRECTIONS des DOUANES.	NOMS DES DÉPARTEMENTS et des arrondissements de sous-préfecture qui forment la circonscription de chaque direction des douanes.	DIRECTIONS des DOUANES LIMITROPHES aux directions indiquées dans la colonne n° 1.
ROUEN	Arrondissement d'Elbeuf (*Eure*). — du Havre (*Seine-Inférieure*). — de Pont-Audemer (*Eure*). — de Pont-l'Évêque (*Calvados*). — de Rouen (*Seine-Inférieure*). — d'Yvetot (*Seine-Inférieure*).	Abbeville. Cherbourg.
STRASBOURG	Département du Bas-Rhin. — du Haut-Rhin.	Besançon. Metz.
ST-GAUDENS	Arrondissement d'Argelez (*Hautes-Pyrénées*). — de Bagnères-de-Bigorre (*Hautes-Pyrénées*) — de Foix (*Arriège*). — de Saint-Gaudens (*Haute-Garonne*). — de Saint-Girons (*Haute-Garonne*).	Bayonne. Perpignan.
SAINT-MALO	Arrondissement de Dinan (*Côtes-du-Nord*). — de Guingamp (*Côtes-du-Nord*). — de Lannion (*Côtes-du-Nord*). — de Saint-Brieuc (*Côtes-du-Nord*). — de Saint-Malo (*Ille-et-Vilaine*).	Brest. Cherbourg.
TOULON	Arrondissement de Draguignan (*Var*). — de Grasse (*Var*). — de Toulon (*Var*).	Bastia. Digne. Marseille.
VALENCIENNES	Arrondissement d'Arras (*Pas-de-Calais*). — d'Avesnes (*Nord*). — de Cambrai (*Nord*). — de Douai (*Nord*). — de Saint-Quentin (*Aisne*). — de Valenciennes (*Nord*).	Charleville. Dunkerque.

DIRECTIONS MARITIMES DES DOUANES.

TABLEAU N° 17,

Indiquant les Villes où sont situées les Directions maritimes des Douanes.

Nota. Ce tableau a été dressé pour servir à l'application de la franchise attribuée à la correspondance des directeurs des directions maritimes des douanes.

Abbeville.	Cherbourg.	Nantes.
Bastia.	Digne.	Perpignan.
Bayonne.	Dunkerque.	Rochelle (La).
Bordeaux.	Lorient.	Rouen.
Boulogne.	Marseille.	Saint-Malo.
Brest.	Montpellier.	Toulon.

ENTREPOTS ET BUREAUX DE TRANSIT.

TABLEAU N° 18,

Indiquant les Lieux où sont situés les Entrepôts et bureaux de transit des Douanes.

Nota. Ce tableau a été dressé pour servir à l'application de la franchise attribuée à la correspondance des receveurs des bureaux de transit des douanes.

Agde.	Forbach.	Rochefort.
Ainhoa.	Givet.	Rochelle (La)
Arles.	Granville.	Rouen.
Bayonne.	Havre (Le).	Rousses (Les).
Bedous.	Honfleur.	Sarreguemines.
Béhobie.	Huningue.	Sedan.
Bellegarde.	Jougne.	Sierck.
Blancmisseron.	Lauterbourg.	Strasbourg.
Bordeaux.	Legué (Le).	Saint-Brieuc.
Boulogne-sur-Mer.	Lille.	Saint-Jean-Pied-de-Port.
Bourg-Madame.	Lorient.	Saint-Laurent-du-Var.
Brest.	Lyon.	Saint-Louis.
Caen.	Marseille.	Saint-Malo.
Calais.	Metz.	Saint-Valéry-sur-Somme
Cette.	Morlaix.	Thionville.
Chapareillan.	Nantes.	Toulon.
Cherbourg.	Orléans.	Toulouse.
Delle.	Perpignan.	Valenciennes.
Dieppe.	Perthuis.	Vannes.
Dunkerque.	Pont-de-Beauvoisin.	Verrières de Joux.
Fécamp.	Port-Vendre.	Wissembourg.

SERVICE DE L'INSTRUCTION PUBLIQUE.

TABLEAU N° 19,

Indiquant les Écoles normales primaires d'instituteurs, dont le ressort s'étend à deux ou plusieurs départements.

Abréviation par laquelle le présent tableau est désigné dans la colonne 3 du Manuel:
Ress. éc. n. pr.

DÉSIGNATION DES VILLES où sont situées LES ÉCOLES NORMALES.	DÉPARTEMENTS qui forment LE RESSORT DES ÉCOLES NORMALES PRIMAIRES.
Bourges.	Cher, Nièvre.
Douai.	Nord, Pas-de-Calais.
Grenoble.	Drôme, Isère.
Orléans.	Indre-et-Loire, Loir-et-Cher.
Poitiers.	Charente-Inférieure, Vienne.
Rennes.	Côtes-du-Nord, Finistère, Ille-et-Vilaine, Morbihan.
Versailles.	Oise, Seine-et-Oise.

Les Préposés des Postes ne verront figurer, dans le présent tableau, que seize départements. Chacun des soixante-dix autres est pourvu d'une École normale primaire qui a pour ressort la circonscription départementale.

TABLEAU N° 19 *bis*,

Indiquant les Écoles normales primaires d'Institutrices de Filles, et les Départements dans lesquels s'étend la circonscription de chacune de ces Écoles.

Abréviation par laquelle le présent tableau est désigné dans la colonne 3 du Manuel.
Ress. éc. n. pr.

DÉSIGNATION DES VILLES où sont situées LES ÉCOLES NORMALES.	DÉPARTEMENTS qui forment la circonscription DES ÉCOLES NORMALES PRIMAIRES D'INSTITUTRICES DE FILLES.
Besançon.	Doubs.
Lons-le-Saulnier.	Jura.
Nevers.	Nièvre.
Argentan.	Orne.
Bagnères-de-Bigorre.	Hautes-Pyrénées.
Orléans.	Indre-et-Loire. Loir-et-Cher. Loiret.

CONSISTOIRES.

TABLEAU N° 20,

Indiquant les siéges des Consistoires de la Confession d'Augsbourg et les églises qui dépendent de chacun d'eux.

Abréviation par laquelle le présent tableau est désigné dans la colonne 3 du Manuel.

Ress. cons. loc.

SIÉGES des CONSISTOIRES.	ÉGLISES QUI DÉPENDENT des Consistoires.	SIÉGES des CONSISTOIRES.	ÉGLISES QUI DÉPENDENT des Consistoires.
ANDOLSHEIM (*Haut-Rhin*).	Agolsheim. Andolsheim. Fortschwir. Horbourg. Jebsheim. Kunheim. Muntzenheim. Sundhof.	BRUMATH (*Bas-Rhin*).	Brumath. Eckwersheim. Gemlertheim. Griès. Hoerdt.
		COLMAR (*Haut-Rhin*).	Colmar.
AUDINCOURT (*Doubs*).	Abbevillers. Allenjoye. Audincourt. Beaucourt. Dampierre. Étupes. Mandeure. Valentigney. Vaujaucourt.	DIEMERINGEN (*Bas-Rhin*).	Asswiller. Berg. Diemeringen. Drulingen. Hambach. Hirschland. Pistorf. Weyer. Wolffschirch.
BARR (*Bas-Rhin*).	Barr. Bergheim (Mittel). Gertwiller. Goxviller. Heiligenstheim. Klingenthal. Rothau. Waldersbach.	DORLISHEIM (*Bas-Rhin*).	Berstett. Blaesheim. Dorlisheim. Entsheim. Furdenheim. Hurtigheim. Lingosheim. Pfuhlgriesheim. Plobsheim. Reitwiller.
BITSCHWILLER (*Haut-Rhin*).	Bitschwiller. Hof (Ober). Kauffenheim. Roppenheim. Schweighausen. Sessenheim.		
BLAMONT (*Doubs*).	Blamont. Glay. Montécheroux. Roche-lez-Blamont. Seloncourt. Saint-Maurice. Vandoncourt.	HATTEN (*Bas-Rhin*).	Bethschdorf (Ober). Birlimbach. Hatten. Kutzenhausen (Nider). Rittershof. Sultz-sous-Forêts.
BOUXWILLER (*Bas-Rhin*).	Bouxwiller. Brennsheim. Imbsheim. Kirrwiller. Ringendorf.	HÉRICOURT (*Haute-Saône*).	Bréviliers. Clair-Goute. Contenans. Étabon. Héricourt. Magny-d'Anigon.

SIÈGES des CONSISTOIRES.	ÉGLISES QUI DÉPENDENT des Consistoires.	SIÈGES des CONSISTOIRES.	ÉGLISES QUI DÉPENDENT des Consistoires.
INGENHEIM (*Bas-Rhin*)	Alt-Eckendorf. Dettwiller. Duntzenheim. Ernolsheim. Hausen (Mittel). Ingenheim. Schwindratzheim. Wattengheim.	SAAR-UNION (*Bas-Rhin*)	Altwiller. Butten. Dehling. Fenestrange. Harskirch. Herbisheim. Keskastel. Lorentzen. Saar-Union.
INGWILER (*Bas-Rhin*)	Ingwiller. Moderen (Ober). Pfaffenhof. Schillersdorf. Weinbourg. Weisterwiler. Zuzendorf.	SUNDHAUSEN (*Bas-Rhin*).	Baldenheim. Bofzheim. Gerstheim. Miettersholtz. Obenheim. Sundhausen.
MONTBÉLIARD (*Doubs*).	Betoncourt. Charmont (Vieux) Montbéliard. Sainte-Suzanne.	STE-AURÉLIE (1) (*Bas-Rhin*).	Sainte-Aurélie (1). St-Pierre-le-Vieux (1).
		ST-GUILLAUME (*Bas-Rhin.*)	V. St-Pierre-le-Jeune.
MUNSTER (*Haut-Rhin*).	Gunsbach. Muhlbach. Munster. Sultzeren.	SAINT-JULIEN (*Doubs*).	Bavans. Benthal. Champey. Desandans. Longevelle. Saint-Julien. Trémoins.
OBERBRONN (*Bas-Rhin*).	Berenthal. Engwiller. Gumbrechtshof. Gundershof. Mietesheim. Offwiller. Rothbach. Uhrwiller.	ST-NICOLAS (1) (*Bas-Rhin*).	V. Saint-Thomas (1).
PARIS (*Suite*).	Paris.	ST-PIERRE-LE-JEUNE (*Bas-Rhin*)	Bischeim. Robertsau. Schiltigheim. Saint-Guillaume. Saint-Pierre-le-Jeune.
PIERRE (LA PETITE) (*Bas-Rhin*)	Dossenheim. Hangwiller. Lhor. Phalsbourg. Pierre (la Petite). Reitwiller. Tieffenbach. Wimmenaux. Wittersbourg.	ST-PIERRE-LE-VIEUX (*Bas-Rhin*)	V. Sainte-Aurélie (1).
		ST-THOMAS (1) (*Bas-Rhin*).	Auditoire français (1). Hospices civils (1). Illhirch. Saint-Nicolas (1). Saint-Thomas (1).
RIQUEWIHR (*Haut-Rhin*)	Boblenheim. Hunawihr. Ostheim. Ribauvillé. Riquewihr. Ste-Marie-aux-Mines. Wihr (Mittel).	TEMPLE-NEUF (1) (*Bas-Rhin*).	Temple-Neuf (1).

(1) De Strasbourg.

SIÈGES des CONSISTOIRES.	ÉGLISES QUI DÉPENDENT des Consistoires.	SIÈGES des CONSISTOIRES.	ÉGLISES QUI DÉPENDENT des Consistoires.
WASSELONNE (*Bas-Rhin*)	Allenweiler. Balbronn. Romanweiller. Scharrachbergheim. Traenheim. Wanghen. Wasselonne. Westof. Zehnacher.	WOERT (*Bas-Rhin*)	Freschwiller. Langensulzbach. Preuschdorf. Woert-sur-Sauer.
WEISSEMBOURG (*Bas-Rhin*)	Lambach. Roderen (Nider). Rott. Steinbach (Ober) Weissembourg. Wingen.	WOLFISHEM (*Bas-Rhin*)	Bruschwickerskeim. Eckbolsheim. Hanbergen (Ober). Hangenbiethen. Ittenheim. Kolbsheim. Lampertheim. Wendenheim. Wolfisheim.

INSPECTIONS ECCLÉSIASTIQUES.

TABLEAU N° 21,

Indiquant les Inspections ecclésiastiques de la confession d'Augsbourg et les églises qui dépendent de chacune d'elles.

Abréviation par laquelle le présent tableau est désigné dans la colonne 3 du Manuel :
Insp. ec. conf. d'Aug.

INSPECTION DE BOUXWILLER.

Alt-Eckendorf.	Druling.	Imbsheim.	Sarre-Union.
Altweiler.	Duntzenheim.	Ingenheim.	Schillersdorf.
Asweiler.	Durstel.	Ingweiler.	Schwindratzheim.
Berg.	Ernolsheim.	Keskastel.	Waltengheim.
Bouxwiller.	Fenestrange.	Kirweiler.	Weinbourg.
Brennsheim.	Hambach.	Lorentzen.	Weitersweiler.
Butten.	Harskirch.	Moderen (Ober).	Weyer.
Dehling.	Hausen (Mittel).	Pfaffenhof.	Wolsffschirch.
Dettweiller.	Herbisheim.	Pistorf.	Zuzendorf.
Diemering.	Hirsland.	Rengendorf.	

INSPECTION DE COLMAR.

Agolsheim.	Gunsbach.	Muhlbach.	Riquewihr.
Andolzheim.	Horbourg.	Munster.	Sultzeren.
Beblenheim.	Hunawihr.	Muntzenheim.	Sundhof.
Colmar.	Jebsheim.	Ostheim.	Ste-Marie-aux-Mines.
Fortschwir.	Kunheim.	Ribauvillé.	Wihr (Mittel)

INSPECTION DE MONTBÉLIARD.

Abbevillers.	Champey.	Héricourt.	Saint-Julien.
Allenjoye.	Glaire-Goutte.	Longevelle.	Saint-Maurice.
Audincourt.	Charmont (Vieux).	Magny d'Anigon.	Sainte-Suzanne.
Bavans.	Contenans.	Mendeure.	Tremoins.
Beaucourt.	Dampierre.	Montbelliard.	Valentigney.
Benthal.	Desandans.	Montécheroux.	Vaudoncourt.
Betoncourt.	Elobon.	Rochez-le-Blamont.	Vaujaucourt.
Blamont.	Etupes.	Seloncourt.	
Brevilliers.	Glay.		

INSPECTION DE SAINT-THOMAS.

Auditoire français, à Strasbourg.	Furdenheim.	Lingolsheim.	Saint - Nicolas de Strasbourg.
Baldenheim.	Gerstheim.	Miettersholtz.	St-Pierre-le-Vieux de Strasbourg.
Bar.	Gerstweiler.	Obenheim.	Saint - Thomas de Strasbourg.
Bergheim (Mittel).	Goxwiller.	Pfuhlgriesheim.	Waldersbach.
Bersttet.	Heiligenstheim.	Plobsheim.	
Blacheim.	Hospices civils de Strasbourg.	Reitweiler.	
Bofzheim.	Hurtigheim.	Rothau.	
Dorlisheim.	Illkirch.	Sundhausen.	
Entsheim.	Klingenthal.	Sainte - Aurélie de Strasbourg.	

INSPECTION DU TEMPLE-NEUF.

Allenweiler.	Hangenbiethen.	Rommanweiler.	Temple - Neuf de Strasbourg.
Balbron.	Hansbergen (Ober).	Roppenheim.	Traenheim.
Bischeim.	Hoerdt.	Scharrachbergheim.	Wangben.
Bischweiler.	Hof (Ober).	Schiltigheim.	Wasselonne.
Bruschwickersheim.	Ittenheim.	Schweighausen.	Wendenheim.
Brumath.	Kauffenheim.	Sessenheim.	Weslof.
Eckbolsheim.	Kolbsheim.	Saint-Guillaume de Strasbourg.	Woltisheim.
Echvérsheim.	Lampertheim.	St-Pierre-le-Jeune de Strasbourg.	Zehnaker.
Gindertheim.	Paris.		
Griès.	Robertsau.		

INSPECTION DE WEISSEMBOURG.

Berenthal.	Hangweiler (1).	Offweiler.	Rott.
Bethschdorf (Ober).	Hatten.	Phalsbourg.	Seinbach (Ober).
Birlinbach.	Kutzenhausen (Nider.)	Pierre (La Petite).	Sultz-sous-Forêts.
Brunn (Nider).	Langensulzbach.	Preuschdorf.	Tieffenbach.
Brunn (Ober).	Lembach.	Reitweiler (2).	Uhrweiler.
Dossenheim.	Lohr.	Rittershof.	Weissembourg.
Engweiler.	Mietesheim.	Roderen (Nider.)	Wimmeneau.
Freschwiller.		Rothbach.	Wingen.
Gumbrechtshof.			Wittersbourg.
Gundershof.	(1) Ou Hangenweiler.	(2) Ou Renweiler.	Woert (sur-Sauer).

CONSISTOIRES DES ÉGLISES RÉFORMÉES.

TABLEAU N° 22,

Indiquant les Consistoires des églises réformées et les départements formant la circonscription de chaque Consistoire.

Abréviation par laquelle le présent tableau est désigné dans la colonne 3 du Manuel :

Arr. cons. réf.

CONSISTOIRES.	DÉPARTEMENTS formant la circonscription de chaque consistoire.	CONSISTOIRES.	DÉPARTEMENTS formant la circonscription de chaque consistoire.
AIGUES-VIVES..	Gard.	NÉGREPELISSE..	Tarn-et-Garonne.
ALAIS.	Gard.	NÉRAC.	Lot-et-Garonne.
ANDUZE.	Gard.	NISMES.	Gard.
BARRE.	Lozère.	NIORT.	Sèvres (Deux-).
BERGERAC.	Dordogne.	ORLÉANS.	Cher, Eure-et-Loir, Loiret, Loir-et-Cher.
BESANÇON.	Côte-d'Or, Doubs.		
BISCHWILLER..	Bas-Rhin.	ORPIERRE.	Alpes (Hautes-).
BOLBEC.	Seine-Inférieure.	ORTHEZ.	Pyrénées (Basses-).
BORDEAUX.	Gironde.	PARIS.	Oise, Seine, Seine-et-Oise.
CAEN.	Calvados, Manche, Orne.	POUZAUGES..	Vendée.
CALVISSON.	Gard.	PRIVAS.	Ardèche.
CASTELMORON.	Lot-et-Garonne.	ROCHELLE (LA)	Charente-Inférieure.
CASTRES.	Tarn.	ROUEN.	Seine-Inférieure.
CLAIRAC.	Lot-et-Garonne.	ROUILLÉ.	Vienne.
CREST.	Drôme.	SAINTES.	Charente-Inférieure.
DIE.	Drôme.	SAUVE.	Gard.
DIEULEFIT.	Drôme.	SOMMIÈRES.	Gard.
FLORAC.	Lozère.	STRASBOURG.	Rhin (Bas-).
GANGES.	Hérault.	SAINT-AFFRIQUE	Aveyron.
GENSAC.	Gironde.	SAINT-AGRÈVE..	Ardèche.
JARNAC.	Charente.	SAINT-AMBROIX	Gard.
LACAUNE..	Tarn.	SAINT-CHAPTES.	Gard.
LAPITTE.	Lot-et-Garonne.	SAINTE-FOIX.	Gironde.
LASALLE.	Gard.	SAINT-GERMAIN DE-CALBERTE.	Lozère.
LEZAY.	Sèvres (Deux).	ST-HIPPOLYTE..	Gard.
LILLE.	Nord, Pas-de-Calais.	SAINT-JEAN-DU-GARD.	Gard.
LOURMARIN.	Vaucluse.		
LYON.	Ain, Loire, Puy-de-Dôme, Rhône.	SAINT-MAIXENT	Sèvres (Deux-).
		SAINTE-MARIE-AUX-MINES.	Rhin (Haut-), Vosges.
MARSEILLE.	Bouches du-Rhône, Var.	ST-PIERREVILLE	Ardèche.
MAS-D'AZIL.	Ariége.	ST QUENTIN.	Aisne, Ardennes, Somme.
MASSILLARGUES	Hérault.	SAINT-VOY..	Loire (Haute-).
MASTRE (LA).	Ardèche.	TONNEINS.	Lot-et-Garonne.
MAZAMET.	Tarn.	TOULOUSE.	Garonne (Haute-).
MEAUX.	Marne, Seine-et-Marne.	TREMBLADE(LA)	Charente-Inférieure.
MELLE.	Sèvres (Deux).	UZÈS.	Gard.
MENS.	Isère.	VABRE.	Tarn.
METZ.	Meurthe, Moselle.	VALENCE.	Drôme.
MEYRUEIS.	Lozère.	VALLERAUGUE.	Gard.
MONTAGNAC.	Hérault.	VALLON.	Ardèche.
MONTAUBAN.	Gers, Tarn-et-Garonne.	VAUVERT.	Gard.
MONTCARRET.	Dordogne.	VERNOUX.	Ardèche.
MONTPELLIER.	Hérault.	VEZENOBRE.	Gard.
MOTTE CHALENÇON (LA).	Drôme.	VIALAS.	Lozère.
MOTTE-SAINTE HERAYE (LA).	Sèvres (Deux).	VIGAN (LE).	Gard.
MULHAUSEN.	Rhin (Haut-).	VOUTE (LA).	Ardèche.
NANTES.	Finistère, Loire-Inférieure.		

CONSERVATIONS DES FORÊTS.

TABLEAU N 23,

Indiquant les Résidences des Conservateurs des forêts et les Départements compris dans chaque arrondissement de conservation.

Abréviation par laquelle le présent tableau est désigné dans la colonne 3 du Manuel :
Conserv. for.

Nos des Conservations.	RÉSIDENCES des CONSERVATEURS.	DÉPARTEMENTS compris dans chaque conservation.	Nos des Conservations.	RÉSIDENCES des CONSERVATEURS.	DÉPARTEMENTS compris dans chaque conservation.
1re	PARIS	Eure-et-Loire. Loiret. Oise. Seine. Seine-et-Marne. Seine-et-Oise.	21e	TOURS	Indre Indre-et-Loire. Loir-et-Cher. Maine-et-Loire.
2e	ROUEN	Eure. Seine-Inférieure.	22e	BOURGES	Cher. Nièvre.
3e	DIJON	Côte-d'or.	23e	MOULINS	Allier. Creuse. Loire. Puy-de-Dôme.
4e	NANCY	Meurthe.			
5e	STRASBOURG	Rhin (Bas)			
6e	COLMAR	Rhin (Haut).	24e	PAU	Gers. Pyrénées (Basses). Pyrénées (Hautes).
7e	DOUAI	Aisne. Nord. Pas-de-Calais. Somme.	25e	RENNES	Côtes-du-Nord. Finistère. Ille-et-Vilaine. Loire-Inférieure. Morbihan.
8e	TROYES	Aube. Yonne.			
9e	ÉPINAL	Vosges.	26e	NIORT	Charente. Charente-Inférieure. Sèvres (Deux). Vendée. Vienne.
10e	CHALONS	Ardennes. Marne.			
11e	METZ	Moselle			
12e	BESANÇON	Doubs.	27e	CARCASSONNE	Aude. Pyrénées-Orientales. Tarn.
13e	L.-LE-SAUNIER	Jura.			
14e	GRENOBLE	Alpes (Hautes) Drôme. Isère.	28e	AIX	Alpes (Basses). Bouches-du-Rhône. Var. Vaucluse.
15e	ALENÇON	Calvados. Manche. Mayenne. Orne. Sarthe.	29e	NISMES	Ardèche. Gard. Hérault. Lozère.
16e	BAR-LE-DUC	Meuse.			
17e	CHAUMONT	Marne (Haute).	30e	AURILLAC	Cantal. Corrèze. Loire (Haute). Vienne (Haute).
18e	VESOUL	Saône (Haute).			
19e	MACON	Ain. Rhône. Saône-et-Loire.	31e	BORDEAUX	Dordogne. Gironde. Landes. Lot-et-Garonne.
20e	TOULOUSE	Ariége. Garonne (Haute). Lot. Tarn-et-Garonne.	34e	AJACCIO	Corse.

FORÊTS DE LA COURONNE.

TABLEAU N° 24,

Indiquant la Circonscription territoriale de chaque inspection des forêts de la couronne, ainsi que les résidences des Inspecteurs, Sous-Inspecteurs et Gardes généraux de ces forêts.

Nota. Outre la franchise qui leur est spéciale, les inspecteurs, sous-inspecteurs et gardes généraux des forêts de la couronne ont encore la franchise attribuée aux inspecteurs, sous-inspecteurs et gardes généraux des forêts de l'État.

INSPECTIONS.	RÉSIDENCES des INSPECTEURS.	AGENTS placés sous les ordres des Inspecteurs et résidences de ces Agents.	DÉPARTEMENTS formant la Circonscription de chaque INSPECTEUR.
COMPIÈGNE....	Compiègne........	....	Oise.
COUCY......	Coucy-le-Château.	Garde général, à *St-Gobain*..	Aisne.
DOURDAN. ...	Dourdan........	....	Seine-et-Oise.
FONTAINEBLEAU.	Fontainebleau. ..	Sous-inspecteur à *Valence*...	Seine-et-Marne.
LAIGUE.	Compiègne.....	Garde général, à *Choisy-au-Bac*.............	Oise.
LORRIS.	Vieilles-Maisons. .	Garde général à *Châteauneuf.*	Loiret.
MONTARGIS. ..	Montargis.....	Garde général à *Pancourt*.. .	Loiret.
ORLÉANS....	Orléans......	Gardes généraux à { *Chambon*...... *Rebrechien*..... *Vitry-aux-Loges*.. } Sous-inspecteur, à *Fay-aux-Loges*.............	Loiret.
PARIS......	Les Thernes, commune de Neuilly.	Gardes généraux à { *Soisy-sous-Étioles*. *Vincennes*..... }	Seine. Seine-et-Marne. Seine-et-Oise.
SAINT-GERMAIN.	Saint-Germain...	....	Seine-et-Oise.
VERSAILLES. ..	Versailles.....	Gardes généraux à { *Marly*...... *Meudon*..... }	Seine. Seine-et-Oise.
VILLERS-COTTERETS..	Villers-Cotterets...	Garde à cheval, à *la Ferté-Milon*............	Aisne...... Oise.......

SERVICE DES GARDES NATIONALES.

TABLEAU N° 25,

Indiquant les Circonscriptions territoriales créées pour la vérification des armes de la Garde nationale.

Abréviation par laquelle le présent tableau est désigné dans la colonne 3 du Manuel :
Arr. vér. arm.

NUMÉROS des arrondissements de vérification.	DÉPARTEMENTS formant la circonscription de chaque arrondissement.	NUMÉROS des arrondissements de vérification.	DÉPARTEMENTS formant la circonscription de chaque arrondissement.
1.	Eure-et-Loir. Oise. Seine-et-Marne. Seine-et-Oise.	9.	Ariége. Aude. Garonne (Haute). Pyrénées (Basses). Pyrénées (Hautes). Pyrénées-Orientales. Tarn. Tarn-et-Garonne.
2.	Aisne. Nord. Pas-de-Calais. Somme.	10	Charente. Charente-Inférieure. Gers. Gironde. Landes. Lot-et-Garonne.
3.	Ardennes. Marne. Meuse. Moselle.	11.	Allier. Aveyron. Cantal. Corrèze. Creuse. Dordogne. Lot. Puy-de-Dôme. Vienne (Haute).
4.	Aube. Côte-d'or. Marne (Haute). Nièvre. Saône (Haute). Yonne.	12.	Cher. Indre Indre-et-Loire. Loir-et-Cher. Loiret. Sèvres (Deux). Vendée. Vienne.
5.	Meurthe. Rhin (Bas) Rhin (Haut). Vosges.	13.	Côtes-du-Nord. Finistère. Ille-et-Vilaine. Loire-Inférieure Maine-et-Loire. Mayenne. Morbihan. Sarthe.
6.	Ain. Doubs. Jura. Loire. Rhône. Saône-et-Loire.	14.	Calvados. Eure. Manche. Orne. Seine-Inférieure.
7.	Alpes (Basses). Alpes (Hautes) Ardèche. Drôme. Isère. Loire (Haute). Lozère.		
8.	Bouches-du-Rhône. Gard. Hérault. Var. Vaucluse.		

38

TABLEAU N° 26,

Indiquant la circonscription des Légions de gendarmerie.

Abréviation par laquelle le présent tableau est désigné dans la colonne 3 du Manuel :
Lég. gend.

CHEFS-LIEUX des LÉGIONS.	DÉPARTEMENTS formant LEUR CIRCONSCRIPTION	CHEFS-LIEUX des LÉGIONS.	DÉPARTEMENTS formant LEUR CIRCONSCRIPTION
1re LÉGION. Paris.	Seine. Seine-et-Marne. Seine-et-Oise. Garde munic. de Paris.	12e LÉGION. Cahors.	Aveyron. Cantal. Lot. Lot-et-Garonne.
2e LÉGION. Chartres.	Eure-et-Loir. Loiret. Orne. Sarthe.	13e LÉGION. Toulouse.	Garonne (Haute-) Gers. Pyrénées (Hautes-) Tarn-et-Garonne.
3e LÉGION. Rouen.	Eure. Oise. Seine-Inférieure. Somme.	14e LÉGION. Carcassonne.	Ariége. Aude. Pyrénées-Orientales. Tarn.
4e LÉGION. Caen.	Calvados. Manche. Mayenne. Compagnie maritime de Cherbourg (1).	15e LÉGION. Nismes.	Ardèche. Gard. Hérault. Lozère.
5e LÉGION. Rennes.	Côtes-du-Nord. Finistère. Ille-et-Vilaine. Comp. marit. de Brest.	16e LÉGION. Marseille.	Bouches-du-Rhône. Var. Vaucluse. Comp. mar. de Toulon
6e LÉGION. Nantes.	Loire-Inférieure. Maine-et-Loire. Morbihan. Comp. mar. de Lorient.	17e LÉGION. Bastia.	Corse. Bat. de voltig. corses.
7e LÉGION. Tours.	Indre. Indre-et-Loire. Loir-et-Cher. Vienne.	18e LÉGION. Grenoble.	Alpes (H. et Basses-). Drôme. Isère.
8e LÉGION. Moulins.	Allier. Cher. Nièvre. Puy-de-Dôme. Comp. sédentaires de Clermont et de Riom.	19e LÉGION. Lyon.	Loire. Loire (Haute-) Rhône. Saône-et-Loire.
9e LÉGION. Niort.	Charente-Inférieure. Sèvres (Deux-) Vendée. Compagnie maritime de Rochefort.	20e LÉGION. Dijon.	Aube. Côte-d'Or. Yonne.
10e LÉGION. Bordeaux.	Charente. Gironde. Landes. Pyrénées (Basses-)	21e LÉGION. Besançon.	Ain. Doubs. Jura.
11e LÉGION. Limoges.	Corrèze. Creuse. Dordogne. Vienne (Haute-)	22e LÉGION. Nancy.	Saône (Haute-). Marne (Haute-). Meurthe. Vosges.
		23e LÉGION. Metz.	Ardennes. Marne. Meuse. Moselle.
		24e LÉGION. Arras.	Aisne. Nord. Pas-de-Calais.
		25e LÉGION. Strasbourg.	Rhin (Bas-). Rhin (Haut-).

(1) Les compagnies maritimes portent également le nom de *Compagnies des ports et arsenaux.* Celle de Cherbourg a des détachements, hors de la 4e légion, dans les villes de Dunkerque et du Havre.

DIRECTIONS DU GÉNIE.

TABLEAU N° 27,

Indiquant la circonscription des Directions du Génie.

Abréviation par laquelle le présent tableau est désigné dans la colonne 3 du Manuel :
Dir. du gén.

NOTA. Les villes qui sont indiquées en caractères romains sont *places de guerre*, et celles qui sont indiquées en italiques sont *villes de garnisons.*

CHEFS-LIEUX DES DIRECTIONS.	PLACES ET VILLES DE CASERNEMENT QUI EN DÉPENDENT.	DEPARTEMENTS où CES PLACES SONT SITUÉES.	DIVISIONS militaires.
1re DIRECTION. Saint-Omer.	Aire et Fort Saint-François.	Pas-de-Calais.	16e
	Ardres.		
	Bergues et Fort-Français.	Nord.	
	Calais et Fort-Nieulay.	Pas-de-Calais.	
	Dunkerque et Fort-Louis.	Nord.	
	Gravelines.		
	Saint-Omer et canal de l'Aa.	Pas-de-Calais.	
	Saint-Venant.		
2e DIRECTION. Arras.	Arras.	Pas-de-Calais.	16e
	Bapaume.		
	Béthune.		
	Boulogne et côtes.		
	Hesdin.		
	Montreuil.		
3e DIRECTION. Amiens.	Abbeville.	Somme.	16e
	Amiens.		
	Beauvais.	Oise.	1re
	Compiègne	Somme.	16e
	Doulens.		
	Fère (La).	Aisne.	1re
	Ham.	Somme.	16e
	Péronne.		
4e DIRECTION. Havre (Le)	*Alençon.*	Orne.	14e
	Bayeux.	Calvados.	
	Caen.		
	Dieppe.	Seine-Inférieure.	
	Evreux.	Eure.	
	Havre (Le).	Seine-Inférieure.	
	Mans (Le).	Sarthe.	4e
	Rouen.	Seine-Inférieure.	14e
	Vernon.	Eure.	
5e DIRECTION. Cherbourg.	*Avranches.*	Manche.	14e
	Carentan.		
	Cherbourg et dépendances.	Ille-et-Vilaine.	13e
	Fougères.		
	Granville.	Manche.	14e
	Hougue (La).		
	Laval.	Mayenne.	4e
	Rennes.	Ille-et-Vilaine.	13e
	Saint-Lô.	Manche.	14e
	Saint-Malo et dépendances.	Ille-et-Vilaine.	13e
	Tatihou et Saint-Marcouf.	Manche.	14e
	Vitré.	Ille-et-Vilaine.	13e

CHEFS-LIEUX DES DIRECTIONS.	PLACES ET VILLES DE CASERNEMENT QUI EN DÉPENDENT.	DÉPARTEMENTS où CES PLACES SONT SITUÉES.	DIVISIONS militaires.
6e DIRECTION. Brest.	Bertheaume.	Finistère.	13e
	Brest et dépendances.		
	Château-Taureau et côtes.		
	Concarneau et îles.		
	Conquet (Le).		
	Guingamp.	Côtes-du-Nord.	
	Morlaix.		
	Ouessant et côtes.	Finistère.	
	Quélern et forts de la rade.		
	Quimper.		
	Saint-Brieuc et Ile de Bréhat.	Côtes-du-Nord.	
	Sept-Iles.		
7e DIRECTION. Nantes.	*Ancenis.*	Loire-Inférieure.	12e
	Angers.	Maine-et-Loire.	
	Auray.	Morbihan.	o13e
	Beaupréau.	Maine-et-Loire.	12e
	Belle-Ile.	Morbihan.	13e
	Bourbon-Vendée.	Vendée.	
	Cholet.	Maine-et-Loire.	12e
	Fort de l'île d'Yeu.	Vendée.	
	Fort Penthièvre-de-Quiberon.	Morbihan.	13e
	Fort Saint-Nicolas-des-Sablés.	Vendée.	12e
	Lorient et forts.	Morbihan.	13e
	Nantes.	Loire-Inférieure.	12e
	Noirmoutiers et île du Pilier.	Vendée.	13e
	Pontivy.	Morbihan.	13e
	Port-Louis et île de Groix.		
	Saumur.	Maine-et-Loire.	12e
	Tours.	Indre-et-Loire.	4e
	Vannes.	Morbihan.	13e
8e DIRECTION. La Rochelle.	*Angoulême.*	Charente.	20e
	Blaye et dépendances.	Gironde.	11e
	Bordeaux.		
	Bressuire.	Deux-Sèvres.	12e
	Fontenay.	Vendée.	11e
	Guéret.	Creuse.	15e
	Ile d'Aix et forts de la Rade.	Charente-Inférieure.	11e
	Libourne.	Gironde.	
	Limoges.	Haute-Vienne.	15e
	Niort.	Deux-Sèvres.	12e
	Oléron et fort Chapus.	Charente-Inférieure.	
	Périgueux.	Dordogne.	
	Poitiers.	Vienne.	
	Rochefort et forts de la Charente.		11e
	Rochelle (La).	Charente-Inférieure.	
	Saintes.		
	Saint-Jean-d'Angély.		
	Saint-Maixent.	Deux-Sèvres.	12e
	Saint-Martin-de-Ré.	Charente-Inférieure.	11e
9e DIRECTION. Bayonne.	*Agen.*	Lot-et-Garonne.	11e
	Auch.	Gers.	
	Bayonne.	Basses-Pyrénées.	20e
	Château-de-Lourdes.	Hautes-Pyrénées.	
	Dax.	Landes.	

(*La suite ci-contre.*)

DIRECTIONS DU GÉNIE (Suite.)

CHEFS-LIEUX DES DIRECTIONS.	PLACES ET VILLES DE CASERNEMENT QUI EN DÉPENDENT.	DÉPARTEMENTS où CES PLACES SONT SITUÉES.	DIVISIONS militaires.
9e DIRECTION. Bayonne. (Suite.)	Fort-de-Socoa.	Basses-Pyrénées.	
	Hôpital de Barrèges.	Hautes-Pyrénées.	
	Navarreins.		
	Pau,	Basses-Pyrénées.	20e
	Saint-Jean-Pied-de-Port.		
	Tarbes.	Hautes-Pyrénées.	
10e DIRECTION. Perpignan.	Bellegarde.	Pyrénées-Orientales.	
	Carcassonne.	Aude.	
	Château-de-Salses.	Pyrénées-Orientales.	21e
	Collioure.		
	Foix.	Ariége.	
	Fort-les-Bains.	Pyrénées-Orientales.	
	Fort Saint-Elme, et dépendances.		
	Montauban.	Tarn-et-Garonne.	10e
	Mont-Louis.	Pyrénées-Orientales.	
	Narbonne et côtes.	Aude.	
	Perpignan.	Pyrénées-Orientales.	21e
	Peatz-de-Mollo.		
	Toulouse.	Haute-Garonne.	10e
	Villefranche.	Pyrénées-Orientales.	21e
11e DIRECTION. Montpellier.	Agde et fort Brescou.	Hérault.	
	Aigues-Mortes et fort Peccais.	Gard.	9e
	Alais.		
	Alby.	Tarn.	10e
	Aurillac.	Cantal.	19e
	Béziers.	Hérault.	9e
	Cahors.	Lot.	
	Castres.	Tarn.	10e
	Cette.	Hérault.	
	Lunel.		
	Mende.	Lozère.	
	Montpellier.	Hérault.	9e
	Nisme.	Gard.	
	Saint-Esprit.		
	Tulle.	Corrèze.	19e
	Uzés.	Gard.	9e
12e DIRECTION. Toulon.	Aix.	Bouches-du-Rhône.	
	Antibes et fort Carré.	Var.	
	Avignon.	Vaucluse.	
	Colmars.	Basses-Alpes.	
	Entrevaux.		
	Forts des îles d'Hlères et de Brégançon.	Var.	8e
	Iles Sainte-Marguerite.		
	Marseille et forts.	Bouches-du-Rhône.	
	Saint-Tropez.	Var.	
	Tarascon.	Bouches-du-Rhône.	
	Toulon.	Var.	
13e DIRECTION. Embrun.	Briançon.	Hautes-Alpes.	7e
	Embrun.		
	Fort Saint-Vincent.	Basses-Alpes.	8e
	Gap.	Hautes-Alpes.	7e

(La suite au verso.)

CHEFS-LIEUX DES DIRECTIONS.	PLACES ET VILLES DE CARSERNEMENT QUI EN DÉPENDENT.	DÉPARTEMENTS où CES PLACES SONT SITUÉES.	DIVISIONS militaires.
13e DIRECTION. Embrun. (*Suite.*)	Mont-Dauphin.	Hautes-Alpes.	7e
	Queyras.		
	Seyne.	Basses-Alpes.	8e
	Sisteron.		
14e DIRECTION. Lyon.	Bourg.	Ain.	7e
	Châlon-sur-Saône.	Saône-et-Loire.	18e
	Clermont.	Puy-de-Dôme.	19e
	Fort-l'Écluse.	Rhin.	7e
	Lyon.	Rhône.	7e
	Mâcon.	Saône-et-Loire.	18e
	Montbrison.	Loire.	7e
	Moulins.	Allier.	19e
	Pierre-Châtel.	Ain.	7e
	Puy (*Le*).	Haute-Loire.	19e
	Saint-Étienne.	Loire.	
	Vienne.	Isère.	
15e DIRECTION. Grenoble.	Fort-Barrault.	Isère.	7e
	Grenoble.		
	Montélimart.	Drôme.	
	Pont-de-Beauvoisin.	Isère.	
	Romans.		
	Tour-de-Crest.	Drôme.	
	Valence.		
16e DIRECTION. Besançon.	Auxonne.	Côte-d'Or.	18e
	Besançon.	Doubs.	6e
	Bourbonne-les-Bains.	Haute-Marne.	18e
	Chaumont.		
	Dijon.	Côte-d'Or.	
	Dôle.	Jura.	
	Fort-de-Joux et *Pontarlier*.	Doubs.	6e
	Gray.	Haute-Saône.	
	Langres.	Haute-Marne.	18e
	Lons-le-Saunier.	Jura.	6e
	Salins.		
17e DIRECTION. Belfort.	Belfort.	Haut-Rhin.	5e
	Blamont.	Doubs.	6e
	Colmar.	Haut-Rhin.	5e
	Épinal.	Vosges.	3e
	Haningue.	Haut-Rhin.	5e
	Montbéliard.	Doubs.	6e
	Neuf-Brisach et Fort-Mortier.	Haut-Rhin.	5e
	Schélestat.	Bas-Rhin.	
	Vesoul et *Faverney*.	Haute-Saône.	6e
18e DIRECTION. Strasbourg.	Bitche.	Moselle.	3e
	Haguenau et Fort-Louis.		
	Lauterbourg et Lignes.	Bas-Rhin.	5e
	Lichtenberg.		
	Petite-Pierre (La).		
	Phalsbourg.	Meurthe.	3e
	Sarrebourg.		
	Strasbourg.	Bas-Rhin.	5e
	Wissembourg et Lignes.		

DIRECTIONS DU GÉNIE (*Suite.*)

CHEFS-LIEUX DES DIRECTIONS.	PLACES ET VILLES DE CASERNEMENT QUI EN DÉPENDENT.	DÉPARTEMENTS où CES PLACES SONT SITUÉES.	DIVISIONS militaires.
19e DIRECTION. Metz.	*Lunéville.*	Meurthe.	
	Marsal et *Vic.*		
	Metz.	Moselle.	
	Nancy.	Meurthe.	
	Pont-à-Mousson.		3e
	Sarreguemines.		
	Sierck.	Moselle.	
	Saint-Avold.		
	Thionville.		
	Toul.	Meurthe.	
20e DIRECTION. Verdun.	*Bar-le-Duc.*	Meuse.	
	Châlons-sur-Marne.	Marne.	2e
	Commercy.	Meuse.	
	Longwy.	Moselle.	3e
	Montmédy.		
	Stenay.	Meuse.	
	Saint-Mihiel.		
	Verdun.		
	Vitry-le-Français.	Marne.	2e
21e DIRECTION. Mézières.	Donchery.	Ardennes.	
	Givet.		
	Laon.	Aisne.	1re
	Mézières et *Charleville.*		
	Mouçon et Carignan.	Ardennes.	2e
	Rocroy.		
	Sédan.		
	Soissons.	Aisne.	1e
22e DIRECTION. Cambrai.	Avesnes.	Nord.	16e
	Cambrai.		
	Guise.	Aisne.	1re
	Landrecies.		
	Maubeuge.	Nord.	16e
	Quesnoy (Le).		
23e DIRECTION. Lille.	Bouchain.		
	Condé.		
	Douai et Fort de Scarpe.	Nord.	16e
	Lille.		
	Valenciennes.		
24e DIRECTION. Paris.	*Auxerre.*	Yonne.	18e
	Blois.	Loir-et-Cher.	4e
	Bourges.	Cher.	15e
	Chartres.	Eure-et-Loire.	1re
	Châteaudun.		
	Châteauroux.	Indre.	15e
	Fontainebleau.	Seine-et-Marne.	1re
	Joigny.	Yonne.	18e
	Meaux.		
	Melun.	Seine-et-Marne.	1re
	Montoire.	Loir-et-Cher.	4e
	Nevers.	Nièvre.	15e
	Orléans.	Loiret.	
	Paris (*casernement*).	Seine.	1e

(*La suite au verso.*)

CHEFS-LIEUX DES DIRECTIONS.	PLACES ET VILLES DE CASERNEMENT QUI EN DÉPENDENT.	DÉPARTEMENTS où CES PLACES SONT SITUÉES.	DIVISIONS militaires.
24ᵉ DIRECTION. Paris. (*Suite.*)	Paris (*extra muros*)........ Paris (*hôtels, magasins et hôpit.*) Paris (*travaux de défense*).... Provins.............. Rambouillet............. Saint-Germain........... Troyes............... Vendôme.............. Versailles............. Vincennes.............	Seine.............. Seine-et-Marne........ Seine-et-Oise......... Aube............... Loir-et-Cher.......... Seine-et-Oise......... Seine..............	1ʳᵉ 18ᵉ 4ᵉ 1ʳᵉ
25ᵉ DIRECTION. Corse.	Ajaccio.............. Bastia............... Bonifacio.............. Calvi et Girolata........ Campoloro et Aleria....... Cap-Corse, etc.......... Cervione.............. Corte................ Ile Rousse et Algajola...... Porto-Vecchio.......... Prunelli.............. Sartène.............. Saint-Florent et côtes...... Vico et Vizzavona......... Vivario, Ponte-Novo........	Corse..............	17ᵉ
26ᵉ DIRECTION. Alger.	Alger............... Bône................ Bougie............... Oran................	Afrique.............	«

HARAS ET DÉPOTS D'ÉTALONS.

TABLEAU Nº 28,

Ou Nomenclature des Haras et Dépôts d'étalons avec leurs Circonscriptions.

Abréviation par laquelle le présent tableau est désigné dans la colonne 3 du Manuel :
Circ. har.

ÉTABLISSEMENTS.	DÉPARTEMENTS formant LA CIRCONSCRIPTION de chaque établissement.	ÉTABLISSEMENTS.	DÉPARTEMENTS formant LA CIRCONSCRIPTION de chaque établissement.
ABBEVILLE .... (Dépôt d'étalons d')	Nord (partie à la gauche de l'Escaut). Oise Pas-de-Calais. Seine-Inférieure. Somme.	LIBOURNE......... (Dépôt d'étalons de)	Dordogne. Gironde. Lot-et-Garonne.
ANGERS........... (Dépôt d'étalons d')	Loire-Inférieure. Maine-et-Loire. Mayenne. Sarthe.	MONTHÉRENDER...... (Dépôt d'étalons de)	Aube. Côte-d'Or. Marne (Haute). Yonne.
ARLES............ (Dépôt d'étalons d')	Alpes (Basses-). Bouches-du-Rhône. Gard. Var Vaucluse.	PAU............. (Dépôt d'étalons de)	Landes. Pyrénées (Basses-).
AURILLAC......... (Dépôt d'étalons d')	Cantal. Loire (Haute-). Lot. Puy-de-Dôme.	PIN (Le) (Haras de)	Calvados (partie à la droite de l'Orne). Eure. Eure-et-Loire. Orne. Seine. Seine-et-Oise.
BLOIS............ (Dépôt d'étalons de)	Cher. Indre. Indre-et-Loire. Loir-et-Cher. Loiret.	POMPADOUR........ (Haras de)	Charente. Corrèze. Creuse. Vienne (Haute-).
BRAISNE.......... (Dépôt d'étalons de)	Aisne. Ardennes. Marne. Nord (partie à la droite de l'Escaut.) Seine-et-Marne.	RODEZ............ (Dépôt d'étalons de)	Aveyron. Lozère. Tarn. Tarn-et-Garonne.
CLUNY............ (Dépôt d'étalons de)	Ain. Allier. Isère. Loire. Nièvre. Rhône. Saône-et-Loire.	ROZIÈRES.......... (Haras de).	Meurthe. Meuse. Moselle. Vosges.
JUSSEY........... (Dépôt d'étalons de)	Doubs. Jura. Saône (Haute-).	SAINT-LÔ......... (Dépôt d'étalons de)	Calvados (partie à la gauche de l'Orne). Manche.
LANGONNET....... (Dépôt d'étalons de)	Côtes-du-Nord. Finistère. Ille-et-Vilaine. Morbihan.	SAINT-MAIXENT.... (Dépôt d'étalons de)	Charente-Inférieure. Sèvres (Deux-) Vendée. Vienne.
		STRASBOURG....... (Dépôt d'étalons de)	Rhin (Bas-). Rhin (Haut-).
		TARBES.... (Dépôt d'étalons de)	Ariége. Garonne (Haute-). Gers Pyrénées (Hautes-).

SERVICE SANITAIRE.

TABLEAU N° 29,

Indiquant les circonscriptions territoriales dans lesquelles est admise à circuler en exemption de taxe la correspondance des intendances et des commissions sanitaires avec les Maires des communes du littoral, et avec les agents et gardes sanitaires.

Abréviations par lesquelles le présent tableau est désigné { *Ress. comm. san.*
dans la colonne 3 du Manuel : . . . . { *Ress. int. san.*

DÉSIGNATION DES INTENDANCES et des commissions sanitaires.	DÉSIGNATION DES LIEUX OÙ RÉSIDENT		
	LES MAIRES DES COMMUNES comprises dans le ressort de chaque intendance ou commission sanitaire.	LES AGENTS SANITAIRES de chaque intendance ou commission.	LES GARDES SANITAIRES de chaque intendance ou commission.
BAYONNE. (Intend. sanitaire.)	. . . .	Biarritz, par *Bayonne*. . . . . Bidart, par *Saint-Jean-de-Luz*. . . . Boucaud (Nord), par *Bayonne*. . .	Boucaud (Sud) par *Bayonne*. Ondres, par *Bayonne*.
BISCAROSSE, par *Liposthey*. (Commission sanit.)	. . . .	Gastes, par *Liposthey*. Sanguinet, par *Liposthey*. Sainte-Eulalie, par *Liposthey*.	
CAP BRETON, par *St-Vincent-de-Tyrosse*. (Commission sanit.)	. . . .	Gap Breton, par *Saint-Vincent-de-Tyrosse*.	Seignosse, par *St-Vincent-de-Tyrosse*.
CHERBOUG. (Commission sanit.)	Les communes situées sur le littoral, dans les arrondissements de CHERBOURG, COUTANCES, VALOGNES.	Anderville, par *Beaumont*. Becquet (Le), par *Cherbourg*. Carteret, par *Briquebec*. Diclette, par *Les Pieux*. Fermanville, par *St-Pierre-Eglise*. Naqueville, par *Beaumont*. Omonville, par *Beaumont*. Porbail, par *Briquebec*. . . . Surtainville, par *Les Pieux*. Saint-Germain-sur-Ay, par *La Haye-du-Puits*. Vauville, par *Beaumont*.	
DUNKERQUE. (Commission sanit.)	Les communes situées sur le littoral, dans l'arrondissement de DUNKERQUE.		
GRANVILLE. (Commission sanit.)	Les communes situées sur le littoral, dans les arrondissements de AVRANCHES, COUTANCES.	Anneville, par *Coutances*. Blainville, par *Coutances*. Bricqueville, par *Coutances*. Genest, par *Avranches*. Mont-Saint-Michel, par *Contorson*. Piron, par *Périers*. Régneville, par *Coutances*.	

DÉSIGNATION des intendances et des commissions sanitaires.	DÉSIGNATION DES LIEUX OU RÉSIDENT		
	LES MAIRES DES COMMUNES comprises dans le ressort de chaque intendance ou commission sanitaire.	LES AGENTS SANITAIRES de chaque intendance ou commission.	LES GARDES SANITAIRES de chaque intendance ou commission.
LANNION (Commission sanit.).	Les communes situées sur le littoral, dans les cantons de LANNION, PERROS - GUIREC, PLESTIN, TRÉGUIER,		
PAIMPOL. (Commission sanit.)	Les communes situées sur le littoral, dans les cantons de ÉTABLES, LÉZARDRIEUX PAIMPOL, PLOUHA, PONTRIEUX, TRÉGUIER.		
SAINT-BRIEUC. (Commission sanit.)	Les communes situées sur le littoral, dans les cantons de ÉTABLES, SAINT-BRIEUC (Midi), SAINT-BRIEUC (Nord).		
SAINT-JEAN-DE-LUZ. (Commission sanit.)	. . . .	Hendaye, par *Saint-Jean-de-Luz*.. Socoa, par *Saint-Jean-de-Luz*.. . .	Guetary, par *Saint-Jean-de-Luz*.
St-JULIEN-EN-BORN. par *Castets*. (Commission sanit.)	. . . .	Lit, par *Castets*. Mimisan, par *Liposthey*. Saint-Julien, par *Gabarret*. Vielle, par *Aire-sur-l'Adour*.	
St-VALERY-SUR-SOMME. (Commission sanit.)	Les communes situées sur le littoral, dans l'arrondissem. d'ABBEVILLE,	Cayeux, par *St-Valery-sur-Somme*. Crotoy (le), par *Rue*. Hourdel, par *Saint-Valery-sur-Somme*.	
VIEUX-BOUCAUD par *St-Vincent-de-Tyrosse*. (Commission sanit.)	. . . .	Moliets, par *St-Vincent-de-Tyrosse*. Vieux-Boucaud, par *Saint-Vincent-de-Tyrosse*.	

LIGNES TÉLÉGRAPHIQUES.

TABLEAU Nº 30,

Indiquant les Lignes télégraphiques, les Directions télégraphiques et les circonscriptions dans lesquelles doit rayonner la correspondance de chaque directeur de télégraphe.

Abréviations par lesquelles le présent tableau est désigné dans la colonne 3 du Manuel:
Ligne télég. — Ray. télég.

LIGNE DE BAYONNE.

DIRECTIONS.	RAYONS.
TOURS.	Cher, Creuse, Indre, Loir-et-Cher, Orne, Sarthe, Sèvres (Deux-), Vienne.
BORDEAUX.	Charente, Charente-Inférieure, Corrèze, Dordogne, Gers, Landes, Lot, Lot-et-Garonne, Tarn, Tarn-et-Garonne, Vienne (Haute-).
TOULOUSE.	Ariége, Aude, Aveyron, Cantal, Gers, Lot, Lot-et-Garonne, Pyrénées (Hautes-), Pyrénées-Orientales, Tarn, Tarn-et-Garonne.
NARBONNE	Ariége, Aude, Pyrénées-Orientales, Tarn.
PERPIGNAN	. . . . . .
BAYONNE	Pyrénées (Basses-), Pyrénées (Hautes-).

LIGNE DE BREST.

DIRECTIONS.	RAYONS.
AVRANCHES.	Calvados, Manche. S.-préfect. de S.-Malo. S.-préfect. de St-Servan
CHERBOURG	Calvados, Manche.
RENNES	Côtes-du-Nord. Mayenne, Morbihan. S.-préfect. de S.-Malo. S.-préfect. de S.-Servan
NANTES	Charente-Inférieure, Maine-et-Loire, Morbihan, Sèvres (Deux-), Vendée.
BREST	Finistère

LIGNES DE CALAIS.

DIRECTIONS.	RAYONS.
LILLE . . . . CALAIS. . . . . BOULOGNE-S.-MER.	Pas-de-Calais.

LIGNE DE STRASBOURG.

DIRECTIONS.	RAYONS.
METZ	Ardennes, Meuse. Meurthe, Vosges.
STRASBOURG. . . .	Rhin (Haut-), Vosges.

LIGNE DE TOULON.

DIRECTIONS.	RAYONS.
DIJON	Allier, Côte-d'Or, Doubs, Jura, Marne (Haute-), Nièvre, Saône (Haute-).
LYON	Ain, Alpes (Hautes), Ardèche, Cantal, Drôme, Isère, Jura, Loire, Loire (Haute-), Lozère, Puy-de-Dôme, Saône-et-Loire,
AVIGNON.	Alpes (Basses), Alpes Hautes).
NISMES.	Lozère.
MONTPELLIER. . .	Aveyron.
MARSEILLE	Alpes (Basses).
TOULON	Corse, Var.
BESANÇON.	Jura, Rhin (Haut-), Saône (Haute-), Vosges.

SERVICE DES MINES.

TABLEAU N° 31,

Indiquant les circonscriptions territoriales créées pour le service des Mines.

Abréviation par lesquelles le présent tableau est désigné dans la colonne 3 du Manuel.

Arr. ing. en ch. m. — Arr. ing. ord. m. — Div. insp. m.

CHEFS-LIEUX DES ARRONDISSEMENTS et résidences des ingénieurs en chef.	DÉPARTEMENTS composant LES ARRONDISSEMENTS et les sous-arrondissements.	CHEFS-LIEUX DES SOUS-ARRONDISSEMENTS et résidences des ingénieurs ordinaires.
DIVISION DU NORD-OUEST.		
CAEN........	Calvados, Manche..........	Caen.
	Orne, Mayenne, Sarthe.......	Le Mans.
NANTES........	Loire-Inférieure, Morbihan......	Nantes.
	Ille-et-Vilaine, Côtes-du-Nord, Finistère..	Rennes.
DIVISION DU NORD.		
CAEN........	Seine-Inférieure, Eure, Eure-et-Loir.	Rouen.
ROUEN........ PARIS........	Seine..............	Paris.
PARIS........	Seine-et-Oise, Loiret..........	Versailles.
	Seine-et-Marne............	Paris.
DOUAI........	NORD.... Moins les arrondissements de Valenciennes et de Douai.	Lille.
	NORD.... Territoires houillers des arrondissements de Douai et de Valenciennes..........	Douai.
	Pas-de-Calais............	Arras.
AMIENS........	Somme...............	Amiens.
	Aisne, Oise.............	Beauvais.
DIVISION DU NORD-EST.		
TROYES........	Ardennes, Meuse...........	Mézières.
	Marne, Aube, Yonne.........	Troyes.
DIEUZE........	Meurthe, Moselle..........	Metz.
STASBOURG........	Bas-Rhin.............	Strasbourg.
	Vosges, Haut-Rhin.........	Colmar.
DIVISION DE L'OUEST.		
GUÉRET........	Vienne, Creuse, Haute-Vienne, Charente, Charente-Inférieure......	Guéret.
	Indre-et-Loire, Loir-et-Cher, Indre.	Tours.
NANTES........	Vendée, Deux-Sèvres, M.-et-Loire.	Angers.
DIVISION DU CENTRE.		
SAINT-ETIENNE........	LOIRE... Moins Rive-de-Gier........	Saint-Etienne.
	LOIRE... Territoire houiller de Rive-de-Gier, y compris la concession de Saint-Chamond...	Rive-de-Gier.
	Rhône..	Lyon.
CLERMONT-FERRAND........	Cantal, Puy-de-Dôme, Haute-Loire..	Clermont-Ferrand.
	Cher, Nièvre, Allier.........	Moulins.
DIVISION DE L'EST.		
VESOUL........	Haute-Saône............	Vesoul.
	Haute-Marne...........	Chaumont.
	Côte-d'Or............	Dijon.
MACON........	Saône-et-Loire, Ain........	Mâcon.
	Doubs, Jura............	Besançon.

CHEFS-LIEUX DES ARRONDISSEMENTS et résidences des ingénieurs en chef.	DÉPARTEMENTS composant LES ARRONDISSEMENTS et les sous-arrondissements.	CHEFS-LIEUX DES SOUS-ARRONDISSEMENTS et résidences des ingénieurs ordinaires.
DIVISION DU SUD-OUEST.		
Périgueux.	Lot-et-Garonne, Dordogne, Corrèze.	Périgueux.
	Lot, Aveyron	Villefranche-de-Rouergue.
Toulouse	Tarn-et-Garonne, Tarn, Haute-Garonne	Toulouse.
	Ariége	Vic-Dessos.
Bordeaux	Gironde, Landes.	Bordeaux.
	Basses-Pyrénées, Gers, Hautes-Pyrénées.	Mont-de-Marsan.
DIVISION DU SUD-EST.		
Grenoble	Bouches-du-Rhône, Var, Corse.	Marseille.
	Vaucluse, Basses-Alpes, Drôme.	Avignon.
	Isère, Hautes-Alpes.	Grenoble.
Alais	Ardèche, Lozère, Gard.	Alais.
	Hérault.	Montpellier.
	Aude, Pyrénées-Orientales.	Carcassonne.

NAVIGATION (Approvisionnement de Paris.)

TABLEAU N° 32,

Indiquant les arrondissements des commissaires généraux et des inspecteurs particuliers de la navigation. (Approvisionnement de Paris.)

Abréviations par lesquelles le présent tableau est désigné dans la colonne 3 du Manuel :

Insp. part. nav. — Insp. princ. nav.

NUMÉROS des arrondissements des commissaires généraux ; résidences de ces commissaires ; départements qui forment leur circonscription.	RÉSIDENCE des INSPECTEURS particuliers.	DÉPARTEMENTS qui forment la circonscription de chaque inspecteur particulier.
1er ARRONDISSEMENT. PARIS. Allier, Aube, Cher, Côte-d'Or, Loir-et-Cher, Loire, Loiret, Marne, Nièvre, Saône-et-Loire, Seine, Seine-et-Marne, Seine-et-Oise, Yonne.	Troyes	Aube, Marne, Yonne.
	Montereau	Seine, Seine-et-Marne, Seine-et-Oise.
	Joigny	Aube, Côte-d'Or, Nièvre, Yonne.
	Clamecy.	
	Nevers	Cher, Loir-et-Cher, Loire, Loiret, Nièvre, Saône-et-Loire.
	Cosne	
	Lorris.	
	Moulins.	Allier, Nièvre.
2° ARRONDISSEMENT. PARIS. Aisne, Eure, Marne, Haute-Marne, Nord, Oise, Seine-et-Marne, Seine-et-Oise, Seine-Inférieure, Somme.	Epernay.	Aisne, Marne, Haute-Marne, Seine-et-Marne, Seine-et-Oise.
	Château-Thierry . .	
	Saint-Germain . . .	Eure, Seine-et-Oise, Seine-Inférieure.
	Rouen.	
	Noyon.	Aisne, Oise, Seine-et-Oise, Somme.
	Compiègne	
	Cambray	Aisne, Nord.

TABLEAU N° 33,

Indiquant l'arrondissement de chaque Inspection divisionnaire des Ponts et chaussées.

Abréviation par laquelle le présent tableau est désigné dans la colonne 3 du Manuel :
Insp. div. p. ch.

N°s des inspections.	DÉPARTEMENTS DONT SE COMPOSE CHAQUE INSPECTION.	OBSERVATIONS.
1re	Eure, Seine, Seine-Inférieure, Seine-et-Oise.	Cette inspection comprend la navigation de la Seine tout entière.
2e	Aisne, Nord, Oise, Pas-de-Calais, Somme.	Cette inspection comprend la navigation de l'Oise tout entière.
3e	Ardennes, Aube, Marne, Marne (H.-), Meuse, S.-et-Marne	Cette inspection comprend la navigation de la Marne tout entière.
4e	Meurthe, Moselle, Rhin (Bas-), Rhin (Haut-), Voges.	Cette inspection comprend le canal du Rhône au Rhin depuis Strasbourg jusqu'au bief de partage inclusivement.
5e	Côte-d'Or, Doubs, Jura, Saône (Haute-), Yonne.	Cette inspection comprend le canal du Rhône au Rhin, depuis le bief de partage, exclusivement, jusqu'à la Saône, et le canal du Nivernais dans toute son étendue.
6e	Ain, Alpes (Hautes-), Drôme, Isère, Loire, Rhône.	Cette inspection comprend le service de la navigation de la Saône depuis l'embouchure du canal du Rhône au Rhin jusqu'à Lyon, et le service d'expériences relatives à l'entretien des routes dans les départements de la Côte-d'Or, de Saône-et-Loire, du Rhône, de l'Isère et de la Drôme.
7e	Alpes (Basses-), Bouches-du-Rhône, Corse, Var, Vaucluse.	
8e	Ardèche, Aveyron, Gard, Hérault, Loire (Haute-), Lozère.	
9e	Ariége, Aude, Garonne (Haute-), Pyrénées-Orientales, Tarn, Tarn-et-Garonne.	
10e	Gers, Gironde, Landes, Lot-et-Garonne, Pyrénées (Basses-), Pyrénées (Hautes-).	Cette inspection comprend le canal latéral à la Garonne, et la navigation de ce fleuve depuis Toulouse jusqu'à Bordeaux. Elle comprend aussi le service de la navigation de la Dordogne au-dessous de l'embouchure de la Vezère, et celui de la navigation du Lot au-dessous de Cahors.
11e	Charente, Charente-Inférieure, Dordogne, Sèvres (Deux-), Vendée, Vienne.	Cette inspection comprend le service de la navigation de l'Isle tout entier, et celui de la navigation de la Dordogne au-dessus de l'embouchure de la Vezère.
12e	C.-du-Nord, Finistère, Ille-et-Vilaine, Loire-Inf., Morbihan.	
13e	Calvados, Manche, Mayenne, Orne, Sarthe.	
14e	Eure-et-Loir, Indre-et-Loire, Loir-et-Cher, Loiret, Maine-et-Loire.	Cette inspection comprend le service de la navigation du Cher depuis Saint-Aignan jusqu'à Tours, et la navigation de la Loire depuis Orléans jusqu'à la mer.
15e	Allier, Cher, Indre, Nièvre, Saône-et-Loire.	Cette inspection comprend le canal de Berry jusqu'à son embouchure dans le Cher. Elle comprend aussi le service de la navigation de l'Allier tout entier, et celui de la navigation de la Loire depuis Roanne jusqu'à Orléans.
16e	Cantal, Corrèze, Creuse, Lot, Puy-de-Dôme, Vienne (H.-)	Cette inspection comprend le service de la navigation du Lot au-dessus de Cahors.

POUDRERIES ROYALES.

TABLEAU N° 34,

Indiquant la circonscription des Poudreries royales et des Magasins principaux des poudres à feu.

Abréviations par lesquelles le présent tableau est désigné dans la colonne 3 du Manuel :
Circ. comm. poudr.—Circ. mag. poudr.

DÉPARTEMENTS.	ENTREPOTS.	DÉPARTEMENTS.	ENTREPOTS.
POUDRERIE D'ANGOULÊME.		VENDÉE.	Bourbon. Fontenay. Sables (Les).
ALLIER.	Montluçon. Moulins.	VIENNE.	Civray. Montmorillon. Poitiers.
AVEYRON.	Rodez.	VIENNE-HAUTE.	Limoges. Rochechouart. Saint-Yrieix.
CANTAL.	Aurillac.	*Magasin principal de Limoges.*	
CHARENTE.	Angoulême. Barbezieux. Cognac. Confolens. Ruffec.	ALLIER.	Montluçon. Moulins.
CHARENTE-INFÉR.	Jonzac. Marennes. Rochefort. Rochelle (La). Saintes. St-Jean-d'Angely.	CORRÈZE.	Brives. Tulle. Ussel.
CHER.	Bourges.	CREUSE.	Aubusson. Bourganeuf. Boussac. Guéret.
CORRÈZE.	Brives. Tulle. Ussel.	VIENNE-HAUTE.	Bellac. Rochechouart. Saint-Yrieix.
DORDOGNE.	Nontron. Périgueux. Riberac.	**POUDRERIE DU BOUCHET.**	
GARONNE-HAUTE.	Toulouse.	AISNE.	Château-Thierry. Laon. Soissons.
GIRONDE.	Lormont.	ALLIER.	Moulins.
INDRE.	Châteauroux.	AUBE.	Arcis-sur-Aube. Bar-sur-Aube. Bar-sur-Seine. Nogent-sur-Seine. Troyes.
INDRE-ET-LOIRE.	Tours.	CALVADOS.	Lisieux.
LOT.	Cahors. Figeac. Souillac.	CÔTE-D'OR.	Dijon.
MAINE-ET-LOIRE.	Saumur.	DOUBS.	Besançon.
PUY-DE-DÔME.	Clermont.		
SÈVRES-DEUX.	Niort. Parthenay.		

DÉPARTEMENTS.	ENTREPOTS.
EURE	Andelys (Les), Bernay, Evreux, Louviers
EURE-ET-LOIR	Chartres, Dreux
ILLE-ET-VILLAINE	Rennes.
INDRE-ET-LOIRE	Tours.
LOIRET	Orléans.
MARNE	Châlons, Reims.
MEUSE	Bar-le-Duc, Verdun.
MOSELLE	Metz.
OISE	Beauvais, Senlis.
RHÔNE	Lyon.
SARTHE	Mans (Le)
SEINE	Charenton, Choisy, Paris, Vincennes, Vincennes par la Croix de Berny.
SEINE-ET-MARNE	Coulommiers, Fontainebleau, Meaux, Melun, Provins.
SEINE-ET-OISE	Corbeil, Pontoise.
SEINE-INFÉRIEURE	Rouen.
YONNE	Auxerre, Sens.

Magasin principal d'Orléans.

DÉPARTEMENTS.	ENTREPOTS.
LOIR-ET-CHER	Blois.
LOIRET	Gien, Montargis, Pithiviers.
NIÈVRE	Château-Chinon, Clamecy, Cosne, Nevers.

Magasin principal de Rouen.

DÉPARTEMENTS.	ENTREPOTS.
CALVADOS	Caen, Honfleur.
EURE	Pont-Audemer.
SEINE	Paris.
SEINE-INFÉRIEURE	Dieppe, Havre (Le), Neufchâtel, Yvetot.

POUDRERIE D'ESQUERDES.

DÉPARTEMENTS.	ENTREPOTS.
CALVADOS	Caen.
PAS-DE-CALAIS	Saint-Omer.
SEINE	Paris.
SEINE-INFÉRIEURE	Rouen.

Magasin principal de Saint-Omer.

DÉPARTEMENTS.	ENTREPOTS.
NORD	Avesnes, Cambray, Douai, Dunkerque, Hazebrouck, Lille, Valenciennes.
OISE	Beauvais, Senlis.
PAS-DE-CALAIS	Arras, Béthune, Boulogne, Montreuil, Saint-Pol.
SEINE-ET-OISE	Pontoise.
SOMME	Abbeville, Amiens, Doulens, Montdidier, Péronne.

POUDRERIE DE METZ.

DÉPARTEMENTS.	ENTREPOTS.
MARNE	Sainte-Menehould.
MARNE (HAUTE)	Vassy.
MEURTHE	Château-Salins, Lunéville, Nancy, Sarrebourg, Toul.
MEUSE	Bar-le-Duc, Commercy, Verdun.

DÉPARTEMENTS.	ENTREPOTS.	DÉPARTEMENTS.	ENTREPOTS.
MOSELLE	Briey. / Metz. / Sarreguemines. / Thionville.	ILLE-ET-VILAINE	Rennes. / Vitré.
RHIN (BAS)	Saverne. / Schélestat. / Strasbourg. / Wissembourg.	INDRE	Blanc (Le) / Châteauroux. / Châtre (La) / Issoudun.
RHIN (HAUT)	Altkirch. / Belfort. / Colmar.	INDRE-ET-LOIRE	Chinon. / Loches. / Tours.
SEINE	Paris.	LOIR-ET-CHER	Blois. / Romorantin. / Vendôme.
VOSGES	Epinal. / Mirecourt. / Neufchâteau. / Saint-Dié.	LOIRET	Orléans.
		MAINE-ET-LOIRE	Saumur.
		ORNE	Argentan.

POUDRERIE DE PONT-DE-BUIS.

DÉPARTEMENTS.	ENTREPOTS.	DÉPARTEMENTS.	ENTREPOTS.
CÔTES-DU-NORD	Dinan. / Guingamp. / Lannion. / Saint-Brieuc.	SARTHE	Flèche (La) / Mans (Le)
		SEINE	Paris.
FINISTÈRE	Brest. / Châteaulin. / Morlaix. / Quimper. / Quimperlé.	VIENNE	Châtellerault. / Loudun. / Poitiers.
ILLE-ET-VILAINE	Saint-Malo.		
MORBIHAN	Port-Louis.		

Magasin principal de Caen.

DÉPARTEMENTS.	ENTREPOTS.
CALVADOS	Bayeux. / Vire.
MANCHE	Avranches. / Cherbourg. / Coutances. / Mortain. / Saint-Lô. / Valognes.

Magasin principal de Port-Louis.

DÉPARTEMENTS.	ENTREPOTS.
CÔTES-DU-NORD	Loudéac.
ILLE-ET-VILAINE	Redon.
MORBIHAN	Lorient. / Ploërmel. / Pontivy. / Vannes.

Magasin principal du Mans.

DÉPARTEMENTS.	ENTREPOTS.
CALVADOS	Falaise. / Vire.
EURE-ET-LOIR	Nogent-le-Rotrou.
MAYENNE	Laval. / Mayenne.
ORNE	Alençon. / Argentan. / Domfront. / Mortagne.
SARTHE	Flèche (La) / Mamers. / Saint-Calais.

POUDRERIE DU RIPAULT.

DÉPARTEMENTS.	ENTREPOTS.
CALVADOS	Caen. / Falaise. / Vire.
CHER	Bourges. / Sancerre. / Saint-Amand.
EURE-ET-LOIR	Châteaudun.

DÉPARTEMENTS.	ENTREPOTS.
Magasin principal de Rennes	
CÔTES-DU-NORD. . . .	Dinan. / Saint-Brieuc.
FINISTÈRE.	Quimper.
ILLE-ET-VILAINE. . .	Fougères. / Montfort. / Saint-Malo. / Vitré.
MORBIHAN	Lorient. / Port-Louis.
Magasin principal de Saumur.	
LOIRE-INFÉRIEURE . .	Ancenis. / Châteaubriand. / Nantes. / Paimbœuf. / Savenay.
MAINE-ET-LOIRE. . .	Angers. / Baugé. / Segré.
MAYENNE.	Château-Gontier. / Laval.
SÈVRES-DEUX. . . .	Thouars.
VENDÉE.	Bourbon. / Sables (Les).
POUDRERIE DE SAINT-CHAMAS.	
BOUCHES-DU-RHÔNE .	Aix. / Arles. / Marseille.
GARD	Nismes.
VAR.	Toulon.
VAUCLUSE.	Avignon.
Magasin principal d'Aix.	
ALPES-BASSES	Barcelonnette. / Castellane. / Digne. / Forcalquier. / Sisteron.
ALPES-HAUTES	Briançon. / Embrun. / Gap.
BOUCHES-DU-RHÔNE	Marseille.

DÉPARTEMENTS.	ENTREPOTS.
Magasin principal d'Aix (*Suite*).	
VAR.	Brignolles. / Draguignan. / Grasse. / Toulon.
VAUCLUSE	Apt.
Magasin principal d'Avignon.	
ARDÈCHE	Argentière (L'). / Privas.
DRÔME.	Montélimart / Nyons.
GARD..	Alais. / Nismes. / Uzès. / Vigan (Le).
VAUCLUSE.	Carpentras. / Orange.
Magasin principal de Nismes.	
GARD	Alais. / Uzès. / Vigan (Le).
POUDRERIE DE SAINT-MÉDARD.	
GIRONDE.	Lormont.
Magasin principal de Lormont.	
GIRONDE.	Bazas. / Blaye. / Bordeaux. / Lesparre. / Libourne. / Réole (La)
LANDES	Dax. / Mont-de-Marsan. / Saint-Sever.
LOT-ET-GARONNE. . .	Agen. / Nérac. / Tonneins. / Villeneuve.
PYRÉNÉES (BASSES-)	Bayonne. / Pau.
Magasin principal de Pau.	
PYRÉNÉES (BASSES-) .	Mauléon. / Oléron. / Orthez.

DÉPARTEMENTS.	ENTREPOTS.	DÉPARTEMENTS.	ENTREPOTS.
POUDRERIE DE SAINT-PONCE.			
AISNE..	Château-Thierry.. / Laon. / Soissons. / Saint-Quentin. / Vervins.	HÉRAULT	Béziers. / Lodève. / Montpellier. / Saint-Pons.
ARDENNES.	Charleville. / Rethel / Rocroi. / Sedan. / Vouziers.	LOT	Cahors. / Figeac. / Souillac.
MARNE..	Châlons. / Epernay. / Rheims. / Vitry.	LOZÈRE	Florac. / Marvejols. / Mende.
MEUSE.	Montmédy.	PYRÉNÉES (HAUTES-).	Bagnères. / Lourdes. / Tarbes.
NORD	Avesnes.	PYRÉNÉES-ORIENT^{es}.	Céret. / Perpignan. / Prades.
POUDRERIE DE TOULOUSE.		TARN	Alby. / Castres. / Gaillac. / Lavaur.
ARDÈCHE	Privas.	TARN-ET-GARONNE..	Castelsarrasin. / Moissac. / Montauban.
ARIÉGE..	Foix. / Pamiers. / Saint-Girons.	VAUCLUSE.	Avignon.
AUDE..	Carcassonne. / Castelnaudary. / Limoux. / Narbonne.	*Magasin principal de Perpignan.*	
AVEYRON..	Espalion. / Millau. / Rodez. / Saint-Affrique. / Villefranche.	PYRÉNÉES-ORIENT^{es}.	Céret. / Prades.
CANTAL.	Aurillac. / Mauriac.	**POUDRERIE DE VONGES.**	
GARD	Nismes.	AIN	Bourg.
		ALLIER..	Moulins.
GARONNE (HAUTE-). .	Muret. / Saint-Gaudens. / Toulouse. / Villefranche.	CÔTE-D'OR	Dijon.
		DOUBS.	Besançon.
		JURA.	Lons-le-Saulnier.
		PUY-DE-DÔME.	Clermont.
		RHÔNE.	Lyon.
GERS	Auch. / Condom / Lectoure. / Lombez. / Mirande.	*Magasin principal de Besançon.*	
		DOUBS.	Beaume. / Montbéliard. / Pontarlier.
		RHIN (HAUT)	Altkirch. / Belfort.
		SAÔNE (HAUTE-)	Vesoul.

DÉPARTEMENTS.	ENTREPOTS.	DÉPARTEMENTS.	ENTREPOTS.
Magasin principal de Clermont.		*Magasin principal de Lyon.*	
ALLIER..............	Gannat.	AIN	Belley. Nantua. Trévoux.
LOIRE (HAUTE·) ...	Brioude.		
PUY-DE-DÔME.....	Issoire. Riom. Thiers.	ARDÈCHE	Privas. Tournon.
Magasin principal de Dijon.		DRÔME..........	Crest. Valence.
AIN	Bourg.	ISÈRE	Bourgoing. Grenoble. Saint-Marcellin. Vienne.
CÔTE-D'OR.......	Beaune. Châtillon. Semur.		
JURA............	Dôle.	LOIRE	Montbrison. Rive-de-Gier. Roanne. Saint-Etienne.
MARNE	Chaumont Langres.		
NIÈVRE	Château-Chinon.	LOIRE (HAUTE-)....	Issengeaux. Puy (Le).
SAÔNE-ET-LOIRE ...	Autun. Châlon. Charolles. Louhans. Mâcon.	PUY-DE-DÔME.....	Ambert.
		RHÔNE...........	Villefranche.
		VAUCLUSE........	Avignon.
YONNE............	Avallon.	*Magasin principal de Moulins.*	
		ALLIER..........	Cusset. Gannat. Montluçon.

RIVIÈRES NAVIGABLES.

TABLEAU N° 35,

Indiquant les Rivière navigables et les départements traversés par chacune d'elles.

Abréviation par laquelle le présent tableau est désigné dans la colonne 3 du Manuel :
Parc. riv. nav.

DÉSIGNATION DES RIVIÈRES NAVIGABLES.	DÉPARTEMENTS TRAVERSÉS PAR CHAQUE RIVIÈRE NAVIGABLE.
AA (navigation de l')	Nord, Pas-de-Calais.
AGOUT navigation de l') et du TARN	Aveyron, Aude, Garonne (Haute-), Tarn.
AISNE (navigation de l')	Aisne, Ardennes, Marne, Oise.
ALLIER (navigation de l')	Allier, Puy-de-Dôme.
BAÏSE (navigation de la)	Gers, Lot-et-Garonne.
BLAVET (navigation et canal du)	Côtes-du-Nord, Finistère, Loire-Inf., Morbihan.
CHARENTE (navigation de la)	Charente, Charente-Inférieure.
CHER (navigation du)	Indre-et-Loire, Loir-et-Cher.
CORRÈZE (navig. de la) et de la NIÈVRE.	Corrèze, Dordogne.
CREUSE (navigat. de la) et de la VIENNE.	Indre, Indre-et-Loire, Vienne.
DORDOGNE (navigation de la)	Dordogne, Gironde, Lot.
GARONNE (navigation de la)	Garonne (H.-), Gir., Lot-et-Gar., Tarn-et-Gar.
ISÈRE (navigation de l')	Drôme, Isère.
ISLE (navigation de l')	Dordogne, Gironde.
LOIRE (navigation de la)	Allier, Cher, Indre-et-Loire, Loir-et-Cher, Loire-Inf., Loiret, M.-et-Loire, Nièvre, S.-et-Loire.
LOT (navigation du)	Aveyron, Lot, Lot-et-Garonne.
MARNE (navigation de la)	Aisne, Marne, Seine, Seine-et-M., Seine-et-Oise.
MAYENNE (navigation de la) de l'OUDON, de la SARTHE et du LOIR	Loir-et-Cher, Mayenne, Maine-et-Loire, Sarthe.
MEUSE (navigation de la)	Ardennes, Meuse.
NESTE (distribution des eaux de la)	Gers, Garonne (Haute-), Pyrénées (Hautes-).
OISE (navigation de l')	Aisne, Oise, Seine-et-Oise.
RHIN (navigation du)	Rhin (Bas-), Rhin (Haut-).
RHÔNE (navigation du)	Ain, Ardèche, Bouches-du-Rhône, Drôme, Gard, Isère, Loire, Rhône, Vaucluse.
SAÔNE (navigation de la)	Ain, Côte-d'or, Rhône, Saône-et-L., Saône (H.-).
SEINE (navigation de la)	Aube, Eure, Seine, Seine-et-Marne, Seine-et-Oise, Seine-Inférieure.
SÈVRE (navigation de la)	Charente-Inférieure, Sèvres (Deux-), Vendée.
TARN (navigation du) et de l'AGOUT	Aveyr., Aude, Gar. (H.-), Tarn, Tarn-et-Gar.
THOUET (nav. du) et canal de la DIVE.	Maine-et-Loire, Sèvres (Deux-), Vienne.
VIENNE (navigat. de la) et de la CREUSE.	Indre, Indre-et-Loire, Vienne.
YONNE (navigation de l')	Seine-et-Marne, Yonne.

ROUTES.

TABLEAU N° 36,

Indiquant les Services spéciaux des Routes, et les départements traversés par chacun de ces Services.

Abréviation par laquelle le présent tableau est désigné dans la colonne 3 du Manuel :
Parc. rout.

DÉSIGNATION DES ROUTES.	DÉPARTEMENTS TRAVERSÉS PAR CHAQUE ROUTE.
Routes stratégiques.	Ille-et-Vilaine, Loire-Inférieure, Maine-et-Loire, Mayenne, Sarthe, Sèvres (Deux-) Vendée.
Routes royales N°s 6, 7 et 8. Expériences relatives à l'entretien des routes.	Bouches-du-Rhône, Côte-d'Or, Drôme, Isère, Rhône, Saône-et-Loire, Vaucluse.

SUBDIVISIONS MILITAIRES.

TABLEAU N° 37,

Indiquant les subdivisions militaires, par ordre alphabétique, et en regard de chacune d'elles les autres subdivisions militaires qui lui sont limitrophes.

Abréviations par lesquelles le présent tableau est désigné dans la colonne 3 du Manuel :

Subd. mil.—Subd. mil. et subd. limit.

SUBDIVISIONS MILITAIRES.	SUBDIVISIONS MILITAIRES limitrophes.	SUBDIVISIONS MILITAIRES.	SUBDIVISIONS MILITAIRES limitrophes.
AIN........	Jura. Isère. Rhône. Saône-et-Loire.	AUDE........ (Carcassonne).	Ariége. Garonne (Haute-). Hérault. Pyrénées-Orientales. Tarn.
AISNE........ (Laon.)	Ardennes. Marne. Nord. Oise. Seine-et-Marne. Somme.	AVEYRON...... (Rodez).	Cantal. Hérault. Gard. Lot. Lozère. Tarn. Tarn-et-Garonne.
ALLIER...... (Moulins.)	Cher. Creuse. Loire. Nièvre. Puy-de-Dôme. Saône-et-Loire.	B.-DU-RHÔNE... (Marseille).	Alpes (Basses-). Corse. Gard. Var. Vaucluse.
ALPES (BASSES-).. (Digne).	Alpes (Hautes-). Drôme. Var. Vaucluse.	CALVADOS..... (Caen.)	Eure. Manche. Orne.
ALPES (HAUTES-) (Gap).	Alpes (Basses-). Drôme. Isère.	CANTAL...... (Aurillac).	Aveyron. Corrèze. Loire (Haute-). Lot. Lozère. Puy-de-Dôme.
ARDÈCHE...... (Privas.)	Drôme. Gard. Loire. Loire (Haute-) Lozère.	CHARENTE..... (Angoulême).	Charente-Inférieure. Dordogne. Sèvres (Deux-) Vienne. Vienne (Haute-)
ARDENNES..... (Mézières).	Aisne. Marne. Meuse.	CHARENTE-INF. (La Rochelle).	Charente. Gironde. Sèvres (Deux-). Vendée.
ARIÉGE...... (Foix.)	Aude. Garonne (Haute-) Pyrénées-Orientales.	CHER........ (Bourges).	Allier. Creuse. Indre. Loiret. Loir-et-Cher. Nièvre.
AUBE........ (Troyes.)	Côte-d'Or. Marne. Marne (Haute-). Seine-et-Marne. Yonne.		

SUBDIVISIONS MILITAIRES.	SUBDIVISIONS MILITAIRES limitrophes.	SUBDIVISIONS MILITAIRES.	SUBDIVISIONS MILITAIRES limitrophes.
CORRÈZE.. . . . . . (Tulle.)	Cantal. Creuse. Dordogne. Lot. Puy-de-Dôme. Vienne (Haute-).	FINISTÈRE.. . . . . (Brest.)	Côtes-du-Nord. Morbihan.
CORSE. . . . . . . (Bastia.)	Bouches-du-Rhône. Var.	GARD. . . . . . . (Nismes.)	Ardèche. Aveyron. Bouches-du-Rhône. Hérault. Lozère. Vaucluse.
CÔTE-D'OR. . . . (Dijon.)	Aube. Jura. Marne (Haute-). Nièvre. Saône (Haute-). Saône-et-Loire. Yonne.	GARONNE (H-).. . . (Toulouse.)	Ariége. Aude. Gers. Pyrénées (Hautes-). Tarn. Tarn-et-Garonne.
CÔTES-DU-NORD.. (Saint-Brieuc.)	Finistère. Ille-et-Vilaine. Morbihan.	GERS.. . . . . . . (Auch.)	Garonne (Haute-). Landes. Lot-et-Garonne. Pyrénées (Basses). Pyrénées (Hautes-). Tarn-et-Garonne.
CREUSE. . . . . . (Guéret.)	Allier. Cher. Corrèze. Indre. Puy-de-Dôme. Vienne (Haute-).	GIRONDE. . . . . (Bordeaux.)	Charente-Inférieure. Dordogne. Landes. Lot-et-Garonne.
DORDOGNE.. . . . (Périgueux.)	Charente. Charente-Inférieure. Corrèze. Gironde. Lot. Lot-et-Garonne. Vienne (Haute-).	HÉRAULT. . . . . (Montpellier).	Aude. Aveyron. Gard. Tarn.
DOUBS. . . . . . (Besançon).	Jura. Rhin (Haut-). Saône (Haute-).	ILLE-ET-VILAINE (Rennes.)	Côtes-du-Nord. Loire-Inférieure. Manche. Mayenne. Morbihan.
DROME.. . . . . . (Valence.)	Alpes (Basses-). Alpes (Hautes-). Ardèche. Isère. Vaucluse.	INDRE.. . . . . . (Châteauroux.)	Cher. Creuse. Indre-et-Loire. Loir-et-Cher. Vienne. Vienne (Haute-
EURE. . . . . . . (Evreux.)	Calvados. Eure-et-Loir. Oise. Orne. Seine-Inférieure. Seine-et-Oise.	INDRE-ET-LOIRE. (Tours.)	Indre. Loir-et-Cher. Maine-et-Loire. Sarthe. Vienne.
EURE-ET-LOIR. . (Chartres.)	Eure. Loir-et-Cher. Loiret. Orne. Sarthe. Seine-et-Oise.	ISÈRE. . . . . . . (Grenoble.)	Ain. Alpes (Hautes-). Drôme. Rhône.

SUBDIVISIONS MILITAIRES.	SUBDIVISIONS MILITAIRES limitrophes.	SUBDIVISIONS MILITAIRES.	SUBDIVISIONS MILITAIRES limitrophes.
JURA. (L.-le-Saunier.)	Ain. Côtes-d'Or. Doubs. Saône (Haute-). Saône-et-Loire.	LOZÈRE. (Mende.)	Ardèche. Aveyron. Cantal. Gard. Loire (Haute-)
LANDES. (Mont-de-Marsan)	Gers. Gironde. Lot-et-Garonne. Pyrénées (Basses-).	MAINE-ET-LOIRE. (Angers.)	Indre-et-Loire. Loire-Inférieure. Mayenne. Sarthe. Sèvres (Deux-). Vendée. Vienne.
LOIR-ET-CHER. (Blois.)	Cher. Eure-et-Loir. Indre. Indre-et-Loire. Loiret. Sarthe.	MANCHE. (Saint-Lô.)	Calvados. Ille-et-Vilaine. Mayenne. Orne.
LOIRE. (Montbrison.)	Allier. Ardèche. Isère. Loire (Haute-). Puy-de-Dôme. Rhône. Saône-et-Loire.	MARNE. (Châlons-sur-M.)	Aisne. Ardennes. Aube. Marne (Haute-). Meuse. Seine-et-Marne.
LOIRE (HAUTE-). (Le Puy.)	Ardèche. Cantal. Loire. Lozère. Puy-de-Dôme.	MARNE (HAUTE-) (Chaumont.)	Aube. Côte-d'Or. Marne. Meuse. Saône (Haute-) Vosges.
LOIRE-INFÉR. (Nantes.)	Ille-et-Vilaine. Maine-et-Loire. Mayenne. Morbihan. Vendée.	MAYENNE. (Laval.)	Ille-et-Vilaine. Loire-Inférieure. Maine-et-Loire. Manche. Orne. Sarthe.
LOIRET. (Orléans.)	Cher. Eure-et-Loir. Loir-et-Cher. Nièvre. Seine-et-Marne. Seine-et-Oise. Yonne.	MEURTHE. (Nancy.)	Meuse. Moselle. Rhin (Bas-). Vosges.
LOT. (Cahors.)	Aveyron. Cantal. Corrèze. Dordogne. Lot-et-Garonne. Tarn-et-Garonne.	MEUSE. (Verdun-sur-Meuse.)	Ardennes. Marne. Marne (Haute-). Meurthe. Moselle. Vosges.
LOT-ET-GARONNE (Agen.)	Gers. Gironde. Dordogne. Landes. Lot. Tarn-et-Garonne.	MORBIHAN. (Vannes.)	Côtes-du-Nord. Finistère. Ille-et-Vilaine. Loire-Inférieure.
		MOSELLE. (Metz.)	Meurthe. Meuse. Rhin (Bas-).

SUBDIVISIONS MILITAIRES.	SUBDIVISIONS MILITAIRES limitrophes.	SUBDIVISIONS MILITAIRES.	SUBDIVISIONS MILITAIRES limitrophes.
NIÈVRE. (Nevers.)	Allier. Côte-d'Or. Cher. Loiret. Saône-et-Loire. Yonne.	SAÔNE (HAUTE-). (Vesoul.)	Côte-d'Or. Doubs. Jura. Marne (Haute-). Rhin (Haut-). Vosges.
NORD. (Lille.)	Aisne. Pas-de-Calais. Somme.	SAÔNE-ET-LOIRE. (Mâcon.)	Ain. Allier. Côte-d'Or. Jura. Loire. Nièvre. Rhône.
OISE. (Beauvais.)	Aisne. Eure. Seine-Inférieure. Seine-et-Marne. Seine-et-Oise. Somme.	SARTHE. (Le Mans.)	Eure-et-Loir. Indre-et-Loire. Loir-et-Cher. Maine-et-Loire. Mayenne. Orne.
ORNE. (Alençon.)	Calvados. Eure. Eure-et-Loir. Manche. Mayenne. Sarthe.	SEINE. (Paris.)	Seine-et-Oise.
PAS-DE-CALAIS. (Arras.)	Nord. Somme.	SEINE-ET-MARNE (Melun.)	Aisne. Aube. Loiret. Marne. Oise. Seine-et-Oise. Yonne.
PUY-DE-DÔME. (Clermont.)	Allier. Cantal. Corrèze. Creuse. Loire. Loire (Haute-).	SEINE-ET-OISE. (Versailles.)	Eure. Eure-et-Loir. Loiret. Oise. Seine. Seine-et-Marne.
PYRÉNÉES (B.-). (Pau.)	Gers. Landes. Pyrénées (Hautes-).	SEINE-INFÉR. (Rouen.)	Eure. Oise. Somme.
PYRÉNÉES (H.-). (Tarbes.)	Garonne (Haute-). Gers. Pyrénées (Basses-).	SÈVRES (DEUX-). (Niort.)	Charente. Charente-Inférieure. Maine-et-Loire. Vendée. Vienne.
PYR.-ORIENTALES (Perpignan.)	Ariége. Aude.	SOMME. (Amiens.)	Aisne. Nord. Oise. Pas de-Calais. Seine-Inférieure.
RHIN (BAS-). (Strasbourg.)	Meurthe. Moselle. Rhin (Haut-). Vosges.		
RHIN (HAUT-). (Colmar.)	Doubs. Rhin (Bas-). Saône (Haute-) Vosges.		
RHÔNE. (Lyon.)	Ain. Isère. Loire. Saône-et-Loire.		

SUBDIVISIONS MILITAIRES.	SUBDIVISIONS MILITAIRES limitrophes.	SUBDIVISIONS MILITAIRES.	SUBDIVISIONS MILITAIRES limitrophes.
TARN. (Albi.)	Aude. Aveyron. Garonne (Haute-). Hérault. Tarn-et-Garonne.	VIENNE. (Poitiers.)	Charente. Indre. Indre-et-Loire. Maine-et-Loire. Sèvres (Deux-). Vienne (Haute-).
TARN – ET – GA – RONNE.. (Montauban.)	Aveyron. Garonne (Haute-). Gers. Lot. Lot-et-Garonne. Tarn.	VIENNE (HAUTE-) (Limoges.)	Charente. Corrèze. Creuse. Dordogne. Indre. Vienne.
VAR. (Toulon.)	Alpes (Basses-). Bouches du-Rhône. Corse.	VOSGES.	Marne (Haute-). Meuse. Meurthe. Rhin (Bas-). Rhin (Haut-). Saône (Haute-).
VAUCLUSE. (Avignon.)	Alpes (Hautes-). Ardèche. Bouches-du-Rhône. Drôme. Gard.	YONNE. (Auxerre.)	Aube. Côtes-d'Or. Loiret. Nièvre. Seine-et-Marne.
VENDÉE. (Bourbon-Vendée)	Charente-Inférieure. Loire Inférieure. Maine-et-Loire. Sèvres (Deux).		

TABLEAU N° 38,

Indiquant les Fonctionnaires autorisés à remplacer leur contre-seing par l'empreinte d'une griffe.

NUMÉROS d'ordre.	DÉSIGNATION DES FONCTIONNAIRES.
1	Archevêque de Paris.
2	Chancelier de France, tant en cette qualité que comme Président de la chambre des Pairs.
3	Commandant supérieur des gardes nationales de Paris et du département de la Seine.
4	Directeur de l'administration des contributions indirectes.
5	Directeur de l'administration des douanes.
6	Directeur de l'administration des postes.
7	Directeur de l'administration des tabacs.
8	Directeur général de l'administration de la caisse d'amortissement et de la caisse des dépôts et consignations.
9	Directeur général de l'administration des contributions directes.
10	Directeur général de l'administration des forêts.
11	Directeur général de l'enregistrement et des domaines.
12	Directeur général des ponts et chaussées et des mines.
13	Directeur de l'imprimerie royale.
14	Grand chancelier de la Légion d'honneur.
15	Intendant général de la liste civile.
16	Ministre secrétaire à département.
17	Préfet de police.
18	Préfets des départements (1).
19	Premier président de la cour des comptes.
20	Président de la commission de l'ancienne liste civile.
21	Président de la commission des monnaies.
22	Procureur général de la cour des comptes.
23	Procureur général près la cour royale de Paris.
24	Recteur de l'académie de Paris.
25	Secrétaire général du conseil d'État.

(1) Une empreinte modèle de la griffe délivrée à chaque Préfet par l'administration des postes, est déposée au bureau du chef-lieu du département.

TABLEAU N° 39,

Indiquant les Fonctionnaires auxquels est attribuée, d'une manière permanente, la faculté de fermer leur correspondance de service.

NUMÉROS d'ordre.	DÉSIGNATION DES FONCTIONNAIRES.
1	Administrateur en chef des lignes télégraphiques.
2	Ambassadeurs de France à l'étranger.
3	Ambassadeurs ottomans à Londres et à Paris.
4	Chancelier de France, tant en cette qualité que comme président de la Chambre des Pairs.
5	Commandants des possessions françaises dans les pays d'outre-mer.
6	Commandants supérieurs des gardes nationales de Paris et du département de la Seine.
7	Directeur de l'administration des contributions indirectes.
8	Directeur de l'administration des douanes.
9	Directeur de l'administration des postes.
10	Directeur de l'administration des tabacs.
11	Directeur général de l'administration de la caisse d'amortissement et de la caisse des dépôts et consignations.

NUMÉROS d'ordre.	DÉSIGNATION DES FONCTIONNAIRES.
12	Directeur général de l'administration des forêts.
13	Directeur général de l'enregistrement et des domaines.
14	Directeur général des ponts et chaussées et des mines.
15	Directeurs des télégraphes.
16	Gouverneurs des possessions françaises dans les pays d'outre-mer.
17	Grand chancelier de la Légion d'honneur.
18	Inspecteurs des télégraphes.
19	Intendant général de la liste civile.
20	Ministre des affaires étrangères de la Sublime Porte.
21	Ministre du Roi à l'étranger.
22	Ministres secrétaires d'État à département.
23	Préfet de police.
24	Premier président de la cour des comptes.
25	Président de la commission des monnaies.
26	Procureur général de la cour des comptes.
27	Secrétaire général du conseil d'État.

TABLEAU N° 40,

Indiquant les Fonctionnaires qui ne peuvent qu'éventuellement et seulement en cas de nécessité, fermer leur correspondance de service.

NUMÉROS d'ordre.	DÉSIGNATION DES FONCTIONNAIRES.
1	Agents du roi dans les parages de la *Méditerranée*.
2	Agents du service des paquebots de l'administration des postes placés dans les *Échelles*, lorsqu'ils sont *chefs de service*.
3	Archevêques.
4	Chefs du service de la marine.
5	Colonels chefs d'état-major des divisions militaires (1).
6	Commandants des brigades de gendarmerie.
7	Commandants des paquebots de l'administ. des postes sur la *Méditerranée;*
8	Commissaires de police.
9	Commissaires généraux de la marine.
10	Commissaires principaux de la marine.
11	Conseillers de préfecture, délégués *en l'absence des préfets.*
12	Consuls de France à l'étranger.
13	Directeurs des douanes de *Bayonne* et de *Bordeaux* (2).
14	Directeurs des postes dans les stations de la *Méditerranée*.
15	Évêques.
16	Grands vicaires capitulaires.
17	Inspecteurs des finances.
18	Inspecteurs généraux d'armes.
19	Inspecteurs généraux des finances.
20	Inspecteurs généraux de gendarmerie.
21	Inspecteur spécial de police dans les départements du *Midi*.
22	Intendant civil à Alger.
23	Intendants militaires.
24	Juges d'instruction.
25	Juges de paix (3).
26	Lieutenants généraux commandant les divisions militaires.

(1) Seulement lorsqu'ils contre-signent en l'absence du lieutenant général commandant la division.
(2) Seulement pour leur correspondance avec le préfet des Landes.
(3) Seulement pour leur correspondance avec les préfets, les sous préfets et les juges d'instruction.

NUMÉROS d'ordre.	DÉSIGNATION DES FONCTIONNAIRES.
27	Maires (1).
28	Maréchaux de camp commandant les subdivisions militaires.
29	Officiers de gendarmerie.
30	Officiers de la marine royale commandant en chef une armée navale, escadre ou division, ou un bâtiment ayant une destination particulière.
31	Péfets des départements.
32	Préfets maritimes.
33	Premier président de la Cour de cassation.
34	Premiers présidents des Cours royales.
35	Président du comité de direction du service des paquebots de l'administration des postes sur la *Méditerranée*.
36	Présidents des Cours d'assises.
37	Présidents des Cours royales.
38	Présidents des tribunaux de commerce.
39	Présidents des tribunaux de première instance.
40	Procureur général de la Cour de cassation.
41	Procureurs généraux.
42	Procureurs du Roi.
43	Secrétaires généraux de préfecture, délégués *en l'absence des Préfets*.
44	Sous-préfets.
45	Vice-consuls de France à l'étranger.

(1) Cette autorisation ne s'applique qu'aux lettres simples adressées par les maires au préfet de leur département ou au sous-préfet de leur arrondissement. Sur ces lettres doivent être inscrits les mots : *Lettre confidentielle*.

TABLEAU N° 41,

Indiquant les officiers, Sous-officiers et autres personnes exerçant des fonctions dans la Garde nationale, dont la correspondance, exclusivement relative au service de la Garde nationale, peut circuler en franchise, sous le couvert des Préfets, des Sous-Préfets ou des Maires, dans l'étendue du département où cette correspondance a pris naissance.

NUMÉROS d'ordre.	DÉSIGNATION DES FONCTIONNAIRES.
1	Adjudants-majors des bataillons cantonaux.
2	Capitaines d'armement.
3	Chefs de bataillons cantonaux.
4	Chirurgiens-majors des légions cantonales.
5	Colonels des légions cantonales.
6	Commandants des corps cantonaux des armes spéciales.
7	Commandants des corps communaux des armes spéciales.
8	Commandants des gardes nationales des communes.
9	Inspecteurs d'armement.
10	Lieutenants colonels des légions cantonales.
11	Majors des légions cantonales.
12	Maréchaux des logis appartenant à des escadrons cantonaux.
13	Membres des jurys de révision.
14	Officiers d'armement.
15	Présidents des conseils d'administration des bataillons cantonaux.
16	Présidents des conseils d'administration des légions cantonales.
17	Rapporteurs des conseils de discipline.
18	Secrétaires des conseils de discipline.
19	Sergents-majors appartenant à des bataillons cantonaux.
20	Sous-officiers d'armement.
21	Suppléants des membres des jurys de révision.

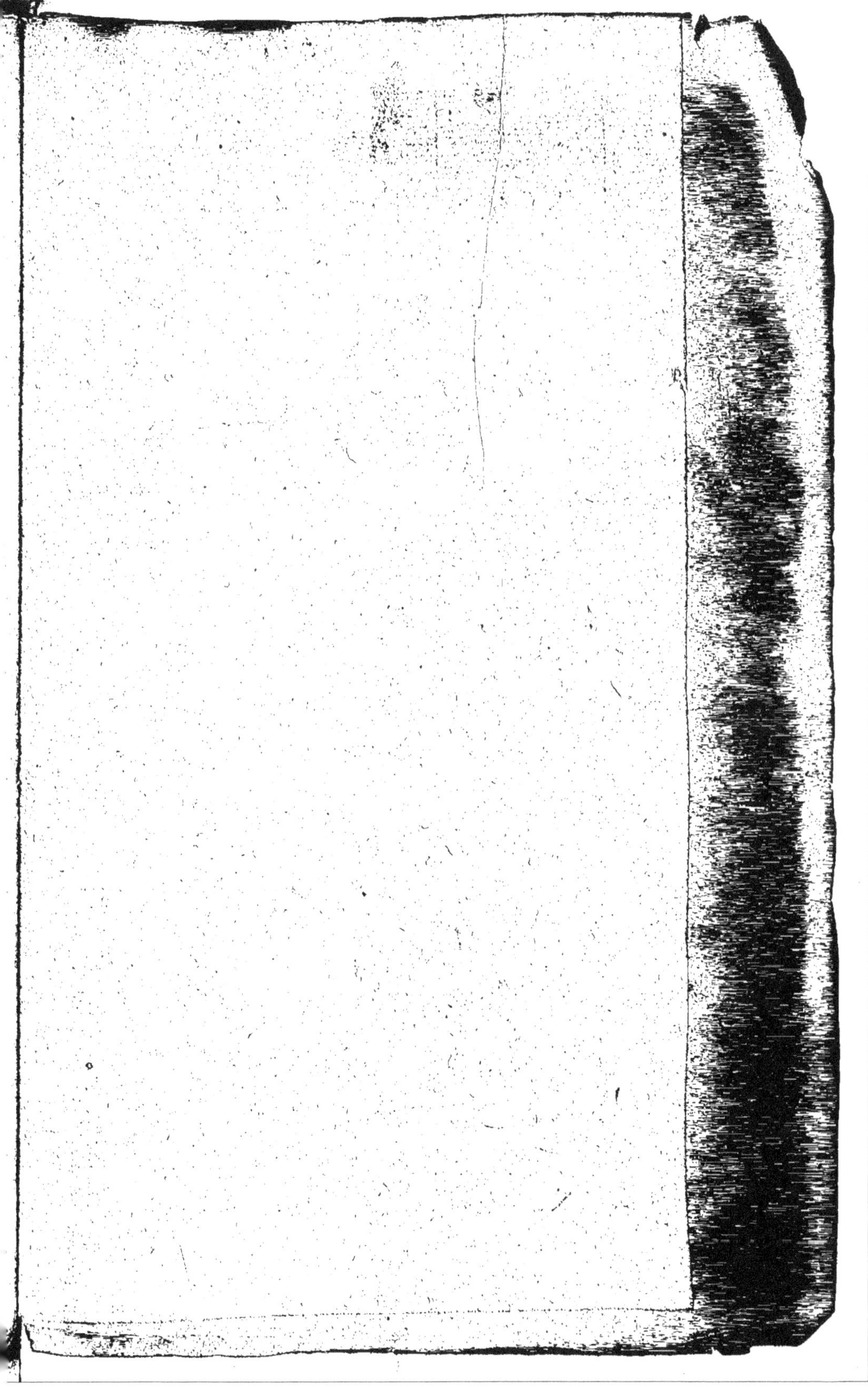

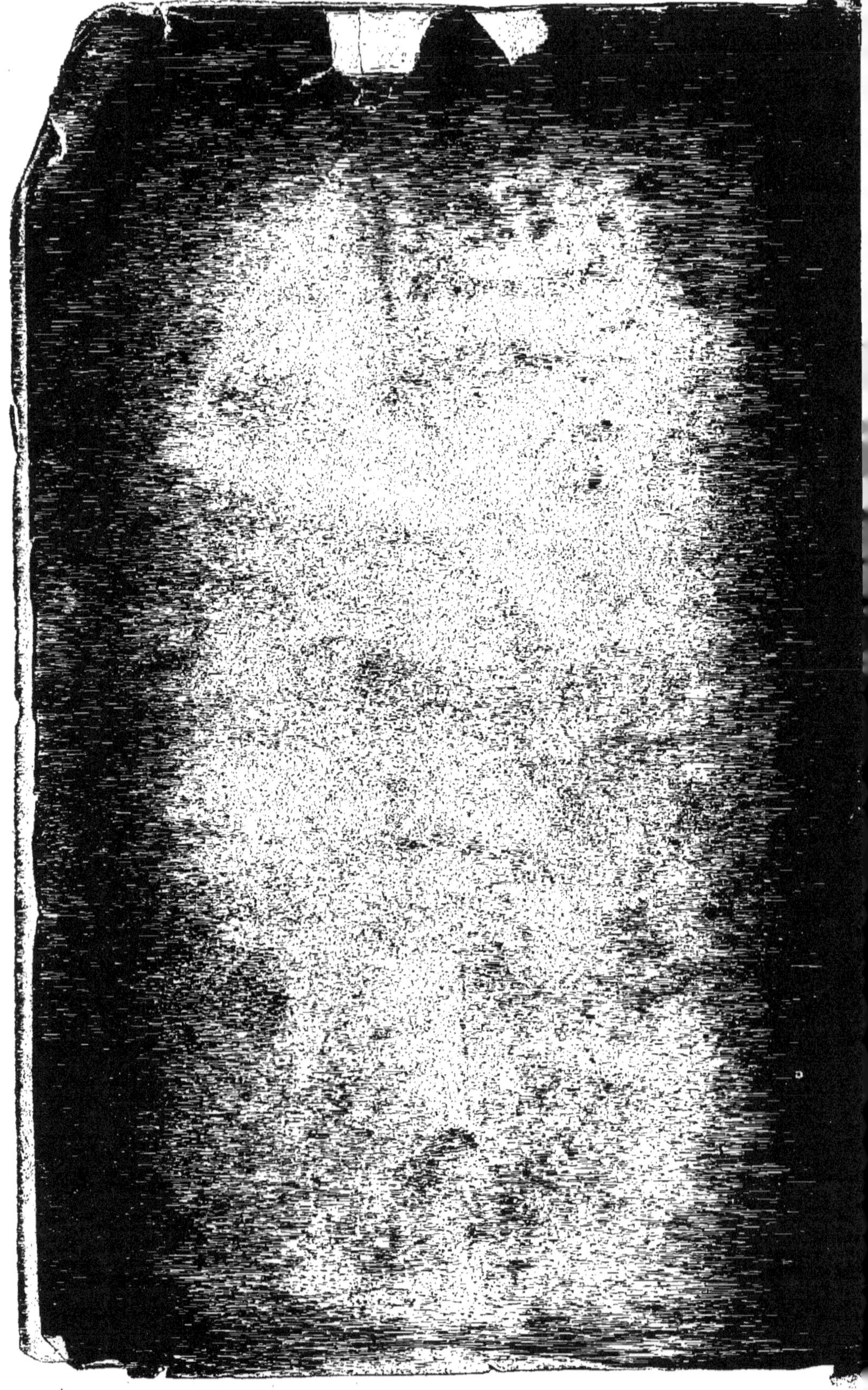